단기역동정신치료(STDP) 실습 매뉴얼

# 감정 공포 치료

Leigh McCullough · Nat Kuhn · Stuart Andrews
Amelia Kaplan · Jonathan Wolf · Cara Lanza Hurley 공저
유성경 · 하 정 · 이문희 · 이은진 공역

**Treating Affect Phobia:**
**A Manual for Short-Term Dynamic Psychotherapy**

학지사

**Treating Affect Phobia: A Manual for Short-Term Dynamic Psychotherapy**
by Leigh McCullough, Nat Kuhn, Stuart Andrews, Amelia Kaplan,
Jonathan Wolf, and Cara Lanza Hurley

# 역자 서문

심리치료의 역사에서 심리치료의 발달은 무엇보다 효과적이고 효율적인 치료를 개발하고자 고군분투한 발자취로 나타난다. 이러한 변천 과정은 각 이론마다 독특한 특성을 발전시킴과 동시에 여러 이론과 기법이 절충되고 통합되는 방식으로 나아가고 있다. 이러한 진보의 흐름 속에서 심리치료를 배우고 가르치는 사람들은 치료 모델의 선택과 그 훈련 과정에서 많은 갈등과 고민을 경험하기도 한다.

역자들 또한 이러한 고민을 안고 심리치료를 배우고 가르치는 과정에서 효과적이면서도 시간 효율적인 최신 이론에 관심을 갖게 되었다. 특히 역자들은 정신역동치료를 근간으로 수련을 받고 치료를 수행하였기 때문에 자연스럽게 정신역동치료 모델의 최신 이론을 찾게 되었다. 그 과정에서 만나게 된 책이 바로 리 맥컬로우 등의 『감정 공포 치료(Treating Affect Phobia)』다. 이 책의 저자들은 기존의 정신역동치료에서의 정신역동적 갈등을 감정 공포로 바라본다. 역자들은 이러한 감정 공포 개념에 초점을 맞춘 단기역동정신치료(Short-Term Dynamic Psychotherapy: STDP) 모델에 깊은 감명을 받게 되었다.

이 책의 저자들은 단기역동정신치료(STDP)를 강력하고, 시간 효율적이며, 초점이 있고, 통합된 형태의 치료라고 설명하고 있다. 실제로 이 책은 많은 정신병리가 감정 공포—감정에 대한 공포심—에 뿌리를 두고 있다는 생각에 기반을 두고 있다. 이들이 사용하는 감정 공포라는 개념은 정신역동적 갈등 개념을 학습이론과 행동치료의 용어로 재구성한 것이다. 그 결과, 이미 잘 확립된 공포증 치료라는 개념과 기법(예를 들면, 체계적 탈민감화)을 정신역동적 주제와 관련지음으로써 효과적인 치료가 가능해진다는 입장이다.

이 책의 목적은 감정 공포에 초점을 두고 단기역동정신치료(STDP)를 어떻게 하는지를 가르치는 것이다. 이 책에서는 이론에 대한 소개는 물론, 치료 과정과 기법의 예시에 대한 자세한 설명을 담고 있다. 특히 각 장의 마지막에 나오는 연습문제는 이론을 실제와 연결하는 데 도움을 준다. 따라서 이 책은 구체적인 단기역동정신치료(STDP)를 익힐 수 있는 실습 안내서로서 실제적인 치료 역량을 증진하는 데 크게 활용될 수 있다. 무엇보다 이 책은 단기역동정신치료(STDP)의 이론서와 함께 활용할 수도 있지만 경우에 따라서는 단독으로도 충분히 기능할 수 있는 것으로 보인다.

역자들은 이 책을 한국어로 옮기는 과정에서 저자들의 의도를 충실히 담아내는 것은 물론이고, 체계적이고 구체적인 치료방법이 생생하게 전달되도록 하기 위해 세심한 주의와 심혈을 기울였다. 이 과정에서 역자들이 오랜 시간 현장에서 상담을 해온 경험과 상담수련생들을 지도하고 가르친 경험이 큰 도움이 되었다.

단기 치료에 대한 요구, 치료방법의 체계적인 절차와 구체적인 방법의 안내, 환자의 참여 증대 등이 점점 더 요청되는 현대 심리치료의 현실에서 본 단기역동정신치료(STDP)는 많은 치료자에게 유익하고 필수적인 치료 모델이 될 수 있을 것으로 보인다. 무엇보다 치료자로서 훈련을 받고 있는 사람들에게 보다 효율적이고 체계적인 훈련 모델로 활용될 수 있을 것으로 기대한다. 그리고 기존의 역동정신치료로 훈련받은 치료자라면 누구든 이 책 한 권으로 보다 효율적인 단기역동정신치료(STDP)모델을 습득하고 활용하는 데 부족함이 없을 것이다.

마지막으로 졸업 이후에 각자의 삶의 현장에서 치열하게 살고 있는 박사 과정 동기들, 지도 교수님과 다시금 함께할 수 있어서 기뻤고, 오늘의 작은 결실에 뿌듯함을 느낀다. 무엇보다 겨우내 컴퓨터 앞에서 씨름하느라 다소 소홀했던 가족에게 미안한 마음과 고마운 마음을 전한다. 이 책의 출판을 도와주신 학지사 김진환 사장님과 편집부 직원 여러분에게도 깊이 감사드린다.

2015년 2월

역자 일동

## 저자 서문

폴 왓치텔(1977)의 『정신분석과 행동치료(Psychoanalysis and Behavior Therapy)』라는 책은 여기서 제시하고 있는 통합적인 치료 스타일의 원천이 된다. 리 맥컬로우는 대학원 시절, 그녀의 치료 슈퍼바이저인 조 카우텔라로부터 왓치텔의 저서를 추천받았다.

카우텔라는 진보적인 행동주의 치료자다. 카우텔라는 내면적 조건화(covert conditioning)를 사용하였는데, 학습이론 원리를 인간의 내적 상태에 적용한 개척자라고 할 수 있다(Cautela, 1966, 1973). 또한 카우텔라는 인간의 행동을 수정하는 데 있어서 심상 기법을 사용했다. 리는 카우텔라(예, Cautela & McCullough, 1978)와 왓치텔의 영향을 받아서 내면적 조건화 원리와 정신역동적 원리 간의 유사점에 주목하기 시작했다. 리의 치료체계를 수립하는 데 있어서 왓치텔의 저서는 중요한 참조가 되었다.

데이비드 말란(1979)은 1970년 후반부터 현재까지 단기정신역동치료(STDP)의 개척자 중 한 사람으로서, 리의 치료체계를 성립하는 데 지대한 영향을 미쳤다. 데이비드 말란의 공헌점에 대해서는 말로 다 표현할 수 없을 정도다. 그가 제시한 두 가지의 삼각형 도식은 우리의 가르침에 기초가 되었으며, 이 책의 토대를 제공했다.

리의 치료체계는 하비브 다반루(1980)의 치료에서 영감을 받기도 했다. 우리는 인간의 감정에 주요 초점을 두고 있다. 다반루는 인간은 자신의 느낌에 깊게 접촉하지 않으려고 방어를 사용하며, 결과적으로 붕괴에 이른다는 방어의 막강한 영향력에 대해서 가르쳐 주었다. 이러한 다반루의 영향은 이 책 곳곳에서 발견할 수 있다.

1990년 초에 리는 수많은 치료 비디오테이프를 검토하면서 정신역동적 갈등이 공포증에 관한 행동주의 개념과 아주 유사하다는 점을 강조하기 시작했다. 리는 감정 공포(Affect Phobia)라는 용어를 만들었으며, 『성격 변화(Changing Character)』(McCullough Vaillant, 1997)라는 저서에서 이 개념을 간단하게 논의하였다. 1998년에는 나트 쿤과 스튜어트 앤드류가 감정 공포라는 개념의 영향력을 인식하면서 리가 치료의 초점을 감정 공포에 두도록 힘을 불어넣어 주었다.

2001년 초에 스튜어트는 왓치텔의 저서에서 '느끼는 것에 대한 공포(phobias about feelings)'라고 언급되었던 부분을 발견했다. 리는 이 페이지에 관한 정확한 기억은 없었지만 이 책을 약 25년 전에 읽었고, '느끼는 것에 대한 공포(phobias about feelings)'라는 개념을 그때 이후로 마음속에 명심했다는 점을 떠올릴 수 있었다. 우리는 왓치텔이라는 거장의 이론이 있었기에 이러한 거장의 의견을 토대로 감정 공포에 관한 더 깊은 이해를 도모할 수 있었다.

이러한 거장의 영향뿐만 아니라, 지난 20년 동안 여러 명의 동료들 덕분에 좀 더 효율적이고 효과적인 치료가 무엇인지에 대해 더 깊은 이해를 할 수 있었다. 이러한 동료들에 대해서 자세하게 언급할 공간은 부족하지만, 이들의 저서는 단기역동정신치료(STDP)에 관해 학습하는 데 있어서 가치 있고 보완적인 방식을 제공해 주었다. 도움이 되는 단기역동정신치료(STDP) 저서는 다음과 같다. 『단기정신치료에서 정신역동, 훈련 그리고 성과(Psychodynamics, Training, and Outcome in Breif Psychotherapy)』(Malan & Osimo, 1992), 『강도 높은 단기역동정신치료(Intensive Short-Term Dynamic Psychotherapy)』(Della Selva, 1996), 『감정의 힘을 변화시키기(The Transforming Power of Affect)』 (Fosha, 2000), 『통합의 미래: 단기 정신치료의 발달(O Futuro da Integracao: Desenvolvimentos em Psicoterapia Breve)』(Lemgruber, 2000), 『장기 변화를 위한 단기 치료(Short-Term Therapy for Long-Term Change)』(Solomon, Neborsky, McCullough, Alpert, Shapiro, & Malan, 2001), 『비디오 테이프: 단기정신치료 매뉴얼[Parole, Emozionie Videotape: Manuale di Psicoterapia Breve Dinamico-Esperienziale(PBD-E)]』(Osimo, 2001), 그리고 『통합된 단기치료 교본(Handbook of Integrated short-Term Psychotherapy)』(Winston & Winston, 2002)이 있다. 우리의 책은 우리와 동료들이 하고 있는 나눔을 더 풍부하게 할 것이다.

특별히 감사드리고 싶은 분은 이 책을 시작하게 한 네 번째 저자인 아멜리아 카프란이다. 리는 원고를 쓰기 시작했으며, 나트와 스튜어트는 1년 동안 본격적인 작업을 할 수 있도록 계획을 수립했다. 그리고 우리 모두는 우리의 치료를 평가하기 위한 연구도구인 치료 목표 성취 평가 척도(The Achievement of Therapeutic Objectives: ATOS)를 사용하여(www.affectphobia.org) 신뢰할 만한 연구들에도 참여했다. 아멜리아는 연구 프로그램에 참여했을 때, 치료 매뉴얼에 대해서 듣고 관심을 보였다. 그녀는 치료 매뉴얼이 중요하다고 주장하면서 첫 원고가 완성되기까지 4개월 동안 이 작업에 전념했다. 그녀는 열정을 가지고 작업에 참여했으며, 러트거스 대학교에서 대학원 과정을 마쳤다. 4년 이상의 기간 동안 수많은 수정 작업을 한 후 리, 나트, 그리고 스튜어트는 결국 마지막 최종 원고를 완성했다. 아멜리아의 초기 밀어붙임과 각자 맡은 부분에 대한 서로 간의 사소한 논쟁이 없고서는 이 책이 세상에 나오지 못했을 것이다.

우리는 이 책을 쓰는 고된 과정을 겪으면서 아주 복잡한 개념들을 간단하게 설명하는 것이 우리가 예상했던 것보다 훨씬 어려운 과제라는 것을 알게 되었다. 우리는 이 책의 완성 소요 시간을 1년 이하로 생각했지만, 실제로 4년 이상이 소요되었다. 책을 몇 년 동안 반복해서 읽어 주신 분들이 계신다. 이 책 저자들의 어머니들께서 이 책을 읽어 주신 것에 대해 경의를 표하고 싶다. 아멜리아의 어머니인 아네트 홀랜더 박사(뉴저지 치과대학 의학박사)와 조나단의 어머니인 캐서린 울프 박사(하버드 의과대학 의학박사)께 감사한다. 아네트 홀랜더 박사는 정신의학 수련 장(長)이시며, 우리에게 이 책과 함께 비디오테이프 제작을 촉구했다. 우리의 바람도 아네트 홀랜더 박사의 말씀대로 비디오테이프를 제작하는 것이지만 아직은 실현하지 못하고 있고, 언젠가는 이러한 희망을 실천할 것이다. 마샤 스위지와 리사 프렌던은 처음부터 끝까지 많은 버전을 꼼꼼히 읽어 주었고, 우리에게 많은 제안을 해 주었다. 연습문제는 마샤와 리사 덕분에 좀 더 독자들이 친근하게 다가오도록 만들 수 있었다. 덴 브래너는 유용한 도전적인 제안들을 해 주었고, 우리에게 격려도 많이 해 주어서 감사한다. 제인 모티머는 오스트레일리아의 애들레이드에서 원고에 대해 논평을 해 주었고, 줄리아 펠티는 매사추세츠 벨몬트에서 원고에 대해 논평을 해 주었다.

엘크 슈레거는 나트, 스튜어트, 리가 막바지 최종 단계에서 눈이 침침해지면 끝까지 원고를 읽어 주면서 수정 작업을 해 주어서 감사한다. 또한 마샤 스탁이 책 제목을 다듬어 준 것에 대해서 감사한다. 노르웨이의 스타방에르에서의 알렌 라르센, 그리고 베르겐 대학교에서의 엘리자베스 선체는 2000년 여름 학기에 리와 4개월 동안 함께하면서 이 기간 동안에 치료 매뉴얼 전체를 읽고 피드백을 해 주었으며, 주의 깊은 평가도 해 주었고, 연습문제에 대한 제안도 해 주었다. 그리고 우리는 낸시 소웰이 인내심을 가지고 끝까지 변함없이 나트를 지원해 준 것에 대해서도 감사한다.

마지막으로 우리의 편집장이신 바바라 왓킨스께 감사를 표한다. 그녀가 초기에 우리에게 많은 훌륭한 제안을 해 주어서 우리의 책은 예약이 필요한 책이 되었다. 그녀의 공헌은 언제나 특별했기 때문에 우리는 그녀를 토머스 울프의 전설적인 편집장으로 알려진 맥스웰 퍼킨스라고 부른다. 우리는 우리 자신을 울프와 비교하지는 않는다(탁월함과 알코올 내성 면에서). 그러나 바바라는 맥스웰만큼 훌륭하다.

# 차 례

# 서론

### 단기역동정신치료(STDP)와 감정 공포

이 책의 목적은 감정 공포에 초점을 두고 단기역동정신치료(Short-Term Dynamic Psychotherapy: STDP)를 어떻게 하는지를 가르치는 것이다. 단기역동정신치료는 적극적이고, 시간 효율적이며, 초점이 있고, 통합된 형태의 치료로서 많은 환자의 중요하고 영속적인 성격 변화를 이루어 내었다. 이들 환자 가운데는 다른 형태의 치료를 오랫동안 받았으나 도움을 받지 못했던 환자도 있었다.

### 기술 초점

치료 단계별 지침을 주는 것이 단기역동정신치료와 같이 풍요로운 과정을 담아내기에는 너무 경직된 것일 수 있다. 그러나 이 책은 당신의 치료가 보다 강력하고 효과적일 수 있게 하는 기술들을 습득하는 데 도움을 줄 것이다. 대부분의 독자는 어떤 기술들은 편하고 익숙한 것이겠지만, 어떤 기술은 낯설고 도전이 될 수도 있다. 연구결과 그리고 임상경험에 의하면, 이런 기술들이 함께 어우러질 때 매우 효과적인 심리치료 모델을 구성하게 된다.

### 연습을 통해 절차적 지식이 증대된다

우리는 '심리치료를 하는 것'이 '심리치료에 대해 말하는 것'과 반대로 아이디어

(즉, 명제적 지식)보다는 기술(즉, 절차적 지식)에 더욱 기초하고 있다고 믿는다. 이러한 기술들을 습득하는 것을 돕기 위해 이 책의 각 장(1~10장) 맨 뒤에 연습문제를 포함시켰고, 여러분이 그것을 꼭 해 보기를 권한다. 그러나 연습문제를 하는 것을 모든 사람이 좋아하는 것은 아니다. 만약 여러분이 연습문제를 하는 것이 내키지 않는다면 연습문제를 전체적으로 혹은 부분적으로 하지 않아도 된다. 그런다고 해서 여러분이 '새로운 개념들'을 빼먹는 것은 아니다. 다만 연습문제를 통해 어떤 내용들은 더욱 명료화될 수 있고, 기술을 습득할 수 있는 기회를 얻게 될 것이다.

### 성격 변화시키기

이 책은 원래 『성격 변화: 방어, 정서, 애착의 재구조화를 위한 불안 조절 단기 치료[Changing Character: Short-Term Anxiety-Regulating Psychotherapy for Restructuring Defenses, Affects, and Attachment(McCullough Vaillant, 1997)]』(이후에는 CC(Changing Character)로 명명하겠다.)와 함께 사용되었다. 우리의 목적은 앞서 출판된 책에서 이론적으로 더욱 깊이 있게 논의된 심리치료 기술들을 습득하도록 돕는 데 있다. 이런 목적 때문에 전체적으로 CC에 대한 언급이 많을 것이다. 이 책에서 제시된 많은 논점에 대한 보다 충분한 논의를 찾아보고 싶은 독자들은 CC를 통해 논점을 더욱 충분히 발전시킬 수 있을 것이다. 또한 CC를 저술했을 때보다 우리의 생각이 발전되었는데, 특별히 '감정 공포'라는 개념을 CC에서는 제시만 하고 강조하지는 않았는데 이 책에서는 이 개념을 앞세웠다.

### 연구 증거

이 치료 모델은 임상적 관찰과 연구결과들을 통해 발전되고 지속적으로 수정되어 왔다. 말란과 그의 동료들의 작업은 50년 동안 '정신역동에 관한 과학'을 단기 심리치료에 적용하면서 이에 관한 주의 깊은 연구결과를 제공해 주었다. 보다 최근에는 축 II, C 군집의 진단을 받은 환자에게 단기역동정신치료(STDP)가 효과를 보이는 두 차례의 임상 시도가 있었다. 첫 번째는 1982년부터 1990년까지 뉴욕의 Beth Israel Medical Center에서 시도되었다(Winston et al., 1991, 1994). 두 번째는 1988년부터 1999년까지 노르웨이 트로드하임의 University of Science and Technology(NTNU)에서 시도되었는데, 단기역동정신치료(STDP) 모델과 인지치료를 비교하였다(Svartberg, Stiles, & Seltzer, 출판 중). 또한 이 책에서 다루고 있는 바와 같이 정서와 방어의 중요성을 보여 주는 과정 연구들도 많이 있다(요약을 위해서는 CC 12장 참조). 이 치료법에 대한 연구는 하버드 의과대학과 NTNU에서 계속 진행 중이다.

### 정신역동이론과 학습이론의 통합

우리의 치료는 많은 정신병리가 **감정 공포**—감정에 대한 공포심—에 뿌리를 두고 있다는 생각에 기반하고 있다. 감정 공포라는 개념은 정신역동적 갈등 개념을 학습이론과 행동치료의 용어로 재구성한 것이다. 그 결과, 이미 잘 확립된 공포증 치료라는 개념과 기법(예, 체계적 탈민감화)을 정신역동적 주제와 관련지을 수 있게 되어 단기역동정신치료에 초점을 두면서 일반적인 어려움을 벗어날 수 있는 데 도움을 받게 되었다.

### 감정 공포는 프로이트의 이중 추동 모델(Dual-Drive Model)을 확장시켰다

대부분의 환자는 하나 혹은 그 이상의 주된 감정 공포를 가지고 있는데(우리는 이것을 핵심 정신역동 갈등이라고 부르기도 한다.) 이로 인해 그들은 어려움을 경험하게 된다. 이러한 감정 공포는 프로이트의 갈등이론에서 제안하듯이, 성과 공격성에만 국한되는 것이 아니며 다른 근본적인 인간의 감정과 관련이 된다. 임상실제에서 보면 다양한 감정 공포는 몇 가지 기본적인 감정 범주로 수렴되는데, 예를 들면 슬픔, 분노(건강한 주장성을 포함함), 친밀함 그리고 자기를 향한 긍정적인 감정과 같은 것이다.

### 이 책의 1부: 서론에 해당하는 내용

이 책의 1부는 서론에 해당하는 내용으로 구성되어 있다. 1장에서는 감정과 기본적 감정 리스트를 소개했다. 여기에 포함된 내용으로는 슬픔, 분노/주장성과 같은 감정과 불안이나 수치심과 같은 억제 감정을 활성화시키는 것이 포함된다. 그리고 우리는 감정 공포와 불안 조절이라는 핵심적 개념을 소개하였다. 불안 조절은 환자가 적극적이고, 초점 있는 치료를 하면서 너무 '직면적'이라고 느끼지 않을 수 있도록 한다.

2장에서는 감정 공포가 정신역동적 용어로 방어, 적응적인 감정을 차단시키는 억압 감정의 삼각구도를 어떻게 이루게 되는지를 보여 준다. 환자들은 방어적 행동(예, 수동성, 회피, 자기공격)을 통해 적응적 감정(예, 주장성/분노)과 이와 수반되는 억제 감정(예, 불안이나 거절에 대한 수치심) 간의 의식적인 갈등을 피할 수 있도록 해 준다. 치료를 함에 있어서 가장 중요한 기술 중 하나가 환자들이 말할 때 감정 공포의 핵심적인 요소들을 식별해 내는 것이다.

감정 공포 도식의 가장 주된 치료적 시사점은 정신역동적 갈등이 체계적 탈민감화와 같은 정형화된 공포증 치료와 유사한 방식으로 치료될 수 있다는 것이다. 이것은 환자들이 불안이나 다른 억압 감정들을 다룰 수 있는 수준으로 유지할 수 있도록 도우면서 점차적으로 보다 많은 적응적인 감정을 경험하도록 돕는 것을 의미한다.

3장에서는 DSM 다축 진단 체계—특별히 전반적 기능 평가(Global Assessment of Functioning: GAF) 척도—가 당신의 상담실에 앉아 있는 환자의 감정 공포를 위한 단기역동정신치료에 적합한지 여부를 결정하는 데 도움이 되는지를 보여 준다.

1부는 4장으로 마무리되는데, 4장에서는 감정 공포를 개념화하는 핵심, 즉 환자의 방어, 적응적 감정, 억제 감정의 삼각형을 식별하는 방법을 가르칠 것이다.

### 예

심리치료를 배울 수 있는 가장 좋은—어쩌면 유일한—방법은 구체적인 예를 통해서다. 이러한 생각에서 우리는 1부 뒤에 이러한 개념들을 설명하고, 가상의 환자의 예를 사용할 것이다. 환자는 37세의 여자로 행정보조 업무를 담당하고 있다.

치료는 구체적인 문제로부터 출발한다.

### 구체적인 문제로부터 시작하기

치료자: 상담실에 오게 된 주요한 문제가 무엇인지 이야기해 주실 수 있으세요?

환　자: 모르겠어요. 그냥 저는 늘 우울한 것 같아요.

치료자: 당신을 우울하게 하는 것이 어떤 것인지 예를 좀 들어 주시겠어요?

환　자: 잘 모르겠어요. 너무 많아서…… 글쎄……. 어제 상사가 와서 한 무더기 새 일거리를 주었어요. 아직 저는 지난번에 지시한 일도 다 못 마쳤거든요. 저는 개처럼 일하고 있는데 상사는 전혀 눈치를 못 채는 것 같아요. 그리고 저는 절대로 일을 마무리할 수 없을 것 같아요.

### 기저하는 감정 공포 확인하기

앞과 같이 간단한 이야기를 주고받고 난 후에 치료자는 환자의 문제 기저에 있는 감정 공포에 대한 가설을 세워 본다. 이 경우, 환자가 즉시적으로 연상한 것은 상사의 기대에 압도되는 느낌이었다. 그녀는 주장성과 상사가 자기에게 얼마나 기대할 수 있을지 한계를 설정하는 것을 중심으로 공포를 경험하고 있다. 그렇다면 그녀의 우울은 주장성에 관한 감정 공포이며, 그것의 결과는 '안으로 향해진 분노'다. 치료자는 이 가설을 검토해 나갈 수 있다.

### 공포 반응을 체크하기

치료자: ○○씨는 상사가 먼저 지시한 일을 모두 마치기 원한다면 다른 새로운 것을 시작할 수 없다는 것을 상사에게 이야기한 적이 있나요?

환 자: 오, 저는 그렇게 못했어요……. 그분은 정말로 저에게 잘해 주시거든요. 그렇게 할까도 생각했었는데 그러면 기분이 정말 나빠져요. 제가 게으르고, 아무것도 아닌 것 같거든요. 감히 그분을 실망시킬 수 없었어요.

주장성과 관련된 이러한 질문들을 함으로써 치료자는 건강하고, 적응적인 반응에 대해 이 환자가 무엇을 두려워하는지를 보기 시작한다. 또한 치료자는 이러한 주장을 하지 못하도록 방어로 작용하고 있는 행동의 예를 끄집어내기 시작한다. 이 경우에 환자는 여러 가지 방어를 사용하고 있다. 그녀는 수동적이고, 상사를 이상화하며, 자기 자신을 공격하고 있다.

### 감정 공포를 일으키고 있는 불안 탐색하기

치료자는 또한 감정 공포를 탐색하기 시작할 수 있다. 이 예에서는 주장하는 것과 관련된 억제 감정(불안)을 탐색할 수 있다.

치료자: 상사에게 이미 지시한 일을 끝내는 것과 새로운 업무를 시작하는 것 사이에서 선택할 필요가 있다고 말하는 것에 대해 가장 어렵다고 느껴지는 것은 무엇인가요?

환 자: 그분이 저에게 화를 내실까 봐 두려워요.

물론 이러한 두려움은 정당화될 수도 있고, 투사일 수도 있어서 보다 많은 탐색이 필요하다. 그럼에도 불구하고, 치료자는 그러한 불안을 드러내기 시작하는 중이다.

### 2부와 3부: 감정 공포 치료하기

2부와 3부(5~10장)에서는 감정 공포 치료를 주로 다루었다. 치료를 조직화하기 위해서 세 개의 주된 치료 목표로 나누고, 각각의 목표는 2개의 하위 구성 요소로 이루어져 있다. 총 6개의 개별적인 내용들은 각기 개별 장에서 다루고 있다.

- **방어 재구조화하기**(5장 방어를 인식하기, 6장 방어를 포기하기): 공포 행동을 확인하고, 공포 행동을 포기하기
- **감정 재구조화하기**(7장 감정 경험하기, 8장 감정 표현하기): 갈등이 되는 감정을 경험하고, 표현하는 것에 대한 두려움을 감소시키기
- **자기와 타인 재구조화하기**(9장 자기에 대한 재구조화하기, 10장 타인에 대한 재구조화하기): 자기와 타인에 대한 관점 변화시키기

2부(5~8장)에서는 방어 재구조화하기와 감정 재구조화하기를 다루고 있는데, 이것은 단기역동정신치료(STDP)의 '기초'라고 생각할 수 있는 것이다. 보다 많이 손상된 환자들의 경우에는 3부(9장과 10장)에서 다루고 있는 '자기와 타인 재구조화하기'로만 시작할 필요가 있다.

### 방어 인식하기: 감정 공포 확인하기

5장에서 다루고 있는 방어 인식하기는 환자들이 적응적인 감정을 공포스럽게 회피하고 있는 것을 알아차리는 데 도움이 된다. 우리의 예로 다시 돌아가 보자.

치료자: 몇 가지 이야기한 바에 의하면, 사람들이 ○○씨에게 짐스러운 일을 하기 원한다고 했는데 ○○씨는 그냥 그렇게 지내세요(수동성 방어). 왜냐하면 어떤 종류이든 경계를 짓는 것(활성화 감정: 분노, 주장성)은 ○○씨를 너무 불안하게(억제 감정) 만들기 때문이죠. 이것이 ○○씨의 일반적인 패턴이지요?

환 자: 아, 이런……. 정말 그래요.

5장에서는 환자들이 스스로 자신의 방어를 인식하는 데 도움이 되는 여러 가지 방법들을 탐색하고 있다. 이 장에 소개된 많은 기법—명료화, 해석 그리고 기타 다른 방법들—은 정신역동 치료자들에게는 익숙할 것이다.

### 방어 없애기: 부적응적인 반응 포기하기

정신역동 치료자들에 따르면, 방어와 소망에 대한 지지적인 통찰과 그것들의 변화에 대한 준비도는 완전히 다른 주제다. 6장의 주제인 방어를 없애는 것은 환자들이 그들의 방어를 포기하고자 하는 동기를 높일 수 있도록 돕는 것을 목적으로 한다. 가장 주된 방법은 불안을 조절하는 것인데, 이에 대해서는 1장에서 이미 소개하였다. 그 기본 아이디어는 억제된 감정이 불러일으키는 불안을 감소시킴으로써 방어의 필요성을 낮추도록 돕는 것이다. 인지치료자들은 이러한 내용의 많은 부분이 익숙할 것이다.

### 감정 공포를 포기하고자 하는 동기를 구축하기

치료자: 사람들에게 한계를 긋는 것과 관련하여 가장 어려운 것은 무엇일까요?

환 자: 나는 좋은 사람이 되고 싶어요. 남에게 '안 돼요.'라고 말하는 것이 저에게는 불편해요. (주장을 하면 다른 사람들이 그녀를 나쁘게 볼 것이라는 것에 대한 불안)

치료자: '안 돼요.'라고 말하는 것이 ○○씨가 좋은 사람이 아니라는 것을 말하나요?

환 자: 저는 워낙 천성적으로 너그러워요.

치료자: 그건 좋죠. 세상에는 너그러운 사람들이 정말 필요해요. 그런데 ○○씨가 알고 있는 너그러운 모든 사람을 생각해 보세요. 사람들이 그들에게 무언가를 부탁했을 때 그 사람들이 늘 '예!'라고 대답하나요?

환 자: 네, 대부분은 그런 거 같아요.

치료자: 정말요? 그들은 너그럽게 해 주어야 하는 다른 열 가지 일로 이미 바빠요. ○○씨처럼요. ○○씨가 그들에게 뭔가를 부탁하면 그들은 늘 '예!'라고 답하나요?

환 자: 흠……, 아마 항상은 아니죠…….

치료자: 좋아요. 그들 중에 한 사람이라도 ○○씨에게 '안 돼요.'라고 말했던 때를 생각해 보세요. 그때 그들이 좋은 사람이 아니라고 생각했었나요?

### 감정 경험하기: 감정 공포를 탈민감화시키기

7장에서 다룬 감정 경험하기의 치료 목표는 체계적 탈민감화의 핵심이다. 구체적으로 환자를 갈등이 되는 감정에 대한 생리적 반응에 노출시키는 것이(동시에 연관된 불안감 수준을 낮추어 준다.) 환자의 갈등을 치료하게 된다. 게슈탈트 치료자들은 이러한 내용에 대해 매우 편할 것이다.

### 감정 공포에 노출하기

치료자: 상사가 보다 많은 일을 지시하고 모든 것을 끝내기를 기대하면서 ○○씨에게 다가오고 있는 것을 상상한다면 어떤 느낌이 드세요?

환 자: 저는 그걸 절대로 끝내지 못할 것처럼 느껴져요. (자기 자신을 공격함으로써 분노에 대해 방어함.)

치료자: ○○씨 자신을 다시 공격하네요. 그런데 상사에 대해서는 어떻게 느끼세요?

환 자: 모르겠어요.

치료자: 음, 그 상황을 상상해 보려고 노력해 보세요. ○○씨 몸이 무얼 느끼나요?

환 자: 모르겠어요, 에너지 같은 것…….

치료자: ○○씨 몸이 무엇을 원하나요?

환 자: 저는……, (놀라며) 때리고 싶어요. 끔찍하지 않아요? (수치심)

### 노출하는 동안 불안 조절하기

치료자: ○○씨가 실제로 상사를 때린다면 그것은 끔찍한 일이겠지요. ○○씨나 상사 모두에게요. 우리는 절대로 실제 사람을 때리라는 말을 하고 있는 것이 아니에요. 다만 당신의 상상 속에 차오르는 ○○씨의 감정을 마음껏 자유롭게 느껴 보는 것에 대해 이야기하는 것입니다. 이런 방식으로 해서 ○○씨는 어느 누구도 해치지 않고, 더욱 효과적으로 행동할 수 있는 힘을 얻을 수 있어요. 저는 ○○씨가 안전한 곳, 여기 상담실과 같은 곳에서 감정을 경험해 보라고 격려하고 싶어요. 그래서 자신의 감정을 이해할 수 있고, 버틸 수 있고, 언제나 통제할 수 있도록 말이에요. 나중에는 이렇게 하는 것이 자신의 감정에 관점을 부여하고, 어떻게 행동하는 것이 가장 좋을지 결정하는 데 도움이 될 것입니다. 그러나 ○○씨가 내적인 분노 감정을 편하게 느낄 때까지 다시 한 번 ○○씨가 두려워하는 감정을 같이 살펴봅시다. (반복 노출)

### 감정 표현하기: 관계에서의 감정, 욕구, 필요를 적절하게 표현하기

감정 공포를 지닌 환자들은 종종 대인관계 상황에서 감정을 적절하게 다룰 수 있는 기술을 획득하고 있지 못한 경우가 많다. 반복 노출에 의해 갈등이 줄어들고 난 뒤에 이러한 기술 습득은 치료 작업에서 좀 직설적이긴 하지만 너무나 중요한 부분이다. 8장에서 다루어진 감정 표현하기의 목적은 많은 행동치료자가 익숙하게 느낄 수 있는 기술에 초점을 두고 있다.

환 자: 흠, 이제 저는 분노를 느껴요. 그런데 그것이 무슨 유익이 있죠? 그 사람은 상사이고, 저는 아무것도 할 수가 없어요.

치료자: 자, ○○씨 내면의 새로운 분노라는 에너지는 확고한 반응이에요. 이를 상사에게 적절한 반응을 하는 방식으로 사용하여 ○○씨를 더 잘 돌볼 수 있도록 하는 방법에는 어떤 것들이 있을까요?

**자기이미지와 타인과의 관계**

치료 장면에 환자들이 들고 오는 많은 갈등은 자기 자신과 타인에 대한 왜곡된 관점을 동반하고 있다. 이 부분은 9장과 10장에서 초점을 둘 것이다. 이 부분의 내용은 대상관계에 초점을 둔 치료자들에게 가장 익숙할 것이다. 치료 작업은 자기 자신과 타인에 대해 균형 잡힌 연민의 관점을 갖도록 하는 데 초점을 둘 것이다.

환 자: 그러나 제가 항상 오직 나, 나, 나에 대해서만 생각하고 있다면 나를 사랑할 수 있는 사람을 어떻게 찾을 수 있겠어요?

치료자: 다른 사람에게 '아니요!'라고 말하는 것이 오직 '나, 나, 나'만 생각하는 것을 의미하나요?

환 자: 예, 그렇게 느껴져요. 제 말은 머리로는 그것이 사실이 아니라는 것을 알아요. 그러나 그런 것 같아요.

치료자: 물론이지요, 타인의 욕구에 ○○씨가 압도되도록 내버려 두는 것이 다른 사람에게 호의를 베푸는 것은 아니지요. ○○씨는 '아니요!'라고 말하는 것이 이기적이라는 메시지를 어디서 갖게 되었나요?

치료는 타인에 대해서 보다 통합되고, 균형 잡힌 관점을 갖도록 한다.

환 자: 상사는 저에게 참 잘해 주셨어요. 저는 그분께 '아니요.'라는 말을 못하겠어요.

치료자: 상사가 ○○씨에게 너그럽게 대했다는 것에 대해서 여러 번 이야기했어요. 그건 사실이지요. 그러나 당신이 묘사한 그 일—○○씨에게 일을 과도하게 시키는 것, 당신이 할 수 없는 불가능한 일을 요구하는 것—은 그 사람이 ○○씨에

게 잘해 주는 거라고 저에게 들리지 않는데요.

환　자: 아, 그분은 훌륭한 분이세요.

치료자: 그분은 많은 부분에서 그럴 수 있어요. 그러나 ○○씨의 친구 베스가 그녀의 상사가 한꺼번에 다섯 가지 일을 모두 끝낼 수 없는 상황에 대해서 그녀의 맘을 상하게 했는데도 그 상사는 엄청 좋은 사람이라고 말한다고 가정해 봅시다.

환　자: 실제로 제 친구가 그 비슷한 일을 말한 적이 있어요. 그 친구가 베스는 아니고 다른 사람이었는데요. 그런데 저는 그때 되게 화가 났어요. (마침내 그녀의 관점은 바뀌었다. 그녀는 화나는 감정을 가져도 괜찮다는 것을 보기 시작했다. 그녀는 상사를 이상화할 필요가 없었다.)

### 4부: 마지막 장들

이 책은 4부로 마무리를 한다. 11장에서는 우리의 치료를 DSM-IV 진단 맥락에 어떻게 적용할지를 다루었고, 12장에서는 종결에 대해서 다루었다.

### 주요 용어에 대한 논의

이 책과 짝을 이루는 책인 『성격 변화: 방어, 정서, 애착의 재구조화를 위한 불안 조절 단기 치료(Changing Character: Short-Term Anxiety-Regulating Psychotherapy for Restructuring Defenses, Affects, and Attachments)』(McCullough Vaillant, 1997)는 이 책 전체에서 반복해서 나타나는 많은 용어를 포함하고 있다. 다음에서는 책 이름의 각 표현이 어떻게 단기역동정신치료(STDP)의 측면을 반영하고 있는지를 논의하였다.

### 성격을 변화시키기

일반적으로 방어란 시작부터 대처하려는 가장 좋은 시도를 보여 준다. 주어진 상황에 따라 방어는 적응적일 수도 있다. 그런 시간이 흐르면서 방어는 점차 덜 적응적이 되는 상황까지 일반화된다. 기껏해야 경직되게 굳어진 방어는 경험을 충분하게 하지 못하게 하고, 가장 최악의 경우에는 방어가 성격장애—사고, 감정, 행동의 영속적인 부적응적인 패턴들—에 이른다.

정신역동적 갈등을 감정 공포로 봄으로써 학습이론의 행동 원리를 정신역동적 갈등에 적용할 수 있게 되고, 그래서 성격의 변화(change character or personality)를 가능하게 한다. (다시 말하면, 영속화된 이러한 부적응적인 패턴들을 없애거나 대폭 줄일 수 있게 해 준다.)

### 단 기

이 치료는 기능 수준이 좋고, 동기가 높아서 이미 변화에 대한 준비도가 높은 환자들에게 3시간 정도의 짧은 평가시간을 통해 영속적이고 효과적인 변화가 나타나도록 한다. 다른 성공적인 치료들은 50회기 혹은 그 이상의 회기를 필요로 한다. 우리의 목표는 적응적인 변화를 위해 충분한 시간을 허락하면서 시간 효율적이고자 하는 것이다. 이를 위해서는 환자의 핵심 정신역동적 갈등(감정 공포)과 관련된 구체적인 치료 목표에 초점을 두는 것을 필요로 한다. 성격 변화의 모든 측면을 완성하는 것이 아니라 과정을 시작해서 치료의 도구를 환자의 손 안에 가능한 한 빨리 쥐어 주는 것이다. 따라서 환자의 삶의 맥락에서 변화를 계속 지속시킬 수 있다.

50회기 이상의 회기는 치료관리 체제(managed care system: 미국에서 심리치료에 대한 보험 적용 시스템, 역자 주)에서 규정하기로 '단기'로 보기는 어렵다. 그러나 수십 년 동안 굳어진 성격적인 문제를 12~18개월 동안의 치료를 통해 해결한다는 것은 분명히 시간 효율적이다! 영속적인 성격 변화를 이루고자 하면서 이 목표는 가능한 한 이런 변화를 빨리 제공하고자 함을 의미한다. 부산물로 환자들과 사회는 경제적인 이득을 얻게 된다. 경제적 이득이 중요하지만 이것이 영순위는 아니다. 이 치료는 '2등급의 신속한 치료'가 아니라 '1등급의 깊은 수준의 치료 과정'을 제공하는 것이다. 또한 치료가 상대적으로 '단기'일 때 환자에게 미치는 가치가 보다 높아진다고 생각한다.

### 불안 조절

불안 조절은 우리의 치료에 가장 근본적인 기법 중의 하나다. 환자의 불안(혹은 다른 부적응적인 억제 감정들)은 억제 감정 체계적 탈민감화 과정에서 반복적으로 이끌어 내어지고, 탐색되고, 감소된다. 이것은 불안을 불러일으키는(anxiety-provoking) 기법들(홍수법과 같은 행동치료 기법과 유사한 방법들)과는 대비된다. 물론 이러한 행동치료 기법은 높은 수준의 불안을 불러일으켜도 견딜 만한 환자에게는 효과적이지만, 불안 조절은 보다 넓은 범위의 환자들에게 도움을 줄 수 있다.

### 심리치료

우리의 치료는 기본적으로 정신역동적이다. 그러나 전통적인 정신분석 그리고 전통적인 장기 정신역동 치료와 중요한 측면에서 차이가 있다. 한 가지 근본적인 차이는 환자가 '중립적'이지 않고 적극적으로 관여한다는 것이다.

- 치료자는 목적지향적인 치료 초점을 유지한다. 그렇지 않으면, 치료자는 환자가 갈등이 되는 감정과 변화를 피하려고 사용하는 방어에 교묘하게 결탁할 수 있다.
- 치료 스타일이 적극적이고 협력적이다. 해석을 거의 즉각적으로 하게 되고, 치료자와 환자 간의 적극적인 협력 안에서 발전시켜 나간다.
- 치료가 지시적일 수도 있다. 치료자는 필요할 때는 기꺼이 환자를 가르치거나 안내할 수 있다.
- 완전한 전이 신경증이 발전되지 않도록 한다. 전이 이슈들은 일반적으로 즉시 식별해서 일어나는 대로 훈습해 나갈 수 있다.

### 재구조화

재구조화는 사람들이 세상을 바라보고, 경험하고, 기억하는 방법을 재조직하는 것으로 생각할 수 있다. 이것은 주로 체계적인 탈민감화 과정을 통하여 얻어질 수 있다. 그러나 앞에서 기술한 치료 목표들은 치료자들이 재구조화의 몇 가지 측면에 초점을 두는 데 도움을 줄 수 있다. 이러한 과정에서 방어는 보다 유연해지고, 감정은 자유로워지며, 불안은 적응적인 수준으로 줄어들고, 자기이미지와 타인에 대한 애착은 바뀐다.

### 방어와 감정

이 치료의 전체를 아우르는 목적은 환자의 어려움에 기반하고 있는 정신역동적 갈등을 감정 공포에 대한 체계적 탈민감화를 통하여 해결해 나가려는 것이다. 이를 위해 환자들은 먼저 방어—갈등적인 적응적 감정을 피하기 위해 사용하는 행동들—를 포기해야 할 필요가 있다. 방어가 너무 견고하게 자리 잡지 않았다면, 환자들은 불안 수준을 낮춤으로써 적응적인 감정을 보다 더 경험할 수 있다.

## 애 착

건강한 애착(attachment)은 친밀하고 솔직한 관계에서 자율성과 상호의존성의 균형을 잡는 것을 의미한다. 이러한 애착을 통해 건강한 의존성(욕구에 기초한 의존성이 아니라)을 가질 수 있다. 더불어 타인에 대한 애착은 '자기에 대한 애착'이라고 생각되어지는 것과 긴밀하게 얽혀 있다. 우리 모두는 인생 전체를 통해 타인의 확증을 필요로 한다. 우리는 또한 초기의 건강한 애착으로 인해 사람들이 할 수 있는 것들을 할 수 있어야 한다. 즉, 다른 사람으로부터의 사랑과 지지의 '저장소'에 대한 기억을 유지하고 담아낼 수 있어서 다른 사람들이 없거나, 우리가 원하는 만큼 확증해 주지 않을 때도 너무 빨리 고갈되지 않는 것이다. 우리의 치료에서는 전이 왜곡을 기꺼이 짚어 주기는 하지만 환자와 치료자 간의 실제 관계(real relationship)를 강조하여 건강한 애착을 맺을 수 있는 능력을 키워 나가는 데 도움을 주고자 한다.

## 결 론

이 책에서 우리가 의도하는 것은 단기역동정신치료(STDP) 이론과 기법에 관한 통합된 패키지를 제공하여 효과적이고 시간 효율적인 치료를 이끌도록 하는 것이다. 물론 모든 치료자는 새로운 정보와 기법을 자기 자신의 스타일에 동화시켜 나간다. 우리는 이 치료가 모든 사람에게 맞는 것은 아니라는 것을 알고 있다. 그리고 만약 당신이 그런 경우라면 '당신이 원하는 것을 취하고, 나머지 것들은 버려라.'라고 말하고 싶다. 어떤 경우이든 우리가 바라는 것은 이 책의 관점과 기법이 우리에게 도움이 되었듯이, 당신에게도 도움이 되기를 원한다. 그래서 당신의 환자들에게 보다 효과적이고, 시간 효율적인 치료를 할 수 있게 되기를 바란다.

# 제1부

# 이론, 평가 그리고 개념화

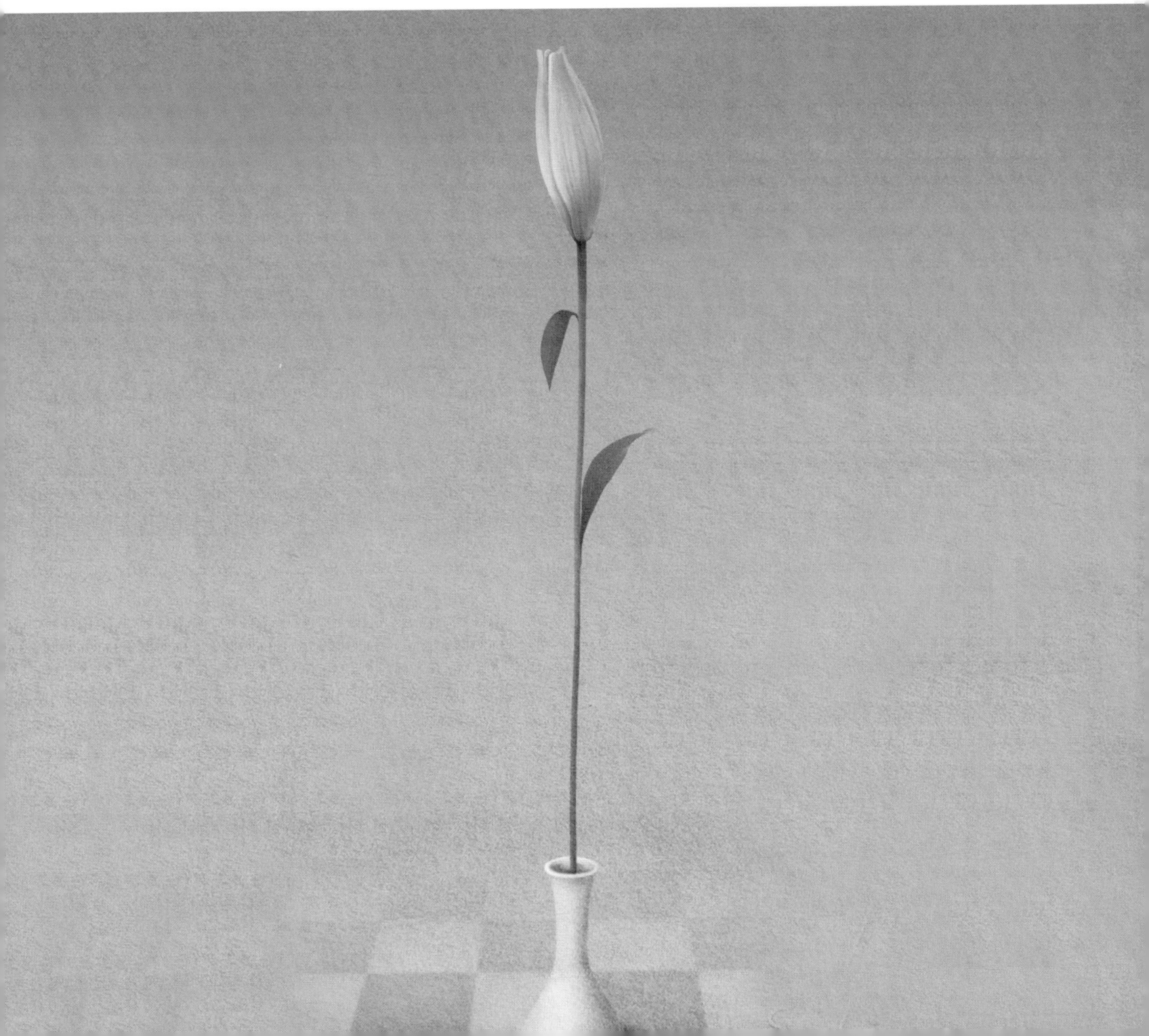

제1장

# 단기 치료에서의 감정 그리고 감정 공포

**목표** 감정 공포의 기본 개념과 심리치료에서의 감정 공포의 중요성에 대해 설명하기

**다루는 주제**
1. 감정 공포란 무엇인가
2. 이 치료는 왜 감정에 초점을 맞추는가
3. 감정의 정의와 분류
4. 적응적 감정 표현 대 부적응적 감정 표현
5. 감정 공포의 발달과 치료: 서론
6. 불안 조절의 중요성
7. 치료의 목표

## 1. 감정 공포란 무엇인가

이 책의 단기역동정신치료(Short-Term Dynamic Psychotherapy: STDP) 모델은 우리의 감정에 대한 갈등—우리가 **감정 공포**라고 부르는—이 대부분 심리적인 장애의 기저에 있다는 가정을 기반으로 하고 있다.

### '외부의' 공포

공포는 대부분의 치료자에게 친숙한 개념이다. 공포를 가진 사람은 다양한 외부 자극, 예를 들면 다리, 거미, 열린 공간, 높이, 또는 사회적 상황에서 두려움을 느낄 수 있다. 불안을 최소화하기 위해서 환자들은 그것을 피하기 위해 다양한 행동을 한다. 이러한 공포스런 자극은 외부에 있기 때문에 그 공포는 '외부의' 공포로 생각될 수 있다.

### '내부의' (감정) 공포

놀랍게도 앞에서 설명한 외부의 공포와 비슷한 패턴이 정신역동 치료에서 관찰된다. 리 맥컬로우는 단기역동정신치료(STDP)의 비디오테이프를 여러 시간 시청한 후 '정신역동적 갈등'을 학습이론의 관점에서 **감정 공포**—감정에 대한 공포(McCullough, 1991, 1993, 1994, 1998)—와 동등하게 바라보고 개념화할 수 있음을 알게 되었다. 이러한 공포들은 내부의 감정 상태에 관한 것이므로 그녀는 '내부의' 공포로 생각했다.

### 환자는 감정을 회피하기 위해 방어를 사용

공포를 가진 누군가가 다리를 피하기 위해 길을 벗어나서 먼 거리를 달리듯이, 환자들은 특정 감정(느낌들)의 경험과 표현을 종종 피한다. 한 환자는 슬픔을 피하려고 하고, 다른 사람은 화를 피하려고 하고, 또 다른 사람은 친밀함을 피하려고 할지 모른다. 그리고 외부의 공포를 가진 환자처럼 감정 공포를 가진 환자는 특정 회피 생각, 감정, 그리고 행동—정신역동 언어에서 **방어**로 해석되는—을 발달시킴으로써 감정들을 피한다. 환자로 하여금 갈등 감정을 피하도록 돕는 회피반응—또는 방어들—의 주된 방법은 그 감정들을 무의식 또는 의식의 밖에 저장하는 것이다. (하지만 감정은 무의식 상태일지라도 지속적으로 강력한 효과를 갖는다. 예를 들면, 분노, 슬픔, 또는 부드러움은 우리가 인식하기 전부터 오랫동안 우리 안에서 만들어진다.)

### 감정 공포의 예

화가 나거나 자기주장을 하는 것을 싫어하는 사람은 대신 침묵하거나, 울거나, 우울감을 느끼거나, 고분고분하게 행동함으로써 방어적으로 행동할지 모른다. 또는 한계에 부딪히게 될 때, 통제를 잃고 부적절하게 채찍질을 할지도 모른다. 감정 공포 때문에 이 사람은 그들의 화난 감정 또는 자기주장의 감정에 대해 한계를 설정함으로써 더 적절하게 반응할 수 없을 것이다.

만약 비탄이 두려운 사람이라면 눈물을 억누르거나, 가벼워지려고 킬킬 웃거나 함으로써 감각이 마비될 것이다. 그러고 나서는 흐느껴 울기보다는 감정이 없어지고 그리고 위안을 얻을 것이다. **부드러움** 또는 **돌봄**에 대해 공포를 느끼는 사람은 친밀함에 대해 개방하기보다는 종종 거칠게 행동하고, 바쁜 상태로 머물거나 타인을 평가 절하한다. 이것은 감정 공포의 몇몇 예에 불과하다. 적응적 감정을 방어하는 많은 방법이 있다.

두려운 감정을 피하는 많은 방법이 심리치료에서 만나는 문제의 대부분을 불러일으킨다는 우리의 입장을 지지하기 위해서 우리는 감정 그 자체의 주제로 방향을 돌린다.

## 2. 이 치료는 왜 감정에 초점을 맞추는가

### 감정은 중요한 신호

감정은 인생 경험에 대한 사람들의 반응에 대해 매우 중요한 정보를 가지고 있다. 이러한 '감정 정보'를 추방하는 것은 자기의 핵심 부분을 잘라 내는 것이다. 우리는 감정에 따라 달라진다는 중요성 때문에 이 치료 기법은 환자에게 직접 물어보라고 가르친다.

> "나의 감정은 나에게 무엇을 말하고 있는가?"

환자가 모든 감정을 행동으로 표현할 필요는 없지만, 주의를 기울여야 하는 중대한 신호로 여겨야 한다.

### 감정은 인지에 비해 주의를 덜 받음

정신역동과 인지치료 둘 다 인지(사고), 지적 통찰 그리고 해석에 주로 초점을 맞춰 왔다. 감정의 실제적 **경험**은 거의 중요시되지 않았다. 많은 환자가 우울 그리고 불안의 문제를 가지고 치료 장면에 오기 때문에 이러한 사실은 놀랍다. 말할 것도 없이 더 의식적으로 사용할 수 있는 인지에 초점을 맞추는 것이 쉬웠을 것이다. 본 치료에서 우리는 치료적 변화 안에서 적응적 감정 경험의 중심적이고 결정적인 역할을 강조함으로써 인지적 · 감정적 균형을 바꾸는 것을 시도한다.

우리는 '감정적 초점은 좋은 것이다. 반면에 인지적 초점은 나쁜 것이다.'라고 말하려고 하는 것이 아니다. 인지는 치료적 변화에 있어서 기본적인 동인이고 항상 그럴 것이다. 더욱이 많은 인지치료자는 감정을 가지고 효과적으로 작업한다(예, '뜨거운 인지(hot cognitions)'의 이론을 가지고). 한편 많은 정신역동 치료자는 환자들이 감정을 **경험하는 것**을 돕기보다는 환자들이 감정에 대해 **얘기하는 것**을 돕는다.

물론 대다수의 환자가 우울이나 불안과 같이 직접적으로 감정에 관련된 문제로 치료에 오는 면도 있지만, 치료가 왜 감정에 초점을 맞추어야 하는지에 대한 수많은 다른 이유가 있다.

### 감정은 일차적인 동인

치료에서 많은 작업들이 우울이나 불안과 같은 증상뿐만 아니라 환자들의 **행동**을 바꾸는 것에 초점을 맞춘다. 감정 이론가인 설리번 톰킨스(1962, Vol. 1, pp. 28-87)에 따르면, 우리를 행동하게 하거나 특정 행동의 경향성을 갖게 하는 세 가지 동기 구조—내부 신체의 감각 또는 감정—가 있다고 한다.

- 생물학적 욕동(배고픔, 목마름, 성욕 등)
- 신체적인 고통
- 감정(분노, 비탄, 슬픔, 흥분, 두려움, 수치심, 기쁨 등)

톰킨스가 지적한 것처럼, 감정은 그것들과 연결된 경험 모두를 확장하고 확대시키기 때문에 **감정은 행동의 일차적인 동인**이다. 흥분은 경험에 생기를 돋게 하는 반면 두려움, 수치심, 또는 혐오감은 억제시킨다. 수치심은 모든 것을 너무나 쉽게 좌절시키는 반면에, 기쁨은 과업에의 참여를 고무시킨다. 비록 욕동들(예, 배고픔, 목마름, 성욕)이 행동을 동기화할지라도 감정이 더욱 강력한 힘을 부여할 수 있다. 예를 들어, 수치심이란 감정이 얼마나 쉽게 성적 욕동을 억제할 수 있는지 또는 비만에 대한 혐오감이 몇몇 사람들에게 먹는 것을 어떻게 거부하도록 만들 수 있는지를 고려해 보라(Tomkins, 1992 참조).

**만약 감정이 인간의 본성에서 일차적인 동기 세력이라면 환자들의 행동 변화에 강한 영향을 미치기 위한 수단으로서 감정은 우리의 임상 이론과 실제에서 중심이 될 필요가 있다.**

### 감정적인 결합은 변화가 가능

톰킨스는 욕동과는 다르게 감정적인 결합은 변화될 수 있다는 것을 지적했다(1992, pp. 23-27). 우리는 우리의 욕동을 변화시킬 수 없다. 우리는 음식을 먹는 것과 음료를 마실 것을 필요로 한다. 그리고 우리의 성적 지향은 꽤 잘 고정되어 있다. 그러나 우리가 수치심이나 두려움을 느끼는 것을 습득한 것은 변화시킬 수 있다. 우리는 자신을 부끄러워하기보다는 자부심을 느끼는 것을, 사회적 관계에 대해 불안해하기보다는 즐거워하는 것을, 또는 화나거나 혐오하기보다는 흥미를 느끼는 것을 배울 수 있다. 우리는 또한 우리의 슬픔, 분노, 상처받음, 또는 성적 감정을 경험하는 것을 덜 두려워하고, 덜 수치스러워하게 되는 것을 배울 수 있다. 감정이 가져다주는 정서적 편안함과 정서적 고통의 감각에 덧붙여 이러한 내적 신호는 또한 행동을 안내하고, 결정하고, 동기화한다. 그래서 환자가 행동을 이해하고, 예견하고, 통제하도록 돕기 위해 부적응적이거나 적응적인 반응들을 이끌어 내는 감정적인 결합을 이해하고 변경하는 것이 필수적이다. **'학습'된 감정적인 결합은 탈학습 상태가 되거나 재학습될 수 있다.**

물론 '학습'은 인지적인 교재 학습, 선언적 지식, 또는 지적 통찰 그 이상을 의미한다. 행동 변화를 위해서 환자는 반드시 절차적 학습 또는 실행에 의한 학습을 경험해야 한다. 환자의 감정, 생각 그리고 행동은 반드시 **신체적으로 느껴지는 것, 몸으로 경험되는 것**에 근거되어야만 한다. 본 치료의 목적은 환자에게 '재학습' 또는 부적응적인 행동에의 변화를 이끌어 낼 수 있는 내장의 감정 경험을 제공하는 것이다.

**감정적 결합이 경험을 통해서 학습되고 변경될 수 있다는 사실은 바라지 않는 행동을 변경하는 심리치료 과정에서 감정을 특히 유용하고 영향력 있는 것으로 조명하게 만든다.**

### 감정은 식별하기 곤란

비록 감정이 사람들의 행위를 지시하는 몸의 신호이지만, 감정은 종종 사람들의 인식 밖(즉, 무의식)에 존재한다. 그 때문에 감정은 환자와 치료자 둘 다 식별하기가 어렵다. 예를 들면, 환자들은 밖으로 폭발하기 전까지는 증가하는 분노, 슬픔 또는 부드러움을 알아차리지 못한다고 종종 말한다. 따라서 내적 감정 신호들이 찾아지지 않는다면, 의식 상태에 이르게 되고 마음을 쓰게 된다. 그러면 보이지 않는 감정적 힘이 환자의 행동을 지시하거나 유지하게 될 것이다. 핵심적으로 동기를 부여하는 감정의 실재를 놓치는 것은 변화를 위한 결정적인 치료적 기회를 놓치는 것을 의미한다.

### 감정은 두려워하고 피하기 쉬움

감정은 종종 대면하고, 견디고, 통제하기 어려울 수 있다. 환자는 감정에 두려움을 갖거나 피하려고 할 뿐만 아니라 치료자도 종종 그렇게 한다. 치료에서 감정에 명시적으로 초점을 맞추는 것은 환자와 치료자 두 사람 모두에게 감정을 떠나는 경향을 제한할 수 있다. 수련생이 감정에 초점을 맞추는 도전적인 시도를 하도록 준비시키는 훈련 프로그램을 고안하는 것 또한 감정에 초점을 맞추는 것을 도울 수 있다.

### 감정은 신경의 첫 번째임

변연계와 중뇌 영역은 대뇌의 신피질에 앞서서 발달되었고, 진화론적인 발달을 통해서 상대적으로 그대로 보존되어 왔다. 감정은 변연계와 중뇌에서 주로 생성되는 것으로 보인다. 반면에 언어에 기반한 사고와 감정의 조절은 대뇌의 신피질에서 주로 처리된다. 비록 감정과 사고가 긴밀하게 상호 연결되어 왔지만, 감정이 더 기본적이고 우선적인 역할을 할 것이라는 가능성이 고려될 필요가 있다.

비록 변연계와 중뇌가 종종 '원시적인' 것으로 평가 절하되지만, 정서적 처리는 생존에 결정적이기 때문에 진화에 의해서 정밀하게 아주 잘 보존되어 왔다. 이것의 좋은 예가 바로 '조건화된 두려움' 반응이다(LeDoux, 1996). 생존하기 위해서 위협적으로 보이는 감각의 입력은 가능한 한 빨리 처리될 것이 요구된다. 이것은 변연계의 편도에 할당된 일이다. 이 속도의 값어치는 정확성이다. 편도는 뱀을 막대기로 오판할 수도 있고 '투쟁 또는 도피' 반응을 시작할 수도 있다. 피질은 정보를 더 차별적으로 처리하기 위해서 별도로 약간(천분의 몇 초)의 시간을 쓴다. 그리고 만약 뱀이 막대기란 사실이 드러난 이후에는 편도의 반응을 억제한다.

유추에 의하면, 감정의 경험에 초점을 맞추는 개입은 변연계와 하부의 뇌 체계에 더 효과를 나타내는 반면에 인지에 초점을 맞추는 개입은 피질에 더 효과를 나타내는 것으로 추측할 수 있다. 대처 기술과 같은 더 전적으로 인지적인(대뇌피질의) 개입은 즉각적인 감정적(변연계의) 반응을 억제할지 모른다. 그러나 문제의 근원에 접근하기 위해서는 감정의 경험이 매개되는 변연계와 중뇌를 다루는 것이 요구된다.

### 감정은 언어에 기반한 인지보다 우선함

진화에서 마치 감정이 언어에 기반한 인지(사고)에 우선하는 것처럼, 신생아의 발달에서도 감정과 동기는 언어에 기반한 사고 이전에 출현한다. 비록 인지와 감정이 발달적 진행으로서 철저하게 뒤얽혀 왔지만, 감정은 출생 시 유아에게 주어지고 주된 것이며 그리고 언어발달에 선행한다. 스턴(1985, 4장)은 유아의 '핵심' 자기의 발달에서 감정적인 경험의 중요성을 지적했다. 감정은 유아를 동기화하는 것에서 그리고 자기감의 발달에 있어서 기초적인 힘이기 때문에 이러한 초기 감정적 학습 경험들이 임상 작업에서 고려되는 것이 필요하다.

### 감정은 인지와 뒤얽힘

감정과 인지는 발달하면서 깊이 뒤얽혀 있기 때문에 둘 다 성인기에 행동의 주요 동인이 된다. 인지는 안내, 조절 그리고 감정 선택에 있어서 지극히 중요한 역할을 수행하고, 부적응적 인지는 병리에 강하게 기여한다. 덧붙여 감정과 인지 사이의 강한 관계 때문에 인지적 개입은 감정과 행동을 수정하는 데 매우 효과적이다. 그러나 감정적 경험에 주의를 기울이지 않고 인지에만 주의를 기울이는 것은 행동의 근본적인 동인을 무시하는 것이다. 덧붙여 우리는 행동에 대한 인지적 개입의 상당 부분이 **기초적인 감정에 대한 개입의 영향력**에 기인될 수 있다는 것을 믿는다.

이 책 전체에 걸쳐 우리가 강조하는 것은 감정적인 경험이다. 그러나 우리는 또한 항상 (1) 감정적인 변화를 막는 **부적응적 인지**와 (2) 적응적인 감정 반응을 안내, 지지 그리고 통제하는 **적응적 인지**에 주의를 기울일 것이다.

### 감정 초점의 효능성은 연구에서 지지됨

마지막으로 증가되는 연구물들과 임상적 경험에서 갈등적 감정의 체계적인 추적은 환자의 고통을 경감한다는 것을 보여 준다. 두 차례의 임상적 시도에서 축 II에서의 C군 성격장애와 축 I 기분장애들에 대한 이 치료의 효능성을 실증해 왔다

(Winston et al., 1991, 1994). 추가로 감정에 초점을 두는 것의 효능성은 수많은 과정 연구에서 실증되어 왔다(McCullough, 1998, 2000 재참조).

### 요 약

비록 인지(사고)가 일반적으로 감정의 경험보다 더 많은 주의를 받아 왔지만 단기역동정신치료(STDP) 모델은 다음과 같은 이유들 때문에 감정에 초점을 맞춘다.

- 감정은 동기에 대한 기초 체계이며, 변화가 가능하다.
- 학습되어 온 감정적인 결합은 탈학습될 수도 있고, 재학습될 수도 있다.
- 감정은 항상 의식화되지 않을 수 있다. 그러므로 놓치기 쉬울 수 있다.
- 감정은 직면하고, 견디기 어려울 수 있다. 그러므로 체계적으로 역점을 두어 다루지 않으면 쉽게 회피될 수 있다.
- 감정은 진화 과정에서 인지 이전에 출현했다. 그리고 분리되어 처리되었고, 종종 뇌에서 인지 이전에 처리되었다.
- 감정은 유아의 발달에서 인지 이전에 출현한다.
- 감정에 초점을 맞추는 것은 단기역동정신치료(STDP)에서 두 차례의 임상적 시도에 의해 효과적인 것으로 실증되어 왔다.

## 3. 감정의 정의와 분류

### 정서의 정의가 가진 문제점

정서는 실체가 없고 보이지도 않는다. 따라서 구체적 외현적 대상보다 이름을 붙이기가 더 어렵다. 감정을 표현하는 단어에 관해 전 세계적으로 언어와 쓰기 둘 다에서 일관성을 갖기가 매우 어렵다. 정서 단어의 정의에서 명료함의 결여와 거대한 변이가 놓여 있는 상태에서 우리는 이 책에서 계속 사용하는 느낌, 정서 그리고 감정의 정의를 다음에 제시한다.

### 감정의 정의

**감정**은 우리로 하여금 동기화시키거나 행동하도록 움직이게 하는 심리적 · 신체적/생리적, 얼굴의 그리고 호르몬의 반응의 집합을 생물학적으로 부여한다. 감정은 흥미, 기쁨, 분노, 슬픔, 두려움, 수치심 그리고 경멸감을 포함한다. 이러한 감정 분류는 분리된 실체가 아니라 감정의 다른 군이다. 예를 들어, 두려움의 범주는 걱정, 불안, 경악 또는 공포와 같은 반응의 범위를 포함한다. 비슷하게 분노는 짜증, 공격성 또는 격노와 같은 형태의 범위를 포함한다.

비록 많은 학자가 정서 단어 사이의 구별을 제안해 왔지만(예, Tomkins, 1962, 1963, 1991, 1992; Basch, 1976; Damasio, 1994, 1999; Frijda, 2001; Lazarus, 1991; Oatley & Jenkins, 1996), 그 정의는 넓게 변이하고 문학에서 비일관되게 사용된다. 예를 들면, 톰킨스는 **정서**를 감정과 동의어로 사용하는 반면에, 다른 이론가들은 정서를 감정과 결합된 기록 또는 기억을 포함하는 것으로 정의 내린다(예, Basch, 1976; Nathanson, 1992). 많은 충돌하는 정의가 주어진 상태에서 어느 한 사람이 제안한 구별 집합이 우세할 것 같지는 않아 보인다. 이러한 이유로 톰킨스처럼 우리는 **감정**, **정서** 그리고 **느낌**을 대체로 교환적으로 사용한다.

### 느낌의 정의

**느낌**이란 단어는 비록 많은 정서 이론가들이 정서 또는 감정의 의식적 경험에 대한 용어로 규정함에도 불구하고, 정식의 정의가 주어지지 않는다. 단기역동정신치료(STDP)의 실제에서 치료자들은 다음의 예처럼 빈번하게 '감정'을 환자의 의식적 알아차림의 밖에 존재하는 것으로 간주한다.

치료자: ○○씨는 지금 슬퍼하고 있는 것처럼 보여요. 무엇을 생각하나요?
환 자: 네, 지금 선생님이 언급한 대로 저는 슬퍼요. 그것을 깨닫지 못해 왔어요.

그러므로 임상적 실제와 이 책에서 우리는 **느낌**이란 용어를 의식적 경험으로 제한하지 않고, 감정의 전의식적이고 무의식적인 경험을 포함하는 것으로 사용한다.

더욱이 **느끼다**는 동사는 뭔가 더 넓은 의미를 가지고 있다. 왜냐하면 사람들은 '그들의 감정을 느낄' 수 있을 뿐만 아니라 질감 또는 공간에서의 움직임과 같은 외부 감각들과 같은 다른 감각도 마찬가지로 잘 느낄 수 있기 때문이다. 이러한 이유로 **느낌**은 **감정**이나 **정서**보다 더 넓게 사용될 수 있다.

### 기본 감정

용어가 혼란스러울 수 있으나 다행히도 기본 감정 범주는 숫자상으로 몇 개 되지 않는다. 비록 전문가들이 분류의 미세한 부분에 대해 논쟁하지만, 가장 광범위하게 합의되는 네 개의 감정이 있다.

슬픔 분노 기쁨 두려움
(슬픈, 화난, 기쁜, 두려운으로 기억됨)

두 번째로 가장 많이 합의되는 네 가지 감정이 있다.

흥분 수치심 경멸/혐오 부드러움/돌봄

이러한 감정 단어는 각각 극단의 범위를 포함하는 가까이 관련된 느낌들의 '군'을 나타내기 때문에 우리는 **즐거움/기쁨** 또는 **두려움/공포**와 같이 감정 군에 대한 이중 용어를 사용함에 있어서 톰킨스의 정의를 따른다.

### 감정의 두 그룹

임상 작업에서 행동 변화가 주된 초점일 때, 이러한 감정 군을 두 그룹으로 분리하는 것이 도움이 된다.

- **활성화 감정**(예, 분노)은 우리를 개방하게 하고, 관여하게 하고, 다가가게 한다.
- **억제 감정**(예, 수치심)은 우리를 닫게 하거나, 철회하게 하거나, 회피하게 한다.

대부분의 감정은 한 그룹에 속하거나 다른 그룹에 속한다. 하지만 몇몇 감정(두려움 그리고 혐오)은 활성화 감정과 억제 감정 둘 다에 속할 수 있다. 다음은 각 감정 용어와 관련된 기본 감정 군의 목록이다. 이러한 감정 범주는 톰킨스의 작업으로부터 도출된 것이지만 임상적 사용을 위해 수정되어 왔다.

### 활성화 감정

활성화 감정은 우리를 활력 있게 만들고, 행동을 시작하도록 한다. 피하기보다는 접근하게 하고, 닫아 버리기보다는 열도록, 멈추기보다는 달리게 한다. 이러한 각각의 감정은 적응적 또는 부적응적인 방법으로 쓰일 수 있다(4절 하단 참조). 그렇지만 이 치료는 환자를 활성화 감정의 적응적 · 건설적인 버전으로 안내한다. 여덟 개의 활성화 감정의 범주는 다음과 같다.

- **분노/주장: 성가심, 짜증, 노여움, 격노, 격분, 분개**

**기능**: 요구를 주장하기 위해, 한계를 정하기 위해, 원하지 않는 행동이나 경계 침해를 뒤로 밀어내거나 멈추기 위해 활성화한다. 톰킨스는 **분노/노여움**을 언급한 반면, 우리는 적응적인 분노의 표현의 중요성을 강조하기 위해 항상 **분노**를 **주장**과 함께 언급한다는 것을 유의하라.

- **슬픔/비탄: 비애, 눈물 흘리기, 울부짖기, 흐느끼기, 애도하기**

**기능**: 울기 위해, 사회적 지지에 관여하기 위해, 고통을 경감하기 위해 그리고 상실을 받아들이기 위해 활성화한다. 톰킨스는 이 범주를 고통/괴로움이라고 부른다. 우리는 임상 작업에서의 중요한 목표—'비탄 작업'—를 강조하기 위해 그리고 자주 고통이나 괴로움의 부적응 형태로 나타나는 감정의 억제된 형태인 정서적 고통과 구별하기 위해 그것을 슬픔/비탄이라고 언급한다.

- **두려움/공포: 경악, 공포, 전율, 공황**

**기능**: 도망치기 위해 활성화한다. 두려움은 행동을 억제할 수 있다(불안에서와 같이). 우리는 이것을 다음의 억제 감정 부분에서 논의할 것이다.

- **즐거움/기쁨: 행복, 만족, 평안, 침착, 즐거움, 수용, 승리, 평화, 경의, 놀라움, 황홀, 경건한 기쁨**

**기능**: 마음과 몸을 진정시키고 가라앉히기 위해, 유쾌한 행동들을 반복하기 위해 활성화한다. 근육 이완과 마음 비우기, 차분히 수용하는 것의 활성화다.

- **관심/흥분: 매력, 호기심, 열중, 소망, 열망, 충만, 재미**

기능: 집중된 주의, 접근 또는 탐구적인 행동의 활성화다.

- **친밀함/부드러움: 돌봄, 연민, 사랑, 애착, 헌신, 자부심 또는 만족감, 신뢰, 영향받기 쉬움**

기능: 다른 사람들에 대한 개방과 믿음뿐만 아니라 다른 사람들의 요구에 대한 자애로운 반응의 활성화다. 다른 사람을 끌어안고, 만지고, 껴안고, 돌보고, 수용적이 되고, 개방적이고, 그들에게 영향받기 쉬운 것의 활성화다. 임상작업에서 애착과 대상관계의 중요성 때문에 우리는 톰킨스의 긍정적 감정들의 이러한 뒤섞임을 분리한다. 그것들이 다른 것들, 즉 **관심/흥분**(로맨틱한 사랑과 매력의 기본) 대 **즐거움/기쁨**(결합 또는 헌신적인 사랑의 기본)과 같이 경험되기 때문에 우리가 **친밀함**이라는 용어를 자주 부드러움, 돌봄 그리고 믿음의 혼성어로 사용하는 것에 주의하기 바란다.

- **자기에 대한 긍정적인 느낌: 자기연민, 자기돌봄, 자기존중감, (건강한) 자기 안의 자부심 또는 기쁨, 자신감, 자기가치감**

기능: 이전의 범주처럼, 이것은 톰킨스의 기본 감정의 혼성어다. 하지만 이번에는 자기(self)에 주의를 기울인다. 자기에 대한 긍정적인 느낌은 긍정적인 자기존중감을 유지하고 자기 또는 자기돌봄의 통합을 보호하는 기능을 한다. 정신건강에서 자기감이란 쟁점의 중요성 때문에 이 범주는 임상작업에서 매우 중요하다.

- **성적 욕구: 각성, 호색적인, 정욕, 성적 열정**

기능: 성적 행동을 하기 위해 활성화한다. 톰킨스에 따르면, 이 범주는 감정이라기보다는 추동(drive)이다. 성적 느낌의 공포가 임상작업에서 중요하기 때문에 여기에 포함되었고, 감정과 정확히 같은 방식으로 다루어질 수 있다.

### 억제 감정

억제 감정은 우리로 하여금 행동을 멈추게 하고, 나아가기보다는 철회하게 하고, 느슨하게 하기보다는 조이게 만든다. 억제 감정은 우리를 제어하고, 우리의 반응을 조정한다. 억제 감정이 적당히 사용될 때는 극도로 유용하지만 너무 많이 사용되거나 너무 적게 사용될 때는 병리가 발생할 수 있다.

- **불안/공황: 두려움/마비되는 공포, 우려, 걱정, 신경과민, 각성, 공포, 전율**

기능: 사람이 위험에 빠질 수 있는 행동을 억제한다.

- **수치심/모욕감: 자의식, 당황, 굴욕감**

기능: 자신의 자기감에서 받아들여지지 않는 행동을 억제한다.

- **죄책감: 유죄, 비난, 자기질책**

기능: 문화적 또는 사회적 규칙, 또는 법에서 받아들여지지 않는 행동을 억제한다.

- **정서적 고통/비통: 상처, 혼란, 우울, 고통, 괴로움, 고뇌, 불행**

기능: 불쾌함 또는 괴로움으로 인한 행동을 억제한다. 이것은 우리가 임상작업에서 종종 보게 되는 반응인데, 하나의 기본 감정은 아니다. 그것은 아마도 여러 감정의 혼합물인 것 같다(예, 고통/비통, 죄의식, 수치심, 화 또는 두려움).

- **경멸/혐오: 멸시, 무시, 증오**

기능: 타인과의 친밀함을 억제한다. 임상적으로 이 감정은 성적 갈등 또는 외상에서 가장 자주 나타난다. 비록 우리가 경멸/혐오를 억제 감정의 목록에 포함시키지 않을지라도 불안, 수치심 그리고 고통이 억제를 설명하지 못하는 경우에 경멸/혐오가 마음속에서 자각될 것이다.

## 4. 적응적 감정 표현 대 부적응적 감정 표현

감정이 어떻게 사용되는지 그리고 그 결과에 따라서 개인과 개인의 사회적 환경에 유용한지(적응적) 또는 해로운지(부적응적)의 여부가 달라진다. 예를 들어, 분노는 적절한 한계를 설정하는 데 잘 사용될 수 있고, 또는 성미 폭발, 도로 분노, 폭력처럼 잘못 사용될 수도 있다.

### 감정 경험 대 감정 표현

감정이 적응적인지 부적응적인지를 판단하기 위해 감정의 내적(심리 내적) **경험**과

외부(대인 간) **경험** 사이를 구별하여 비교해 보는 것이 도움이 된다. 종종 감정이 적응적인지, 부적응적인지는 대인관계에서 표현되는 방식에 따라서 결정된다. 그러나 몇몇 감정(예, 자기에 대한 심한 손상을 입히는 수치심)은 주로 내적 경험의 강도에 따라서 해로울 수 있다.

이러한 적응적 감정과 부적응적 감정 사이의 구별은 많은 임상가에게 친숙하지 않을 수 있다. 그러나 단기역동정신치료(STDP)를 효율적으로 사용하기 위해서는 부적응적인 감정으로부터 적응적인 감정을 구별하는 것과 감정의 적응적인 표현과 행동에 대해 환자를 안내하는 것이 매우 중요하다.

### 적응적인 표현은 안도를 생성함

적응적인 감정은 몸 안에서 최초로 의식적으로 경험된다. 그러고 나서 전적으로 통제되는 방식으로 인지적으로 안내되어 대인관계에서 외부로 표현된다. 느낌의 적응적인 표현은 폭발적이지 않다. 적응적인 표현은 안도를 가져다주고, 상황을 낫게 만들고, 관계를 가깝게 만든다.

### 부적응적인 표현은 상황을 악화시킴

부적응적인 감정의 표현은 대인관계에서 파괴적이어서 더 거리감을 갖게 하고, 좌절감, 몰이해, 외로움 그리고 무망감 등 사람들 사이가 더 악화되는 감정을 초래한다. 정서의 부적응적인 표현으로 거론되는 몇몇 행동의 단서가 있다.

| | |
|---|---|
| 자기연민, 투덜댐, 뚱함, 피해자 역할<br>행동화, 제어되지 않은 행동<br>생각 없음<br>만성적인 지연<br>과장된 열광 | 가짜 평화로움, 겉치레<br>분별이 없는 카타르시스(울화통, 고함치기와 미쳐 날뛰기, 히스테리컬하게 흐느껴 울기) |

## 적응적 감정 버전과 부적응적 감정 버전

활성화 감정과 억제 감정 둘 다 부적응적인 버전과 적응적인 버전을 가질 수 있다. 활성화 감정(내부 · 외부의 표현을 포함한)의 적응적 형태 대 부적응적 형태의 몇몇 예시가 있다.

### 활성화 감정

| | 적응적 | 부적응적 |
|---|---|---|
| 비탄 | 비탄은 안도처럼 느낀다(해소 그리고 수용으로 이어짐). | 우울은 무망감, 절망, 쓸모없음, 자기혐오처럼 느낀다. |
| 분노 | 분노는 안도와 해결을 준다. | 공격은 상황을 나쁘게 만든다. |
| 돌봄 | 돌봄은 사람을 더 가깝게 한다. | 요구는 중독적이고 싫증나게 한다. |

활성화 감정처럼 억제 감정도 크게 적응적일 수 있다. 많은 유용한 방법으로 우리를 안내해 주기 위해 우리는 불안, 죄의식 그리고 수치심을 필요로 하지 않는가! 만약 모든 사람이 모든 느낌, 바람 그리고 요구를 거칠게 표현한다면 사회는 효율적으로 기능할 수 없을 것이다.

억제 감정은 억제가 너무 커서 그것이 마비될 때, 또는 너무 적어서 정서적 반응이 조절되지 않을 때 문제가 될 수 있다.

### 억제 감정

| | 적응적 | 부적응적 |
|---|---|---|
| 불안 | 불안은 자기나 타인을 보호하기 위한 요구의 신호다(예, 분노 표현을 부드럽게 하기). | 과도하거나 외상적 불안은 마비시키고, 적응적 행위를 막는다. |
| 수치심/죄의식 | 수치심과 죄의식은 양심의 가책을 진정으로 치유하고, 교정하게 만든다. | 수치심과 죄의식은 자기비난, 자기혐오, 또는 자기공격을 하게 한다. |
| 정서적 고통 | 정서적 고통은 상처받거나, 학대받는 상황을 피하거나 떠나게 도와준다. | 정서적 고통은 변화 또는 안도가 없는 괴로움과 불행이다. |
| 경멸/혐오 | 경멸/혐오는 건강한 분개에서 사용된다. | 경멸/혐오는 타인과 자신을 부적절하게 공격하는 것에 사용된다. |

### 적응적 표현을 만드는 것은 문화적 특성

적응적 감정 표현 여부의 판단은 누군가의 문화, 종교 그리고 사회적 환경에 의해 강하게 영향을 받는다. 비록 기본 감정들이 그 자체로 범문화적으로 타당화되어 왔지만(예, Ekman, 1984, 1992; Ekman & Davidson, 1994; Izard, 1990), 감정들이 어떻게 표현되야 하는지에 있어서 유의미한 문화적 변이가 있다. 예를 들면, 중국에서 분노의 적응적인 표현은 미국에서와 다를 수 있다. 이 책 전체에 걸쳐서 적절한 감정 표현의 예들은 광범위하게 (서구)북아메리카 문화에 기반하고 있다. 치료자는 자신의 것은 물론 자기 환자의 특별한 맥락과 문화에 따라 이러한 가이드라인을 수정하는 데 개방적이어야 한다.

이 책 전체에 걸쳐서 적응적 감정과 부적응적 감정 간의 차이를 기술한다. 2장에서 감정이 어떻게 방어적으로 사용될 수 있고, 따라서 어떻게 부적응적으로 되는지를 논의한다—차이는 7장에서 더 자세하게 다룬다.

## 5. 감정 공포의 발달과 치료: 서론

### 감정에 대한 갈등은 학습됨

감정 공포는 성장 과정에서 발달된다. 아기는 억제와 신경증적 갈등 속에서 자라지는 않는다. 유아들은 우리로 하여금 그들이 원하는 것과 원하지 않는 것을 알도록 만드는 강건한 능력을 가지고 있다. 그들은 기저귀가 축축하거나, 배가 고프거나, 피곤하면 운다. 그리고 종종 유아가 요구하는 것을 혼란스러워하는 부모가 해결할 때까지 우는 것을 멈추지 않는다. 생후 10일 된 영아는 엄마의 눈을 쫓는다. 그리고 몇 주 이내에 돌보는 이에게 팔을 뻗어 닿는다. 두 살배기 아이는 우리에게 '싫어요!'라고 힘차게 말한다. 어린이들은 자연히 세상에 대해 호기심이 많고, 열광적이고, 탐색적이고, 만지고, 그들의 앞에 놓인 모든 것을 맛봐야 한다. 부모나 돌보는 사람은 아이의 행동을 형성하기 위해서 두려움, 죄책감, 또는 수치심과 같은 억제 감정을 사용한다.

> "누군가를 미워한다고 절대로 말하지 마라!"
> "다 큰 여자아이는 울지 않는단다."
> "조용히 해라! 신경이 거슬리는구나!"

문제는 과도한 억제가 분노, 슬픔 또는 흥분과 같은 아동의 적응적인 활성화 감정을 대신하게 될 때 발생한다. 아동은 아마도 그때의 감정에 대해 공포를 느끼게 되고, 그로 인해 과도하게 억제되는 방법을 발달시킬 것이다. 아동은 허용되는 특정한 표현들인 사랑을 받거나 처벌을 면하게 되는 것들만 습득하게 될 것이다. 고전적인 조건형성의 과정에 의해 적응적인 활성화 감정은 연합된 억제 감정을 자동적으로 불러일으킬 것이다. 파블로프의 개가 종소리에 침을 흘린 것처럼, 어렸을 때 독단적이었거나 화나는 것에 대해 과도하게 수치스러워했던 사람은 자동적으로 독단적이거나 화나는 감정이 올라올 때나 그 감정이 시작될 때 수치심을 느낄 것이다.

### 감정 공포와 정신역동적 갈등

감정 공포는 (수치심과 같은) 억제 감정이 큰 고통을 유발하거나 (분노/주장과 같은) 활성화 감정이 적응적으로 표현되기에 너무 강렬할 때 발생한다. 같은 상황을 설명하는 데 사용된 또 다른 용어가 **정신역동적 갈등**인데, 이것은 활성화 감정과 억제 감정이 어떻게 반대 방향에서 심리내적 힘을 가하는지를 설명하고 있다(정신역동적 갈등에 대한 더 많은 내용은 2장 참조).

### 너무나 적은 억제는 자기에 대한 공포를 유발함

억제가 불충분한 경우도 있다. 그러면 두 가지 유형을 포함하는 문제가 발생할 수 있다. 첫째, 일정 수준의 억제가 없다면 아동은 충동적이게 되고, 그들의 행동을 통제하는 데 문제를 갖게 된다. 둘째, 충동성이 삶에서 유발하는 문제 때문에 수치심은 자기에 대한 긍정적인 감정을 차단하게 될 것이다. 또는 다른 말로 해서 자기-느낌에 대해서 감정 공포가 발달하게 될 것이다(예, 수치심은 건강한 자부심 또는 자기존중감을 차단한다).

환 자: 나는 항상 나쁘다. 나는 그런 나쁜 아이였다. 나는 항상 침착함을 잃고, 사람들을 돌게 만든다. 나는 나에게 어떤 문제가 있는지 모른다.

### 포괄적 용어로서의 불안

고전적 공포에서 두려운 외부의 자극이 불안을 촉발한다. 감정 공포에서는 내부의 자극(슬픔과 같은)이 어떤 억제 감정—불안, 죄책감, 수치심, 고통 또는 모욕감—

을 촉발할 수 있다. 고전적인 외부의 공포에 대한 유사성 때문에 우리는 억제 감정의 포괄적 용어로서 불안이란 용어를 종종 사용한다. 따라서 그 감정이 두려움이나 불안보다는 수치심이나 고통을 유발함에도 불구하고, 때때로 '두려운 감정'이라고 말한다. 역사적으로 이러한 경위로 하여 불안이란 용어가 단기역동정신치료(STDP)에서 사용되어 온 것이다(Malan, 1979 참조).

### 감정 공포 해결

행동치료에서 광범위한 연구와 임상 경험은 **체계적 탈민감화**(Wolpe, 1958)의 기술이 공포를 성공적으로 다룰 수 있다는 것을 보여 줘 왔기 때문에 감정 공포로서 감정과 관련된 갈등을 개념화하는 것이 유용하다. 정신역동적 틀 안에서 이러한 잘 검증된 행동적 방법을 연합시키는 것은 더 효과적이고, 더 시간 효율적인 치료를 만드는 것을 가능하게 한다(그 이상의 논의를 위해서 2장 참조).

### 체계적 탈민감화

체계적 탈민감화는 세 가지 주요(필수적으로 순차적이진 않음) 단계를 포함한다.

- 1단계 – **노출**: 두려운 자극에 직면하기
- 2단계 – **반응 중지**: 부적응적인 회피 반응을 못하게 하기
- 3단계 – **불안 조절**: 노출과 반응 중지 둘 다에서 불안을 감소하기

단기 치료의 더 앞선 '불안 – 유발' 모델(예, Davanloo, 1980; Mann, 1973; Sifneos, 1979)은 노출 동안에 의도적으로 높은 불안 수준을 유발했는데, 이것은 홍수법이라고 하는 행동치료 기법과 유사하다.

### 단계적 노출로서의 불안 조절

대조적으로 우리의 모델은 '체계적인' 또는 단계적인 탈민감화—**단계적 노출**로 알려진—를 획득하기 위해 불안 조절을 사용한다. 환자가 더 쉽게 견딜 수 있는 불안 수준에서 성공적으로 '더 가깝게' 만나는 경험을 하도록 함으로써 치료자는 환자가 단계적 방법 안에서 두려워하는 자극을 직면하도록 돕는다. 만약 환자의 불안이 너무 높아지기 시작하면, 치료자는 적응적인 수준으로 불안을 감소시키기 위한 기술

을 사용하기 때문에 우리는 이 모델을 '불안-조절하기'라고 부른다. 성공하기 위해서는 환자의 불안이 다루어질 수 있을 때까지 각각의 직면이 지속되어야 한다.

### 외부 공포증의 단계적 노출

전형적인 공포 치료에서 많은 중간적 단계가 있거나 또는 몇몇의 중간적 단계가 있다. 예를 들면, 엘리베이터를 무서워하는 환자는 처음에는 최소한의 불안을 가지고 수행할 때까지 엘리베이터를 생각하는 것에 맞닥뜨려야 한다. 다음 단계에서는 안전한 거리에서 엘리베이터를 바라보는 것, 치료자와 함께 엘리베이터 안으로 들어가는 것, 치료자가 밖에서 바라보는 상황에서 환자 혼자 엘리베이터 안으로 들어가는 것 등을 포함하여 환자가 두려움 없이 혼자서 엘리베이터를 타고 오르락내리락하는 것을 반복할 때까지 계속되는 과정이 있다.

핵심은 공포 불안 수준을 효율적으로 낮추는 것인데, 각 노출의 수준은 환자의 불안이 정상적 한도에 도달할 때까지 계속되어야 한다. 조건 공포 반응(이 경우는 엘리베이터)은 탈민감화되거나 '탈조건화'될 필요가 있기 때문이다. 불안이 없거나 성공적으로 감소되는 불안 상태에서 공포 자극을 경험하는 것은 자극과 억제 감정 사이의 조건화된 반응을 깨뜨리는 것을 돕는다. 하지만 여전히 불안 수준이 높은 도중에 노출이 수행된다면 공포는 탈민감화되지 않을 것이라는 것에 주의하는 것이 중요하다. 사실 자극과 불안 사이의 연결은 **강화**되거나 **민감화**될 것이며, 공포를 더 심각하게 만들 것이다.

### '내부 공포' 또는 감정 공포를 탈민감화하기 위한 노출

전형적인 외부의 공포에 사용된 같은 원리가 내부의 감정 공포를 치료하는 데 사용된다. 감정 공포를 가진 환자는 억제 감정(불안, 죄책감, 수치심, 또는 고통)이 덜 느껴지는 상태로 적응적인 감정의 각 수준을 경험할 수 있을 때까지 그들이 견딜 수 있는 수준에서 더 높은 '정량'의 두려운 감정(분노, 슬픔, 부드러움 등)에 대해 점진적으로 노출된다.

### 탈민감화는 적응적인 감정을 자유롭게 함

탈민감화는 활성화 감정의 적응적인 표현 형식을 감소시키는 것을 의미하지 않는다. 탈민감화는 억제 감정을 감소시키거나 조절하기 위해서 노출을 사용하는 것을 의미한다. 즉, 적응적인 활성화 감정을 눌러 왔던 불안, 죄의식, 수치심 또는 고통(억제 감정들)을 점진적으로 깨뜨림으로써 적응적인 감정의 내적 경험을 자유롭게 하는 것이다.

환 자: 저는 심지어 눈물을 흘리기[슬픔] 시작했을 때도 굴욕감[수치심]을 느끼곤 했어요. 다행히도 이제는 어떤 나쁜 일이 발생된다면 저를 울게 내버려 둘 수 있고 위안을 느낄 수 있을 거예요!

### 노출을 유지하기 위한 반응 중지

특정 공포를 가진 환자는 두려운 자극을 피하려고 한다. 따라서 효과적인 노출이 되기 위해서는 치료자는 환자가 이러한 부적응적인 회피 반응을 중지하도록 도와야만 한다. 비슷한 방법으로 감정 공포를 가진 환자는 갈등되는 감정을 피하기 위해 많은 방어적인 방법(주지화, 해리, 억제 등)을 사용한다. (방어는 2장에서 더 깊이 다룬다.) 효과적인 노출이 되기 위해서는 이러한 부적응적인 반응들이 감소되거나 제거될 필요가 있다(반응 중지). 방어 재구조화에 대한 내용을 담고 있는 5장과 6장에서 반응 중지에 대한 많은 전략을 다룬다.

### 불안 조절은 민감화를 방지

앞에서 언급한 것처럼 외부의 공포에서 억제 감정(예, 수치심 또는 불안)이 여전히 높은 동안에 노출을 시행하는 것은 감정 공포를 민감화시킴으로써 갈등 증가의 위험을 작동시킨다. 이것은 불안-유발 치료에서의 위험한 현상이며, 이 치료에서 불안 조절을 중요하게 다루는 이유 중 하나다.

## 6. 불안 조절의 중요성

### 유발되는 불안은 필연적 현상

단기역동정신치료(STDP)가 시행 중이고 효율적일 때 치료자들은 자주 억제 감정을 자극한다. 이전 절에서 논의한 것처럼 갈등 감정에 대한 노출은 불안(또는 죄책감, 수치심, 고통 또는 경멸)을 자극한다. 그러나 또한 이러한 억제 감정들이 발생하는 많은 다른 지점이 있다. 예를 들면, 환자의 회피 행동(예, 앞에서 논의한 것처럼 반응 중지)은 종종 불안 또는 수치심을 일으킨다는 것을 지적할 수 있다.

불안 조절은 이러한 급속한 노출의 치료 양식을 환자가 견딜 수 있도록 만드는 열쇠다. 그 이유 때문에 치료 개입에 초점을 두는 각 장은 불안 조절에 대한 특별한 절을 가지고 있다.

### 노출하라, 불안을 조절하라, 반복하라

일반적으로 치료는 간단한 순환적 유형을 따른다. 노출의 모든 종류는 불안을 자극한다. 그리고 환자의 불안이 너무 높아지기 시작하면 치료자는 두려움을 탐색하고, 그것들을 감소하는 것을 도와줄 불안 조절 기술을 사용해야 한다. 그다음에 가능한 한 빨리 그 초점은 지속되는 노출에 되돌아와야 한다.

노출 그리고 반응 중지로부터

↓

불안 조절로

↓

노출과 반응 중지로 다시 돌아오기

이러한 노출로부터 불안 조절에까지 움직이는 과정과 노출로 돌아오는 과정은 환자들이 건강한 감정 반응을 자유롭게 할 수 있을 때까지 갈등을 탈민감화하기 위해 다시 또 다시 반복되어야 한다.

### 한계 내에서 불안 유지하기

감정에 대한 노출 동안에 환자들의 순간-대-순간의 갈등 경험은 다룰 수 있는 한계 내에서 유지되어야 한다. 그리하여 감정에 대한 노출은 감정 공포를 증가시키기보다는 감소시키는 것을 지속할 수 있다.

### 단계적 노출에 대한 불안 조절

감정의 경험하기(7장 참조)가 진행되는 한(즉, 환자가 감정적으로 괴로운 신체 감각을 가진 기억을 통해 진행하는 한), 즉 그때는 불안 조절이 거의 필요치 않다. 그러나 환자가 계속하는 것을 어려워하게 될 때(예, 눈에 보이는 고통, 압도되는 감정, 죽은 듯이 고요해질 때 등)에는 그때마다 불안 조절이 필요하다. 이 시점에서 치료자는 환자가 감정을 경험하는 것을 더 편안하게 돌아갈 수 있도록 억제 감정(불안, 죄책감, 수치심, 고통)을 탐색해야 한다. 이러한 불안 탐색의 세련된 과정은 감정에 대한 단계적 노출을 가능하게 만든다.

불안 조절의 토대는 인지치료의 기본적인 질문을 사용함으로써 불안을 탐색하는 것이다. "무엇이 ________에 대하여 가장 힘든 것[나쁜 것, 무서운 것, 가장 고통스러운 것]인가?

이 책 전체에 걸쳐 다뤄진 환자–치료자 간의 많은 대화 예시는 이 질문에 대한 어느 정도의 변이를 담고 있다. 이는 다음과 같다.

치료자: ○○씨는 여기서 나와 함께 느껴지는 기쁨[또는 슬픔, 또는 화, 또는 부드러움]으로부터 어떻게 도망갔는지 알고 있나요?

환 자: 네, 선생님이 말씀하시는 것을 이제야……. 아마도 그랬던 것 같아요.

치료자: ○○씨에게 가장 힘들고 가장 불편한 부분이 무엇입니까[불안 조절]?

환 자: 저는 제 자신을 놓거나 이완할 때 매우 취약함[불안]을 느낍니다. 저는 그것을 거의 참을 수가 없습니다!

치료자: 좋아요, 우리가 더 나아가기 전에 취약해지는 것에 대해 무엇이 그렇게 두렵게 느끼게 하는지에 대해 얘기해 봅시다[더 많은 불안 조절].

### 불안은 결코 제거되지 않음

불안 조절은 불안 제거를 의미하지 않는다. 우리가 설명한 것처럼 사람들은 그들의 행동을 안내하고, 조정하기 위해 억제를 필요로 한다. 그들은 자신들 또는 타인들에게 언제 상처를 주는지를 아는 것이 필요하다. 건강하고 인지적으로 균형 잡힌 억제의 수준은 삶을 나쁘게 하지 않으면서 행동을 어떻게 안내할지를 말해 준다. 그러므로 어느 정도의 억제는 항상 필요하다.

### 너무 적은 억제에 대한 불안 조절

대부분의 외래환자는 불충분한 억제보다는 과도한 억제의 문제를 더 많이 가진다. 그래서 충동적으로 행동하는 몇몇 환자들이 있고, 그들은 불충분한 억제를 가지고 치료에 들어온다. 그러한 통제되지 않은 행동과 기저의 감정들은 탈민감화되기보다는 민감화되는 것을 필요로 할지 모른다. 그러한 사례에서 불안 조절의 역할은 불안을 감소시키는 것보다는 증가시키는 것이어야 한다. 스릴 추구형 개인은 아마도 더 많은 불안을 필요로 한다. 반사회적인 개인은 아마도 더 의식적인 죄책감이나 수치심을 필요로 한다. 학대받은 사람들은 자신을 더 보호하기 위해 고통에 대해 더 민감해지는 것이 필요할 것이다.

환 자: 저는 항상 비열한 기질을 가지고 있었어요. 치료에서 저 자신이 많은 사람들에게 어떻게 상처를 주었는지 알게 되었어요. 지금은 다른 사람들의 감정에 더 민감해지는 것과 말하는 것을 통제하는 법을 배웠어요.

### 약간의 억제 또는 갈등은 항상 충동 아래에 놓여 있음

그러나 동시에 이러한 충동에 지배된 환자들은 다른 고통스런 기저 감정에 대해 그들의 불안을 감소시키는 것 또한 필요로 한다. 5절에서 지적한 것처럼, 불충분한 억제는 충동적인 행동의 파괴적인 결과로 인해서 자기에 대한 감정 공포(예, 자기에 대한 수치심 또는 빈약한 자기존중감)를 유발할 수 있다. 나아가 빈약한 자기존중감이 존재할 때, 친밀함에 대한 공포, 슬퍼할 수 없음, 수용에 대한 갈망과 같은 다른 감정 공포가 발생할 수 있다. 스릴 추구하기 또는 속이는 게임과 같은 행동은 이러한 고통스러운 감정을 피하는 것을 도울 수 있다. 따라서 충동이 통제되지 않을 때라고 해도 항상 어느 정도의 억제 또는 갈등이 나타난다.

환 자: 저는 정말 많은 사람에게 매우 비열했어요. 그래서 정말 나쁜 사람으로 느껴졌어요. 제가 가치가 없는 것처럼 느껴졌고, 그 사람들이 저를 보호한다는 것을 신뢰할 수 없었어요.

### 요 약

요약하면, 이 치료 모델은 다음을 사용한다.

- **노출**: 활성화 감정을 느끼는 경험에 머무르게 하기 위해
- **반응 중지**: 방어적이거나 회피 반응을 막음으로써 노출을 유지하게 하기 위해
- **불안 조절**: 활성화 감정에 연결된 불안, 죄책감, 수치심 또는 고통을 감소하고 바꾸기 위해

체계적 탈민감화는 2장과 7장에 더 자세하게 다룬다.

## 7. 치료의 목표

### 치료에서의 가치

모든 치료 모델은 피할 수 없이 가치가 부여된다. 그리고 치료 모델의 목적은 그 가치들을 반영한다. 핵심은 (1) 치료 모델의 가치를 명시화하는 것, (2) 환자들의 (아마도 충돌하는) 가치 체계를 고려하는 것이다. 이 장과 이 책을 통해 우리는 다음을 포함하는 이 치료 모델의 중심 가치를 명시하려고 한다.

- 충만한 경험과 성숙한 감정 표현(진정한 기능하기)
- 자기와 타인에 대해 측은히 여기는 마음
- 자율성과 상호의존성의 건강한 조화
- 가능한 한 효과적이고, 효율적인 치료

이러한 원리를 바탕으로 하는 치료는 개인과 사회적인 기능 둘 다를 개선시킬 것이다. 물론 독자들은 자신의 가치에 대한 우리의 가치를 숙고하고 통합할 필요가 있다. 덧붙이면, 치료자들은 결과를 구성하고 삶을 고양시키는 일을 계속하는 한, 그들 환자의 개인적 · 문화적 · 관계적 맥락을 고려함에 항상 유연성을 가지고 있어야 한다.

진정한 감정 표현에 대한 좋은 지침—조예가 깊은 함의를 가진—이 카르데몸메라는 전원 마을을 배경으로 하는 노르웨이 동화에 나온다.

> 누구나 타인을 괴롭히거나 해치지 말아야 한다.
> 누구나 선하고 친절해야 한다.

그러나 반면에 누구나 무엇이든지 자신이 바라는 것을 할 수 있다.

– 로너그 리랜드와 로어 포스의 도움으로
리 맥컬로우가 옮김(에그너, 1955, p. 5).

### 진정한 기능하기

따라서 이 치료의 목적은 환자가 감정을 충분히 경험하고, 지적으로 다룰 수 있도록 하는 것이다. 그리하여 그들이 적응력을 갖게 되어 진정으로 기능하게 되는 것이다. 그러면서도 또한 타인을 고려하는 것이다. 감정 공포는 건강한 반응을 동기화하기 위해 필요한 감정을 차단시킴으로써 진정한 기능을 막는다. 감정 공포를 해결하는 것은 적응적인 반응과 대인관계에서 마음을 챙기는 반응에 동기를 부여하기 위해 감정을 자유롭게 함으로써 이 치료적 목적을 성취하는 것이다.

### 인식 그리고 감정 조절의 실행

사람이 자신의 감정을 의식하지 못하고 조절하는 실행을 하지 못할 때, 감정은 더 많은 상처를 입히고, 파괴적이고 또는 난처한 방법으로 출현하기 쉽다. 이러한 갈등적이고 부적응적인 패턴은 (적어도 부분적으로) 학습된 것이기 때문에 그것들은 '탈학습될' 수도 있고, 더 유연하고, 적응적인 것이 습득될 수도 있다. 이 치료는 환자들이 의식으로 감정을 가져와서 견디어 내고, 자신과 타인과의 관계를 위해 효율적인 행동을 하는 방향으로 사용하는 것을 돕는다.

감정이 더 이상 차단되지 않을 때, 순수한 정서 반응의 공포적 회피는 더 이상 존재하지 않는다. 부인하고, 억압하고, 거짓 감정을 느끼는 것 대신 환자는 충만하게 감정을 경험하는 것(내적 경험)을 배운다. 그리고 또한 타인에게 행동(외부 표현)으로 반응하는 것의 적절한 **때**와 **방법**을 배운다.

### 감정을 제거하려고 하지 말고 조절하기

비록 우리가 감정이 인지적으로 안내되고 충분히 조절됨을 주장하지만, 그렇다고 감정이 짓눌려지고 저지되어야 한다는 것을 뜻하는 것은 아니다. 대신에 환자는 우선 감정의 내적 경험을 경험하고 담아내는 것에 대해 도움을 받아야 한다. 그러고 나서 타인에 대한 그들의 감정을 닫거나 없애지 말고 감정의 외적 표현을 조정하는 것에 대해 도움을 받아야 한다.

### 자율과 상호의존성 사이의 최적의 조화

특히 미국이란 서구 사회에서 사람은 종종 스스로 제공할 수 있는 것 외에 다른 어떤 것도 필요로 하지 않는 '독립' 그리고 '자기충족'을 하려고 노력한다. 사실 전통적인 역동 모델은 분리/개별화 과정 그리고 타인의 내면화를 통해 성취한 자율성과 독립성으로 성숙을 정의한다.

반면에 더 진보적인 관점은 분리가 아니라 타인에 대한 건강한 **애착**이 성숙의 징표다. 타인에 대한 요구는 아동기뿐만 아니라 전 생애에 걸쳐서 적응적이고, 합당한 것으로 보인다. 개인은 역동적인 상호작용에서 타인과의 관계에서 존재하고, 성장하고, 발달하면서 자율성과 깊은 연결 둘 다를 필요로 한다. 그러므로 이 치료 모델은 환자들이 자율성과 상호의존성 사이에서 적응적인 조화를 발달시키는 것을 돕는다. 이러한 능력을 발달시키기 위한 개입은 9장과 10장에 소개된다.

### 탈민감화된 감정 공포는 진정한 기능하기를 도와줌

감정 공포를 탈민감화하는 것은 많은 방법으로 진정한 기능을 하도록 촉진한다.

- 갈등이 있는 감정은 더 자유롭고 성숙하게 표현된다.
- 갈등이 있는 관계는 더 가까워지고, 더 만족스럽게 된다.
- 자기에 대해 갈등이 있는 느낌은 더 자기연민을 하게 된다.

### 진정한 기능의 예

순간에 생생하게 살아 있고, 깊고 진솔하게 반응하면서도 항상 타인에 대해 **마음을 챙기는** 진정한 기능을 생각해 보라. 이것은 최상의 충만한 열정을 경험하고 표현하는 능력에 의해 예증된다. 이는 확고하고 분명한 분노, 슬픔에 흐느껴 우는 것, 열광적으로 열중한 주의, 기쁨으로 인한 평안함이다. 하지만 그러한 열정이 **적절하게 건설적으로** 그리고 **성숙한 목적**으로 사용되는 경우에만 그렇다.

진정한 기능은 사람으로 하여금 다음에 나오는 방법으로 반응하도록 한다. 몇 가지 예를 들면 다음과 같다.

| 내부의 감정 경험 | 외부의 감정 표현 |
|---|---|
| 즐거움과 깜짝 놀람이 일어날 때 | 기쁨으로 소리 내어 웃기 |
| 슬픔의 물결이 몸에 가득할 때 | 슬픔으로 울기 |
| 화난 감정이 에너지를 만들 때 | 큰 소리로 말하기, 견고한 제한 설정하기 |
| 무엇인가 흥미를 느낄 때 | 열정으로 흥미를 추구하기 |
| 몸에서 욕구와 열정이 일어날 때 | 마음껏 자유롭게 애정 표현하기 |
| 심장에서 부드러운 감정이 생길 때 | 온 마음으로 사랑을 주고받기 |

환자가 자신과 타인에게 감정적으로 열려 있고, 솔직하고, 적절한 방법으로 반응하는 방법과 때를 배우게 되면 **진정한 기능**을 성취하게 된다. 그들은 더 이상 감정 공포를 갖게 되지 않으며, 일반적으로 더 이상 치료를 필요로 하지도 않는다.

## 연습문제

이 장부터 10장까지 각 장의 마지막에 연습문제를 제시한다. 답은 이 책의 끝, 부록에 있다. 우리는 이 '답'을 '유력한 가능성'으로 간주한다. 그 답이 완전하다기보다는 많은 다른 동등하게 좋은(더 나은) 답이 있을 수 있다.

### 1A: 활성화 감정 대 억제 감정을 식별하기

**지시** 다음에 나오는 감정이 활성화 감정인가? 억제 감정인가? 다른 말로 하면 주로 촉진시키는 것은 어느 것인가?

- 행동/접근/개방/관여 [활성화], 또는
- 제한/철회/차단[억제]

답에 ○표를 하시오. (또한 여기에 기록할 필요는 없지만 왜 그 감정이 활성화 또는 억제 감정인지 이유를 생각해 보시오.)

**1A.1.** 수치심 [ 활성화 억제 ]

**1A.2.** 슬픔 [ 활성화 억제 ]

**1A.3.** 건강한 자부심 [ 활성화 억제 ]

1A.4. 호기심 [ 활성화 억제 ]

1A.5. 죄책감 [ 활성화 억제 ]

1A.6. 자신감 [ 활성화 억제 ]

1A.7. 불안 [ 활성화 억제 ]

1A.8. 정당한 분개 [ 활성화 억제 ]

## 1B: 감정을 식별하기

**지시** 다음의 문장 각각에 대해서 감정 선택 목록에서 당신이 화자의 감정이라고 생각되는 것을 고르시오. 그리고 그 감정이 활성화 감정인지, 억제 감정인지 표시하시오. 한 개의 감정보다 더 많이 표시할 수 있다.

**감정 선택 목록**

| | | |
|---|---|---|
| 분노/주장 | 흥분 | 슬픔 |
| 기쁨 | 부드러움/돌봄 | 성적 욕구 |
| 죄책감 | 수치심 | |

자기에 대한 긍정적 감정들(예, 자부심, 자기확신, 자기존중감, 자기돌봄 등)

**예** 귀여운 작은 강아지를 보았을 때, 정말 쓰다듬고 싶었다!

**답** 감정? 부드러움/돌봄 [ (활성화) 억제 ]

1B.1. 내가 숙제를 제출할 즈음에 결과가 잘 나온 것 같아 매우 기뻤다.

감정? ______________ [ 활성화 억제 ]

1B.2. 나는 라디오에서 보스니아의 인종청소에 대해서 들었다. 그리고 울기 시작했다.

감정? ______________ [ 활성화 억제 ]

**1B.3.** 나는 너무 과하게 일하고 있었음을 마침내 깨달았다. 그러고 나서 곧 잠자리에 들었다.

감정? ______________ [ 활성화 억제 ]

**1B.4.** 나는 그에게 자신의 순서를 기다려야 한다고 말했다.

감정? ______________ [ 활성화 억제 ]

**1B.5.** 나는 그를 바라볼 수도 없었다. 나는 내가 한 일에 대해 불쾌한 감정을 느꼈다.

감정? ______________ [ 활성화 억제 ]

## 1C: 감정 공포를 찾아내기

**지시** 다음의 각 연습문제에서 감정 공포로 인하여 차단될 수 있는 감정을 한 개 또는 그 이상을 고르시오. (또 다른 방법을 덧붙이면 어떤 감정 또는 감정들이 화자로 하여금 방어하도록 하는가?) 연습 1B 위에 있는 감정 선택 목록에서 고르시오.

**예** 탭댄스를 좋아하는 소녀가 화려하게 춤을 추고 있지만 억제되고 표정 없는 얼굴로 그렇게 하고 있다.

**답** 가능한 차단된 감정(들): 흥분

**설명** 그녀는 아마도 자신이 매우 열광적으로 느끼는 것을 보여 주는 것이 거북할지 모른다. 그녀는 또한 기쁨을 느낄 것이다. 그러나 그것을 보여 주는 것은 두렵거나 부끄럽다.

**1C.1.** 한 남성이 사춘기에 접어든 딸을 걱정하고 돌보는 행동을 한다. 그러나 포옹하는 것은 거부한다.

가능한 차단된 감정(들): ______________

**1C.2.** 교사가 늘어나는 업무에 대해 편두통을 호소한다. 교장은 불공정하게 그를 대하고 있다. 그러나 그는 아무 말도 하지 못한다.

가능한 차단된 감정(들): ______________________

1C.3. 결혼한 한 여성이 자신의 남편이나 친구들과 함께 있을 때 자신의 요구가 그들과 다르면 자신의 요구를 말하지 못한다는 것을 발견한다.

가능한 차단된 감정(들): ______________________

1C.4. 한 젊은 여성이 종종 자신의 업무 수행에 대해 칭찬을 듣는다. 그러나 그녀는 은밀하게 속임수가 있었다는 것과 그것이 발견되는 것을 두려워하고 있다는 것을 느낀다.

가능한 차단된 감정(들): ______________________

1C.5. 한 젊은 남자는 자신의 약혼자와 헤어진 후 5년 동안 다른 여자 친구를 사귈 수 없었음을 말한다. 그녀에 대하여 아직도 격노해 있다.

가능한 차단된 감정(들): ______________________

1C.6. 치료에서 꾸준하게 호전되어 온 환자는 그녀가 기억하는 한 처음으로 그 날의 아름다움을 주목하면서 앉아 있다. 그녀는 갑자기 불안이 엄습함을 느낀다.

가능한 차단된 감정(들): ______________________

1C.7. 한 젊은 남자는 여자 친구가 '머지않아 아이를 갖기 원한다.'는 준비 없는 언급을 할 때 공황발작을 일으킨다.

가능한 차단된 감정(들): ______________________

제2장

# 감정 공포, 정신역동적 갈등 그리고 말란의 두 삼각형

**목표** 감정 공포와 정신역동적 갈등이 어떻게 연관되는지, 그리고 말란의 두 삼각형이 어떻게 치료를 구조화시키는지를 알려 주기

**다루는 주제** 1. 감정 공포로서 정신역동을 재개념화하기
2. 말란의 두 삼각형 사용에 의한 감정 공포 이해하기: 정신역동 심리치료의 보편적인 원리
3. 느낌에 대한 중요한 구별 짓기
4. 체계적 탈민감화를 통한 감정 공포의 재구조화: 주요 치료 목표들

## 1. 감정 공포로서 정신역동을 재개념화하기

### 감정에 대한 두려움을 탈민감화하기

이 치료 모델은 정신역동이론에 기초하고 있다. 그리고 감정에 대한 갈등의 결과로서 '신경증적' 정신병리를 이해한다. 이것은 전통적으로 **정신역동적 갈등**으로 불려왔다. 하지만 정신역동적 갈등이 감정에 대한 공포(또는 감정 공포)로서 생각될 때, 치료는 공포에 대한 치료로서 가장 잘 확립된 체계적인 탈민감화의 영향력을 활용할 수 있게 된다. 그러나 1장에서 언급했듯이, 우리는 외부의 공포(예, 엘리베이터)라기

보다는 내부의 공포 또는 감정에 대한 두려움—즉, **감정 공포**라는 용어—을 탈민감화시킨다.

적응적인 활성화 감정(예, 슬픔, 화, 친밀감/부드러움)이 과도의 억제 감정(예, 불안, 수치심, 죄책감, 또는 고통)과 연합될 때 감정 공포가 발생한다는 1장의 내용을 기억해 보라. 예를 들면, 한 사람이 말하고 싶은 욕구를 느끼는 동시에 그렇게 하는 것에 대한 수치심을 느낄 수 있다(즉, 활성화 감정과 억제 감정 둘 다). 이러한 상반된 힘은 정신역동적 갈등(감정 공포)을 일으키는 데 기여한다. 이 예는 다음과 같다.

환 자: 저는 그가 하고 있는 것을 싫어한다고 말하기 시작했어요[분노/주장]. 그러나 그때 곧바로 두려운 감정을 느끼고[불안] 당황했어요[수치심]. 그래서 멈추었어요.

### 방어는 환자가 의식적인 갈등을 회피하도록 도와줌

때때로 활성화 감정과 억제 감정 사이의 연결은 앞의 예시에서 보았듯이 의식적이다. 그렇지만 그 과정은 종종 무의식적이다. 왜냐하면 그 갈등은 아마도 고통스럽기 때문에 환자는 그 감정을 경험하는 것을 막거나 그 감정을 일으키는 상황을 피하기 위한 **방어**로서 회피하는 여러 가지 생각, 감정 또는 행동을 사용한다. 방어적 행동의 목적은 활성화 감정, 억제 감정 또는 둘 다를 의식으로부터 제한하거나 제거하는 것이다.

환 자: 상사가 제게 소리를 질렀을 때, 일할 때 나타나는 치명적인 두통 증상이 나타나서 드러누우러 가야만 했어요[방어 행동].

환자가 소리 지르는 것에 화나는 의식적인 경험을 전혀 보고하지 않고, 단지 두통과 드러누우러 떠나는 회피 반응을 보여 주는 이 예를 주목하라. 또한 우리가 **방어 행동**이란 용어를 사용할 때마다 우리는 생각, 감정 또는 행동으로 원인을 돌린다는 것을 주목하라.

감정 공포(정신역동 갈등)에서 방어는 활성화 감정과 억제 감정 사이의 의식적 투쟁의 수준을 감소시키는 '타협 반응'이다. 행동적 용어에서 방어는 환자로 하여금 감정에 대한 정신내적 갈등을 피하는 것을 허용하는 **도피 행동**을 나타낸다. 감정에 관한 갈등을 피하기 위해 사용된 방어들의 이러한 예를 고려하라.

환자 1: 저는 미치지[감정] 않았어요[방어]. 단지 혼란스러울[방어] 뿐이에요.

환자 2: 저는 흥분한[감정] 걸로 보이지 않겠어요. 단지 차분한 척[방어] 행동하겠어요.

환자 3: 저는 이별에 대해 슬프지[감정] 않아요[방어]. 결코 그를 사랑하지 않았어요 [방어].

### 증상을 방어로 봄

우리의 모델은 대부분의 증상 행동—축 I과 축 II 진단의 정의에서의 개인적 준거를 포함하는(즉, 부적응적인 생각, 감정 그리고 행동들)—을 갈등 또는 공포 감정에 대한 방어로 간주한다.

### 방어로서의 불안과 우울

억제 감정(예, 불안 또는 정서적 고통)이 진단(예, 불안장애 또는 우울 장애)의 수준으로 발생될 때, 그것은 종종 다른 방어가 의식으로부터 억제 감정을 관리하는 것을 실패해 왔기 때문에 발생한다. 이 지점—만약 유의미한 생물학적 기여가 있다고 해도—에서 그 증상은 더 적응적인 감정과 반응 방법을 차단하기 때문에 진단(불안, 고통/우울)을 구성하는 증상은 억제 감정으로서만이 아니라 방어로서도 기능한다.

단기역동정신치료(STDP)의 간소화에서 각 진단 범주를 한 개 또는 그 이상의 감정 공포로 명시하는 것이 유용하다(11장 참조). 이는 감정 공포의 탈민감화가 축 I과 축 II의 여러 진단을 잠재적으로 해결할 수 있기 때문이다. 단기역동정신치료(STDP)에서 증상과 진단의 해결은 다음에 나오는 장에서 자세하게 논의된다(CC, pp. 396-399 참조).

## 2. 말란의 두 삼각형 사용에 의한 감정 공포 이해하기: 정신역동 심리치료의 보편적인 원리

저명한 영국의 심리치료 연구자인 데이비드 말란은 정신역동적 갈등(또는 감정 공포)을 이해하는 데 특히 유용한 스키마를 개발했다. 그것은 **두 개의 삼각형**([그림

2-1] 참조)으로 불리는데, **갈등삼각형**과 **사람삼각형**을 포함한다(Malan, 1979, 10장). 동시에 그 두 삼각형은 말란이 '정신역동 심리치료의 보편적인 원리'라고 명명하는 것을 나타낸다. 방어와 불안이 진정한 감정의 표현을 차단할 수 있다는 것이다.

### 두 삼각형은 함께 작동

두 삼각형 스키마는 정신역동 치료의 복잡성을 정리하기 위해 명료하게 그림으로 나타낸 것이다. 이는 감정 공포가 어떻게 발달되고, 유지되고, 해결될 수 있는지를 이해하는 데 유용하다. 갈등삼각형은 기저에 있는 적응적 느낌을 조정하거나 차단하는 방어와 불안을 나타낸다. 사람삼각형은 갈등의 패턴이 행동으로 나타나는 관계를 나타낸다.

우선 우리는 갈등삼각형의 세 극점 위에 나타나게 되는 공포패턴에 대해 자세하게 논의한다. 그러고 나서 감정 공포가 유래되고 유지되는 곳인 사람삼각형 위에 나타나게 되는 관계를 논의한다.

## 갈등삼각형: 감정 공포는 정신역동 틀에서 어떻게 나타나게 되는가

정신역동 갈등은 적응적인 활성화 감정이 표현되는 것이 극도의 억제 감정에 의해서 차단될 때 발생한다는 것을 기억하라. 그때 방어는 이 갈등의 의식적 경험을 방지하거나 감소시킨다.

갈등삼각형의 모서리(극점이라고 불리는)는 이러한 세 개의 정신역동적 갈등의 세 구성 요소를 나타낸다. 그것들은 **방어 극점(D)**, **불안 극점(A)** 그리고 **느낌 극점(F)**이라고 불린다. 갈등삼각형은 치료자에게 단순한 개념적 스키마와 정신역동적 갈등을 이해할 수 있는 시각적 도구를 제공한다. 그것은 종이에 연필로 그릴 수 있다. 하지만 많은 치료자들은 환자가 말하고 있는 회기 동안에 상상하거나 마음속에 떠올리는 것이 습관처럼 된다.

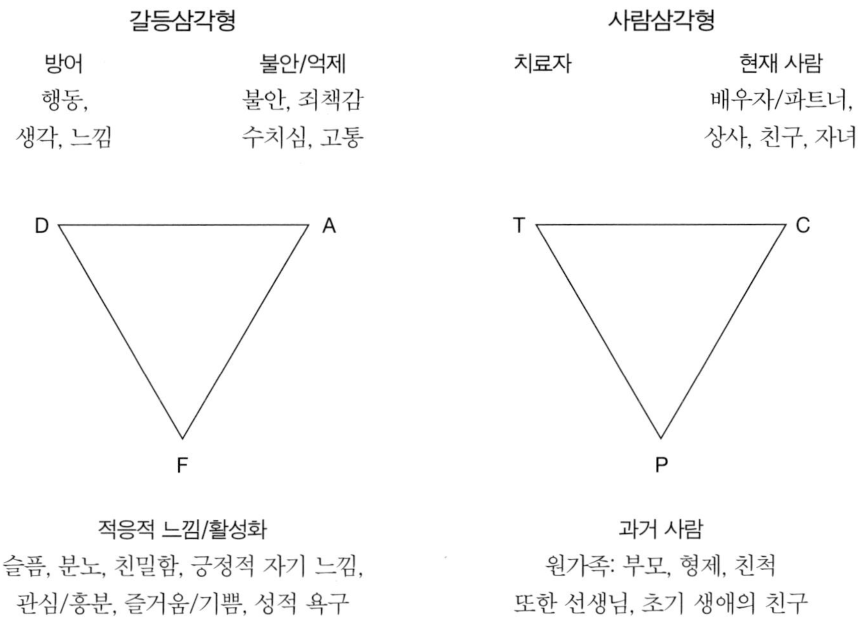


**[그림 2-1] 두 개의 삼각형**

[그림 2-1]의 두 개의 삼각형(Malan, 1979)은 데이비드 말란이 '정신역동 심리치료의 보편적인 원리'라고 불리는 것을 나타낸다. 즉, 방어(D)와 불안(A)은 진정한 느낌(F)의 표현을 차단할 수 있다. 이러한 패턴은 과거 사람(P)과 시작되고, 현재 사람(C)과 유지되며, 종종 치료자(T)와 재연된다.

작동 중인 갈등삼각형을 살펴보기 위해 초기의 예 중 하나로 돌아가 보자.

환 자: 저는 그에게 그가 하고 있는 것[느낌 – 분노/주장]을 좋아하지 않는다고 말하기 시작했어요. 그러나 그때 두려운 느낌[불안]이 시작되어서 당황스러웠어요[불안 그리고 수치심]. 그래서 스스로 그만했어요[방어적 행동].

이것은 다음과 같이 갈등삼각형 위에 나타낼 수 있다.

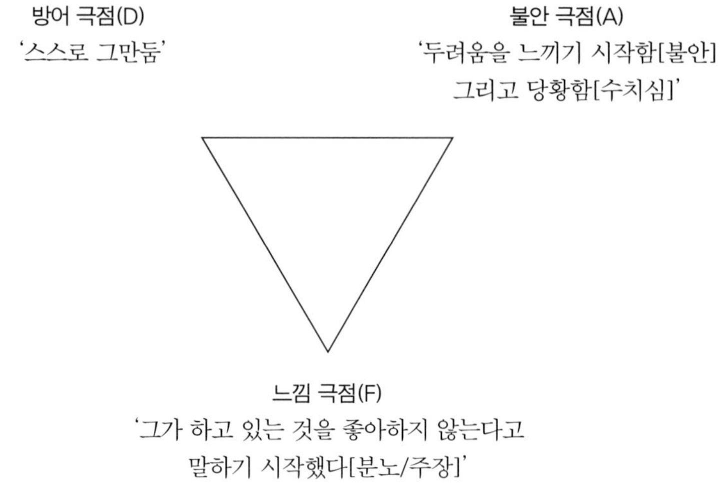


### '정상'적인 갈등삼각형은 잘 균형 잡혀 있음

**언제 갈등삼각형의 극점이 균형 상태인지를 유의하는 것이 중요하다. 균형 상태에서는 방어와 불안과 적응적 느낌이 정상적인 상호작용으로 설명된다.** 사람들은 항상 어느 정도의 방어를 필요로 한다. 불안 또는 억제는 적응적인 느낌을 조정하기 위해 항상 필요하다. 앞의 예에 대한 적응적인 반응은 다음에 제시한다.

- "나는 그가 하고 있는 것을 좋아하지 않는다[적응적인 주장적 느낌]."
- "그러나 뭔가를 말하기 전에 스스로를 차분하게 가라앉히고 그것에 대해 생각했다[억제의 적응적 방어]."
- "나 자신 또는 그가 당황하는 것을 바라기 않기 때문에[적응적 억제]."
- "그래서 내가 좋아하지 않는 것을 그에게 말했을 때, 괜찮은 것이었고 그 논의는 잘 끝났다[부정적인 느낌—분노, 주장—의 적응적인 표현]."

### 극점들의 균형이 깨질 때는 개입이 필요

치료의 목적은 반응을 재구조화함으로써 갈등삼각형이 더 적응적인 방법으로 작동하는 것이다. 치료자로서 우리는 그 극점들이 균형이 깨졌을 때—방어 또는 불안이 극도로 또는 부적응적이거나 또한 기능이 손상되었을 때와 같은 때—개입한다.

이제 우리는 갈등삼각형의 극점에 대해 더 자세히 살펴볼 것이다.

### 방어 극점(D)

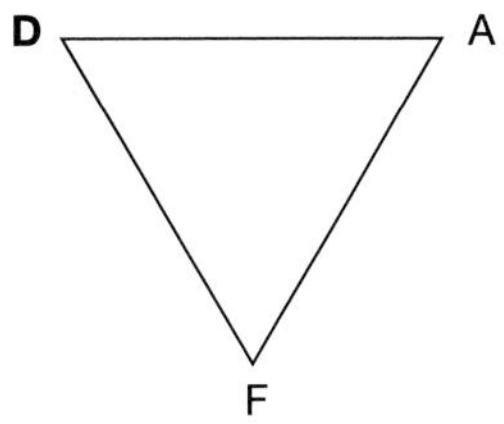


방어 극점([그림 2-1]의 'D')은 부적응적이거나 문제가 있는 반응으로, 이것은 억제와 활성화 사이의 갈등을 막는 기능을 한다. 눈송이나 지문만큼이나 많은 방어 반응들이 있다. 방어는 정신역동적 갈등을 회피하기 위해 사용되는 것으로, 행동, 생각, 또는 심지어 느낌이 될 수도 있다. 때때로 방어가 적응적이고 감정을 안내하고, 조정하는 데 유용할 수 있다. 그러나 종종 방어는 적응적인 느낌이 불안, 수치심, 죄책감, 고통, 경멸 또는 혐오에 의해 과도하게 억제될 때처럼 부적응적이거나 파괴적이다.

### 방어는 어떻게 유래되는가

부적응적 패턴은 아동이 그들 내면의 정서적 반응이 위협받거나, 수치스럽거나, 또는 고통스럽다는 것을 배우게 될 때 발달된다. 이것은 그들로 하여금 뭔가 다르게 행동하고, 생각하고, 느끼는 것에 의해서 그들을 **방어**하도록 이끈다. 이 예는 다음과 같다.

| 양육자는 억제 감정을 일으킨다 | 아동은 방어 반응을 배운다 |
|---|---|
| "너는 우는 아이구나!" | "저는 울지 않아요[D]. 괴롭지 않아요[D]." |
| "결코 누군가를 미워한다고 말하지 마라. 그것은 나쁘단다." | "저는 아무도 미워하지 않아요[D]. 저는 착한 소녀예요[D]." |
| "너 자신을 만지지 마라. 메스껍다." | "저 자신을 만지는 것은 추잡해요[D]. 우!" |
| "소리 내서 웃지 마라. 그렇지 않으면 넌 곧 울게 될 거다." | "조용히 할게요. 그리고 들뜨지 않을게요[D]." |

### 방어 역시 느낌일 수 있다

갈등삼각형의 방어 극점에 대해 생각하면, **어떤 느낌이든 방어로서 기능**할 수 있다는 것을 명심하는 것이 아주 중요하다. 우리는 이것을 **방어적 감정**(또는 방어적 느낌)이라 부른다. 환자가 분노와 같은 활성화 감정을 나타낼 때, 그 느낌이 부적응적으로(방어 극점에 나타난) 또는 적응적으로(느낌 극점에 나타난) 사용되고 있는지를 구분하는 것이 중요하다. 다음은 부적응적인 방어적 느낌과 그 결과의 예다.

- 미소 짓기—또는 눈물을 짜내게 됨—(방어적 느낌) 누군가 정말 화[F]가 날 때, 사람을 유리한 입장에 두게 할 때
- 슬픔[F]을 가장하기 위해 과도하게 환희에 넘치게 행동하는 것은(방어적 느낌) 욕구를 부인하는 것
- 사랑을 찾기 위해[F] 성을 사용하는 것은(방어적인 느낌) 잘못된 추구다.
- 부드러운 느낌[F]을 감추기 위해 화내거나 짜증 내기(방어적인 느낌)는 고립된다.

감정, 생각, 또는 행동이 방어적으로 사용되는 또 다른 표시는 극단적이고, 과장되고, 과도하고, 부적절하고, 퇴행하는 때다.

### 느낌 극점(F): 활성화 감정

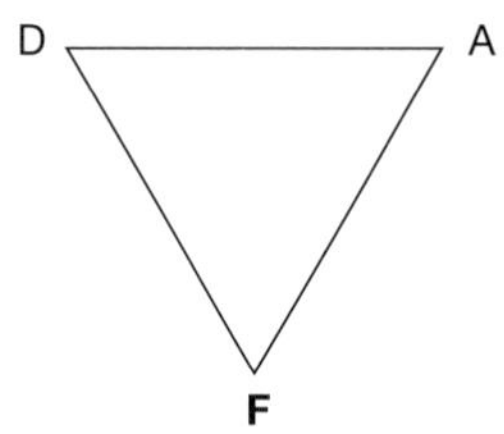


느낌 극점([그림 2-1]에서 'F')은 적응적인 행동을 활성화시키는 감정을 나타낸다. 이러한 진정한 기저에 있는 느낌은 기본적으로 건강한 삶을 고양하는 것이다. 하지만 환자들은 억제 감정과 연합되어 있기 때문에 그것들에 공포적으로 방어한다. 이 극점은 전통적인 이유로 느낌 극점으로 불린다(Malan, 1976 참조). 느낌 극점(F)은 **오직** 활성화 감정을 나타낸다는 것과 오직 적응적인 형식에서 나타난다는 것을 기억하는 것이 중요하다. 억제 감정은 불안 극점(A) 위에 나타내고, 반면에 방어적 감정은 방어 극점(D) 위에 나타낸다.

### 활성화 느낌의 목록

기본적인 활성화 감정은 우리가 어떤 형태의 행위를 하도록 한다. 활성화 감정의 몇몇 범주가 설명된 1장을 기억해 보라.

- 분노/주장 (짜증, 성가심, 노여움, 격분)
- 슬픔/비탄 (비애, 애도하기, 울기)
- 두려움/공포 (공포, 놀람, 우려, 공황은 제외 – 억제 감정임!)
- 즐거움/기쁨 (평온, 평안, 평화, 놀라움, 경의)
- 관심/흥분 (친절, 호기심, 열중)

- 친밀함/부드러움 (돌봄, 사랑, 관심, 공감)
- 자기에 대한 긍정적인 느낌 (자기연민, 자기존중감, 자부심)
- 성적 욕구 (열정, 성욕)

환자가 이러한 '공포' 감정을 묘사한 몇몇 예를 다음에 제시한다.

환자 1: 나는 화를 내는[F－분노/주장] 그런 사람이 아니다. 말을 안 한다[D].

환자 2: 우는 것[F－슬픔/비탄]은 아이들에게나 해당된다. 나는 윗입술을 깨물며 참는다[D].

환자 3: 나 자신에 대한 자부심[F-자기에 대한 긍정적인 느낌]은 생각도 할 수 없다[D].

### 불안 극점(A)

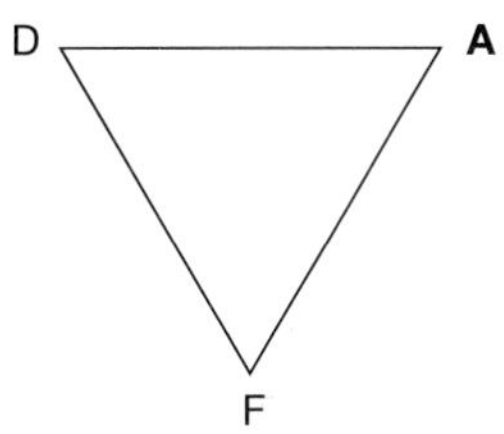


불안 극점([그림 2-1]에서 'A')은 억제 감정을 나타낸다. 그것은 감정 공포를 유발하는 활성화 감정(F 극)에 대하여 과도한 억제(A 극)와 연결되어 있다. 1장에서 언급했듯이 억제 감정의 몇몇 주된 종류가 있다.

- 불안/두려움/공포
- 수치심/죄책감/굴욕
- 정서적 고통/불행/괴로움
- 경멸/혐오

두려움은 앞의 활성화 감정 목록과 억제 감정 목록 둘 다에 나타난다는 것을 기억하라. 왜냐하면 둘 다 활성화시키거나(작동) 또는 억제하기(마비, 동결) 때문이다. 또한 우리가 억제 감정에 경멸/혐오를 항상 포함시키는 것이 아니라는 것을 주의하라. 왜냐하면 우리의 임상작업에서 다른 억제 감정들만큼 빈번하게 만나게 되지 않기 때문이다. 하지만 특정 환자 집단(예, 심각한 외상 경험을 한 환자들)에서는 경멸감/혐오감이 일반적으로 발생하므로 잘 다루어져야만 한다.

이러한 억제 감정은 분노, 슬픔, 흥분, 기쁨 그리고 성적 욕구들(F에 나타나는)과 같은 우리의 다른 더 많은 행위 지향적인 느낌들을 제한하고, 누르고, 제지한다. 모든 느낌과 같이 억제 감정도 자연스럽고, 건강하고, 적응적일 수 있다. 너무 적은 억제는 파괴적일 수 있다. 사람들은 위험으로부터 보호해 주고 상처받는 경험을 멀리하도록 안내해 주는 불안, 죄책감, 수치심 그리고 고통을 필요로 한다. 그러나 과도한 억제는 삶의 기쁨과 윤택함을 파괴할 수 있다. 그래서 신경증적 정신병리의 기초가 된다. 이러한 예는 다음과 같다.

환자 1: 그녀 앞에서 큰 소리로 울었을[F-슬픔] 때, 정말로 수치심[A]을 느꼈다.

환자 2: 아침에 남편과 껴안고 싶었다[F-친밀감]. 그러나 정말로 불안했다[A].

## 사람삼각형: 감정 공포가 발생하는 관계

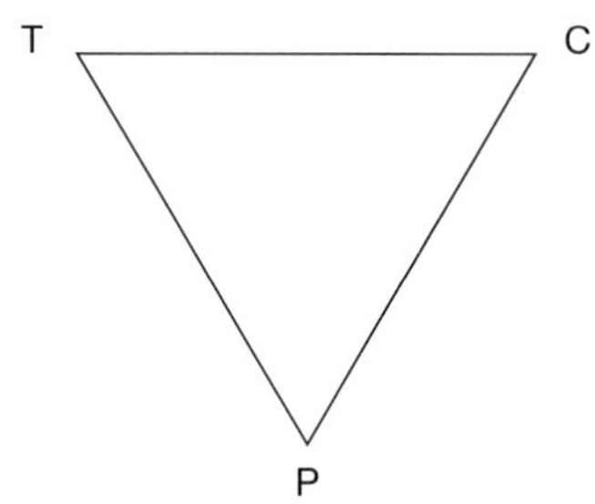


사람삼각형([그림 2-1])은 다음의 환자의 삶에서 관계의 세 가지 영역을 나타낸다.

- **과거 사람(P)**, 감정 공포가 발생된
- **현재 사람(C)**, 감정 공포가 유지되고 있는
- **치료자(T)**, 감정 공포가 검토될 수 있는

### 관계에서 감정 공포를 인식하기

**느낌은 항상 특정 사람과 연결되어 있기** 때문에 사람삼각형을 마음속에 기억하는 것이 중요하다. 감정 공포는 분리되어 나타나지 않고 타인과 상호작용에서 학습되어지고 행하여진다. 치료자는 환자에게 갈등 느낌이 갈등삼각형 위에서 본래적으로 어떻게 시작되었는지 그리고 사람삼각형 위에서 특정 사람과 어떻게 유지되는가를 지

속적으로 보여 주어야 한다.

치료자와 환자 모두 다음에 나오는 갈등 느낌들의 패턴에 대해 인지하는 것이 중요하다.

(1) 이러한 패턴들이 **과거(P)** 초기의 생애 양육자와의 관계에서 어떻게 시작되었는지……

심지어 부모님이 아직 살아 계시고 현재에도 그 관계가 지속되고 있을 때라도 우리는 원가족 관계를 '과거 사람(P)'으로 놓는다. 과거는 대체로 부적응적인 패턴이 시작된 곳이기 때문이다.

치료자: 부모님[P]은 ○○씨가 울었을[F-슬픔, 비탄] 때 비판적이었던 것 같아요. 그로 인해 ○○씨는 자연스럽게 울기를 그만두는 것[D]을 배웠던 것이지요.

(2) **현재 관계(C)**에서 패턴이 어떻게 유지되는지……

치료자: 그리고 아들[C]이 죽었을 때조차도 ○○씨는 남편[C]과 함께 있으면서 스스로에게 슬퍼하는[F] 것을 허락하지 않았어요[D]. ○○씨에게 절박하게 필요한 거였는데도 말이죠.

(3) 그 패턴이 관계에서 어떻게 재연되는지 또는 **치료자(T)**에 대한 전이로 감정 공포 패턴은 검토될 수 있다.

치료자: 저[T]와 함께하는 치료에서 ○○씨 자신이 슬퍼하도록[F] 내버려 두는 것을 얼마나 두려워[A]하는지를 알게 됩니다.

### 현재 행동과 과거 패턴 연결하기

과거와 현재의 관계에서 행동들 사이에 유사성이 확인될 때—치료자와의 관계를 포함해서—환자의 부적응적인 패턴이 과거 관계로부터 어떻게 전이되어 왔는지, 그리고 현재 관계에서 어떻게 유지되고 있는지가 매우 명료해진다. 몇몇 관계에 걸쳐서 반복되는 갈등 패턴을 발견하는 것은 그 문제의 빈도와 심각성을 알게 해 준다.

### 자율성과 상호의존성

이 모델은 건강한 자율성과 자신과 타인의 상호의존성에 기초하고 있다는 것을 기억하라. 감정 공포(갈등삼각형)의 해결은 돌봄과 측은해하는 관계(사람삼각형)에서 발생한다.

## 말란의 두 삼각형: 요약

### 삼각형에서 공포 회피의 기제

요약하면 갈등삼각형 또는 정서 공포 스키마는 느낌의 공포 회피(과도한 억제)의 기제를 설명한다. 이러한 갈등 느낌은(억제와 연결되어 있는 적응적 느낌) 우리로 하여금 갈등(방어)의 경험을 회피하는 방식으로 느끼고, 생각하고, 행동하도록 이끈다. 갈등삼각형(D-A-F)은 감정 공포 또는 정신역동적 갈등을 나타낸다. 사람삼각형(T-C-P)은 공포반응이 자리 잡고 있는 대인관계에 초점을 둔다.

### 예

환자 1: 캐럴[C]이 저를 돌보는 것[F-친밀감]을 생각하는 것을 견딜 수 없어요[A-고통]. 문 밖으로 도망가고 싶다[D]는 것을 말하는 것만으로도 매우 당황스럽습니다[A-수치심].

환자 2: 우리는 골목의 어두운 곳에 있었어요. 거칠고 쿨하게 행동했어요[D]. 그러나 갱단[C]을 마주쳤을 때는 정말 무서웠어요[F-적응적 두려움]. 그리고 그 사람들이[C] 그것을 알게 될까 봐 불안했어요[A-불안]. [이 예는 위험한 상황에 대한 적응적인 반응으로서의 두려움을 보여 준다. 그러나 또 다른 두려움의 형태인 불안에 의해 억제된다.]

환자 3: 저 자신을 미워해요[D-피학증]! 그리고 가족[P] 역시 저를 미워한다고[가능한 D-투사] 생각해요. 저 자신을 좋아한 적이 없어요[F-자기존중감, 자기수용]. 그리고 저는 아무 가치도 없는 존재이기 때문에 앞으로도 그럴 거예요[A-수치심].

환자 4: 저는 죽은 것 같은 느낌이에요[D]. 제 인생의 어느 것에 대해서도 아무 열정이 없어요[F-관심/흥분]. 그 일에 관여된 것을 참을 수가 없어요[A-고통]. [이는 갈등삼각형 위에 나타난다.]

### 개념적 스키마로서의 두 삼각형

마음속에 그 두 삼각형을 염두에 두는 것은 치료자가 다음에 나오는 것들을 구별하는 것을 도울 수 있다.

- 무슨 감정이 방어되고 있는지, 어떻게 그리고 왜
- 이러한 파괴적 패턴이 누구와의 관계에서 유래되었는지 그리고 유지되고 있는지

단기역동정신치료(STDP)를 효율적으로 실행하기 위해서 치료자는 다음의 것을 할 수 있어야 한다.

- 방어를 인식하고, 활성화 감정과 억제 감정을 인식하거나 추론하기 그리고 이들을 정신역동적 핵심 갈등(감정 공포) 개념화에 종합하기. 이는 4장에서 자세히 다룬다.
- 갈등 감정을 탈민감화하여 환자의 느낌과 방어를 더욱 유연하고 적응적으로 되도록 하기. 이 방법은 5~10장에 소개된다.

## 3. 느낌에 대한 중요한 구별 짓기

### 활성화 느낌 대 억제 느낌

두 삼각형을 깊이 이해하기 위해서는 행동을 활성화시키는 적응적 감정(F 극점 위) 대 억제 감정(A 극점 위) 사이의 차이를 이해해야 한다. 이에 대해 우리가 1장에서 논의한 바는 다음과 같다.

- 활성화 감정은 에너지의 적절한 분출, 밖으로의 움직임, 또는 더 큰 개방성의 원인이 되기 때문에 행동/행위를 동기화한다.
- 억제 감정은 사람들로 하여금 움츠리고, 오그라들고, 철회하고, 또는 고립시킴으로써 행동/행위를 제한하거나 제지한다. 억제는 만약 그것이 사람들을 잘 안내한다면 적응적일 수 있고, 또한 만약 억제가 너무 크거나 너무 적으면 부적응적일 수도 있다.

### 방어 감정, 억제 감정 그리고 활성화 감정

앞의 구별에 덧붙이면 감정이 방어적으로 사용될 수 있다는 것을 기억하는 것이 중요하다. 감정들 사이에서 구별은 그것들의 기능—각 감정이 사용되는 방법—에 의해 평가될 수 있다.

- 또 다른 감정을 회피하기 위해서, 또는 자기를 공격하기 위해서 사용되는 감정은 방어적이다(D 극점).
- 적응적인 활성화 반응을 방해하기 위해 사용된 감정은 억제다(A 극점).
- 바람과 요구를 표현하기 위해 사용된 감정은 적응적이고 양육적이다(F 극점).

앞의 1절에서 언급한 것처럼, 몇몇 감정은 동시에 억제와 방어 **둘 다**로서 기능할 수 있다. 예를 들면, 우울의 심각한 양상은 느낌을 방어적으로 차단시키는 것뿐만 아니라 자기를 공격하거나 억제할 수 있다. 불안은 느낌(A)을 차단하는 신호 불안에서처럼 억제될 수 있고, 또한 외상적 불안 또는 공황발작(D)에서처럼 방어적 반응으로서 기능할 수도 있다.

분노, 슬픔, 관심, 기쁨 또는 친밀함의 적절한 형식과 같은 성숙하고 진정한 감정적 반응은 자기위로, 양육적 그리고 적응적(F)이다. 두려움이 사람을 위험으로부터 피하도록 동기화시킨다면 이 또한 적절하게 기능할 수 있다(CC, pp. 143-147 참조).

### 치료에서 모든 감정이 유용한 것은 아니다

앞에서 언급한 것처럼, 감정의 부적응적인/방어적인 양식으로부터 적응적인 것을 구별할 수 있는 것은 필수적이다. 치료자로서 치료에서 어떤 감정이든 표현될 때, 우리는 때때로 우리가 훌륭한 작업을 수행하고 있다고 생각한다. 하지만 다음의 예에서 보여 주듯이 지나친 감정은 부적응적일 수 있고, 촉진하는 것이 해로울 수도 있다.

- 격렬한 분노는 슬픔의 고통을 회피할 수 있다.
- 피해자가 되어 눈물을 흘리는 것은 분노를 숨길 수 있다.
- 열광적인 흥분은 슬픔과 자기보호를 차단할 수 있다.
- 거짓 침착('쿨한 척')은 흥분 또는 성적 욕구를 숨길 수 있다.

### 부적응적 감정을 적응적 감정으로 오인하기

치료자는 자신의 환자로부터 강한 감정을 끌어내는 데 많은 시간을 보낼 수 있다. 부적응적이고 방어적인 감정 표현이 감정의 적응적인 형태로 오인되어 왔기 때문에 그 시간은 낭비된 것으로 밝혀졌다. 이 예에서 무기력한 눈물 흘리기는 슬픔으로 오인되었다.

치료자: 나의 환자는 여러 주 동안 울부짖고 흐느껴 울었다. 나는 우리가 진실로 어딘가에 도달하고 있다고 생각했다. 그러나 얼마 후 그녀가 전혀 안도를 느끼지 않을 때 그리고 아무런 변화도 없을 때, 나는 이러한 것이 감정의 퇴행적 형태라는 것과 그녀의 삶에서 더 효율적으로 기능하는 것을 돕지 못한다는 것을 깨달았다. 그녀는 실제로 무기력감, 무망감, 무능감 그리고 좌절감을 느끼고 있었다.

환자는 자기파괴적인 경험 또는 '피해자가 되는' 감정 상태의 경험을 영속시킴으로써 더 효율적인 삶의 방법을 배우지 못한다. 이러한 종류의 감정은 방어적이고, 건설적인 행위를 안내하지 못한다. 그러한 감정이 나타날 때는 주목하고, 담아내는 방법으로 탐색하고, 환자가 그 감정들을 견디어 낼 수 있도록 돕는 것이 중요하다. 그리하면 환자는 기저에 있는 의미와 더 적응적인 감정을 이해할 수 있게 된다.

### 적응적 감정으로 방향 바꾸기

환 자: 저는 이것 때문에 아파요! 제대로 된 것이 아무것도 없어요. 저는 더 이상 견딜 수가 없어요!

치료자: 바로 지금 ○○씨의 화는 자신을 곤란하게 하고 있어요. 우리는 ○○씨의 화가 화난 사람에게 어떻게 직접 돌려지는지를 알 수가 없어요. 자, ○○씨의 느낌을 자신의 몸에서 그에게로 분출해 봅시다. 물론 실제가 아닌 상상에서 말이에요. 효율적으로 반응하도록 하기 위해 무엇이 ○○씨를 움직이려고 하나요?

### 방어로서 사용된 부적응적 감정

감정의 부적응적이고 퇴행적인 표현은 종종 분노, 슬픔, 또는 돌봄에 대한 갈망과 같은 더 고통스러운 감정을 회피하기 위해 사용된다. 치료자가 과장되고 비건설적인 활성화된 반응을 마주했을 때, 그것을 방어적 정서로 바라보는 것이 도움이 될 수 있다. 환자가 그것들을 견디도록 돕고, 그것들의 의미를 탐색하고, 그리하여 더 큰 통제를 얻을 수 있도록 부적응적인 느낌은 또한 어느 정도 탈민감화를 요구할 것이다. **환자는 퇴행적이고 부적응적인 느낌—적응적인 느낌이 아니라는 것이 명백한—을 인정하고, 견디어 내고, 탐색할 수 있기 위해 불안 조절을 필요로 한다.**

치료자: 우리는 안전한 이곳에서 가학적인 감정을 느끼고 탐색하는 것이 좋습니다. 하지만 그 감정들을 행동하지 않는 것이 중요합니다.

이러한 퇴행적인 감정의 탐색은 차단되는 적응적인 감정과 부적응적인 감정을 발견하는 방법을 알려 줄 수 있다. 이러한 예를 고려하라.

- **퇴행적 격노**(예, '도로 분노')는 많은 느낌을 차단하기 위해 사용된 분노의 무기력하고 좌절된 형태다. 예를 들면, 분노의 적응적인 형태(건설적인 주장)는 두려움, 수치심, 또는 부적절한 느낌의 고통 또는 무력에 기인하여 차단되어 왔는지 모른다.
- **과장된 슬퍼하기**는 빈약한 자기가치 그리고/또는 삶에서 전진하기 위한 자격(예, '나의 어머니가 돌아가신 이후로 나는 충만한 삶을 살 자격이 없다.')의 결핍에 기인한 상실을 대치하는 것에 대항하는 방어일 수 있다. 자기에 대한 긍정적인 또는 건강한 자격에 대한 느낌이 결핍되어 있고, 죄책감 또는 수치심에 의해 차단되는지 모른다.
- **위안을 주지 않는 눈물 흘리기**는 우울 그리고 자기공격(비참한 느낌)의 형태일 수 있다. 그것은 많은 감정(예, 진정한 슬픔, 분노, 또는 주장)에 대해 방어하는 것일 수 있다.
- **무모한 동경**은 친밀함에 대한 합리적인 열망과는 반대로 자기에 대한 긍정적인 느낌을 결핍시킨다. 개인은 자기타당화의 객관화된 의미로서 타인의 사랑을 갈망할지 모른다. 그러한 예에서 타인으로부터의 타당화의 요구는 병적으로 과대해진다. 탈민감화될 필요가 있는 갈등은 많은 것이 될 수 있다(예, 아마도 수치심 또는 적절한 보살핌을 받아 오지 못한 데 기인한 고통에 의해 차단된 자기-가치의 느낌에 대한 갈등들). 또한 슬픔을 능가하는 갈등이 있을 수 있다.

## 4. 체계적 탈민감화를 통한 감정 공포의 재구조화: 주요 치료 목표

1장의 5절에서 우리는 감정 공포의 맥락에서 체계적인 탈민감화에 대해 말해 왔다. 많은 치료자는 갈등의 감정 패턴을 개념화하는 데 있어서 두 삼각형에 의해 도움을 받아 왔다. 그러나 치료에서 이러한 개념들을 어떻게 사용하는지에 대해 혼란스러울 수 있다. 따라서 감정 공포를 탈민감화하고 재구조화하는 것을 돕기 위해서 갈등삼각형 도식에 기초한 구체적인 목표들이 개발되어 왔다(McCullough, 1993; McCullough Vaillant, 1994). 이 절은 5~10장에서 자세하게 논의된 세 가지의 광범위한 치료 목표를 개관할 것이다.

- **방어 재구조화하기:** 환자가 방어적 반응을 이해하고 포기(중지)하도록 돕기
- **감정 재구조화하기:** 환자가 극도의 억제를 하지 않고 감정을 경험하는 것과 감정을 적절하게 표현하는 것을 돕기
- **자기와 타인 재구조화하기:** 환자가 관계를 개선하고 자기에 대한 긍정적인 느낌을 획득하는 것을 돕기

### 재구조화에 대한 전반적인 요점

#### 재구조화의 정의

**재구조화**—감정 공포의 구조 바꾸기—는 경직되고 처벌적인 억제 대신에 긍정적인 결과가 적응적인 느낌 그리고 행동과 연합될 때 발생한다. 알렉산더와 프렌치(1946)는 치료를 '**새로운 결말에 의해서가 아니라** 오래되고 미해결된 갈등을 재경험하기'(p. 338)라고 정의하였는데, 이처럼 치료는 **교정적 정서 경험**으로부터 그 효력을 이끌어 낸다.

#### 탈민감화는 재구조화를 위한 도구

이 치료에서 체계적인 탈민감화는 적응적인 느낌과 행동에 대해 내부의 싫은 것을 피하는 결과(즉, 과도한 억제)를 제거하기 위한 주요 도구다. 이는 외부의 싫은 것을 피하는 결과에 주의를 집중하는 것과 마찬가지로 중요하다. 치료자는 부지중에

갈등(예, 판단적인 또는 비판적인 것에 의한)을 증폭(즉, 민감화)시키지 않기 위해서 치료를 타당화하는 방식으로 안전하게 수행할 필요가 있다. 같은 방식으로 치료자와 환자는 부적응적인 패턴을 강화할지 모르는 치료의 외부 상황에 대해 주의를 기울일 필요가 있다.

싫은 것을 피하는 결과를 제거하는 것 이상으로, 적응적인 행위의 결과가 가능한 한 긍정적일수록 변화 과정이 도움이 된다. 이것은 이 치료에서 지지, 공감, 협력, 타당화, 연민을 구축하기 등을 포함하는 방법이 중요한 이유다.

### 탈민감화는 치료를 통해 발생

앞 목록의 세 가지 치료 목표는 각각 탈민감화를 어느 정도 요구하는 공포증의 양상을 가진다. 예를 들면, 방어 재구조화는 환자가 그들의 방어를 바라보는 것이 '두려울' 때 가장 필요하다. 환자는 종종 방어를 갖는 것 이상으로 수치심을 갖는다. 따라서 이러한 수치심은 감소될 필요가 있다. 이 예에서 노출은 환자가 자신의 방어를 자각하는 것을 의미하며, 불안 조절은 수치심을 감소시키기 위해 사용된다. 따라서 탈민감화 기술은 치료의 시종일관 여러 수준에서 유용할 수 있다.

### 억제 감정의 지배를 깨뜨리기

불안 또는 억제 느낌의 출현은 느낌을 갈등적이거나 민감하게 만들게 하는 것이다. 탈민감화는 적응적 감정에 대한 억제 감정의 지배를 느슨하게 하거나 깨뜨리는 것을 의미한다. 다음의 두 문장을 비교하라.

환자 1: 화가 나는 것[F]은 저를 죄책감[A]에 빠뜨립니다. 그래서 저는 아무 말도 하지 않아요[D]. [죄책감이 화의 표현을 지나치게 억제시킨다.]

환자 2: 저는 이제 화를 낼[F] 수 있게 되었어요. 그리고 화를 표현하는 방법을 알게 되어 도움이 됩니다[탈민감화 후에 그것이 조정되고 적절하게 표현되는 한, 죄책감은 더 이상 화를 제지하지 않는다].

### 탈민감화: 노출하라, 부적응적인 반응을 중지하라 그리고 불안을 진정시켜라

탈민감화가 노출, 방어적 반응 중지 그리고 불안을 진정시켜 나가는 단계적인 과정으로 진행된다는 내용의 1장의 5절을 기억하라. 이 과정은 환자가 그들의 적응적인 자원을 더 자유롭게 사용할 때까지 그들의 불안을 탈민감화하는 것을 돕기 위해 계속 반복되어야 한다.

### 불안 조절

지지적이고 인지적인 방법은 불안을 조절하기 위해 필요에 따라 사용된다. 그리하면 공포 상황의 재구조화에 압도당하지 않게 된다. (불안 조절의 리뷰를 위해 1장의 6절 참조) 그때 가능한 한 노출은 두려움이 사라질 때까지 계속되어야 한다.

불안 조절은 각 목표의 내부에서 발생한다. 방어는 자아-동조적 방어의 강화된 편안함보다는 긍정적인 결과들이 방어적인 반응을 포기하려는 자각과 의지와 연합되기 때문에 재구조화된다. 위협적이거나 수치스러운 억제 감정과 대치된 적응적인 감정의 경험과 표현이 긍정적인 결과들과 연합되기 때문에 감정이 재구조화된다. 그리고 자기와 타인 재구조화는 수치심, 죄책감 또는 과도한 취약함 대신에 긍정적인 결과들이 자기와 타인의 경험과 연합되기 때문에 발생한다.

## 세 가지 치료 목표는 각각 두 구성 요소를 포함한다

### 방어 재구조화하기

방어적 반응을 중지하기 위해서 환자는 방어가 어떻게 느낌을 차단하는지를 인식해야 하고, 그것들을 바꾸고 싶은 마음을 느끼기도 해야 한다. 이것이 방어 재구조화의 두 가지 구성 요소다.

- **방어 인식하기**: 문제 되는 행동을 알기
- **방어 포기하기**: 그 행동을 그만두고 싶어 하기

방어 재구조화(방어에 대한 불안을 조절하기 위해 탈민감화를 사용하기)는 환자가 그들의 방어를 아는 것과 그것들을 포기하는 것을 두려워하기 때문에 필요하다. 방어 재구조화는 환자가 감정을 차단하는 방어를 확인하고, 방어를 포기하는 것(또는 중지하는 것)을 가능하게 해 주기 때문에 감정 공포를 탈민감화하는 데 반응 중지로서 기능한다.

#### 예: 방어 인식하기

치료자: ○○씨는 제게 믿기지 않을 정도의 슬픈 이야기를 말합니다. ○○씨가 이 이야기를 말할 때 미소 짓고 있다는 것을 알고 있나요[방어를 지적하기]?

환 자: 네, 선생님이 말씀하셔서 지금에야 알아차렸어요.

치료자: 만약 ○○씨가 미소 짓지 않는다면 무슨 일이 벌어질까요?

환 자: 저는 그것이 무엇인가를 덮으려는 것으로 생각돼요. 그렇지 않나요? 아버지를 다시는 결코 볼 수 없다고 하는 엄청난 슬픈 느낌에서 저를 지켜 주는 것 같아요.

치료자: 그래요. 그 슬픔이 ○○씨가 피하려고 하는 것인 것 같아요.

환 자: 네, 저는 그러고 싶지 않아요.

치료자: 그 슬픔과 함께 있는 것에 대해 무엇이 가장 어려운 부분입니까? 무엇이 가장 상처가 됩니까[불안 조절]?

#### 예: 방어 포기하기

치료자: ○○씨는 약함이 드러나는 것이 부끄러워서 자신의 감정을 숨기는 것을 배웠습니다. 그 상황에 놓인 아이가 할 수 있는 최선을—용감한 얼굴을 하고는 고통스러운 느낌을 피하려고 한—다한 것이지요[방어의 타당화]. 그러나 ○○씨가 치른 대가는 엄청나서 외로움을 느끼고, 우울한 삶을 살게 되고, 마음속에 있는 것을 결코 표현할 수 없었던 것입니다[방어의 대가를 지적함].

환 자: 맞습니다. 그것은 헛된 일이에요! 저는 더 이상 제 감정을 눌러놓고 싶지 않아요.

### 감정 재구조화하기

감정의 도처에 걸쳐 있는 갈등들은 노출에 의해 탈민감화될 필요가 있다. 묻어 두었던 느낌을 밝혀내기(경험하기)와 나누기(표현하기)는 감정 공포를 해결한다. 이것들이 감정 재구조화의 두 구성 요소다.

- **감정 경험하기:** 회피하거나 공포증적 느낌을 느끼기
- **감정 표현하기:** 적절하게 느낌을 표현하는 것을 배우기

감정 재구조화(느낌에 대한 불안을 조절하기 위해서 탈민감화를 사용하기)는 환자가 뭔가 새로운 느낌을 두려워하고, 타인에게 느낌을 표현하는 것을 두려워하기 때문에

필요하다. 환자는 두려운 느낌을 직면하고 견뎌야 하기 때문에 감정 재구조화는 감정 공포를 탈민감화하는 데 있어서 요구되는 노출을 야기한다.

**예: 감정 경험하기**

치료자: ○○씨가 아버지를 만난 마지막을 떠올릴 때, 슬픈 느낌을 어떻게 경험합니까?

환 자: 눈 뒤쪽에 큰 압력을 느낍니다.

치료자: 만약 눈을 약간 이완하고 압력에 신경 쓰지 않으면서 ○○씨의 몸이 경험하는 것을 만나 보면 어떻게 되나요?

환 자: (잠시 멈춤) 아버지를 떠올릴 때, 저의 가슴속에 엄청난 무거움이 있습니다(눈물이 흐르기 시작한다).

**예: 감정 표현하기**

환 자: 물론 여기 치료에서 우는 것은 이제 괜찮습니다. 제가 슬플 때 여자 친구가 저를 보는 것까지는 잘 모르겠습니다. 제가 선생님께 지금 말한 것을 그녀에게 결코 말할 수는 없었습니다.

치료자: 만약 ○○씨가 어떻게 변화되었는지를 그녀가 알도록 허용한다면 최악의 부분이 무엇일까요?

환 자: 그녀는 다 큰 남자가 흐느껴 우는 것을 보고 싶어 하지 않을 겁니다.

치료자: 좋아요, 그것을 살펴봅시다. ○○씨가 여기에 왔을 때, 자신의 많은 것을 보여 주지 않는 것에 대해 그녀가 좌절한다고 말했습니다. 지금 ○○씨는 슬픔을 표현하는 것을 보면 그녀가 혐오할 거라고 말합니다. 그녀가 정말 그렇게 생각할까요?

환 자: 아니요. 선생님이 말하는 것을 알겠어요. 저는 아직도 저의 감정을 보여 주는 것이 판단받을 거라 생각하고 있어요.

치료자: 그러면 당신의 그러한 면을 보여 주는 것은 어떨까요? 당신이 그녀에게 공개하는 것이 어떨지 상상해 봅시다.

### 자기와 타인 재구조화하기

자기와 타인 재구조화하기는 적합한 자기이미지와 타인이미지를 획득하는 것을 의미한다. 그것은 각각 자기와 타인의 이미지와 연합된 느낌에 대한 두 개의 구체적인 노출의 형식를 수반한다.

- **자기 재구조화하기:** 자기이미지를 개선하기 그리고 자기돌봄을 구축하기
- **타인 재구조화하기:** 타인에 대한 더 적응적인 지각과 연결을 구축하기

자기와 타인 재구조화(자기와 타인에 대한 애착에 대해 불안을 조절하기 위한 탈민감화를 사용)는 환자가 자신에 대해서 좋은 느낌을 갖는 것을 두려워하고, 친밀한 느낌을 두려워하고, 또는 거리를 두는 것에 불안정해하기 때문에 필요하다(특정 상황에서는 어느 것이든 적응적이다).

### 자기와 타인 재구조화를 왜 방어와 감정의 재구조화 이후에 실행하는가?

자기와 타인 재구조화하기는 가끔 치료의 처음에 와야 한다. 그러므로 이 장에서 방어 재구조화와 감정 재구조화 뒤에 놓이는 것이 혼란스러울 수도 있다. 이에 대한 몇 가지 이유가 있다.

- 전형적인 단기역동정신치료(STDP)는 방어와 감정의 재구조화로 시작된다.
- 자기이미지와 타인이미지에 대한 광범위한 작업이 필요한 경우에는 더 많이 손상된 환자와의 다소 다른 형태의 치료로 제안된다. 그리고 때때로 이 작업은 단기 치료가 아니다.

(세 가지 목표의 근원에 대한 더 많은 정보에 대하여, CC, 1장 참조)

#### 예: 자기 재구조화하기

치료자: 만약 ○○씨가 그녀에게 안겨 운다면 자신에 대해 어떤 생각이 들까요?

환 자: 겁쟁이, 순수한 그리고 순진하다는 생각이 들 거예요.

치료자: 그러한 자연스러운 인간적인 반응을 하는 자신에 대해 너무 엄격한 것에 대해 슬프지 않나요? ○○씨 자신을 다른 방식으로 바라볼 수 있을까요?

환 자: 아마도요, 그러나 그것에 대해 작업이 필요한 것 같아요.

#### 예: 타인 재구조화하기

치료자: ○○씨는 나와 함께 여기에서 울 때 겁쟁이처럼 느껴지나요?

환 자: 네, 처음엔 그랬어요. 그러나 이제 약간 더 편안해진 것 같아요. 선생님이 더 이

상 저를 판단하는 것 같지 않아요.

**이전 행동을 변화시키는 것은 성격을 변화시킨다**

이러한 갈등적이고 부적응적인 성격 패턴은 적어도 부분적으로 학습되어지기 때문에 환자는 더 유연하고 적응적인 성격 패턴을—재구조화 과정을 통해—배울 수 있다. 오래 지속되어 온 행동을 버리는 것과 새롭고 더 적응적인 행동을 배우는 것을 통해 환자는 **성격**이 **변화**된다.

## 연습문제

### 2A: 갈등삼각형에서의 극점을 식별하기

**지시** 다음 문장의 밑줄 친 부분에서 치료자가 언급한 갈등삼각형의 극점을 구별하라. D(방어), A(불안/억제), 또는 F([적응적] 느낌)를 사용하라. 주의: '느끼다' 또는 '느낌'이란 단어가 생각('당신은 혼란스럽게 느끼는 것 같아요.')으로 사용될 때 F로 나타낼 필요는 없다.

**예** 우리가 ○○씨의 느낌에 대해 이야기할 때 당신은 종종 주제를 바꿉니다. 이것이 ○○씨가 어려운 주제를 피하는 방법일 수 있을까요? [(D) A F]

**설명** 주제를 바꾸는 것은 방어다.

**2A.1.** 우리가 이것에 대해 얘기할 때, ○○씨가 나의 눈을 피하는 것을 알고 있나요? [D A F]

**2A.2.** ○○씨는 화가 날 때마다 죄의식을 느끼는 것처럼 보입니다. [D A F]

**2A.3.** 제가 ○○씨에게 느낌에 대해 물었을 때, ○○씨가 지적으로 생각하는 것을 알고 있나요? [D A F]

2A.4. 제가 ○○씨의 어머니에 대해 물으면 매우 신경질적으로 되는 것 같습니다. [D A F]

2A.5. 그가 ○○씨를 배신한 것에 대해 생각하면 화가 납니까? [D A F]

2A.6. 제가 ○○씨에게 나를 쳐다보라고 요청했을 때 불편함을 느낍니까? [D A F]

2A.7. ○○씨는 어머니에 대한 갈망을 얘기해 본 적이 있습니까? [D A F]

2A.8. 우리가 그의 배신에 대해 ○○씨가 느끼는 슬픔을 주시할 수 있을까요? [D A F]

## 2B: 사람삼각형에서의 극점을 식별하기

**지시** 다음에 언급한 문장에서 밑줄 그은 단어가 사람삼각형 위의 어느 극점인지 정하라. 그들이 현재 지금 상호작용할지라도, 원가족의 구성원은 항상 과거 사람(P)으로서 부호화된다는 것을 기억하라. 이는 문제가 유래되었을 때 존재했고, 그 문제의 기원에 기여했기 때문이다.

**예** 치료자: 저와 함께 여기 있는 것을 어떻게 느낍니까? [(T) C P]

**설명** 이것은 치료자를 언급한다.

2B.1.

환 자: 저의 여동생과 저는 매우 가깝습니다. [T C P]

2B.2.

환 자: 저는 종종 여기서 불편함을 느낍니다. [T C P]

2B.3.

치료자: ○○씨의 아버지와 할아버지는 ○○씨에게 큰 기대를 품고 있습니다. [T C P]

2B.4.

환 자: 저의 상사는 오늘 무척 화가 났고, 저는 겁에 질렸어요! [T C P]

2B.5.

치료자: ○○씨의 어머니는 ○○씨가 하는 것에 대해 무엇을 칭찬했나요? [T C P]

2B.6.

환 자: 저는 오늘 아내와 긴 시간 동안 얘기를 했습니다. [T C P]

2B.7.

치료자: ○○씨의 마거릿 숙모는 ○○씨의 어머니를 질투했고, ○○씨에게도 비판적이었습니다. [T C P]

2B.8.

치료자: ○○씨는 오늘 치료에 오는 것을 피하고 싶었나요? [T C P]

2B.9.

치료자: 우리가 ○○씨와 남동생 사이의 경쟁에 대해 주시할 수 있을까요? [T C P]

2B.10.

환 자: 저의 아들은 제가 말하는 그 어느 것도 들으려고 하지 않습니다. [T C P]

## 2C: 두 삼각형의 극점을 구별하기: D-A-F-T-C-P

**지시** 다음 문장에서 밑줄 친 단어 다음의 빈칸을 D(방어에 대해-회피/부적응 행동, 생각 또는 느낌), A(불안/억제 감정에 대해), F(환자의 적응적, 활성화 감정에 대해, 발생하는 것이 허용된다면), T(치료자에 대해), C(현재 사람에 대해), 또는 P(과거 사람에 대해)로 채우시오.

**예** 치료자: 저[T]한테 화가 난 감정[F]을 지적하면 ○○씨는 손가락을 두드리면서 얼마나 [D] 불안정[D]해지는지 아시나요? 화난 감정[F]을 보게 되

는 것이 ○○씨를 불안[A]하게 해서 여기서[T] 자신을 주장하는 것[F]이 어려워지나요?

**설명** 이 치료자는 이 환자에게 그녀가 치료에서 특정 패턴을 어떻게 끝까지 연기하고 있는지를 보여 주려 하고 있다. 그래서 그는 환자가 분노를 회피하고자 사용하는 방법인 손가락을 두드리는[D] 전형적인 방어를 지적한다 (F-적응적 활성화 감정). 치료자[T]와 함께 환자가 그녀의 패턴을 연기하는 것을 보여 줌으로써 그녀가 어떻게 부적응적인 방법을 계속하고 있는지를 드러낼 수 있다. 또한 활성화 정서[F]에 대한 불안[A]이 감소되는 것을 지켜볼 수 있고, 이러한 감정이 잘 지도되어 표현하도록 하는 작업을—치료자[T]와 그리고 그녀의 인생의 다른 사람들[C]과—해 나갈 수 있다.

## 2C.1.

치료자: ○○씨는 어머니[ ]와 그랬던 것처럼 아내[ ]와 가까워질 때마다[ ] 거리감을 느끼고[ ] 화을 잘 내는[ ] 것처럼 보입니다. 마치 어떤 공포심[ ]이 ○○씨를 조용하게[ ] 하고, 친밀해지고 또 사랑하는 것[ ]을 회피하게[ ] 하는 것 같습니다. 제가 말씀드린 패턴이 맞는 것 같으세요?

## 2C.2.

치료자: 형[ ]의 죽음에 대해 슬퍼질[ ] 때마다 저[ ]와의 이야기 주제를 바꾸는 것[ ]을 알게 되었습니다. 이러한 감정은 아마도 견뎌 내기가 너무 고통스러운 것[ ] 같고, 슬퍼하는 것[ ]보다 우울하고[ ] 무기력하게[ ] 만드는 것 같습니다. 어떻게 생각하세요?

## 2D: 두 삼각형의 극점을 식별하기: D-A-F-T-C-P

**지시** 연습문제 2C와 같이 문자 D-A-F-T-C-P를 사용하여 다음 환자의 진술에서 두 삼각형의 극점에 있는 문구를 식별하도록 하라. 이번에는 밑줄이나 빈칸으로 표시되어지지 않으므로 여러분 스스로 관계되는 문구를 찾아낼 필요가 있다. 두 삼각형 중 하나의 극점을 나타내는 각 단어나 문구에 밑줄을 치고 대응되는 문자를 입력하도록 하라.

### 2D.1.

환 자: 사실이에요. 제가 한 것에 대해 다른 사람들이 얻는 만큼 다른 사람들은 나한테 주질 않아요. 사장님도 저한테 더 급여를 줄 여유가 없다고 했지만 그분은 엄청나게 큰 새 집을 막 짓기 시작했다는 것을 알아요. 그분한테 화가 나면 상종을 안 하지요. 저의 이력서를 다른 곳에 보낼 수 있지만 다른 직장을 알아보는 것은 배신자 같이 느껴질 것 같아요. 저는 그냥 그분이 저의 가치를 알아 줘서 급여를 인상해 주길 바랄 뿐이에요.

### 2D.2.

환 자: 남자 친구가 저를 떠나길 원한다고 말했을 때, 저는 너무 우울해지고 상처받았어요. 저는 남자 친구를 행복하게 해 주기 위해서 모든 것을 희생해 왔어요. 하지만 어쩐 일인지 아직 충분하진 못해요. 제 친구들은 남자 친구가 저에게 좋은 사람이 아니니 제가 단념해야 한다고 하지만 저는 그가 너무 좋아요.

### 2D.3.

환 자: 제 남편의 장례식에서 저는 마치 돌처럼 무표정했었고, 그 이후로 울어 본 적이 없어요. 저희 딸이 조절이 안 될 정도로 우는 것을 보았는데, 그냥 너무 당황스러울 뿐이에요. 견딜 수가 없어요!

## 2E: 무엇이 방어적 감정으로 보이는가?

**지시** 다음의 각 연습문제는 행동 목록에 의해 뒤따르는 방어적 감정을 갖고 있다. 빈칸에 ×표시를 함으로써 다음의 예가 보여 주는 것처럼 방어적으로 사용된 감정의 사례일 수 있는 행동을 고르시오. 주의: 감정이 부적응적으로 사용될 때는 거의 항상 방어적이다. 방어적 느낌은 종종(항상은 아니지만) 요란하고, 극적이고, 극단적이거나, 효과나 쇼를 위해 행해진다.

**예** 방어적 기쁨

1. 우울하게 행동하기 ____
2. 신경이 예민할 때 너무 크게 그리고 너무 자주 웃기 ×
3. 고통을 덮기 위한 거짓 미소 ×

4. '얼마나 멋진지!'를 큰 소리로 드러내기 ×

**설명** 행동 2, 3 그리고 4는 어떤 다른 느낌을 덮기 위해 기쁨이 사용된다. 행동 1의 '우울하게 행동하기'는 방어적일 수 있다. 그러나 기쁨의 방어적 사용은 아니다. 우울은 무기력, 수동성, 그리고 무망감을 수반하는 반응이다. 그리고 아마도 기쁨(또는 주장 또는 슬픔)을 차단하거나 훼방하는 것을 의미한다.

### 2E.1. 방어적인 부드러움

1. 다른 것의 존재를 무시하기 ___
2. 과장된 애정 ___
3. 화가 났을 때 배우자를 '스위티'라고 부름. ___
4. 다른 사람에 대한 소극성 ___
5. 달콤한 친절 ___

### 2E.2. 방어적인 분노

1. 약점을 잡아서 하는 유머 ___
2. 사소한 사건에 대한 폭력적인 반응 ___
3. 손가락질(비난) ___
4. 터무니없는 말하기 ___
5. 누군가를 헐뜯기 ___
6. 역정 ___

### 2E.3. 방어적인 슬픔

1. 운동 또는 쇼핑에 대한 광적인 탐닉 ___
2. 논쟁 중에 울기 ___
3. 해결되지 않는 병리적인 탄식 ___
4. 질투하는 사람이 경쟁에서 졌을 때 행복해하기 ___

### 2E.4. 방어적인 흥분

1. 관심의 부족 ___

2. 불충실한 애인에 대한 광적인 결혼 계획 ___
3. '나는 떨고 있다.'를 강하게 드러냄. ___
4. 상실 이후에 광적인 활동 ___

### 2E.5. 방어적인 성적 욕구

1. 잠자리에 들기 전에 잦은 논쟁하기 ___
2. 논쟁이 있을 것 같은 때 성행위를 시작하기 ___
3. 친밀감이 없는 성행위 ___
4. 정신적인 친밀감에 대한 과도한 요구 ___
5. 싫고, 사랑하지 않는 느낌 ___

제3장

# 환자에 대한 사정과 치료의 선택

**목표** 초기 평가 과정이 무엇을 포함해야 하는지 그리고 전반적 기능 평가(GAF) 척도가 사정과 치료에서 얼마나 유용한지를 설명하기

**다루는 주제**
1. 초기 사정의 개관
2. DSM 다축 사정이 치료 선택을 어떻게 안내하는가
3. 전반적 기능 평가(GAF) 척도를 어떻게 평정할 것인가
4. 단기역동정신치료(STDP)에 대한 지침과 금기
5. 환자의 요구에 치료를 맞추기 위한 전반적 기능 평가(GAF) 척도의 사용
6. 개입의 지지적 · 탐색적 연속성

## 1. 초기 사정의 개관

### 초기 사정의 과제

단기역동정신치료(Short-Term Dynamic Psychotherapy: STDP)의 첫 회기 또는 초기 몇 회기는 진단적 사정, 정신역동적 사례개념화 그리고 치료계획을 포함해야 한다. 이것은 치료자에게 다음을 동시에 할 것을 요구한다.

- 전반적 기능 평가(Global Assessment of Functioning: GAF) 척도(이 장에 설명된)에 따라서 평정된 것으로, 환자의 전반적 기능 수준을 결정하기
- 정신장애 진단 및 통계 편람, 4판(Diagnostic and Statistical Manual of Mental Disorders, fourth edition: DSM-IV) 진단 결정에 대한 정보 얻기(이 장 그리고 11장에 설명됨.)
- 감정 공포를 밝혀내기 위해 핵심 정신역동적 갈등을 개념화하기(4장에 설명됨.)
- 사정에 기반한 가장 적절한 치료를 선택하기(이 장의 뒷부분, 4장 그리고 5~10장에 걸쳐 서론에 설명됨.)

이 장에서 사정 과정의 개관을 설명하고 진단적 정보—특히 환자의 기능 수준—가 어떻게 영향을 미치는지, 환자가 **어떻게** 다루어져야 하는지(치료의 과정)를 논의할 것이다. 그러고 나서 4장에서 우리는 핵심 정신역동적 갈등(들)을 개념화하고, **어떤** 감정 공포에 초점을 맞출지(치료의 내용)를 결정하기 위해서 시작 회기(들)를 어떻게 사용할 것인지를 설명한다.

단기역동정신치료(STDP)는 모든 환자에게 적합하지 않다. 다음에 논의한 것처럼, 환자에게 맞는 적절한 치료의 선택은 DSM 진단의 다른 축들에 의거하기보다는 환자의 기능의 평가(GAF, 5축)에 더 기반을 둔다. 이러한 이유로 이 장의 대부분은 신속한 전반적 기능 평가(GAF)를 사정하는 방법 그리고 치료 계획을 안내하기 위해 그것을 사용하는 방법에 초점을 맞춘다. 이 장의 4절은 진단적 정보가 치료자로 하여금 단기역동정신치료(STDP)가 언제 금기인지 또는 유의한 적용을 할 때인지를 알도록 하는 데 어떻게 도움이 되는지를 설명한다.

## 우리의 사정 과정

앞에 목록화된 많은 목표를 성취하기 위해서 외래환자 심리치료에 대한 우리의 사정 과정은 일반적으로 첫째로 환자와의 전화 접촉으로 시작된다. 10~20분의 시작 접촉에서 우리는 개인이 다루기 원하는 문제의 종류를 간결하게 기술하려고 노력한다. 우리는 또한 환자의 기능 수준을 대략적으로 얻고자 하고, 그리하여 단기 치료접근에 주된 금기(예, 물질 남용 또는 의존, 심각한 의학적 질병, 또는 심각한 생활 스트레스)가 있는지를 결정하려고 한다. 이러한 금기들은 이후에 다시 더 자세하게 논의된다.

### PAC 형식

그러고 나서 그 사람이 치료를 하기로 결심하게 되면, 우리는 심리치료 사정 체크리스트(Psychotherapy Assessment Checklist: PAC) 양식을 우편이나 전자우편으로 보낸다. 그 양식은 작성 지침을 가지고 있고, 첫 회기에 가지고 오도록 한다. 그 심리치료 사정 체크리스트(PAC) 양식은 질문과 체크리스트 문항의 포괄적인 세트인데, 환자에 의해 앞서 작성된다. 그것을 사용하는 방법에 대한 지침을 포함한 양식은 우리의 웹 사이트, www.affectphobia.org로부터 얻을 수 있다.

그 양식은 기본적인 인구통계학적 데이터와 심각한 현재 문제를 포함한다. 그리고 체크리스트는 축 I과 축 II 진단에 대한 주요 준거, 신체 질병의 문제(축 III), 생활 스트레스(축 IV) 그리고 기능 수준(축 V)을 포함한다. 열 형식으로 제시된 문항과 답변들은 치료자가 환자를 만나기 이전에 3~5분 안에 방대한 정보를 자세히 조사할 수 있도록 해 준다. 그리하여 치료자는 단기역동정신치료(STDP)에 대한 시도 또는 금기를 신속하게 제공해 주는 사전 정보에 의해 기능과 발달사에 대한 방대한 정보를 얻을 수 있다.

- 심리치료 사정 체크리스트(PAC) 양식은 점수화를 요구하지 않는다. 그것은 의학 증상과 병력 체크리스트와 유사하다. 임상 장면에서 스태프는 예기 환자가 30분 일찍 도착하여 첫 회기에 앞서서 대기실에서 체크리스트를 작성하도록 해 왔다(마치 의사들에 의해서 의학 체크리스트가 작성되어 온 것처럼).
- 축 I과 축 II의 준거 체크리스트는 DSM-IV의 최종적인 진단을 제공하지 않는다. 그러나 치료자가 가장 크게 관여할 진단과 문제 영역을 신속하게 지시해 줌으로써 평가를 간소화한다.
- 더 손상된 환자는 그 양식을 완성하지 못할 수도 있다. 그러나 이것은 더 지지적인 측정 평가가 취해질 필요가 있다는 신호일 수 있다. 이것은 치료자가 그 양식을 완성하는 것을 돕는 것을 포함한다.

### 초기 면담에서 과제의 섞어 짜기

심리치료 사정 체크리스트(PAC) 양식이 왜 유용한지에 대한 한 가지 이유는 환자가 자신의 문제를 말하기 위해 치료에 오는 것을 불안해한다는 것이다. 그리고 종종 환자들은 사정 질문으로 면담을 시작하는 것 때문에 회기 약속을 미루고 싶어 한다.

앞서 말한 대로, 초기 회기(우리는 또한 **초기 평가**로서 언급하는 것)에서 치료자는 문제를 듣는 것과 기저에 있는 핵심 정신역동적 갈등 탐색에 유의미하게 더 많은 시간을 보낸다. 만약 환자가 심리치료 사정 체크리스트(PAC) 양식을 완성하고 치료자가 초기 평가 전에 그것들을 재검토한다면, 치료자는 탐색하기와 환자와의 치료동맹 구축하기에 초점을 맞추는 데 더 많은 시간을 가질 수 있다. 그렇지만 환자의 진단적 그리고 기능적 사정은 회기 전체에 걸쳐서 진행된다.

### 회기 길이

이상적으로 초기 평가는 3시간의 회기에서 수행된다. 많은 치료자는 이 시간을 융통성 있게 갖지 못한다. 그래서 평가는 두 연속되는 회기에 제한되거나 또는 세 개의 분리된 회기로 확산될지도 모른다. 그러나 그 확장된 시간은 매우 유용하다. 다음과 같은 이유 때문이다.

- 치료자들은 PAC 양식에 있는 정보를 확인하고 GAF와 DSM 정보를 수집하는 데 시간이 걸릴 수 있다.
- 치료자들은 다수의 다른 관계에서 환자가 경험하는 방어, 불안 그리고 느낌을 알아내는 시간뿐만 아니라 문제가 드러나는 많은 예를 듣는 시간을 가진다. 이것은 더 넓은 관점을 갖게 해 준다. 그리하여 더 풍부한 개념화를 이끌어 낸다.

## 2. DSM의 다축 사정이 치료 선택을 어떻게 안내하는가

### 단기역동정신치료(STDP)에 대한 적합성

단기 심리치료의 창시자들은 환자가 치료의 신속한 노출 상태를 견딜 수 있는지를 판단하는 준거 목록을 만들었다(CC, 2장, pp. 59-60 참조). 그러나 초기 평가의 빠른 흐름에서 이러한 모든 준거를 마음속에 간직하는 것은 매우 어렵다. 치료자는 앞에서 논의된 모든 정보를 수집해야 하고, 어느 치료가 가장 적합한지를 결정해야 한다.

다행스럽게도 DSM 다축 사정—그리고 특별히 GAF 척도(축 V)—은 많은 다른 치료 양식뿐만 아니라, 단기역동정신치료(STDP)에 적합성을 나타내는 많은 요인들을 포함한다(American Psychiatric Association, 2000; Endicott, Spitzer, Fleiss, &

Cohen, 1976). DSM 진단의 다섯 가지 축은 다음의 면에서 유용하다.

### 축 I과 축 II에 대한 DSM 진단

임상 경험은 빈약한 충동 조절 또는 취약한 자기감을 가진 환자가 단기 치료의 신속한 노출을 견딜 수 없다는 것을 보여 주어 왔다. 예를 들면, 어떤 축 I 정신증적 진단을 가진 환자(정신분열증 또는 물질 남용/의존과 같은) 또는 B군 성격장애를 가진 환자(축 II에서 경계선적 또는 자기애적 성격장애와 같은)는 단기 치료에 덜 효과적이기 쉽다. 그러므로 진단은 단기역동정신치료(STDP)에 적합하지 않은 환자를 배제시키기 위한 신속한 방법을 제공할 수 있다. 축 I과 축 II의 정보는 또한 약물 개입의 고려 여부를 알려 줄 수 있다. 이러한 진단적 지침과 금기는 11장에서 자세히 논의된다.

마지막으로, 2장에서 공부한 바와 같이 DSM 축 I 또는 축 II 진단을 이루는 대부분의 증상들은 갈등삼각형의 방어 극점(D)에 속한다(그중 일부 증상은 불안 극점[A]도 포함한다). 갈등 감정(들)을 식별하고 탈민감화하는 것은 증상 행동을 감소하거나 없앨 수 있다. 그러므로 축 I 또는 축 II 진단은 방어와 불안에 대한 증상을 식별하는 것을 통해 치료를 이끌어 나가는 데 도움이 된다(11장에서 더 다뤄질 것이다). 그러나 다음에서 논의되는 것과 같이 진단은 치료를 선택하는 과정에서 결정적인 영향력을 갖는 것은 아니다.

### 축 III

의학적 문제는 심리적 문제와 함께 고려되는 것이 중요하다. 그 이유는 심각한 의학적 문제를 가지고 있는 환자가 일반적으로 더 많은 지지적 개입을 필요로 할 것이고, 그들의 방어를 도전하는 스트레스적인 경험으로부터 더 취약할 것이기 때문이다.

### 축 IV

생활 스트레스원은 중요한 고려 사항이다. 그 이유는 심각한 생활 스트레스원 또는 변화에 놓여 있는 환자는 신속한 노출 치료를 다룰 수 있는 자원을 가지고 있지 않기 때문이다.

### 축 V: GAF 척도

DSM-IV의 축 V는 전반적 기능 평가(Global Assessment of Functioning: GAF) 척

도다. 어떤 치료자는 GAF 척도를 보험회사에 의해 부과된 짐으로 생각한다. 현실적으로 GAF 척도는 초기 사정 동안에 매우 유용한 도구다. 그 이유는 그것이 방대한 양의 정보를 간단한 형식으로 조직화시켜 주고, 치료자가 환자에 대해 적합한 치료를 안내하는 것을 도울 수 있기 때문이다.

전반적 기능 평가(GAF) 척도는 진단에 관계없이 '전반적' 또는 복합적인 기능에 대한 평가다. 그것은 기능의 세 가지 영역에서 개인의 취약성뿐만 아니라 강점을 고려한다. 심리적(증상) · 사회적 그리고 직업적 평가는 1에서 100까지 연속되는 척도상의 단일 숫자다. 이것은 10점 간격으로 기능의 비연속적 수준을 나타낸다(〈표 3-1〉 참조). 전반적 기능 평가(GAF) 점수는 특정 환자에 관해 단기역동정신치료(STDP)가 적절한 치료인지 또는 다른 치료 양식이 더 적절한지를 결정하는 과정의 첫 번째 단계다.

〈표 3-1〉 전반적 기능 평가(GAF) 척도

| 점수(점) | (메모: 적절하다면 중간 점수를 사용하라. 예, 45, 68, 72) |
|---|---|
| 100 ~ 91 | 전반적인 활동 범위에서 최우수 기능. 생활의 문제를 잘 통제하고 있고, 개인의 다수 긍정적인 특질로 인하여 타인의 모범이 되고 있음. 증상 없음. |
| 90 ~ 81 | 증상이 없거나 약간의 증상(예, 시험 전 약간의 불안). 모든 영역에서 잘 기능하고, 다양한 활동을 하고 있으며, 흥미를 느끼고 있음. 사회적인 효율성이 있고, 대체로 생활에 만족, 일상의 문제나 관심사 이상의 심각한 문제는 없음(예, 가족과 가끔 언쟁). |
| 80 ~ 71 | 만약 증상이 있다면 일시적이거나 심리 사회적 스트레스에 대한 예상 가능한 반응임(예, 가족과의 논쟁 후 집중하기 어려움). 사회적 · 직업적 학교 기능에서 약간의 손상 정도이며 이상은 아님(예, 일시적인 성적 저하). |
| 70 ~ 61 | 가벼운 몇몇 증상(예, 우울한 정서와 가벼운 불면증) 또는 사회적 · 직업적 학교 기능에서 약간의 어려움이 있음(예, 일시적인 무단결석, 또는 가정 내에서 도벽). 그러나 일반적인 기능은 꽤 잘 되는 편이며, 의미 있는 인간관계에서 약간의 문제가 있음. |
| 60 ~ 51 | 중간 정도의 증상(예, 무감동한 정서와 세부 설명적인 말, 일시적인 공황상태) 또는 사회적, 직업적, 학교 기능에서 중간 정도의 어려움(예, 친구가 거의 없거나 동료 또는 협력자와의 갈등)이 있음. |
| 50 ~ 41 | 심각한 증상(예, 자살 생각, 심각한 강박적 의식, 빈번한 소매치기) 또는 사회적, 직업적, 학교 기능에서 심각한 손상(예, 친구가 없거나 일정하게 직업을 갖지 못함)이 있음. |

| | |
|---|---|
| 40 ~ 31 | 현실 검증력과 의사소통에서의 장애(예, 말이 비논리적이고, 모호하고, 부적절함). 또는 일이나 학교, 가족관계, 판단, 사고, 정서 등 여러 방면에서 주요 손상이 있음(예, 친구를 피하는 우울한 사람, 가족을 방치하고, 일을 할 수 없고, 나이 든 아동이 나이 어린 아동을 빈번하게 때리고, 집에서 반항하고, 학업에 실패함). |
| 30 ~ 21 | 망상과 환각에 의해 심각하게 영향을 받는 행동, 또는 의사소통과 판단에 있어서 심각한 손상, 지리멸렬, 전반적으로 부적절하게 행동하기, 자살에의 몰입이 있거나 또는 거의 전 영역에서 기능할 수 없음(예, 하루 종일 침대에 누워 있음, 직업, 가정, 또는 친구가 없음). |
| 20 ~ 11 | 자신이나 타인을 해칠 약간의 위험(예, 죽음에 대한 명확한 예견 없이 자살을 시도, 빈번하게 폭력적이고, 조증의 흥분상태) 또는 최소한의 개인 위생을 유지하는 데 실패(예, 대변을 묻힘), 의사소통의 광범위한 손상(예, 대개 부적절하거나 말을 하지 않음)이 있음. |
| 10 ~ 1 | 자신이나 타인을 심각하게 해칠 지속적인 위험(예, 재발성 폭력) 또는 최소한의 개인 위생을 유지함에 있어서 지속적인 무능, 죽음에 대한 명확한 예견 없이 심각한 자살 행동이 있음. |
| 0 | 불충분한 정보 |

### 50 이상의 GAF 점수는 STDP가 적절한 것으로 제안됨

**GAF 척도에서 50 또는 그 이상의 점수는 단기역동정신치료(STDP)의 신속한 노출에 대해 요구되는 대부분의 준거를 망라한다**(즉, 충분한 자아 강도와 증상 또는 기능에서의 중간 정도의 손상).

50 이하의 평가는 더 많은 지지적이고, 자아구축적이고, 방어구축적인 개입을 요구하는 신호다. 이 주제는 다음에 자세히 논의된다.

### 치료의 선택은 축 I과 축 II보다는 축 V에 더 근거를 둠

**치료의 선택에서 첫 번째 단계로서 축 I과 축 II 진단보다 GAF(축 V) 점수를 사용하는 몇 가지 이유가 있다.**

- 이 모델은 상대적으로 적은 수의 감정 공포(갈등되는 감정)가 넓은 범위의 방어와 증상을 불러일으킨다는 생각에 기반한다. 따라서 감정 공포는 축 I과 축 II 진단의 심리적 토대를 나타내며 더불어 (다음에 논의된) 생물학적인 기여가 무엇인지에 대해서도 알려 준다. 비록 진단이 치료에서 중요하게 고려되어야 하지

만, 진단적 규준은 기저의 감정 공포의 표면적인 명시 또는 증상으로 여겨진다. 단기역동정신치료(STDP)는 진단적 증상들과 다른 문제들을 해결하는 수단으로서 이러한 감정 공포에 초점을 두고 설계된다.

- 진단은 폭넓은 범위의 기능 수준과 치료에 반응하는 역량에 걸쳐서 발생할 수 있다. 어떤 환자는 주요 우울 장애로 인해서 부적격일지 모른다. 반면에 다른 환자는 심각한 정서적 고통을 경험하는 중에도 기능적일 수 있는 대처 기제를 가지고 있을지도 모른다. 유사한 방식에서 축 I과/또는 축 II의 진단을 가진 어떤 환자들은 단기역동정신치료(STDP)에 유리한 탄력성을 가지고 있다. 반면에 물론 다른 환자들은 그렇지 않을 수도 있다.
- 비록 DSM-IV 진단이 비연속적 독립체로서 제시되는 경향이 있지만 그리고 장애-구체적인 치료가 인기 있는 개념이지만, 실제로 **단일** 축 I 또는 축 II 진단을 가진 환자, 단일 장애 내에서 전적으로 축 II 준거를 가지는 것 또는 심지어 단일 진단적 집단을 가지는 것은 드물다. 진단과 특성의 복합적이고 독특한 혼합을 나타내는 환자가 더 보편적이다.

### 생물심리사회적 모델: 본성과 양육이 결합된

진단의 논의에 있어서 생물학적 기여를 고려하는 것이 중요하다. 이 치료 모델은 전적으로 전체적인 생물심리사회적 체제와 함께 양립할 수 있다. 이 모델은 문제를 생물학적 · 환경적 · 대인관계적 · 심리적 요인의 결합으로 인해 발생하는 것으로 본다.

### 지지되는 다중 개입

한 개인은 우울의 가족력, 사회적 차별에 기인한 학습된 무기력 그리고 유전적 기능으로서 분노/자기주장에 대한 심리내적 갈등을 가지고 있을 수 있다. 그리고 마치 문제들이 여러 개의 기여 요인을 갖는 것처럼, 여러 가지의 개입이 개별적으로 또는 결합되어 사용되는 것이 유용한 것으로 검증되고 있다. 우울에는 약물, 대처기술 그리고 정신역동적 탐색이 모두 유용할 수 있다.

### 서로 얽혀 있는 생물학과 학습

이 모델에서 생물학적 토대를 가진 축 I 증상은 종종 방어적 패턴처럼 보일 수 있다. 정신장애 진단 및 통계 편람(DSM) 장애는 생물학적인 소인만 있는 것이 아니라 일생의 경험을 통해 학습되고 조건화된 것을 반영한다. 예를 들면, 유전적 기질과 학습된 무기력 둘 다 우울과 같은 기분장애에 기여한다. 발달 과정에서 반복적으로 무시당하고, 방치되고, 학대당하거나, 수치심을 겪은 개인은 거리낌 없이 말하고, 도움을 요구하고, 사물에 대해 호기심을 갖는 등의 자연스러운 반응을 억압하는 경향을 가질 것이다. 이러한 적응적인 반응의 차단은 종종 '가라앉는' '침울한'의 우울한 감정의 결과를 낳는다. 물론 어떤 사람들은 주요 우울증이 발병하는 유전적인 소인을 가지고 있지만, 환경도 또한 그 취약성을 불러일으킬 수 있다.

모든 행동은 궁극적으로 유전에 뿌리를 두고 있다. 그러나 환자의 문제는 학습된 행동과 함께 유전적 기질의 상호작용을 반영한다. 노벨 수상자 에릭 캔들(1998)은 다음의 글을 썼다.

> 사회적 행동을 포함한 행동에 유전자의 결합이 기여하는 것과 마찬가지로 행동과 사회적 요인도 유전자의 발현과 나아가 신경세포의 기능에 수정을 하게 만드는 피드백을 줌으로써 뇌에 압력을 가할 수 있다. 결과적으로 역기능적 행동을 습득하는 것을 포함한 학습은 유전자 발현에서의 변경을 야기한다. 따라서 모든 '양육'은 궁극적으로 '본성'으로서 발현된다(p. 460).

최근 뇌 화상 연구들이 보여 준 것과 같이(예, Baxter, 1995), 교육 또는 새로운 학습의 형태인 심리치료적 변화는 뇌에서 새로운 신경 단위의 연합 또는 구조적 변화를 이끈다. 결국 본성 '대' 양육이 아니라 둘의 결합이다.

## 요 약

요약하면 치료를 어떻게 진행할 것인가를 결정하는 데 있어서 우리는 다음의 유용한 원리를 발견해 왔다.

- 전반적 기능 평가(GAF)는 치료 선택의 초기의 광범위한 틀을 안내하는 것에서 DSM 다축 사정의 가장 유용한 부분이다. 즉, 탐색적(방어와 감정 재구조화하기) 대 지지적인(자기와 타인 재구조화하기) 개입(6절 참조).
- 다음으로, 핵심 갈등 사례 개념화(4장에 나옴)는 핵심 감정 공포를 결정하는 방

법을 가르쳐 준다. 이것들은 치료 개입의 초점이 된다(5~10장에서 다룸).

- 마지막으로, 환자의 생물심리적 복합성 모두를 가지고 있는 축 I과 축 II 진단은 감정 공포의 구성 요소와 치료 과정에서 그것들과 함께 작업하는 방법에 대해 더욱 깊은 정보를 제공해 줄 수 있다(11장에 기술된 것처럼).

이 치료 과정에서 첫 단계에 대한 전반적 기능 평가(GAF) 척도의 중요성 때문에 다음 절에서는 전반적 기능 평가(GAF) 척도 점수를 정하는 방법을 설명한다. 전반적 기능 평가(GAF) 척도—다른 DSM 정보와 결합된—를 평가하는 방법을 설명하는 절의 나머지는 다음에 대한 (1) 신속하게 노출하는 단기 작업이 행해질 수 있을지 (2) 만약 그렇다면, 그러한 작업이 어떻게 수행되어야 할지와 같은 대략적인 지침을 제공함으로 매우 유용할 수 있다.

## 3. 전반적 기능 평가(GAF) 척도를 어떻게 평정할 것인가

### 언제 GAF를 평정할 것인가

전반적 기능 평가(GAF) 점수를 정하는 것은 임시 정신장애 진단 및 통계 편람(DSM-IV)의 축 I/축 II 진단 그리고 다른 회기로부터 도출된 다른 정보에 근거하여 초기 평가 다음에 작성될 수 있다. 이것은 비구조화된 인터뷰 또는 앞에서 설명한 심리치료 사정 체크리스트 양식(PAC-Forms)을 조사함으로써 수행될 수 있다. 이것은 환자가 진단적이고 기능적인 정보의 개관을 제공하기 위해서 첫 회기에 오기 전에 작성한 것이다.

### 정해진 두 GAF 평정: 현재와 지난해

일반적으로 치료자는 두 가지 전반적 기능 평가(GAF)를 수행한다. 하나는 환자의 현재 기능 수준이고, 다른 하나는 지난해의 것이다. 예를 들면, 만약 환자가 현재 매우 잘 기능하고 있다고 해도 지난 몇 달 동안에 자살 시도나 물질 남용으로 병원에 입원했었다면, 현재 전반적 기능 평가(GAF) 점수는 치료 선택을 안내하는 데 충분히 신뢰할 만하지 않다. 그러므로 환자를 치료할 최상의 방법을 결정하기 위해서는 환자의 이전 년도의 전반적 기능 평가(GAF) 점수를 함께 고려해야 한다.

전반적 기능 평가(GAF) 점수는 세 가지의 분리된 영역—**심리적 기능**(즉, 증상), **사회적 기능** 그리고 **직업적 기능**—에 대해 생각하는 것을 도와준다. 여기에 당신이 이러한 영역을 평가하는 것을 도울 수 있는 몇 가지 질문이 있다.

## GAF 평정 결정에 대한 질문

### 심리적 기능

환자의 증상의 심각성을 고려하라(무능력 대 결여된 또는 최소의).

- 중독 또는 충동 통제와 관련된 문제가 있는가? (50 이하)
- 약물치료 또는 다른 지지에 기인한 증상의 결여가 있는가?
- 이전에 입원 또는 자살 시도가 있었는가?

### 사회적 기능

환자의 타인과의 연결 수준 그리고 그것의 만족도 수준을 고려하라. 또한 다른 사람을 신뢰하는 것을 나타내는 요인을 고려하라. 이것은 단기 탐색적 과정에서 환자의 결정적 능력이다.

- 적어도 한 명의 친밀한, 주고받는 대인관계가 있는가? (50 이상)
- 치료자와 유연하게 상호작용을 하고 있다는 증거가 있는가?
- 환자가 칭찬과 비판을 주고받을 수 있는가?

### 직업적 기능

직장이나 학교에서 환자의 만족도 수준을 고려하라.

- 흥미와 열정이 있는가? 또는 지루함과 흥미의 결여가 있는가?
- 반복되는 해고 또는 갈등, 심각하게 어려운 취업 또는 고용 유지, 또는 완결된 직무가 있어 왔는가?

### 다른 유용한 질문: 최상의 시간과 최악의 시간

이상의 질문에 추가하여 전반적 기능 평가(GAF) 점수를 신속하게 결정하는 것을 도울 수 있는 몇 가지 질문이 여기에 있다. 그것은 많은 양의 주요한 역사적 정보(전반적인 삶의 기능, 강도와 취약성, 자살 시도, 입원, 대상관계 등)를 이끌어 낸다. 이러한 질문은 환자의 최상의 경험과 최악의 경험을 광범위하게 개관하는 것을 제공한다. 그리고 그것은 더 확실한 GAF 평정에 기여할 것이다.

- "당신의 인생에서 최악인 때는 언제였습니까?"
- "그 순간에 누가 당신을 도왔습니까?"

환자가 위기를 혼자 헤쳐 나왔는지, 또는 환자가 접근할 수 있었고 도움을 요청할 수 있었는가? 그리고/또는 도움을 받았는지 또는 제공된 위로를 받았는가?

- "당신의 인생에서 최상인 때는 언제였습니까? 언제 가장 자부심이 있었습니까?"
- "이 시간을 누구와 함께 나누었습니까?"

환자가 자부심을 느끼거나 칭찬을 편안하게 받을 수 있었는가? 또는 환자가 칭찬과 시인을 거부하였는가?

## 10점 구간을 발견하기

역사적인 정보가 모아진 후에야 비로소 환자는 전반적 기능 평가(GAF) 척도상의 적절한 10점 구간에 놓이게 된다(〈표 3-1〉 참조). 이를 위해 심리적 · 사회적 · 직업적 기능에 대한 분리된 10점 구간을 찾는다. 각 영역에 대한 구간을 선택하기 위해 당신이 선택한 구간의 아래와 위의 구간의 설명을 읽고 제공된 설명과 환자의 기능을 비교하는 것이 도움이 된다.

일단 10점 구간이 심리적, 사회적 그리고 직업적 기능에 대해 각각 확인되면, 이 세 구간의 가장 낮은 구간에서 환자의 전체적인 GAF 평점은 감소하게 된다. 예를 들면, 한 환자가 만족하는 직업(직업적 기능은 71~80에 평정됨)을 가지고 있으나 중요한 타인과 만성적인 갈등(사회적 기능은 51~60에 평정됨)을 가지고 있고, 무기력의 징후를 갖는 주요 우울장애(심리적 증상 기능은 41~50에 평정됨)를 가지고 있다. 이 사례에서 GAF 점수는 가장 낮은 하위척도의 평점인 41~50 범위로 떨어질 것이다.

전반적 기능 평가(GAF) 점수가 세 하위척도 평점의 가장 낮은 구간으로 떨어진다고 하는 그 법칙에서의 중요한 예외는 **몇 가지** 영역에서 심각한 손상(41~50)은 종합적인 점수를 31~40으로 바꾼다. 그리고 **대부분의 모든** 영역에서의 기능적 결함은 종합적인 점수를 21~30으로 바꾼다.

## 환자를 10점 구간 안에 위치시키기

일단 환자가 평정된 가장 정확한 설명을 한 10점 구간을 발견한다면, 환자가 위치할 10점 구간 내의 지점을 찾아야 한다. 전반적 기능 평가(GAF) 척도 위의 구간 설명(〈표 3-1〉 참조)은 그 척도의 중앙에 그 사람의 기능이 맞게 배치되도록 구상된 것이다.

예를 들어, 전반적 기능 평가(GAF)상의 51~60 범위에 대한 설명은 54~56 평점에 가장 잘 맞는다. 최상의 1/3 구간(57~60)에 있는 것으로 등급 내에서 더 높은 평가를 고려해 보면, 그것은 그 구간이 설명된 것보다 더 나은 기능을 표현하는 것이다. 그러나 위의 구간(61~70)에서 만큼 좋은 기능은 아니다. 그 구간의 아래 1/3은 그 구간에 대해 설명된 것보다 더 나쁜 기능을 나타낸다. 그러나 그 아래 구간(41~50)만큼 손상된 것은 아니다.

물론 정확한 숫자로 등급을 매기는 것은 불가능하다. 51, 52 또는 53 사이의 구별은 주관적일 수 있다. 목표는 타 평가자와 5~10점 내에서 일치되도록 평점을 주도록 해야 한다는 것이다.

환자를 10점 구간 이내에 위치시키기 위해서는 (앞에서 언급한 것처럼) 선택된 구간의 위와 아래의 구간을 탐색하는 것이 도움이 된다. 예를 들면, 만약 환자가 모든 세 가지 영역의 기능에서 가벼운 손상을 가지고 있다면(60점대 안), 그때는 이 환자와 더 가깝게 닮은 구간을 알아내기 위하여 70점대와 50점대를 탐색하라. 만약 그 영역의 설명이 환자와 매우 잘 맞는 것처럼 보이면, 그때 그 척도의 중간에 있는 점수를 부여하라. 이 예에서는 65점이다. 만약 기능이 더 높은 영역과 특성을 나누어 가진다면, 그때는 높은 60점대에서의 점수를 고려하라. 만약 기능이 더 낮은 영역과 가깝다면, 그때는 낮은 60점대에서 점수를 고려하라.

### 만약 환자가 '모두가 척도에 걸쳐서' 있다면 어떻게 할 것인가

전반적 기능 평가(GAF) 척도를 평정하는 것을 배우는 수련생은 종종 불평한다. "저는 GAF 평점을 결정하기가 어렵습니다. 저의 환자는 모든 척도에 걸쳐서 있어요. 증상은 40점대, 사회적 기능은 50점대 그리고 직업적 기능은 70점대입니다."

평점의 폭넓은 변이는 드물지 않다. **점수에서 폭넓은 변이를 가진 환자를 평가하는 방법은 전반적 기능 평가(GAF) 평점이 세 가지 점수의 가장 낮은 점수라는 것을 기억해야 한다.** 여기서 기술된 사례에서 증상이 GAF 평점을 결정할 것이다(예, 자살 사고를 가진 우울이 41~50 범위 안에 있다.). 그런 다음 평가자는 40점대의 어디에 환자가 놓이는지를 결정해야만 한다. 환자가 일을 할 수 있다는 사실은—만약 갈등이 있는 관계를 약간 가지고 있어도—심지어 심각한 증상을 가지고 있다고 해도 대처 능력을 가지고 있음을 보여 준다. 그러므로 평점은 높은 40점대에 위치할 것이다(46~49).

때때로 환자는 강한 대인 간의 관계(70 이상), 중간의 증상(61~70) 그리고 직업적 기능에서 중간에서 심각한 손상(51~60)을 가진다. 이 환자는 직업적 기능에 기인한 51~60 범위에서 GAF 점수를 받을 것이다. 그러나 사회적 그리고 증상 영역에서의 평점은 여전히 단기역동정신치료(STDP)에 대한 가치 있는 정보를 제공한다. 의미 있는 대인관계가 있을 때와 증상이 심각하지 않을 때, 그것은 긍정적인 예후의 징후다. 이것은 51~60 범위에서 세 가지 평점을 가진 환자에 비해서 환자가 직업적 문제를 다루는 것을 돕는 데 강점의 영역을 가지고 있고, 더 심도 있는 치료를 수월하게 다룰 수 있다는 것을 나타낸다.

## 4. 단기역동정신치료(STDP)에 대한 지침과 금기

### GAF 등급은 STDP를 안내함

이 매뉴얼에 설명된 치료적 개입은 원래 기분장애 그리고 불안장애 등의 C군 성격장애 환자들을 위해 개발되어졌다. 그들은 심각하거나 무능한 수준(50 또는 그 아래)의 기능이 아닌 중간 또는 그 위의 전반적 기능 평가(GAF) 평점(50 이상)을 나타낸다(Winston et al., 1991).

## STDP를 위한 지침

전반적 기능 평가(GAF)상의 50 평점은 환자에게 단기역동정신치료(STDP)와 같은 단기 치료의 적용 여부를 신속하고 대략적으로 결정하는 데 사용된다. 방어와 감정 재구조화에 최상으로 반응하고, 감정 공포의 탈민감화를 견딜 수 있는 환자는 최소한 다음의 성격 특성을 가지고 있다.

- 전체에 걸친 기능의 중간 수준
- 소수의 친구, 그러나 관계에서 갈등
- 직업을 유지하는 능력, 그러나 직업적 갈등과 불만족
- 증상의 중간 정도 어려움, 그러나 무능력은 아님.

이러한 프로필은 단기역동정신치료(STDP)가 초반에 계획되어질 전형적인 환자를 설명한다. 즉, C군 성격장애를 가진 중간 정도로 기능을 못하는 개인이다.

다음에 논의한 것처럼, 전반적 기능 평가(GAF) 점수가 50 또는 그 이하에 가까울수록, 더 많은 지지적 개입 그리고/또는 자기와 타인의 재구조화가 요구된다. 더 높은 GAF 점수일수록 치료자는 '깊은' 해석과 갈등적인 정서를 방어와 감정 재구조화로 탈민감화를 시작할 것을 더 신속하게 제공할 수 있다.

심지어 신속한 노출이 금기시되는 때조차도, 감정 공포 스키마는 환자의 성장을 촉진할 방법에서 더 지지적인 치료를 안내하는 데 매우 유용할 수 있다는 사실에 주목하는 것이 중요하다.

## STDP를 위한 금기: GAF 점수가 50 이하이면서 다른 요인을 가진 환자에 대한 치료 수정

우리는 다음의 성격 특성을 가지고 있는 전반적 기능 평가(GAF) 점수가 50 이하로 떨어지는 환자를 대상으로 감정의 노출(방어와 감정 재구조화)을 진행하는 것을 권고하지 않는다.

- 친구가 없음.
- 일상의 기능에 있어서 심각한 어려움이 있음.
- 중독 또는 공격적인 충동을 통제하기 위해서 감정을 충분히 잘 담아내는 것이 불가능함.

그러한 개인들은 대개 그들의 깊은 분노와 고통을 드러내지 못한다. 왜냐하면 그것들을 담아내지 못하기 때문이다. 신속하게 감정을 드러내는 능동적인 개입은 위협적일 수 있고, 이미 현저한 손상을 증가시키거나 파괴적인 충동을 행동화하도록 할 수 있다. 그러한 경우에는 감정 또는 방어를 작업하는 것이 아니라 자기와 타인의 재구조화가 제안된다.

환 자: 저는 여기에 온 3주 내내 너무 많이 고통스러워서 참기가 어렵습니다. 무서운 꿈을 꾸고, 직장 일도 매우 산만해서 일을 완수할 수 없어요.

치료자: 그러면 우리가 하고 있는 작업의 속도를 줄일 필요가 있어요. 그리하면 ○○씨의 일상생활에 너무 심각하게 지장을 주지 않을 것입니다. 치료는 때로 고통스럽고 어려울 수 있어요. 그러나 그것이 그 정도로 스트레스를 유발할 필요는 없습니다. 지난 한 주 동안에 가장 어려웠던 부분을 얘기해 보세요. 그리고 ○○씨가 안정감을 느끼도록 돕기 위해 우리가 함께 작업할 수 있는지를 알아봅시다.

전반적 기능 평가(GAF) 점수가 50 이하에 추가하여 몇몇 다른 요인들이 단기역동정신치료(STDP)에 대한 금기다.

- 빈약한 충동 조절
- 낮은 동기
- 심각한 스트레스
- 심리적 마인드의 부족

다음은 환자에 대해 숙고해야 할 네 가지 중요한 영역에 대한 짧은 논의다.

### 충동조절장애

단기역동정신치료(STDP)는 행동이 1~3년 동안에 조절 아래서 잘 수행될 때까지 충동 조절의 장애를 가진 환자에게는 금기다. 물질사용장애, 행동화, 섭식장애, 공격적인 분출, 또는 비슷한 경우의 개인은 전반적 기능 평가(GAF) 평점이 50 이하일 것이다. 그러한 문제의 표시에 대해 주의 깊게 귀를 기울여라. 왜냐하면 환자들은 종종 이러한 영역과 관련된 문제들을 최소화하거나 부인하기 때문이다. 더욱이 강한 감정의 신속한 드러냄은 물질 남용과 다른 충동적 행동의 증가를 야기할 수 있다.

환 자: 저는 지난주에 여기를 떠났을 때 매우 화가 나서 술이 필요했어요. 2년 동안 이러지 않았는데 말이에요.

치료자: ○○씨가 그 일에 대해 말해서 매우 기쁩니다. 그것은 우리가 더 천천히 작업하라는 신호입니다. 왜냐하면 다시 술 마시기를 시작하는 것은 ○○씨가 필요로 하는 최후의 것이니까요. 그렇게 불편했던 것이 무엇이었는지를 말해 줄 수 있나요?

### 낮은 동기

환자의 동기가 낮거나 부재할 때는 치료가 시도되지 않거나 **오직** 치료의 초점이 환자의 치료에 대한 동기를 세우는 것이어야 한다. 여기에 동기의 수준을 평가하는 몇 가지 방법이 있다.

- 개인이 치료를 요구했는가? 또는 타인이나 법에 의해 명령되어졌는가?
- 문제가 있다는 것을 인식하고 있는가?
- 문제를 바꾸는 것에 관심이 있는가?

**예 1**: 13세 학생은 단지 그의 두 번째 부정행위로 인해 치료 또는 제적의 선택을 제안받았기 때문에 치료에 왔다. (법적 동기)

**예 2**: 한 법률가는 최근 소원해지고 돌아오기를 바라는 그의 아내와 화해하기 위한 노력을 하는 데 있어서 친밀감의 문제를 작업하기 위해 치료에 왔다.

### 심각한 스트레스

환자의 생활에서의 높은 수준의 스트레스(질병 또는 전쟁과 같은)는 단기 치료의 신속한 드러냄의 과정에 참여시키는 것을 어렵게 만든다.

환 자: 어머니의 저에 대한 유기에 관련된 문제의 뿌리에 대해 알게 되기를 원합니다.

치료자: 내일 ○○씨가 이혼 법정에 서야 한다는 것을 떠올립시다. ○○씨가 그것에 관하여 느끼는 것에 대해 어떻게 준비할지에 초점을 맞추는 것이 어떨까요? 법정 건이 끝나면 이러한 더 고통스럽고, 더 깊은 주제에 대해 살펴볼 수 있습니다.

### 심리적 마인드의 부족

심리적 마인드가 부족하고 환자가 그것을 획득할 요구를 갖고 있지 않을 때, 그렇다면 행동적 · 인지적 또는 대인관계적 치료를 대안으로 고려하라.

**예**: 한 대학 교수가 친밀한 관계를 유지하는 것의 어려움에 기인하여 치료를 시작했다. 그가 치료에 대한 자신의 목표를 말했을 때, 다음의 언쟁이 계속되었다.

환 자: 저의 어머니에 대해 묻는 것으로 시간을 낭비하지 마세요. 저는 단지 제가 여자 친구와 한 달 이상 더 길게 관계를 지속시키는 방법에 대해서 알기를 원합니다.

치료자: ○○씨는 어머니와 여자 친구 사이의 많은 연관을 알고 싶어 하지 않는 것처럼 보입니다.

환 자: 그래요, 알고 싶지 않아요. 그리고 선생님 같은 치료자가 한 가지만 있다고 말하려는 것에 대해 기분이 나쁩니다.

## 5. 환자의 요구에 치료를 맞추기 위한 GAF 척도의 사용

이전 절에서 지적한 것처럼, 단기역동정신치료(STDP)가 적합하다는 첫 번째 신호는 전반적 기능 평가(GAF)가 50 이상이라는 것이다. 이 절에서는 GAF 척도가 치료 선택을 안내하기 위해 더 정교하게 조정된 방법으로 어떻게 사용되는지를 살펴볼 것이다.

### 5개 GAF 간격은 치료 목표의 사용을 안내함

전반적 기능 평가(GAF) 척도는 단기역동정신치료(STDP)의 치료 목표 중에 어느 것을 사용할지를 정하는 데 유용하다. 전반적 기능 평가(GAF)의 평점이 높을수록 방어 재구조화와 감정 재구조화를 요구하는 지표이고, 전반적 기능 평가(GAF)의 평점이 낮을수록 자기와 타인의 재구조화를 요구한다(2장의 5절 참조). 5개의 대략적 간격의 전반적 기능 평가(GAF) 평점은 치료자에게 어느 유형의 치료가 각각의 간격 내에 있는 환자에 대해 지시되는가에 대한 빠른 단서를 제공해 줄 수 있다. 물론 이것들은 경직된 범주는 아니고 단지 치료자의 결정을 도와주는 지침이다.

### GAF 81~100: 높게 기능하는 개인

전반적 기능 평가(GAF)의 가장 높은 범주는 우수하게 기능이 좋은 상태를 나타낸다. 증상이 없거나 최소한으로 가지고 있다. 이러한 개인은 많은 강점을 가지고 있다. 그들은 증상을 가지고 있다고 해도 약간이며, 기쁨 경험, 만족 그리고 일과 관계에서의 능력을 가지고 있다. 그들은 넓은 범위의 흥미를 가지고 있으며, 생산적이고, 리더로서 또는 롤모델로서 타인에 의해 존경받는다. 높은 수준의 기능은 치료에서 작업할 표준을 나타낼 수 있다. 그러한 사람은 거의 치료를 찾지 않지만 만약 치료를 찾는다면 그들은 71~80 범위에 있는 환자들과 비슷하게 치료될 수 있다.

### GAF 71~80: 중간 정도 잘 기능하는 개인

두 번째 전반적 기능 평가(GAF) 범주는 일시적 또는 예상할 수 있는 증상을 나타낸다. 그리고 앞의 높게 기능하는 개인보다는 더 적은 긍정적인 특성을 나타낸다. 종종 이 범위의 환자와 GAF 81~100 범위의 환자는 그들의 방어를 어느 정도 자각한다. 그리하여 치료자는 신속하게 감정 재구조화를 시작하거나 나아갈 수 있다(7장과 8장). 이것은 종종 빠른 변화를 유발한다.

환 자: 저는 남자와 함께 있을 때마다[C] 회피적인[D] 것이 너무 싫어요. 그것을 그만 하고 싶어요.

치료자: 그러면 그 상황에서 나타나는 그 느낌[F]을 함께 살펴봅시다.

비록 몇몇 개인이 70 이상 평가된다고 해도 심리적인 문제에 대한 치료를 구할지도 모른다. 대부분의 외래환자는 다음의 두 범주에 해당될 것이다. 전반적 기능 평가(GAF) 평점이 41~50 그리고 51~70 사이를 가진다.

### GAF 51~70: 가벼운 또는 중간 정도의 손상을 가진 외래환자

다음의 전반적 기능 평가(GAF) 구간은 전형적인 단기역동정신치료(STDP) 환자의 범주다. 그것은 가벼운 것부터 중간 정도의, 그러나 오래 지속되어 온 성격적 병리와 사회적 그리고 직업적 기능에서 중간 정도의 손상을 수반한다. 그러한 개인은 일을 할 수 있고, 관계도 맺고 있다. 그렇지만 이들은 기능의 손상은 아니고 이러한 영역에서의 갈등 또는 문제가 있는 증상을 가지고 있다. 그러한 환자를 치료하는 치료자는 일반적으로 방어 재구조화—방어를 확인하고, 그것들을 포기할 동기를 평가하는 것(5장과 6장을 보라)—부터 시작할 필요가 있다. 그러고 나서 감정 재구조화에 대한 진행을 하기 전에 환자가 어떻게 반응할지를 평가할 필요가 있다.

환 자: 저는 남자들과 함께할 때 어려움[D-모호함]을 가지고 있어요. 그런데 왜 그런지 모르겠어요.

치료자: ○○씨가 남자들과 함께 있을 때, 어떻게 반응하는지를[갈등 탐색] 살펴봅시다. 구체적인 예를 알려 줄 수 있나요?

덧붙여 51~70 GAF 수준의 환자는 종종 자기감의 문제를 갖는다. 그러한 경우에 자기와 타인 재구조화를 포함하는 것이 환자의 방어 재구조화를 진행하고, 이후에 감정 재구조화를 진행하기 위한 환자의 능력을 크게 증진시킬 수 있다. 만약 기능이 손상되어 있거나 증상으로 괴로워한다면 약물치료 또한 제공될 수 있다.

환 자: 선생님이 저의 느낌을 피하는 모든 방법에 대해 지적했을 때, 저는 매우 바보처럼 느꼈습니다.

치료자: 그렇다면 진행하기 전에 ○○씨 자신에 대해 더 이해하도록 도와줍시다. 대부분의 사람들이 느낌을 피하기 위해 어떤 것을 한다고 생각하지 않나요? [수치심을 줄이기 위한 타당화]

### GAF 41～50: 기능에 심각한 손상을 가진 외래환자

다음의 범주에 속하는 환자는 많은 손상된 증상을 가진다. 그들은 일반적으로 외래환자 상태를 유지할 수 있다. 그들은 기능적인 어려움, 직업을 유지하는 어려움, 친밀한 친구를 갖지 못함 그리고 물질 오용의 어려움 그리고/또는 다른 심각한 충동성을 가질 수 있다.

그러한 환자는 이미 안정성을 유지하는 것의 어려움을 가지고 있다. 외래 치료에서 그들의 방어 또는 그들의 가장 깊고, 가장 날스러운 감정을 직면하는 것은 불안정하게 될 수 있다(앞의 4절 참조). 따라서 그들은 신속하게 드러내는 단기 치료의 후보자가 아니다. 그러나 자기와 타인 재구조화에 초점을 맞추는 것(9장과 10장)은 이 전반적 기능 평가(GAF) 점수 범위에 있는 환자가 자기와 타인의 적응적인 감각을 발달시키는 것을 종종 도울 수 있다. 이것은 깊은 감정에 대항하는 방어를 직면하는 것을 참아 낼 수 있는 그들의 능력을 발달시키기 위한 잠재력을 갖는다. 그러한 사례에서 치료는 더 긴 시간을 요구한다. 왜냐하면 갈등 감정이 드러낼 수 있기 전에 수립되기(예, 자기 구조, 더 나은 연결) 위해 더 많은 시간이 요구된다. 구체적으로 치료자는 (1) 그러한 환자가 자기파괴적이거나 자기학대적인 행동을 알고 포기하는 것을 공감적으로 돕기 그리고 (2) 그 환자가 자기와 타인에 대한 더 나은 이미지를 세우도록 돕기에 초점을 두어야 한다.

환 자: 저는 남자와 관계를 맺을 수 있을 거라고 생각하지 않아요. 제가 실패자라는 것[D]을 알 수 있게끔 충분히 가까워지는[F] 것을 결코 원치 않아요[D].

치료자: 우리가 ○○씨가 자신에 대해 어떻게 느끼는지 그리고 그것이 어떻게 ○○씨를 상처 주는지에 대해서도 살펴보는 것이 어떨까요?

덧붙여 전반적 기능 평가(GAF) 평점이 50 이하인 이러한 환자에게 치료자는 일반적으로 지지적인 개입에 초점을 맞추어야 한다. 그리고 표준적인 단기역동정신치료(STDP)에서처럼 드러냄과 방어의 제거보다는 대처 기술을 길러 주어야 한다. 이 기능의 심각한 범위에서는 많은 주요 축 I 장애(예, 양극성 장애, 정신분열, 심각한 주의력-결핍 과잉행동 장애)가 심리치료보다 약물치료 개입에 더 많이 반응을 나타내는 것처럼, 약물치료 또한 강하게 고려된다.

### GAF 1~40: 심각한 또는 무능력한 결함을 가진 환자

마지막 범주에 속한 환자는 종종 입원환자 치료 또는 다른 관리되는 환경을 필요로 한다. 이는 입원(일반적으로 40 이하), 구조화된 생활 관리(31~40) 또는 보호 관리(1~10 또는 11~20)로 나눌 수 있다. 이 수준의 환자는 지지뿐만 아니라 관찰, 약물치료 그리고 일상생활과 사회적 기술 훈련을 필요로 한다.

### 치료 목표는 순서대로가 아니라 얽혀져 있음

비록 우리가 다른 목표에 초점을 맞추는 경우에 대해서 제안을 했지만 방어 재구조화, 감정 재구조화 그리고 자기와 타인 재구조화는 별개로 또는 고정된 순서대로 사용될 필요는 없다. 그것들은 각 환자의 요구의 적합성 안에서 함께 엮여지는 평행적 요소이면서 치료 과정 전체에 걸쳐서 요구되는 것으로서 나타난다.

### 자기와 타인 재구조화는 감정 재구조화와 혼합되어 있다

자기와 타인 재구조화는 더 심하게 손상된 환자에게 한정된 것이 아니라는 사실을 마음속에 새기는 것이 중요하다. 앞에서 지적했듯이, 심지어 더 높게 기능하는 환자도 어느 정도의 자기와 타인 재구조화가 감정 재구조화와 섞이는 것이 필요할 수 있다.

환 자: 이러한 성적 느낌에 대해 말하는 것은 매우 어렵습니다[성적 느낌의 감정 경험하기는 10~15분 동안 계속되어 왔다].

치료자: ○○씨에게 가장 어려운 부분이 무엇입니까[불안 조절]?

환 자: 선생님이 제가 변태이거나 이상하다고 생각할지가 궁금합니다.

치료자: 다음을 진행하기 전에 이것에 대해서 몇 분 동안 얘기합시다. ○○씨는 그러한 개인적인 일에 대해 논의할 때, 저에게 안전하게 느끼는 것이 필요합니다. 내가 ○○씨에 대한 느낌이 어떠할 것이라고 생각합니까? [자기와 타인 재구조화]

종종 어느 정도 목표들의 조합이 있을 수 있다.

치료자: ○○씨가 자신의 어머니에 대해서 가장 깊은 감정에 도달할 때 물러서는 경향[D]이 있다는 것을 알고 있나요? 잠시 동안 더 길게 ○○씨의 그 감정에 초점을

맞추고 머물 수 있는지 궁금합니다. [방어 재구조화, 반응 중지 그리고 감정 재구조화로 옮김.]

그러나 때때로 목표의 초점은 환자가 무엇을 제시하느냐에 기초할 것이다.

환 자: 선생님이 저에게 화[F]를 내도록 격려할 때마다, 제가 폭력적인 사람[A]이란 의미로 느껴져서 오싹해졌어요.

치료자: 무엇이 ○○씨의 감정을 그렇게 오싹하게 만드는지를 알아봅시다[불안 조절]. 치료는 ○○씨가 자신에 대해서 나쁘게 느끼도록 해서는 안 됩니다[치료자는 자기 재구조화를 시작하고 있다]. 만약 ○○씨가 더 참을 수 있다면, 이후에 우리는 어느 정도의 화 작업을 다시 시도할 수 있습니다[감정 재구조화는 환자의 자기감이 감정을 견딜 수 있을 때까지 연기한다]. 어떻게 내적 감정이 당신을 나쁜 사람으로 느끼게 만듭니까? 폭력적인 사람으로 만드는 것을 **어떻게** 느끼나요? 또는 그 감정들이 무엇을 **하나요**? 우리는 이러한 감정들에 따라 행동하는 것에 대해 얘기하는 것이 아니고, 우리는 단지 ○○씨 자신이 그것들을 경험하도록 두는 것에 대해 얘기하는 것입니다.

### 목표들은 단기 치료 또는 장기 치료에서 사용될 수 있음

결론적으로 이러한 목표들은 환자가 심각하게 손상되지 않았을 때, 단기 치료를 안내하는 것을 돕는다. 그러나 이러한 목표들은 또한 환자의 손상이 그것을 필요로 할 때 장기 치료에서도 유용하다. 치료자는 그 시점에 환자에게 가장 유용하게 보이는 목표가 무엇이든지 초점을 맞추는 것에 자유로워야 한다. 다시 말해, 지침이 있으나 강경하고, 고정된 규칙은 없다.

### 희망 사항: 입원 장면에서의 집중적인 STDP

전반적 기능 평가(GAF) 평점이 40 이하인 환자에 대해서 신속한 노출 작업은 아마도 고도로 훈련받은 스태프가 있는 입원 환경과 같은 구조화되고 지지적인 환경에서만 가능할 것이다. 그러한 환경에서 깊은 탐색적 치료를 하는 것이 가능해지는 것이 우리의 희망 사항이다. 충분한 지지를 제공하는 환경에서 입원 환자는 상대적으로 짧은 시간 내에서 방어, 감정 그리고 자기와 타인 재구조화에 대한 강도 높은 작업을 통해 성격장애를 재구조화하기 위한 가능성을 가지게 될지 모른다. 물론 강도 높은 노출은 강한 외래환자의 정서적 성장을 계속하는 것을 돕기 위한 사후 돌봄과 짝지어지는 것이 요구된다. 사실 이 접근은 일반 대중 수준에서 국가 전역의 몇몇 병원에서 추구되어지고 있다. 그러나 지혜롭고 잘 적용되어지기 위한 탐구와 연구가 필요하다. (치료에 대한 장애-구체적 적용에 대하여, 이 책의 11장과 CC, 10장과 11장 참조)

## 6. 개입의 지지적 · 탐색적 연속성

### GAF 척도: 개입 방법에 대한 탄력적인 지침

루보르스키(1984)의 **지지적 · 탐색적 연속성**에 따르면, 일반적 규칙으로 전반적 기능 평가(GAF) 척도상의 환자의 기능적인 수준이 높을수록 표현적 또는 탐색적 개입을 더 많이 사용할 수 있다. 전반적 기능 평가(GAF) 점수가 낮은 환자들일수록 지지적인 개입을 더 많이 사용해야 한다. 앞에서 강조했듯이, 이러한 일반적인 기준은 불변의 법칙이 아니라 탄력적인 지침일 뿐이다. 치료자들은 임상적 판단과 각 환자를 치료하기 위한 직관적 통찰을 신뢰해야 하고, 전반적 기능 평가(GAF) 평점과 같은 자료에 의해 지원을 받아야 한다.

### 지지적 · 탐색적 연속성

사람들은 종종 지지적 개입과 탐색적(또는 표현적) 개입 사이에서 틀린 이분법을 적용한다. 우리는 이러한 두 가지 개입 형식이 루보르스키(1984)에 의해 설명된 것처럼, 연속성의 두 극단을 나타내는 것이라고 강조하고 싶다. 문제는 하나 또는 나머지 하나를 선택하는 것이 아니라 지지적 그리고 탐색적 개입의 **상대적인 비율**을 선택하는 것이다. 일반적으로 두 가지 사이의 예리한 선은 없다. 종종 최상의 개입은 두 요소를 예술적으로 통합하는 것이다.

### 방어와 감정 재구조화는 더 탐색적이다

더 잘 기능하는 개인(GAF 척도상 50 이상의 점수)에 대해서 방어와 갈등적 감정의 신속한 드러냄을 도전하기 위해 더 많은 탐색적인 개입이 사용될 수 있다. 이것은 방어와 감정 재구조화의 치료 목적과 부합된다. 그러나 우리의 치료 모델에서 노출 과정을 지원하기 위해 지지적 기술이 항상 사용되어야 한다는 것을 기억하는 것이 중요하다. 감정 공포가 탈민감화될 때 지지적 개입은 치료 동맹을 강화시켜주는 것과 노출의 결과인 불안을 조절하는 것을 도와주는 것을 포함한다.

### 자기와 타인 재구조화는 더 지지적임

더 손상된 개인(GAF 척도상에서 50 이하의 점수를 가진)에 대해서는 더 많은 지지적인 개입이 견딜 수 있는 한계 내에서 불안을 관리하는 것을 돕도록 사용되어야 한다. 자기와 타인 재구조화는 또한 자기존중감과 더 나은 관계(9장과 10장을 보라)를 만들기 위해 사용될 수 있다. 그러나 때때로 탐색적 개입—방어 재구조화에서 사용된 것들과 같은(5장과 6장)—은 그러한 환자가 자기공격, 자기파괴적 또는 자기학대적 행동을 인식하는 것을 도울 수 있다. 그러한 개입이 매우 부드럽고 공감적으로 수행된다면, 그것들은 종종 더 많이 손상된 환자들에게 매우 유용할 수 있다. 〈표 3-2〉는 지지적 · 탐색적 연속성의 각 극단에 위치한 개입의 다양한 유형을 설명한다.

〈표 3-2〉 탐색적 · 지지적 연속선상에서의 개입

| 탐색적/표현적 | 지지적 |
|---|---|
| 드러냄, 직면, 해석 | 타당화, 칭찬, 충고, 안심시키기 |
| 방어 무너뜨리기, 격렬한 감정 경험하기 | 방어 수립하기, 느낌에 대해 가르치기 |
| 고통스러운 것들을 의식으로 가져오기 | 사회적 기술과 대처 기술 수립하기 |
| 치료자: ○○씨의 남자들과의 어려움은 아버지를 향한 성적 감정에서 연유한 것으로 보입니다. 우리가 앞으로 그것에 대해 탐색하면 어떨까요? | 치료자: ○○씨의 남자들과의 어려움은 당신의 많은 고통을 유발하는 것 같아요. ○○씨에게 불편한 것에 대해 함께 얘기해 보고, 이러한 상황에 대처하는 것을 도울 방법을 찾아볼 수 있을까요? |

## 각 GAF 구간에 대한 지지적 · 탐색적 연속성의 예

다음의 연속성의 각 극단에서 치료자의 진술은 분리되거나 서로 통합되어 사용될 수 있다. 종종 치료는 탐색적 그리고 지지적 발언의 혼합에 의해 잘 수행된다.

### 50 이상의 GAF: 방어 재구조화와 감정 재구조화가 지시된다

전반적 기능 평가(GAF) 수준이 50 이상에서 치료자 개입은 기본적으로 방어와 노출된 감정을 직면하는 것으로 계획된다.

| 더 탐색적인 개입들 | 더 지지적인 개입들 |
|---|---|
| "우리가 ○○씨 어머니의 죽음을 논의할 때, ○○씨가 그 주제를 어떻게 바꾸는지 알고 있나요?" | "이러한 감정을 마주하는 것이 아마도 매우 고통스러운 것 같네요. 그러나 ○○씨는 그럴 수 있는 강함을 가지고 있음을 나에게 보여 주어 왔습니다. 계속할 수 있다고 생각하나요?" |
| "우리가 화를 살펴볼 때마다, ○○씨는 두려워하고 철회합니다. 나는 ○○씨가 화를 표면으로 드러나도록 내버려 둘 수 있을지 궁금합니다." | "사람들은 종종 아동기에 철회하는 것을 배웁니다. 하지만 그것은 많은 문제를 야기합니다. ○○씨가 지금 어려움을 가지고 있는 것은 당연합니다. 그러나 지금 화를 겉으로 드러나게 내버려 둘 수 있을지 궁금합니다." |
| "○○씨가 나를 쳐다볼 때, ○○씨는 매우 빠르게 시선을 돌리는 경향이 있습니다. 우리 사이에 여기서 느끼는 느낌에 대해서 살펴볼 수 있을까요?" | "나타나는 모든 종류의 감정은 자연스러운 것입니다. 그러나 때때로 그것은 곤란합니다. 그렇지 않나요? 우리가 만약 그것들 모두를 살펴볼 수 있다면 치료가 훨씬 더 빨리 조치를 취할 수 있답니다." |
| "우리가 성적 느낌에 대해 이야기할 때, ○○씨는 주제를 바꾸는 경향이 있습니다. 이것에 초점을 맞춰 좀 더 길게 머무를 수 있을까요?" | "성적 느낌에 대해서 이야기하는 것에 대해 ○○씨는 매우 당황하는 것 같습니다. 그런 사적인 일에 대해 공개적으로 이야기하는 것은 매우 어려운 일입니다. 하지만 이곳은 그러한 것을 하기에 안전한 곳이랍니다." |

### 50 이하의 GAF: 자기와 타인 재구조화가 지시된다

전반적 기능 평가(GAF) 수준이 50 이하에서 치료자 개입은 방어를 세우고, 환자의 자기와 타인의 감각을 보강하는 것으로 계획된다. 방어 재구조화는 오직 자기공격적 행동을 지적하기 위해서 사용된다. 감정 재구조화는 오직 자기돌봄과 자기연민에 초점을 맞추어 사용된다.

| 더 탐색적인 개입들 | 더 지지적인 개입들 |
|---|---|
| "누군가가 ○○씨에게 직면되었을 때, 종종 ○○씨는 눈가가 눈물로 젖게 되고 철회합니다. 대신 무엇을 할지 궁금합니다." | "철회하는 것은 아마도 ○○씨가 아이였을 때, 스스로를 보호하기 위해 배운 것입니다." |
| "○○씨는 자신에 대해 상당히 강경합니다. 왜 스스로에게 그렇게 힘든 시간을 준다고 생각하나요?" | "제가 여기서 어떤 것을 지적할 때, 그것은 힘든 것이 될 수 있다는 것을 압니다. 그러나 저는 ○○씨가 비판적이 되길 바라지는 않습니다. 왜 ○○씨가 이렇게 하는 충분한 이유가 있을 것입니다. 우리는 그것을 이해하는 것이 필요합니다." |
| "○○씨가 사람들의 모임에서 불안해지면 자신을 차분하게 하기 위해 무엇을 해 왔습니까?" | "때로는 불안에 대해서 이야기하는 것이 도움이 될 수 있습니다. 그리하면 ○○씨는 그것을 어떻게 극복할지를 배울 수 있습니다." |
| "오늘 치료에 오는 것에 대해 어떻게 느낍니까? 나와 함께 여기서 편안함을 느낍니까?" | "누군가와 편안해지는 것은 시간이 걸립니다. 그러므로 ○○씨가 나와 안전하게 느낄 때까지 천천히 진행할 것입니다." |

### 요약: 치료에 대한 일반적인 GAF 지침

다음의 목록은 기능의 다양한 구간에서 지지적 · 탐색적 연속성 위에서 (지시하는 것이 아닌) 고려되는 치료 개입의 유형에 대한 일반적인 지침이다. 일반적으로 더 높은 전반적 기능 평가(GAF) 점수와 탐색적 방법은 단기 치료를 암시하고, 더 낮은 전반적 기능 평가(GAF) 점수와 지지적 방법은 장기 치료를 암시한다. ·

- GAF가 70 이상: 감정 재구조화 강조(탐색의 우위/표현적인 개입)
- GAF가 50에서 70 사이: 감정 재구조화에 뒤따르는 방어 재구조화(탐색적 개입의 조화), 필요에 따라 자기와 타인 재구조화와 지지도 함께 진행, 필요에 따라 약물치료
- GAF가 50 이하: 자기와 타인 재구조화, 약물치료(인지와 지지적 개입의 우세)
- GAF가 40 이하: 시설 간호 또는 보호 돌봄과 같은 증대된 지지적 개입

이 장은 치료자의 개입 **방법**을 안내하는 것뿐만 아니라 치료 목표의 선택을 안내

하기 위해 환자의 기능 수준(GAF 평점에 의해 나타나는 것으로서)의 활용에 초점을 맞추어 왔다. 즉, 세 가지 목표 가운데 정하는 것 그리고 지지적 개입과 탐색적 개입의 적절한 조화를 발견하는 것이다(사정과 치료 선택에 대한 더 많은 논의에 대해서는CC 2장을 보라). 하지만 치료자가 치료를 진행하기 전에 더 많은 평가와 사정이 필요하다. 다음 4장에서 우리는 무엇이 핵심 갈등 또는 감정 공포인지를 결정하는 방법을 제시할 것이다. 이 두 요소의 결합은 구체적인 개입의 사용을 안내한다. 이 개입은 5~10장에서 다룬다. 11장은 감정 공포의 보다 나은 이해를 위한 진단적 정보를 사용하는 방법을 설명한다.

## 연습문제

### 3A: 환자를 GAF 구간에 맞추기

**지시** 〈표 3-1〉에 있는 전반적 기능 평가(GAF) 척도를 사용하여 다음 환자들을 평가하라. 그리고 (1) 환자가 현재 기능하고 있는 10점 GAF 구간을 선택하고, (2) 지난해에 환자가 기능한 가장 높은 GAF 구간을 선택하라.

**예** 이혼한 상태의 38세 전직 사무실 관리자는 주말마다 술을 과하게 마시고 몇 년째 사회적으로 고립되어 왔다. 그는 친한 친구가 없고, 가족 구성원과도 사이가 좋지 않다. 그는 해고되기 석 달 전에 직장에서 동료와 갈등으로 보호관찰이 되어 있는 상태였다. 그는 해고된 이후로 우울해져서 침대에서 일어나기 힘들고 자살을 생각한 적이 있었지만 실행에 옮기지는 않을 거라 한다. 그는 무단결근 때문에 여러 직장에서 해고된 적이 있다.

**답** **특정 영역 기능:** **심리적:** 41~50. **사회적:** 41~50. **직업적:** 41~50.
**현재 GAF 평점:** 31~40. **지난해 동안 GAF 평점:** 41~50.

**설명** 그의 자살 관념—구체적 계획은 없음—을 동반한 우울 때문에 그는 심리학적인 증상이 41~50 구간에 위치한다. 게다가 그의 일상 기능은 심각하게 손상되었고, 주말에 술을 많이 마신다. 그는 사회적으로 고립되어 있고, 친구나 가족과의 연락도 없다. 해고된 후 고용상태 유지 능력이 없어져서 그의 직업 기능도 손상되었다. 그는 심리적인 증상뿐만 아니라 사회적 및 직업적 기능도 심각하게 손상을 받아서 GAF 평가 41~50 구간을 받았다. 모든 세 가지 특정 범주에서 41~50 구간에 해당될 때는(모든 영역에서 주요 또는 심각한 손상을 나타냄) 그의 GAF 평가가 31~40 구간으로 낮춰지게 된다(〈표 3-1〉의 이 구간에 대한 설명 참조).

전년도의 GAF 평가(41~50)는 심각하게 손상된 것이 3개가 아니고 2개(과도한 음주와 사회적 고립)로 더 높았다. 작년에는 갈등이 있기는 했으나 (51~60 구간) 고용된 상태였기 때문에 모든 세 영역에서 심각한 손상을 갖고 있지는 않은 상태였다.

### 3A.1. 우는 딸

27세의 환경 옹호론자는 넉 달 전에 차 사고로 어머니가 급작스럽게 돌아가셔서 치료를 받게 되었다. 그녀는 전형적인 만족스러운 삶을 살았다. 그녀는 자신의 일을 사랑하고, 행복한 결혼생활을 했으며, 사회생활을 즐겼다. 그러나 어머니의 죽음 이후로 자기도 모르게 업무시간에 화장실에 가서 울며 어머니에게 말하고 싶어 했는데 하지 못한 모든 것들에 대해 죄책감을 느낀다. 죄책감 때문에 잠을 전보다 잘 자지 못하지만 일을 완수할 수 있다. 결혼한 지 2년 된 남편은 매우 지지적이고, 그녀는 남편 및 친한 친구들에게 속마음을 털어놓을 수 있다.

특정 영역 기능: 심리적: ______. 사회적: ______. 직업적: ______.

현재 GAF 평점: ______. 지난해 동안 GAF 평점: ______.

### 3A.2. 자살 생각을 가진 학생

감정이 대체로 좋은 상태였던 16세의 고등학생은 심각하게 우울한 기분을 느끼기 시작했다. 마음속에서 자살 생각을 없앨 수 없다고 말한다. 그는 자살에 대한 계획을 계속해서 궁리하지만 실행에 옮기지는 않았다. 지난 2달 동안 학교에 여러 번 결석했다. 이번 학기에는 평상시에 받던 A 또는 B 학점에서 C 또는 D학점으로 성적이 떨어졌다. 그렇지만 그룹 활동에 자주 참여하려 한 적이 없고, 팀 스포츠를 한 적도 없다. 반 친구들로부터 소외되어 있다고 느낀다. 부모님과 가끔 갈등은 있지만 마약은 하지 않는다.

특정 영역 기능: 심리적: ______. 사회적: ______. 직업적: ______.

현재 GAF 평점: ______. 지난해 동안 GAF 평점: ______.

### 3A.3. 불안한 수간호사

40세의 동성애 남자는 경쟁력이 있고, 아주 존경받는 화상부서의 수간호사다. 이 도시의 다른 병원에 그러한 담당부서를 새로 만드는 것에 대한 컨설턴트로 불려 가기도 한다. 그는 12년 동안 헌신적이고 사랑하는 관계를 유지해 왔다. 그는 파트너를 신뢰하고 있다고 보고하고, 싸움이 있을 때도 갈등을 잘 풀어 갈 수 있다고 보고했다. 그는 친구가 많다. 그는 술을 끊고 2년 동안 익명의 알코올 중독자 모임(Alcoholics Anonymous: AA)에 참석해 오고 있는 것으로 보아 대개 정신이 맑다. 그러나 최근 들어 AA에서 후원자가 없어 그의 절주에 대해 약간 불안을 느낀다. 그는 지난 몇 달 동안 다시 술을 마시게 될까 봐 지나치게 걱정을 하게 되어 치료실에 오게 되었다. 이런 것들이 간헐적으로 공황발작과 만성적 불안을 일으킬 수 있다.

특정 영역 기능: 심리적: ______. 사회적: ______. 직업적: ______.

현재 GAF 평점: ______. 지난해 동안 GAF 평점: ______.

### 3A.4. 화를 잘 내는 증권 중개인

34세의 증권 중개인은 10년 동안 같은 회사에서 일을 해 오고 있다. 일을 하는 동안 상사와 거의 문제가 없었기 때문에 그는 작년에 중요한 직책으로 승진을 했다. 수년 동안 일 때문에 스트레스를 받을 때면 잠을 몇 시간 자지 못했다. 잠이 부족해서 화를 잘 내게 되었고, 일하는 시간이 많이 힘들었다. 여자 친구도 있고, 운동하러 같이 가는 '친구'들도 있다. 그렇지만 일에 대해서는 친구들에게 속마음을 털어놓지는 않는다고 말한다. 여자 친구'는 화를 잘 내는 성격 때문에 그에게 치료를 받으러 갈 것을 권유했다.

특정 영역 기능: 심리적: ______. 사회적: ______. 직업적: ______.

현재 GAF 평점: ______. 지난해 동안 GAF 평점: ______.

## 3B: 환자를 평가하고 우월한 개입 방식 찾기

**지시** 다음 환자들 각각에 대하여 환자의 사회적 · 심리적 · 직업적 기능에 대하여 평가한 후 현재와 과거에 대한 1~100 전반적 기능 평가(GAF) 척도 점수를 부여하라. GAF 평가에는 항상 주관적인 면이 있기 때문에 평가가 우리 평가의 5점 안에 들어서 잘 협의될 수 있도록 고려하라. 그다음에 치료에 있어서 지지적 또는 탐색적 개입 중 더 선호되는 것을 선택하라.

**예** 시험에 낙제한 A학점 학생

현재 대학 2학년에 재학 중인 20세의 일본계 미국 여학생은 보통 A학점만 받아 오던 학생인데, 시험에 낙방하여 매우 화가 나 있어서 선생님이 걱정이 되어 치료를 제안하였다. 초기 평가에서는 그 학생의 친한 친구가 자살을 생각하여 그 얘기를 하느라 계속 전화를 했다고 밝혔다. 그녀는 기말고사 주간에 전화를 하게 되어 공부를 못 하게 되었다.

상담자에게 오기 전날, 그 학생은 친구와 한계를 명확히 하고 친구가 도움을 필요로 한다고 말하기 위해 친구 가족에게 전화를 했다. 첫 번째 방문에서 그녀는 친구에 대해 적당하게 걱정은 하지만 지난주의 일에 대해 심하게 곤란해하지는 않았다. 사실 명확한 자세를 취하여 굉장히 편안하게 된 것처럼 보였다. 다른 학생들이 문제를 얘기하기 위해 찾는 그런 류의 사람이 되는 것과 그 친구에게 더 빨리 한계를 긋지 않은 것에 대해 스스로 잘못했다고 생각하였다.

그녀는 일을 꽤 열심히 하려 하고, 자주 시험이나 논문 때문에 스트레스를 받기는 하지만 그녀는 강점을 많이 가지고 있고, 대개는 건강한 대처방식을 가지고 있다는 것을 알 수 있다. 대학에서의 첫 2년 동안 이미 많은 좋은 친구를 사귀어 학생으로서 생활을 잘 해 나가서 학생자치단으로 선출되었다. 다른 과목 점수는 모두 A학점이다. 그녀는 실패한 시험을 보충하기 위해 과외 일을 할 수 있었다. 2주 후 추수 상담 약속에서 그 학생은 행복하고 만족해 보였다. 상담은 종료되었다.

특정 영역 기능: 심리적: 75. 사회적: 91. 직업적: 75.

현재 GAF 평점: 75. 지난해 동안 GAF 평점: 75.

당신은 상대적으로 지지적인(S) 개입 또는 탐색적인(E) 개입 중 무엇을 사용하겠습니까? [S (E)]

**설명** 심리적 기능: 75. 시험에 낙제할 시점의 그 학생의 증상은 61~70 구간에 있을 수 있지만 (아마 더 낮게), 접수면담 시점에서는 다시 기준선으로 돌아와서 학교 일이 단지 '일시적이고 예상되는' 스트레스로 표시되었다. 어려운 상황에서 결국 그녀는 한계를 잘 그을 수 있었고, 그렇게 함으로써 안도를 경험할 수 있었다.

**사회적 기능:** 91. 그녀는 대학에 입학한 지난 2년 동안 친한 친구들을 많이 사귀었고, 그 결과 다른 친구들이 찾는 사람이 되었다.

**직업적 기능:** 75. 이 학생은 보통 때는 모두 A학점을 받았다. 접수면담 시점에서는 다시 기준점으로 돌아왔고, 한 개의 시험에서 실패한 것 이외에는 전체적인 성적이 심란한 것에 영향을 주지 않았다. 이것은 71~80 구간—일시적으로 학교 일에 뒤처진 것—으로 평가된다. 왜냐하면 그녀는 과외 과업을 할 수 있어 보충을 했다. 만약 낙제한 시험이 더 부정적인 영향을 주었다면 심각하지 않은 문제(61~70 구간)로 평가되었을 것이다.

**현재 GAF 평점:** 75. **지난해 GAF 평점:** 75. 그녀는 학구적인 면이나 사회적인 면에서 모두 매우 높은 수준의 기능을 수행하고 있었다(아마도 91~100 구간에 있었을 것이다. 왜냐하면 그녀는 지도자였고, 다른 사람들이 찾는 사람이었다). 그러나 그녀의 잦은 스트레스와 과도한 공부는 그녀의 증상을 71~80 구간(그녀의 학교 과업에 대한 '일시적이고 예측 가능한' 스트레스)의 가운데에 위치하게 했다. 지난해의 GAF 점수가 세 가지 영역 평가 점수 중 가장 낮은 점수(75)다. 비록 그녀의 사회적 · 직업적 점수가 훨씬 더 높기는 했지만.

**당신은 상대적으로 지지적인(S) 개입 또는 탐색적인(E) 개입 중 무엇을 사용하겠습니까?** 만약 치료가 필요하다면, 탐색적인 개입이 표시되었을 것이다. 왜냐하면 그녀의 기능 수준이 50보다는 꽤 높으니까. 그러나 그 환자는 초기 평가와 두 번째 상담 사이에 평상시의 높은 기능적 수준으로 돌아왔고, 더 이상 곤란한 상황이 아니었다. 그녀는 어떤 일이 일어났는지 잘 이해한다고 느꼈고, 다음번에는 그러한 상황을 더 잘 대처할 수 있다고 생각하고 있다. 그러므로 치료는 계속되지 않았다. 그녀는 더한 고통을 경험한다면 다시 돌아올 수 있다는 것을 이해한 상태다.

### 3B.1. 이혼한 비서

다른 결혼으로부터 낳은 두 자녀(16세와 6세)를 둔 39세 이혼 여성이 성공한 사업가와 2년간의 관계를 끝낸 후에 치료를 받으러 왔다. 그녀는 그가 충실하지 못하다는 걸 알게 되었다. 그 환자는 우울하며, 그 남자를 신뢰한 자기 자신에 대해 극단적으로 화가 나 있다고 기술했다. 두 번이나 수동적이고 술을 좋아하는 남자와 결혼했기 때문에 그녀는 최근의 남자 친구가 '다른 종류의 남자'를 나타낸다고 믿었다. 사실 많은 면에서 이러한 관계는 갈등이 거의 없고, 소통이 잘 되어서 지난 관계보다는 더 안정적이고, 사랑하는 관계일 것 같았다. 그러나 그녀에게 충실하지 못할 뿐만 아니라 헌신하겠다는 그의 말이 정직하지 못한 것을 알게 되자 그것은 마치 신뢰할 수 있고 성공적인 사람을 그녀의 인생에서 가질 수 있는 자격이 그녀에게는 없다는 것을 '증명'하는 것처럼 느껴졌다.

그 환자는 긴 시간 동안 시간 외 근무로 그녀 자신과 애들을 뒷받침하여 전 남편들에게 거의 경제적인 도움을 받지 않았다. 지난 4년간 지역전문대학을 다녀 일을 찾아서 전일세 일의 수입으로 처음으로 안락하게 그녀 자신과 가족들이 살 수 있게 되었다. 그녀는 최근에 돈에 대한 안정성, 조직에 대한 의미, 일의 도덕성 그리고 처음으로 집의 소유주가 된 사실에 대해 자신을 자랑스럽게 여기고 있다. 이 관계에 대한 상실을 경험하는 우울로 인해 지난 한 달 동안 기능에 큰 어려움을 겪고 있지만 2년 동안 하루도 결근한 적이 없다.

스트레스를 받을 때 어머니로서 애들에게 심한 말을 하기도 하는 과도하게 엄격하고 융통성이 없는 엄마일 수 있지만, 대개는 상당히 헌신적이고 사랑을 주는 부모다. 그 환자는 한 시간 이내 거리에 사는 부모를 포함한 친척들이랑 거의 연락이 없다. 작지만 아주 친한 친구들과 사귀어 같이 사회생활을 한다. 아직도 그녀는 매우 고립되어 있다고 느끼고, 아직 가져 보지 못한 소속감과 가족에 대한 느낌을 갈망하고 있다.

최근의 남자 친구에게 거부당하여서 격렬한 분노를 경험해 왔다. 그것을 자기 자신에게 돌리고, 타인을 많이 신뢰한 자신을 몹시 꾸짖고 있다. 그녀가 경험하기에는 타락하고 신뢰할 수 없는 세상에 직면하여 그녀 자신의 가치와 선택에 대하여 질문하고 있다. 신체적인 행동으로 옮기지 않았고, 자살에 대한 의도도 없다.

특정 영역 기능: 심리적: ______. 사회적: ______. 직업적: ______.

현재 GAF 평점: ______. 지난해 동안 GAF 평점: ______.

당신은 상대적으로 지지적인(S) 개입 또는 탐색적인(E) 개입 중 무엇을 사용하겠습니까? [S E]

### 3B.2. 사이가 멀어진 건축가

환자는 56세의 비고용된 건축가다. 심각한 우울증으로 인해 기능이 손상되어 주간병원에서 그녀를 의뢰했다. 그녀는 연이은 항우울증 약물치료에 반응이 없었다. 한때는 건축가로서 적절히 기능한 적이 있었지만 그녀는 지난 5년 동안 자신의 일을 완성시키는 능력이 점점 없어져서 회사에서 해고당했다. 은행에서 그녀 집을 작년에 담보물로 처리한 이후로 친구 집에서 살아오고 있다. 주간병원의 사회복지사는 그녀가 건강후생을 계속 받을 수 있도록 서류작업을 완성하길 바랐지만 그 환자는 '서류를 찾을 수가 없다고 한다'. 지난 수주 동안 그녀의 외모는 더 단정치 못하게 되었다. 그녀는 정기적으로 목욕을 하지도 않고, 최근에는 친구가 먹으라고 권유해야만 먹는다. 그녀는 딸과 두 손자로부터 사이가 멀어졌고, 그들에게 도움을 바라는 전화를 하기도 거부한다. 사회복지사는 딸과 통화를 시도하였지만 딸이 전화받기를 거부하였다. 친구와 환자의 관계는 긍정적으로 보이지만 다른 의미 있는 사회적 교제는 없다.

특정 영역 기능: 심리적: ______. 사회적: ______. 직업적: ______.

현재 GAF 평점: ______. 지난해 동안 GAF 평점: ______.

당신은 상대적으로 지지적인(S) 개입 또는 탐색적인(E) 개입 중 무엇을 사용하겠습니까? [S E]

### 3B.3. 우울한 공학자

36세 공학도가 1년간의 관계가 깨진 후에 찾아온 우울증 때문에 치료를 받으러 왔다. 그는 마약(마리화나와 코카인)을 한 이력이 있고, 수년간 절제를 하였다. 그의 전 여자 친구는 갑자기 절교를 선언하였는데, 그녀가 하고 싶은 일을 할 돈과 시간이 없는 사실에 대해 진력이 난다고 하였다. 헤어지고 4달이 지난 후에 여자 친구와 관계를 성공적으로 할 수 있었는데 하지 못했던 것들에 대한 생각이 머릿속을 떠나지 않고 있다. 관계를 더 잘하기 위해 그녀보다는 그가 항상 더 열심히 해 왔음에도 불구하고 말이다.

그는 전 여자 친구가 그와 계속하는 것을 원치 않는 것이 옳다고 믿는다. 그는 매우 높은 성취를 한 집안 출신이고, 그 가족 중에서 성공적인 직업 경력을 쌓지 못한 유일한 사람이다. 그가 지난 4년 동안 인생을 돌리는 데 성공한 사실—마약을 중단하고 전일제 일을 하면서도 어려운 경쟁적인 프로그램에서 학생으로 성공한 것—은 그가 실패자라는 느낌을 지워 버리는 데 도움을 주지 못한다. 현재는 학교와 일에서의 부담에 압도당한다고 느끼고 있다. 그의 일에서의 성과는 변화가 없지만 학교에서는 '조금 뒤처지고' 있다. 그의 에너지 수준은 부족하고, 슬픈 감정은 꽤 강렬하다.

그는 가끔 갑자기 눈물을 흘리는 것 같이 느낀다. 교수님들과 동료들이 그를 꽤 좋아하지만 그는 세상에 기분 좋은 얼굴을 보여 줘야 하는 외로운 사람으로 아직 느끼고 있다. 그렇게 해야 그의 퍼지는 슬픔에 의해 사람들이 '기분 나빠지지' 않을 테니까.

그는 최근에 마약을 사용하고 싶은 충동이 없었다고 하였지만, 그가 경험하고 있는 압력이 다시 마약을 시작하게 할 정도로 자신을 약하게 만들 수 있다는 것을 깨달아서 주간 익명의 마약 모임(Narcotics Anonymous)에 나가기 시작했다.

특정 영역 기능: 심리적: ______. 사회적: ______. 직업적: ______.

현재 GAF 평점: ______. 지난해 동안 GAF 평점: ______.

당신은 상대적으로 지지적인(S) 개입 또는 탐색적인(E) 개입 중 무엇을 사용하겠습니까? [S E]

제4장

# 핵심 정신역동적 갈등을 개념화하는 방법: 감정 공포 발견

**목표:** 감정 공포나 핵심 정신역동적 갈등을 효과적으로 개념화하는 방법을 보여 줌으로써 (1) 치료에 초점을 맞추기 (2) 감정에 대한 공포를 해결하도록 환자를 안내하기

**치료자의 자세:** 감정 공포 패턴을 발견하는 과정의 협조자

**분노 조절:** 감정 공포와 관련된 고통과 불안의 자각

**다루는 주제**
1. 개념화 과정의 개요
2. 방어를 식별하기: 어떻게 적응적 감정이 회피되는가
3. 적응적 활성화 감정을 식별하기: 어떤 감정이 두렵고 회피되는가
4. 불안/억제를 식별하기: 적응적 감정이 회피되는 이유
5. 감정 공포의 관점에서 개념화를 정리하기
6. 핵심 갈등을 개념화하는 방법에 대한 예
7. 핵심 갈등 개념화에서 함정 인식하기
8. 개념화를 수정하고 정교화하는 것의 반복

## 1. 개념화 과정의 개요

3장의 초반부에서 기술한 바와 같이 단기역동정신치료(Short-Term Dynamic

Psychotherapy: STDP)를 위한 초기 평가 과정은 네 개의 과업을 포함하며, 일반적으로 치료를 시작할 때 초기 3시간에 걸쳐 실행한다. 3장에서는 환자의 전반적 기능 평가(Global Assessment of Functioning: GAF) 점수를 결정하고 진단하는 것에 대해 설명하였다. 이 장에서는 환자의 핵심 정신역동적 갈등을 어떻게 개념화하는가에 대해 설명하고, 3장에서의 치료 선택에 대한 논의를 이어 갈 것이다(초기 평가에 대한 보다 자세한 설명은 CC, pp. 358-359 참조).

### 핵심 갈등 개념화를 정의하기

핵심 갈등 개념화의 목적은 환자의 가장 돌출된 문제에 깔려 있는 주요한 감정 공포 패턴에 대한 가설을 생성하는 것이다. 이러한 핵심 갈등 패턴을 개념화하는 것은 방어(Defense), 불안(Anxietie), 적응적 감정(Adaptive feeling)을 갈등삼각형 'D, A, F 극점' 위에서 식별하는 것이며, 그러한 행동 패턴을 사람삼각형 'T, C, P 극점' 위에서 특정한 사람들에게 연결하는 것이다. 다시 말하면 개념화는 주요 감정 공포의 패턴, 즉 왜 그런 일이 일어났는지 또 누구하고 일어났는지에 대해서 설명한다. 예를 들면, 어머니가 돌아가신 것(P)에 대해 생각하는 것을 견뎌 내는 것이 너무 고통스러울(painful, A) 경우, 부정(denial, D)은 슬픔(grief, F)을 회피하기 위한 효과적인 방법이 된다.

핵심 갈등 개념화는 주로 문제가 무엇인지를 관찰하고 식별하는 것이다. 그것의 목적은 갈등삼각형 극점에서의 행동을 식별하는 것에 의해 생성된 근원적인 감정 공포 패턴에 대한 가설을 생성하는 것이다.

환자가 여러 개의 문제(예를 들면, 일에서의 어려움, 배우자/파트너와 또 아이들과의 어려움)를 내보이는 경우에도 하나의 핵심 갈등(예, 지나친 화/주장)으로부터 시작되었을 수도 있다. 전형적으로 환자는 2개 또는 3개의 핵심 갈등을 가지고 있을 것이며, 이런 것들은 겉으로 보이는 문제들의 한 범주에 대한 원인이 된다. 임상 수련 시에 가장 빈번하게 보이는 핵심 갈등은 감정 공포의 여덟 가지 범주 중 단지 네 개만이 관련된다. 이는 주장/분노, 슬픔, 친밀감 그리고 자신에 대한 긍정적 감정이다.

### 개념화를 시작하기

치료자는 초기 평가를 하는 동안, 환자가 도움을 받고 싶어 하는 문제가 무엇인가에 대해 환자에게 직접 물어보면서 핵심 갈등 개념화를 시작한다. 만약 심리치료 평가 체크리스트(PAC) 양식이 사용되었다면, 환자는 세 개의 주요한 문제를 기술하고 1~10의 평가기준으로 심각성 평가를 하라고 요구받을 것이다.

### 구체적인 예를 물어보기

환자가 몇 개의 문제에 대해 확인을 하고 난 다음에 치료자는 환자에게 도움을 받고 싶은 문제의 **구체적인 예**를 기술하라고 요구한다. 예를 들어, 환자가 말하기 공포에 대한 도움을 받기 원하면, 치료자는 구체적인 사건에 대해 물어보아야 한다.

치료자: ○○씨가 지난번에 몸이 얼어붙어서 말을 할 수 없었던 것에 대해서 설명해 주시겠어요?

환 자: 지난주에 몇 번 그랬습니다. 그냥 하얀 상태였습니다.

치료자: 하나만 짚어서 말씀해 주시겠어요?

환 자: 지난주 금요일, 제 사무실이었던 것 같아요. 저희 고객[C]이 아무런 얘기도 없이 들어오셔서 아무 말도 하지 못했어요[D].

치료자: 그 순간에 고객에 대해 어떤 느낌을 느꼈나요?

환자는 구체적인 예를 통해서만 효과적으로 경험에 닿을 수 있고 감정에 접근할 수 있다. 그저 환자가 말하는 것을 듣는 것만으로는 부족하다. 예를 들면, '남자하고 문제가 있어요.'라고 말하는 것으로는 충분하지 않다. 치료자는 다음과 같은 것을 이끌어 낼 필요가 있다. '댄이 어젯밤에 저를 만졌을 때, 저는 아무런 반응도 할 수가 없었어요.'

### 갈등삼각형 이용하기

환자가 가진 문제를 구체적인 예를 들어 가며 설명하는 것을 들으면서 갈등삼각형을 사용하여 질문을 안내하고 생각을 정리하라. 회피하는 감정은 종종 무의식적(환자가 자각하지 못하는)이어서 환자에 의해 쉽게 보이는 증상이나 부적응적인 문제에서 보일 수 있는 방어를 식별하는 것으로 시작하는 것이 훨씬 더 쉬울 수 있다. 또한 매우 많은 다른 종류의 방어가 나타나기는 하지만, 실제 작용하는 감정은 몇 개밖에 없고, 더 적은 수의 억제 감정이 있다는 것을 잘 기억하라(1장 3절 참조).

핵심 정신역동적 갈등을 개념화하는 것은 매우 어려운 일이지만 압도당할 필요는 없다. 자기 자신에게 환자의 행동에 대한 간단한 질문을 하여 갈등삼각형의 각 극점을 식별할 수 있게 도와주도록 하라.

#### 극점을 식별하는 질문들

1. **어떻게** 적응적 감정이 회피되고 있는가? (D)
2. **무엇이** 회피되었던 감정을 활성화시키는가? (F)
3. **왜** 감정이 회피되었는가? 무엇이 과도한 억제 감정인가? (A)

[그림 4-1]은 갈등삼각형을 보여 주며, 각 극점—각기 다른 관점—에 몇 개의 질문이 같이 있다. 때때로 환자에게 각기 다른 각도에서 질문을 하는 것은 치료자가 잠재되어 있는 감정 공포 패턴을 더 잘 이해하는 데 도움을 준다.

#### 감정 공포 이야기를 개념화하기

앞의 세 가지 질문에 대한 기본 답변은 환자의 갈등 이야기로 개념화될 수 있다. 개념화는 환자의 문제나 방어(D)가 특정한 감정(F)의 공포(A)에 있다는 것으로 제안되어 설명할 수 있다. 다른 말로 하자면, 감정(F)과 연결되어 있는 불안(A)은 방어(D)를 불러일으켜서 환자로 하여금 갈등을 회피하게 한다. 치료자는 그다음에 처음에 개념화한 것을 환자와 공유하고, 정확하게 되었는지 검토한다.

#### 치료자의 자세: 환자와 함께 공동 작업하기

치료자와 환자는 환자가 나타내고 있는 문제에 깔려 있는 부적응 패턴을 발견하기 위한 작업을 착수할 때부터 공동 작업자가 된다. 치료자는 임시로 갈등 패턴에 대한 가설을 구성하지만, 환자에 의해서 검증이 될 때까지는 확실하다고 받아들이지 않는다.

치료자: ○○씨는 어머니에게 자신이 미치도록 화가 났다[F]고 얘기하면 더 나빠질 것[A]을 알고 있어서 어머니[P]에게 침묵[D]했다고 했지요.

환 자: 글쎄요. 꼭 그런 건 아니고요. 더 나빠지지는 않았을 거예요[A-불안으로 보여질 수 있음]. 저는 그냥 어머니가 너무 연약하셔서 제가 상처를 줄까 하는 느낌이 들었을 뿐이에요[A-죄책감].

치료자: 그런 경우에는 어머니가 ○○씨를 공격하는 것에 대해 무서워하는 것[A]이 아니라 어머니에게 상처를 주는 것에 대한 죄책감[A]처럼 들리는군요[억제의 종류에 대해 결정함].

환 자: 네, 맞습니다.

**방어 식별하기**

공포 회피 반응

무엇이 부적응적인 반응인가?

어떻게 반응이 '자기보호적'이 되는가?

[환자가 방어하지 않고 적응적 감정을 경험하려고 했을 때 어떤 불안이 올라오는가?]

어떻게 적응적 감정이 회피되는가?

**불안 감정 식별하기(억제 감정)**

공포의 원인

부적응적 반응의 이유가 무엇인가?

어떻게 반응이 자기공격적이 되는가?

왜 적응적 감정이 회피되는가?

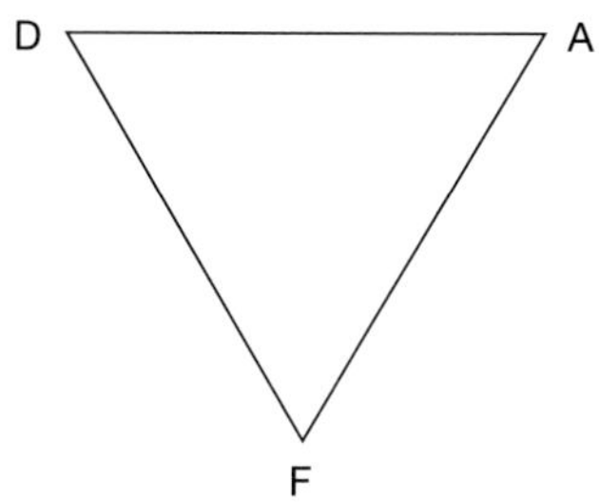


**적응적 감정 식별하기**

어떤 감정이 회피되고 있는가?

적응적 반응은 어떤 것이 될 것인가?

어떤 감정이 사람으로 하여금 적응적으로 행동하게 동기를 주는가?

어떤 반응이 자신을 양육하고, 돌봐 주고, 또는 위로를 해 주게 될 것인가?

**개념화의 요약**

갈등삼각형의 모든 세 극점을 함께 종합한다.

어떤 감정이 두렵고, 어떻게 회피되고, 왜 그런가?

**[그림 4-1] 핵심 갈등 개념화의 4단계**

### 환자의 불안을 조절하기

핵심 갈등을 개념화하는 과정(주요 감정 공포를 식별하는 것)은 환자의 불안과 감정적인 고통을 일으킬 것이다. 초기 평가부터 종료할 때까지 치료자는 항상 환자의 고통과 불안의 수준을 치료의 속도를 조절하는 지표로 사용하여야 한다. 치료자는 각 치료 개입에 대한 환자의 반응에 대하여 매우 주의 깊게 관찰해야 할 필요가 있다. 환자가 불편해하는 수준이 너무 높아서 갈등에 대해 (오히려 탈민감하게 하는 것보다) 민감하게 하지 않도록 해야 한다. 그렇지 않으면 치료가 위험에 처할 수도 있다. 3장에서 얘기한 바와 같이 불안은 적절한 지지적 개입을 통해 조절될 수 있다. 예를 들면, 초기 평가를 할 때, 치료자가 감정 공포로부터 발생된 환자의 고통을 인지하고 있다는 것을 표현하는 것이 특히 효과적이다.

치료자: 한 주 내내 여기에 오는 것을 두려워했다고 얘기했습니다. 여기서 그렇게 나쁜 어떤 일이 벌어질 수 있을까요? 가장 나쁜 부분에 대해 한번 볼까요?

환 자: 여기에 오면 제가 우스꽝스러워지는 것 같이 느껴지는 것 같습니다. 너무 괴롭고 역겨워요.

치료자: 그렇게 느끼다니 너무 가혹하네요. 여기 오는 데 많은 용기가 필요했겠네요. 그 우스꽝스러운 감정의 가장 나쁜 부분이 무엇인지 한번 봅시다. 그렇게 하면 다음 주에 여기 오는 것이 그렇게 어렵지는 않을 겁니다.

### 개념화 과정의 요약 단계

요약하자면 핵심 감정이나 주요 감정 공포를 개념화하는 것에는 4단계가 있다. 다음에 나열되어 있는 각 단계의 과정은 도움을 주기 위한 안내이지 고정된 선형적인 과정이 아니다. 환자와의 토론 과정에 따라 이러한 주제는 순서가 변화되면서 나올 수도 있다. 환자가 구체적인 예를 들어 문제를 표출함에 따라 치료자는 다음과 같은 것들을 한다.

- **방어를 식별하기**: 치료자는 환자가 방어를 **어떻게** 하는지 식별한 후 부적응적인 행동을 환자에게 지적한다. 그러는 동안 환자의 불안(D)을 모니터링하고 조절한다.
- **적응적 감정을 식별하기**: 치료자와 환자는 **무엇이** 적응적 감정 반응인지 숙고한

다. 그러는 동안 치료자는 환자의 불안(F)을 모니터링하고 조절한다.

- **불안/억제를 식별하기:** 치료자와 환자는 적응적 감정을 둘러싸고 있는 갈등을 탐색한다. 그렇게 하여 왜 하나 이상의 연상된 과도한 억제 감정이 감정을 막는 데 사용되었는지 이유를 발견한다(치료자는 환자의 불안을 모니터링하고 조절한다). 억제 감정(A)은 감정 공포의 원인이다.
- **개념화를 요약하기:** 치료자는 단호하게 힘을 주어 감정 공포 패턴을 요약하여 환자에게 알려 준다. 갈등 감정에 초점을 맞추어 중요 주제로 작업을 해 나갈 수 있도록 한다. 그렇지만 환자가 감정의 방어적 회피를 분명하게 볼 수 있도록 한다. **치료자가 환자의 불안을 잘 조절하면서 반응을 평가하여 패턴을 자세히 설명하는 것은 매우 중요하다.**

### 개념화 과정은 다른 갈등에 대해서도 반복된다

치료자와 환자가 개념화 단계를 거치는 동안, 그 과정은 반복된다. 다른 드러난 문제를 보게 되고, 관계들에 걸쳐 있는 문제의 재현을 찾아보게 된다. 갈등(D-A-F 갈등 삼각형)을 환자 인생에 있어서의 실제 사람(T-C-P 사람삼각형)과 연관 짓는 것은 매우 중요하다.

### 핵심 갈등 더하기 GAF 수준은 치료를 안내한다

개념화 과정이 일단 종료가 되면 감정 공포에 대한 상호합의가 치료 개입에 길잡이가 된다. 이때 환자의 전반적 기능 평가(GAF) 수준에 대한 정보와 특정한 치료 목적을 함께 진행할 수 있는 환자의 능력도 중요하다.

이 장의 나머지에서는 개념화 과정의 단계를 보다 더 세밀하게 논의한다.

## 2. 방어를 식별하기: 어떻게 적응적 감정이 회피되는가

방어는 적응적 감정을 경험하거나 표현하는 것을 막는 어떤 행동, 생각 또는 감정 모두가 될 수 있다. 마치 눈송이나 지문은 수많은 종류가 있듯이, 방어하기 위한 방법은 매우 많으므로 치료 기간 중 빠른 속도로 진행되는 동안에는 환자의 특정한 방어 기제(예, 투사, 행동화, 부인, 반동 형성)를 분류하는 것이 필요하지도 않고, 가능하지도 않다. 환자의 문제를 야기하는 회피나 방어 행동, 생각 또는 감정 등을 찾아내는 것이 필요할 뿐이다.

### 구체적 예에서의 방어 찾기

환자가 구체적 문제에 대해 설명하는 것을 주의 깊게 들어야 한다. 방어를 인식하는 단서는 다음과 같은 것들 중의 하나인 것처럼 보이는 행동을 찾는 것이다.

- 부적응적이고, 파괴적이고, 역기능적이고, 고통을 준다.
- 회피한다(환자가 무언가를 피하려고 하는 듯하다).
- 이상하고 변덕스럽다: 전형적인 반응이 아니다('환자가 왜 저렇게 하지?'라고 생각할 수 있다).
- 심지어는 조금 '벗어나 있다.': 옳게 보이지 않는 어떤 것

### 방어 행동의 예

자주 만나게 되는 방어 행동의 예로는 수동성, 철회하기, 말하지 않기, 행동화, 빠르게 말하기, 슬픈 것을 이야기하면서 웃기, 눈 마주침을 회피하기, 약속을 망각하기, 주제를 갑자기 변경하기, 신체적인 몰두(두통, 복통), 자기공격 그리고 주지화/합리화 등을 포함한다. 이러한 것들은 대부분의 증상과 축 I/축 II 장애의 준거들이 이 모델에서는 방어적 행동으로 생각된다는 것을 기억하는 데 도움을 준다(2장 2절 참조). 당신은 행동이 아마도 방어적(역기능적, 부적응적)일 수 있다고 느끼자마자, 갈등삼각형의 D에 써 넣는 것을 상상하라.

## 방어를 식별하는 질문들과 환자에게 그것을 제안하기

다음에 의심되는 방어 행동을 식별하고, 환자에게 그것들을 지적해 주는 데 도움을 주기 위한 질문들이 있다. 이러한 쟁점을 고려하기 위한 많은 방법을 알면 알수록 더 좋다.

| 고려해야 할 질문들 | 어떻게 치료자가 질문하는가 |
|---|---|
| 문제가 있고 부적응적인 행동이 다른 적응적인 반응을 회피하거나 위장하고 있는 것처럼 보이는가? | "○○씨가 아내에게 달콤하게 '스위티'라고 부를 때, 아내가 화를 심하게 낸다면 그것은 대체 무슨 일인가요?" |
| | "저에게 슬픈 이야기를 하면서 어떻게 미소를 짓는지 알고 계시나요?" |
| 무엇이 환자의 이야기에 대해서 '벗어나 있다.' 또는 '옳지 않다.'고 느끼게 하는가, 무엇이 방어가 일어나고 있다고 신호를 주고 있는가? | "여자 친구가 지난밤에 ○○씨를 일으켜 세웠을 때, 어떻게 반응을 하지 않았는지 알고 계시나요? 그건 ○○씨에게 중요한 일이 아니라고 했어요. 그게 진짜 사실인가요?" |
| 어떤 느낌이 과장되고, 침묵되고, 또는 부적절한 환자의 표현인가? | "그래서 남자 친구가 진짜로 ○○씨의 생일에 잘해 주었어요. 레스토랑에 데리고 가고, 꽃도 사 주었지요. 그런데 그때 ○○씨가 생각하고 있는 것이라고는 그의 턱수염이 ○○씨를 화나게 한다는 것밖에 없다면 흥미롭지 않나요?" |
| 어떤 행동이 무기력하게 하고, 피해자가 된 것 같고, 하찮게 느껴지고, 또는 해결을 이끌지 못하는 것인가? | "만약 같이 일하는 사람이 계속 그 사람의 흉을 볼 때 ○○씨가 아무 얘기도 하지 않는다면, 어떻게 ○○씨는 그 사람(피해자)과 같이 지낼 수 있나요?" |

때로는 방어 분석에서 이끌어 내는 환자의 불안, 죄책감, 수치심, 또는 고통을 잘 견딜 수 있도록 도와줄 필요가 있다.

### 방어에 대한 불안을 조절하기

치료자: 제가 ○○씨[의 방어 행동]를 지적하였을 때, 금방 머리를 떨구었어요. 듣기가 많이 어렵나요?

환 자: 네. 제가 자신에게 해 온 일에 대해 직면하기가 많이 힘듭니다.

치료자: 지금 가장 어려운 부분이 어디입니까? 이 과정에 대해 ○○씨가 편안하게 느낄 때까지 더 이상 진행하지 않도록 하지요. [불안 조절]

방어 분석이 진행됨에 따라 개념화가 견디기 힘들 때마다 환자의 불안을 조절한다. 그다음에 환자와 치료자는 개념화를 수정하기 위한 작업을 같이 하거나 환자가 방어를 직면하여 대처하도록 도와준다.

## 3. 적응적 활성화 감정을 식별하기: 어떤 감정이 두렵고 회피되는가

### 적응적 감정: 잃어버린 능력

방어에 의해 차단된 내재된 적응적 활성화 감정에 대해 가설을 형성해 보자. 적응적 감정을 경험하는 능력은 인내심이 요구되는 **잃어버린 능력**으로 생각될 수 있다(Gustafson, 1986). 때때로 일어나지 않았으면 하는 느낌이 분명히 있다. 마치 사랑하는 사람이 죽었을 때, 사람들이 울 수 없는 것과 같다. 그러나 가끔 그런 감정은 정하기가 매우 어렵다. 왜냐하면 환자는 내재된 감정을 완전히 인식하지 못할 수 있기 때문이다. 적응적 활성화 감정은 가끔 인식의 밖에 있고, 환자와 치료자에 있어서 '탐정 작업'이 필요할 수도 있다. **이것은 역동심리치료에서 가장 어려운 작업인 무의식을 의식으로 만드는 작업이다.**

### 활성화 감정의 여덟 가지 주요 범주

임상에서 내재된 감정을 식별하는 것은 활성화 감정이 여덟 개의 주요 범주로 되어 있다는 사실 때문에 훨씬 용이해진다. 거기에서 고르면 되고, 네 개 범주가 제일 일반적이다.

#### 네 개의 주요한 일반적인 활성화 감정

- 주장/분노
- 비탄/슬픔
- 친밀함/부드러움
- 자기에 대한 긍정적 느낌

#### 네 개의 추가적인 활성화 감정

- 관심/흥분

- 즐거움/기쁨
- 성적 욕망
- 활성화된 두려움(즉, 사람을 도망가게 하는 두려움)

기저의 적응적 감정을 발견하는 것은 꽤 간단하다. '바로 이 순간에 도와줄 수 있는, 또는 손쉽게 문제를 해결할 수 있는 그런 감정이나 행동을 환자가 **느끼지 못하거나 하지 않는 게** 무엇인가?'를 자신에게 물어보라. 예를 들면, 슬픈 데도 울지 않는 것, 화가 나는 데도 말을 하지 않는 것, 사랑하는 데도 접근하지 않는 것, 마음이 흔들릴 때 스스로를 달래지 못하는 것 등이다. 질문을 하는 방법도 있다. "환자가 하지 않고 있는 것 중 무언가 배워야 할 필요가 있는가? 행동을 동기 유발할 수 있는 기저의 감정은 무엇인가?"

## 적응적 감정을 식별하고 환자에게 제안하는 질문들

| 고려해야 할 의문점 | 치료자가 할 수 있는 질문 방식 |
|---|---|
| 자기위로, 양육적이거나 보호적인 반응 중 무엇이 안 되고 있는가? | "아내 옆에 누워서 세금에 대해 걱정하고 있을 때, 어떤 감정을 회피하고 있는 것 같으세요?" |
| | "○○씨가 정말 절실하게 월급이 오르길 원하지만 상사에게 그걸 알려 주었는지 궁금합니다." |
| | "별로 안 좋아 보이는데, 너무 심하게 일을 많이 하는 겁니다. ○○씨와 같은 입장에 있는 다른 사람에게 뭐라고 충고를 해 줄 수 있을까요?" |
| 삶을 더 낫게 하기 위해 이 사람은 무엇을 할 수 있을까? | "다음에 그와 함께 침대에 누웠을 때, ○○씨가 괴로워하는 것에 대해 같이 얘기한다면 어떤 느낌일까요?" |
| 어떠한 자기연민이나 자기돌봄이 필요할까? | "만약 다른 사람이 ○○씨가 감당했던 모든 것을 경험했다면, 그들도 자신에 대해 매우 엄격해야 한다고 생각하나요?" |

## 4. 불안/억제를 식별하기: 적응적 감정이 회피되는 이유

### 회피를 탐색하기

전에 언급한 바와 같이, 느낌 극점 다음에 불안 극점을 탐색해야 한다는 강제적인 규칙은 없다. 어떤 환자는 적응적 감정보다는 불안을 더 쉽게 접근할 수 있기 때문에 환자에 따라서 쉽게 접근할 수 있는 것으로 진행하면 된다.

정신역동적 갈등은 과도한 억제로부터 발생된다는 것을 명심하라. 그것은 갈등삼각형의 A로 표시된다. 이러한 높은 수준의 억제는 환자가 갈등하는 적응적 감정을 회피하게 하는 방어를 사용하게 한다. 회피를 하게 되는 이유를 탐색함으로써 불안을 도출하고, 그것들이 식별되고, 해결되게 한다.

### 억제 감정의 네 개 주요 군

적응적 감정을 식별하는 작업과 같이 불안/억제를 식별하는 일은 쉽다. 왜냐하면 고려해야 할 관련이 있는 감정이 몇 가지에 불과하기 때문이다.

- 불안(마비되는 두려움)
- 수치심/죄책감/굴욕
- 정서적 고통/고민
- 경멸/혐오

### 불안을 조절하는 동안에 불안 식별하기

불안 조절의 논의(1장 6절)를 상기하라. 불안을 이끌어 내기 위한 단기역동정신치료(STDP)에 사용된 표준적 질문은 '____에 대해 가장 어려운[무서운, 나쁜 또는 고통스러운] 것이 무엇인가?' 다음 예에서 환자는 적응적 감정을 식별하지만 회피한다. 치료자는 숨어 있는 불안을 식별하기 위한 회피를 탐색한 후 환자가 대처할 수 있도록 돕는다.

환 자: 그때가 오후 5시였고, 애들 저녁을 하기 위해 떠나야 했어요. 그러나 저는 동료에게 그 말[F-화/주장]을 하지 못했어요[D].

치료자: 왜 하지 못했나요? [회피를 탐색]

환 자: 어, 그냥 그게 옳다고 느껴지지 않았어요[A].

치료자: 그걸 말하는 데 가장 어려운 것이 무엇이었을까요? [내재된 적응적 감정을 탐색하는 것을 도와주기 위한 불안 조절]

환 자: 잘 모르겠어요. 그냥 기분이 나빴어요[A-고통]…… 이기적이고[A-수치심]…… 얘기하려고 했어요[F]. 그렇지만 그녀가 자기 인생이 엉망인 것에 대해 막 말하기 시작했고, 저는 그냥 제가 이기적[A]이라고 느꼈어요. [D-동료에 대한 반감 반응 속에서의 자기공격 그리고 다른 책임감을 충족하고자 하는 욕망]

갈등삼각형에서 이러한 문제는 다음과 같이 나타낼 수 있다.

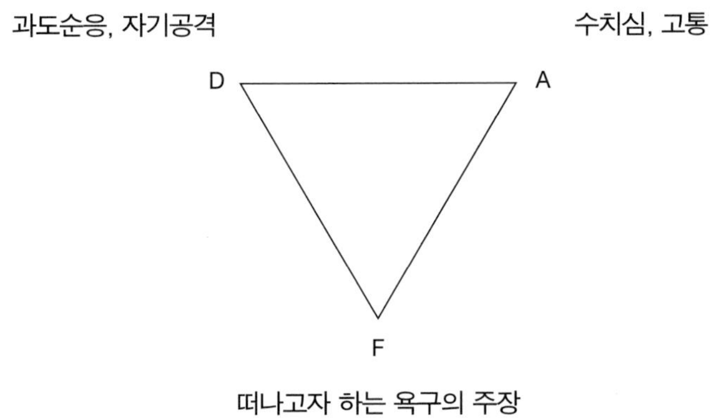


'최악의 것'에 대해 물어보는 인지기술은 억제 감정을 이끌어 내는 데 매우 효과적이고, 불안을 조절하는 데도 효과적이다. 그러므로 적응적 한계 안에서 그것을 가져올 수 있다(불안 조절에 대해서는 6장과 7장에서 더 논의할 것이다.) 이 예에서 이러한 방법으로 더 나아갈 수 있다.

치료자: 애들에게 저녁을 주기 위해 제 시간에 일을 마치고 가는 것을 원하는 것이 뭐가 그렇게 이기적인가요?

이러한 질문은 갈등에 대한 더 많은 정보를 이끌어 내는 것뿐만이 아니다. 환자의 왜곡된 생각을 밝은 곳으로 노출시켜서 자기공격의 '사고방식을 논박'하도록 도와준다.

### 불안의 자취를 따라가기

불안의 자취를 따라 그 원인으로 점점 가까이 가기 위해서는 연속적으로 질문을 해야 한다. 여러 번 계속해서 질문을 해야 할 필요가 있다. "그것에 대해 가장 나쁜 것이 무엇인가요?" 여기에 다른 예가 있다.

치료자: 오빠의 죽음에 대해 슬프게[F] 느끼도록 하는 것 중에 가장 힘든 것이 무엇인가요?

환 자: 그냥 제가 슬퍼 보이거나 기운이 없어 보이고 싶지 않았어요[A]. 저는 늘 불행에 용감하게 맞서려고 해요[D].

치료자: 슬퍼 보이는 것에 대해 가장 나쁜 것이 무엇일까요?

환 자: 저한테 화를 낼까 봐 걱정[A]하는 것 같아요. 아버지[P]가 돌아가셨을 때 제가 슬퍼[F]하면 어머니[P]가 저한테 화를 내셨거든요.

갈등삼각형에서 환자의 문제는 다음처럼 보인다.

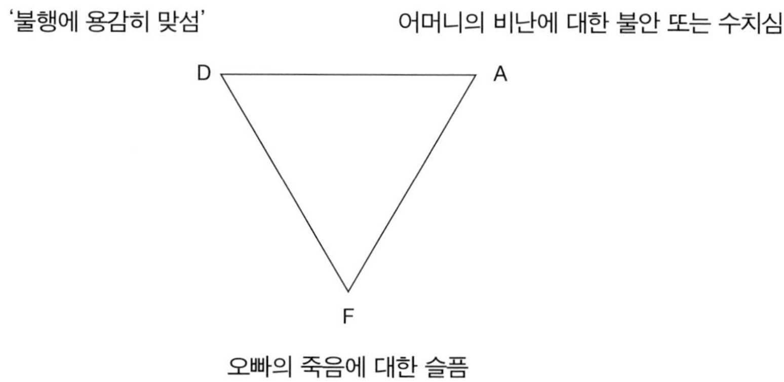


### 과도한 억제와 너무 적은 억제

앞에서 든 예는 과도한 억제에 대한 것이지만, 다른 경우에는 충분치 못한 억제도 있을 수 있다. 다음 질문은 너무 많거나 너무 적은 억제에 관련된 양 극단을 살펴본 것이다.

## 불안/억제를 식별하고 환자에게 그것을 제안하는 질문들

| 고려해야 하는 의문점 | 치료자가 할 수 있는 질문 방식 |
|---|---|
| 너무 많은 두려움이 있는가? (불안, 공황, 공포) | "남편이 먼 곳으로 출장을 갔을 때 혼자 있을 수가 없어서 딸에게 ○○씨 방에서 같이 자자고 하면 어떤 일이 벌어질까요?" |
| 너무 많은 수치심/죄책감(자기혐오)이 있는가? | "많은 사람이 연설을 할 때, 갑자기 아무 생각도 나지 않을 때가 있습니다. 그렇다고 다시는 안 하겠다고 말하는 것은 수치심을 많이 타거나 ○○씨에게 너무 가혹한 것 같네요. 어떻게 생각하세요?" |
| 너무 많은 고통(우울, 고민)이 있는가? | "어머니가 병상에 누워 계신 것에 대해 그걸 말 못하게 하는 것이 무엇인가요?" |
| 두려움이 충분하지 않은가? (예, 스릴 찾기, 충동 조절 문제, 자기를 보호하는 데 실패) | "비보호된 성관계를 가짐으로 인해 위험을 감수하고 있네요. ○○씨 자신을 더 보호하지 않는 이유가 뭐지요?" |
| 수치심/죄책감이 충분하지 않은가? (예, 약간 반사회적이거나 가학적인 행동) | "○○씨의 기분이 나쁠 때, 스태프들이 우물쭈물 당황해하는 것을 지켜보는 것이 뭐가 그렇게 즐거운가요?" |
| 고통에 대해 충분히 민감하지 않은가? (예, 피학증, 학대를 수용) | "사람들이 ○○씨를 나쁘게 대하게끔 하고, ○○씨는 그걸 느끼지 못하는 것 같아요." |

## 5. 감정 공포의 관점에서 개념화를 정리하기

### 작업 가설

초기 평가 기간 동안(치료의 처음 2~3시간)은 '시험 치료'로 간주될 수 있다. 그동안 치료자는 주요 문제들과 기저의 감정들을 살피고 예비적 개념화에 도달한다. 그 예비 개념화는 환자가 기저의 감정을 회피하는 방법에 대한 작업 가설(또는 예감)에 불과하다. 개념화는 완벽하거나 '옳을' 필요는 없다. 추측—과 공동작업—을 통해 치료자와 환자가 어떻게 방어(D)와 불안(A)이 적응적 감정(F)을 막는지에 대한 이해를 하게 되는 것이다. 이러한 작업 가설을 초기 평가 기간 동안에 환자와 공유하고,

치료 기간 동안은 치료가 진행되면서 개념화가 더 예리해지고 깊이 있게 된다.

### 감정 공포를 설명적인 용어로 표현하기

개념화의 예를 들기로 하자. 어떤 환자가 계속해서 자기 자신을 바쁘게 하거나 다른 사람과 접촉하게 한다(방어-D). 왜냐하면 그는 혼자 있으면 조용하게 자신을 놔두거나 자신을 돌보지 않기 때문이다(적응적 감정-F). 아마도 가혹하고 비판적인 부모님 때문에 발생된 자기에 대한 수치심이나 죄책감 때문일 것이다.

치료자는 다음의 예처럼 환자에게 부드럽게, 암시적으로 그리고 동정적으로 개념화를 제안하여야 하며, 환자에게 협조를 요청해야 한다.

치료자: 저에게 말할 것을 이제 알 수 있나요? 제가 다시 그걸 말하겠습니다. ○○씨가 동의하는지 아니면 그걸 수정하길 원하는지 말해 주세요. ○○씨는 항상 자기 자신을 바쁘게 하거나 다른 사람들 사이에 머물게 한 것 같습니다[D]. 왜냐하면 ○○씨는 혼자일 때 조용히 자신을 내버려 두는 것이 어렵다고 느껴 왔기 때문입니다[F-자기돌봄]. 이것은 ○○씨가 자기 자신에게 가혹하고 비판적으로 하게끔 배워 온 것 때문인 것 같아요[A-수치심]. 부모님이 ○○씨에 대해 상당히 비판적이었기 때문이지요. 만약 그게 맞다면 이러한 패턴을 너무 어린 나이에 배워서 지금까지 지니고 왔으니 정말 슬픈 일이지요! [이것은 방어 패턴에 대해 강조하고 검증하는 것으로 환자가 맞서는 것을 감당하기 쉽게 해 준다.] 이러한 패턴을 맞게 말했나요? 아니면 좀 다르다고 생각하나요? [환자의 반응을 구함.]

나타날 수 있는 불안을 조절하기 위해서 그리고 개념화가 환자에게 '사실처럼 들리는지' 확인하기 위해서 치료자는 환자의 반응에 상당한 주의를 기울여야 한다. 만약 환자의 반응이 개념화와 잘 맞지 않는다면 주의해야 한다.

치료자: 이게 일어났다고 생각하는 것입니다. 어떻게 생각하세요?

환　자: 저는 선생님이 얘기한 것이 꽤 맞는다고 생각하지 않습니다.

치료자: ○○씨가 어떻게 생각하는지 듣겠습니다. ○○씨가 맞다고 생각할 때만 타당한 것이지요.

치료자는 환자가 더 많은 정보를 제공하는 대로 가설을 수정할 수 있다. 치료자가 항상 옳다고 하는 것은 중요하지 않다. 중요한 점은 나타나고 있는 각각의 문제에 깔려 있는 하나 이상의 동의한 감정 공포를 찾아내기 위해 환자와 협력하고 두 삼각형을 사용하는 것이다. (작업 가설을 개발하는 것에 대한 더 자세한 것은 CC, pp. 101-103 참조)

#### 대략적인 영역 '계획'을 결정하기

그다음으로 치료자는 이 계획을 환자와 공유하여 치료가 진행될수록 감정 공포에 대한 개념화가 예리해지고 또 깊어질 것이라는 것을 이해하도록 한다. 그러고 나서 치료자는 환자의 반응을 주의 깊게 지켜보면서 나타나는 불안을 조절하여 환자가 견딜 수 있는 속도로 진행하도록 해야 한다.

## 6. 핵심 갈등을 개념화하는 방법에 대한 예

다음의 핵심 갈등 개념화의 단계를 예제에 적용하여 감정 공포의 정신역동적인 개념화를 생성하는 방법에 대해 설명하고자 한다. 환자의 문제에 대한 설명을 듣는 동안 가설을 개념화하는 것을 도와주는 주요 질문을 마음에 새기도록 하라.

- 어떻게 환자가 방어하고 회피하는가? (D)
- 어떤 적응적 활성화 느낌이 회피되어지고 있는가? (F)
- 왜 그 감정이 회피되는가? (A)

다음 대화에서 환자의 핵심 구절에 밑줄이 쳐 있다.

### 예 1: 사별한 형

#### 시작하는 질문

치료자: 도움을 받고 싶은 주요 문제를 얘기해 줄 수 있을까요?

환　자: 저에게 무슨 일이 벌어지고 있는지 잘 모르겠어요. 저에게는 아무런 에너지가 없어요. 일을 할 수가 없어요. 저는 엉망진창이에요[A-수치심].

### 세부 사항

치료자: 그렇게 느낄 때의 구체적인 예를 들어 주시겠어요?

환 자: 저는 지난 몇 달 동안 제 자신이 아니었어요. 저는 가족 중에서 항상 가장 강한 사람이었어요[D]. (낄낄) 저는 평생 동안 다른 사람을 돌봐 주며 살아왔어요. 전 더 젊었을 때 장애아들과 일을 했어요. 그리고 제 형을 돌보았는데, 형[P]은 오랫동안 많이 아팠어요. 제 형[P]은 1년 전에 세상을 떠났어요. 전 울고 싶었지만[F] 그럴 수가 없었어요[D]. 심지어는 장례식에서조차도요. 전 제가 강해야 한다고 생각합니다[D]. 또한 시간도 없어요[D]. 제 아버지와 저는 형ㅊㅊ의 아파트를 청소하기 위해 형이 살던 집으로 갔습니다. 거기서 제 형의 옷장을 청소했어요. 그런데 이건 마치 꿈 같아요. 예전에 일어나지 않았던 것 같습니다[D-분리]. (내키지 않는 웃음) [D] 저는 예전에는 제가 강한 것에 대해 무척 자랑스러웠습니다. 그렇지만 지금의 저를 보세요. 저는 엉망이에요[A-수치심]. (웃음) [D] 전 그냥 무감각해요[D]. 그리고 더 이상 아무런 일에도 목적을 가질 수 없어요[D]. 이대로 빠져나오지 못할 경우에 제 직장을 잃게 될까 봐 두렵지만 아직 제가 가지고 있는 문제를 상사에게 말하기가 너무 당황스럽습니다[A-수치심].

## 사별한 형에 대한 초기 개념화

[그림 4-2]의 갈등삼각형에서 이 예가 어떻게 나타나는지 보여 준다. 어떤 치료자들은 종이에 하고 싶어 하고, 다른 사람들은 머릿속에서 하는 것을 좋아한다. 치료시간에 갈등삼각형에 솔직하게 그려 놓고 설명하는 것에 도움을 받는 환자도 간혹 있다.

**방어 행동(D)**

"전 울 수가 없었어요."

"전 강해야 해요."(웃음)

"시간이 없어요."

"꿈만 같아요. 마치 일어나지 않았던 것처럼요."

"전 무감각합니다. 아무런 목적이 없어요."

**억제 감정-불안(A)**

"전 엉망이에요."(A-수치심/고통)

"전 너무 당황스럽습니다."(A-수치심)

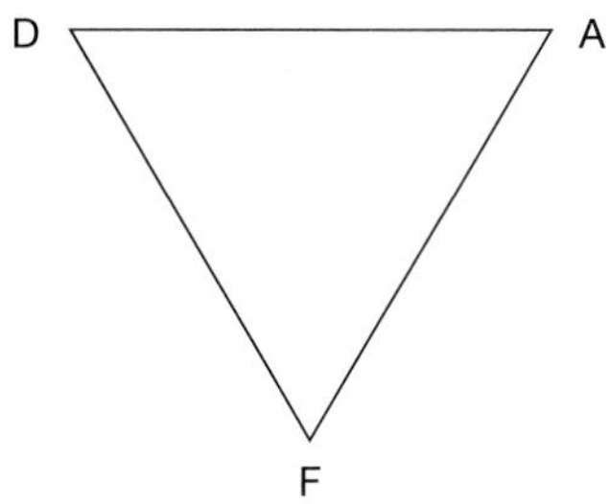


**회피되는 적응적 활성화 감정**

"난 울고 싶었어요."(F-슬픔)

**[그림 4-2] 사별한 형에 대한 초기 개념화**

## 방어 행동(D)

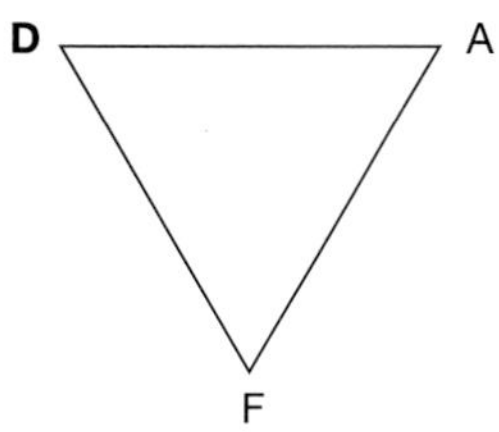


무엇이 방어 행동인가? 사별한 형은 그의 감정을 웃음, 무감각, 해리, 합리화, 자기공격, 다른 사람 돌봐 주기 등으로 최소화한다. 이것은 매우 일반적인 임상적 표출이다. 우울하게 된 어떤 환자는 사랑하는 사람의 죽음에 대해 슬퍼할 수 없게 된 결과다. 이 방어를 지적하기 위해 치료자는 이렇게 말할 수 있다.

치료자: ○○씨의 무감각은 장례를 치르게 하는 것을 도와주었던 것처럼 느낄 수 있어요. 그리고 형의 죽음과 동반한 모든 계획들에 대해서도 그렇지요. 그렇지만 이제 무감각이 더 이상 ○○씨에게 도움이 되지 않아요. 사실 ○○씨의 우울증의 주요 원인이 될 수 있습니다.

이 환자의 방어를 탐색하기 전에 치료자는 방어적인 낄낄 웃음에 대해 부드럽게 지적하는 것으로 시작할 수도 있다.

치료자: ○○씨가 형에 대한 매우 고통스러운 기억을 얘기할 때 낄낄 웃는 것을 주목했어요. 그 웃음이 뭐라고 생각하나요?

### 활성화 감정 (F)

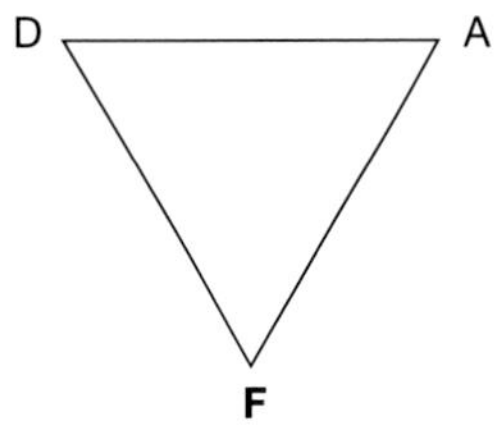


무엇이 환자가 회피하고 있는 활성화 감정의 적응적인 형태인가? 그는 형의 죽음에 대해 슬픔/비애를 회피하고 있다. 환자에 대한 초기 가설은 기복 없는 감정과 우울의 무감각이 슬픔에 의해 약해지는 것에 대한 수치심으로부터 그를 보호한다는 것이다. 만약 그가 수치심과 고통, 그리고 형을 잃은 슬픔을 견뎌 낸다면 우울은 그의 당황스러움에 대한 방어벽으로서 더 이상 필요하지 않을 것이다.

### 억제 감정 (A)

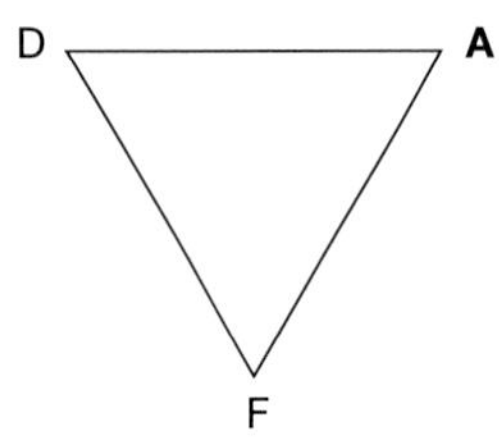


왜 이런 감정들은 회피되어지는 것인가? 이 환자는 도움을 필요로 하는 것(치료자에게 오는 것을 포함)에 대해 수치심을 느끼고 있고, 감정을 표현하는 것과 우울해져가는 것에 대해서도 수치심을 느낀다. 그가 방어에 주목하도록 하면 연약하게 느끼는 것에 대한 수치심을 더 많이 느끼게 할 가능성이 있다. 그러므로 그의 방어와 수치심을 다루는 것에 대한 접근 단계는 신중하게 고려되어야 한다. 치료자는 그의 불안(수치심을 포함)을 항상 계속해서 확인해야 한다. 그것은 형의 죽음에 대한 슬픔에 접근하고자 하는 절차를 얼마나 빠르게 할 것이냐에 대한 지표다.

치료자: 형의 죽음에 대해 슬픔을 느끼도록 허용하는 데 있어서 가장 어려운 부분이 무엇인가요?

### 핵심 갈등에 대한 요약

형의 사망 후에 남겨진 동생은 형(P)의 죽음에 대해 슬퍼할(F) 수 없다(D). 우리의 가정은 상실의 감정[F]에 대한 수치심[A]이 그 자신을 무감각하게[D] 만들고, 합리화하고[D], 우울하게[D] 되도록 하였다는 것이다.

치료자는 이 개념화를 환자에게 다음과 같은 방법으로 설명한다.

치료자: ○○씨의 삶은 그동안 강인하고, 극기적이고, 다른 사람을 돌보기만 하는 데 쓰여졌어요[D]. 그러나 이제는 형[P]의 죽음에 대해 슬퍼하도록[F]하는 것이 진정 필요한 때임에도 ○○씨는 다른 사람들에게 어떻게 보일지 걱정[A]이 되어서 슬퍼하는 것을 못 하고[D] 있어요. 어떻게 생각하세요?

## 예 2: 모든 것을 가진 남자

### 시작하는 질문

치료자: ○○씨가 도움을 받았으면 하는 문제에 대해 구체적인 예를 들어 설명해 주시겠어요?

### 구체적인 것

환 자: 밖에 나가면 모든 것이 저한테는 대단해 보여요. 저는 집을 가지고 있고, 개, 집사람, 아기도 있지요. 그리고 직장에서 승진도 되었어요. 그러나 저는 혼자인 것을 견딜 수가 없어요[D]. 집사람은 주말이면 멀리 가 버리고 저는 개와 함께 집에 혼자 있어요[D]. 그러면 형네 집에 건너가서 제가 별로 좋아하지 않는 친구들과 외출하지요[D]. 대개는 바쁘게 일을 해서 딴생각이 나지 않게[D] 하지만 큰 사건을 막 끝내서 주말에 할 일이 없어요.

이 남자는 방어적인 행동만을 보이고 있음을 주목하라. 그는 그의 갈등이 무엇인지 말을 하지 못하고 혼자인 것에 대해서만 말하고 있다. [그림 4-3]은 앞의 대화에서 얻어진 제한적인 정보를 보여 준다.

**방어적인 행동은 무엇인가?**

"혼자인 것을 견딜 수가 없어요."
"집에 혼자 있는 것을 견딜 수가 없었어요."
"내가 별로 좋아하지 않는 친구와 외출합니다."
"바쁘게 일해서 딴생각을 하지 않도록 합니다."

**왜 적응적 감정이 회피되는가?**

불안?
수치심/죄책감? 고통? 경멸/혐오?

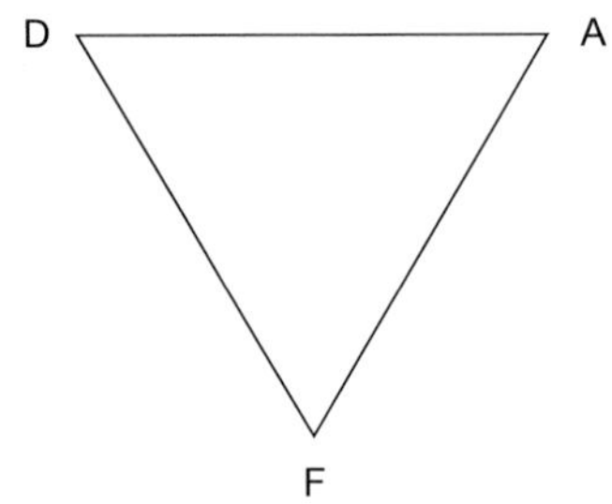


**회피되는 활성화 감정의 적응적 형태는 무엇인가?**

자기에 대한 긍정적인 감정?
자기돌봄(혼자 있을 때 자기위로를 하는 능력)?

**[그림 4-3] 모든 것을 가진 남자에 대한 초기 개념화**

## 방어 행동 (D)

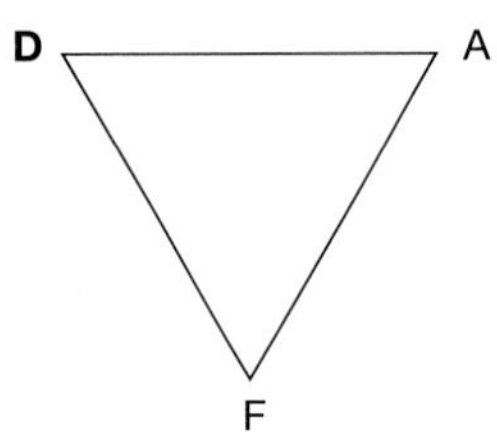


이 환자의 방어 행동은 무엇인가?

- 친구나 일에 의한 계속적인 자극
- 혼자되는 것을 회피함.

이것들은 환자가 감정을 회피하게끔 도와주는 부적응적 반응이면서 '자기보호적'—비록 상당한 대가를 지불함에도 불구하고—이기도 하다. 이것을 환자에게 지적해 내면서 치료자는 다음과 같이 말을 할 수 있다.

치료자: 그러니까 ○○씨가 혼자 있지 않으려고 먼 길을 간 것을 알겠지요. 한편으로는 혼자라는 매우 고통스러운 것을 피하게 되었지만, 또 다른 한편으로는 항상 늘 달려야 한다는 것이 소모적이고 고갈되는 것처럼 들리네요.

## 활성화 감정 (F)

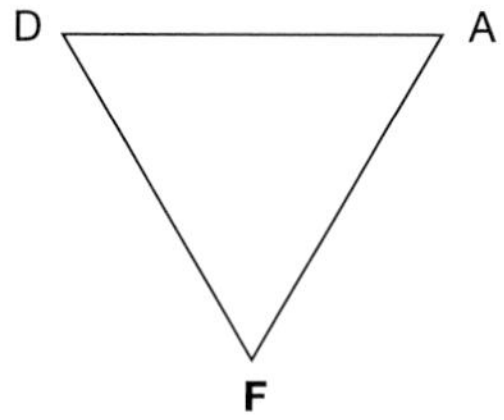


무엇이 회피되고 있는 활성화 감정의 적응적 형태인가? 여기서 기저의 감정은 대부분 무의식적인 것 같다. 우리는 이 남자가 얻을 필요가 있는 것을 가정할 뿐이다. 만약 누군가가 혼자 있는 것을 참아 낼 수 없다면, 스스로 위안을 할 수 있거나 고독 속에서 올라오는 감정을 참아 낼 수 있는 능력이 결핍되어 있다고 제안할 것이다. 그러므로 우리는 이 예에서 다음과 같은 것을 추측할 수 있다.

- 자신에 대한 긍정적인 감정(즉, 혼자 있을 때 자기 자신에게 편안한 것)
- 자기돌봄, 자기연민, 자기관심

이런 감정은 '회피되고 있는'(즉, 자기위로)이라는 적응적 반응(또는 '상실한 능력')으로 구성될 수 있다. 환자가 기저하는 감정을 발견, 수용 그리고 표현할 수 있도록 돕기 위해서, 치료자는 다음과 같이 질문을 할 수 있다.

치료자: 혼자 있을 때 어떻게 하면 더 기분 좋게 느껴지나요? 혼자 있는 시간을 즐길 때 뭐가 방해를 하지요?

## 억제 감정(A)

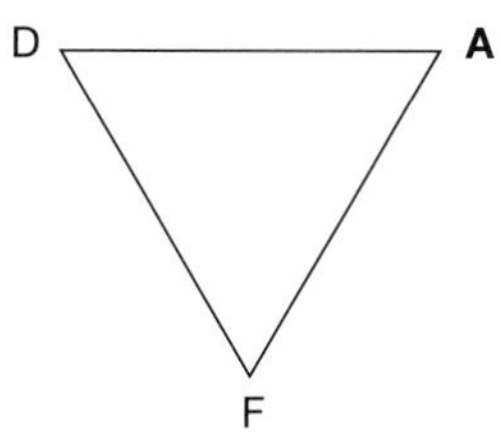


왜 감정이 회피되는가?

- 불안?
- 수치심? 죄책감?
- 정서적 고통?
- 경멸/혐오?

어떠한 억제 감정이 적응적인 감정을 더 방해하는지를 알 수 있는 충분한 데이터는 없다. 그렇지만 몇 개의 가능성은 있다. 우리는 그가 자기에 대한 부족한 감정이나 부적절함(수치심이나 죄책감)으로 인해 혼자 있는 것에 대해 불안을 느낀다고 제안할 수 있다. 그러나 우리는 그냥 추측만 할 뿐이고 더 많은 질문을 해야 한다. 환자가 억제 감정을 탐색할 수 있도록 치료자는 다음과 같이 질문을 할 수 있다.

치료자: 혼자 있는 것이 왜 그렇게 힘들까요? 그것에 대해 가장 안 좋은 것이 무엇이지요?

### 핵심 갈등의 요약

모든 것을 가진 남자는 계속적인 자극이나 일 또는 다른 사람들(D)과의 접촉을 필요로 한다. 왜냐하면 혼자 있을 때 자신(F)을 조용히 안정되게 하거나 돌보는 것을 할 수 없기 때문이다. 아마도 수치심, 죄책감, 또는 자기에 대한 경멸이나 혐오(A) 때문일 수도 있다. 치료자는 다음과 같이 말할 수 있다.

치료자: 우리는 ○○씨가 자신을 안정시키거나 돌보는 것이 어렵기[F] 때문에 혼자 있는 것이 힘들다는[D] 것을 알았어요. 자신에 대해 어떤 부정적인 생각이 있는지[A] 궁금합니다.

## 7. 핵심 갈등 개념화에서 함정 인식하기

### 함 정

핵심 감정을 개념화하는 데 있어서 함정은 다음과 같은 영역에서 발생한다.

- 개념화의 정서적인 정확성
- 개념화의 효율성
- 과정의 고통스러움
- 통찰에 대한 준비 부족

### 개념화의 정서적인 정확성

개념화 과정이 매우 신속하게 진행되므로 '결론에 급하게 도달'하고, 환자를 오해하여 공감 실패에 도달할 위험이 있다. 개념화의 효율성을 높이고 환자와 치료자 간의 관계에서 공감 실패를 최소화하기 위해서는 치료자는 개념화한 것을 **임시적**으로 알려 줘야 하며, 환자의 피드백을 구해야 한다. 치료자와 환자가 모두 개념화한 것이 정보와 잘 맞는다는 것을 분명하게 느껴야 한다. 환자는 다음과 같이 말할 수 있다.

- "맞아요. 저를 정확하게 표현했어요."
- "저를 움직이게 만드는 것을 이해하신 것 같아요."
- (개념화가 환자에게 맞지 않다고 느껴질 때) "그건 좀 아닌 것 같아요. 저는 그렇게 보지 않아요. 제가 말한 것은 이런 거예요."

### 개념화의 효율성

개념화가 환자의 생애 경험과 정확하게 일치하는지(즉, 역사적으로 '정확한') 알 수 있는 방법은 없다. 그러므로 개념화의 가치는 효율성에 의해서만 평가를 받을 수 있다. 다시 말하면, **변화를 향한 치료를 안내하는 힘**과 환자의 과거의 부적응적인 조건형성을 넘어서게끔 움직이는 능력이다. 이것은 만약 **개념화가 감정 공포를 탈민감화시키고 장기간 동안에 지닌 문제를 해결하는 것을 돕는다면 그것은 '맞다'라고 간주된다는 것**을 의미한다.

### 개념화 과정의 고통스러움

치료자가 방어적 패턴을 지적하는 것은 환자 입장에서 매우 어려운 일이고, 또한 치료 과정을 좌절시킬 수도 있다. 만약 불안, 수치심, 또는 고통이 환자가 견디기에 너무 강해지면 치료자는 불안 조절에 초점을 맞추어서 억제가 조절할 수 있는 수준으로 감소되도록 해야 한다.

환　자: 저는 지난 상담 이후에 너무 화가 나 있어요. 저의 일생을 돌아보았더니 실수의 연속인 것을 알았어요.

치료자: 되돌아보았을 때 무엇이 가장 나쁜 부분이었나요? [때때로 이것은 자기공격 또는 환자가 의지하고 있는 어떤 사람과의 분리에 대한 공포다.] 지금은 뭐가 ○○씨를 도울 수 있을까요? 우리는 이것을 해결한 다음에야 더 나아갈 수 있어요. 그러면 더 고통스럽지(혹은 놀라지 또는 수치심을 느끼지) 않을 겁니다.

어떤 환자는 감정에 너무 압도당해서 치료 과정을 은밀히 또는 공공연하게 늦출 필요가 있다. 가끔은 꽤 긴 시간 동안 그럴 필요가 있다. 그러나 많은 경우에 치료자의 긍정적인 배려는 환자가 앞으로 나아가는 데 충분한 도움이 된다.

치료자: ○○씨가 매우 힘든 작업을 해 나가고 있다는 것과 고통 속에서도 그걸 견뎌 내려고 하는 것에 대해 정말 감사하게 생각해요.

환자가 견디기 어려운 감정을 경험하도록 너무 강요해서는 안 된다. 그러나 치료자가 이런 점에서 보수적인 경우에도 어떤 환자는 자기 스스로를 너무 강하게 몰고 가거나 너무 동의하려고 애쓰는 경우도 있어서 '정서적으로 소화할 수 있는 것보다 더 많이 삼키게' 된다. 이런 일이 생기는 경우에는 치료자는 우선 환자의 불안을 낮춰 주는 지지적인 말을 사용할 필요가 있다. 그런 다음에 환자가 견디기 너무 힘든 것이 무엇인지 이해하도록 도와주어야 한다. 여기 두 가지 예가 있다.

치료자: ○○씨는 자신을 너무 강하게 강요하는 것 같습니다. 당신이 이것에 대해 얼마나 열심히 하는지 알고 있습니다만 조금 더 부드럽게 하면 더 빨리 도달할 것 같아요. 이 모든 것들 중에 가장 어려운 부분이 무엇인지 말해 주겠어요? [불안 조절]

치료자: 우리는 ○○씨가 준비된 다음에 이러한 것들에 대해 직면하는 것이 좋겠어요. 그런데 그걸 직면하는 데 있어서 뭐가 두려운지 말해 줄 수 있을까요?

### 통찰과 변화에 대한 환자의 준비

조심스럽고 단계적인 작업임에도 불구하고 어떠한 환자는 통찰이나 변화에 대한 준비가 안 될 수도 있다. 그런 환자는 필요한 자아강도를 충분히 갖고 있지 않다거나 긍정적인 자기감이 부족하여 성장이나 변화가 잘 일어나지 않는다. 어떤 사람은 변화를 허용하지 않는 파괴적인 관계에 제약될 수도 있다. 그런 경우에는 자기와 타인에 대한 지각을 재구조화하는 것이 치료를 진행하는 데 있어 필요하다. 환자가 일생 동안 가져온 방어를 포기할 수 있기 전에 많은 능력과 기술을 만들어야 한다. 그 방어는 환자의 정체감을 지탱하고 대인관계를 지속해 온 것이다(자기와 타인 재구조화는 9장과 10장을 보라).

때로는 심층탐색을 통해 외상 기억이나 환자가 압도당하는 강도의 감정을 드러낼 수 있다. 만약 이런 일이 생기면 지지적인 개입을 사용하여 효과적으로 처리할 수 있다. 지지적인 개입은 환자가 더 안정되고 기초가 단단하게 느낄 때까지 불안을 달래게 해 준다.

환 자: 저한테는 너무 빨리 나가시는 것 같아요. 저는 다른 사람과 진짜 친밀하게 지내본 적이 없고, 모든 이러한 질문들은 제가 선생님과 다른 사람들에게 어떻게 느끼는가에 대한 것이에요. 그런 것들이 저를 속속들이 노출시켜, 벌거벗은 상태가 되는 것 같아요.

치료자: 그게 제가 하려고 한 것은 전혀 아닙니다. 잠깐 뒤로 조금만 갑시다. ○○씨가 좀 더 편안해질 때까지 ○○씨와 저에 대해 초점을 맞추지 않아도 됩니다.

GAF 점수가 50 이상 되는 환자에게서는 개념화 과정에서 불편함의 수준이 이 정도가 되는 경우는 별로 없다. 방어, 불안 그리고 적응적 감정의 관점에서 환자의 문제를 협력적으로, 공감적으로 이해하는 것은 그들에게 희망을 주고 치료 동맹을 구축한다.

## 8. 개념화를 수정하고 정교화하는 것의 반복

치료자는 초기 평가에서 결정된 감정 공포나 핵심 갈등 개념화를 돌에 새겨진 것처럼 가정해서는 안 된다. 치료하는 동안 개념화가 변화하고 더 정교화되는 것은 흔한 일이다. 또는 더 많은 자료가 새롭게 밝혀지고 환자의 자각이 일어난다. 치료자는 많은 상황과 관계에 있어서 명확하고 일정한 패턴이나 패턴의 집합이 떠오를 때까지 핵심 갈등이나 감정 공포 패턴을 반복적으로 검토할 필요가 있다.

## 연습문제

### 4A: 사람들은 어떻게 방어하는가

**지시** 적응적 느낌을 회피하는 데 사용될 수 있는 방어 행동의 예를 생각하라. 그러한 느낌에 대해 사람들이 방어하는 많은 방법이 있다는 것을 기억하라. 당신은 몇 가지에 대해서만 생각하면 된다. 이 연습문제의 목적은 사람들이 갈등 느낌을 회피하는 데 이용할 수 있는 방어 행동의 종류에 대해 추측하도록 격려하는 데 목적이 있다.

**예1** 어떤 사람이 울기를 두려워한다면 그 사람은 대신 무엇을 할까?

**답** 아무것도 상관이 없고, 웃기지도 않고, 화제를 바꾸지도 않는 것처럼 행동한다.

**예2** 만약 밖으로 말하는 것을 부끄러워한다면, 그 사람은 어떤 반응을 할까?

**답** 무감각하고, 조용하게 있거나, 그 장소를 떠난다.

**다음 예에서 어떤 방어가 사용되었는지 생각해 보도록 하라.**

4A.1. 만약 환자가 화내는 것을 너무 두려워한다면 그 환자는 무엇을 할까?

________________________________________

4A.2. 만약 어떤 사람이 열정을 보여 주는 것을 곤란해한다면, 그 사람은 무엇을 할까?

________________________________________

4A.3. 어떤 사람이 친밀해지는 것을 두려워하면, 그 사람은 무엇을 할까?

________________________________________

4A.4. 어떤 사람이 자기연민을 느끼는 것에 대해 죄책감을 느낀다면, 그 사람은 어떻게 반응할까?

________________________________________

## 4B: D-A-F-T-C-P를 인식하기

**지시** 이 연습문제는 2장의 두 삼각형에 대한 연습문제와 같다. 두 삼각형은 핵심 갈등 개념화의 기본을 이루기 때문에 연습을 더 하기 위해서 이 문제를 여기에 더 포함한다. 다음 치료자의 진술에서 핵심 갈등 개념화의 요소들을 식별하고 밑줄로 표시한 후에 D, A, F와 T, C, P를 단어 위에 써 넣어라.

**예**

D C

치료자: 집중을 하지 못하는 패턴이 있는 것 같아 보입니다. 왜냐하면 수련

F

감독자에 대해 정말 걱정하고 있는 것을 끄집어 내는 것에 대해 불

A T

편하게 느끼고 있기 때문입니다. 여기서 저한테도 그런 것 같고요. 어떻게 생각하나요?

### 4B.1.

치료자: 권위자가 ○○씨를 평가하는 상황이 되기만 하면 늘 자기확신이 없고, 불안해하고, 위축되는 것 같습니다. ○○씨도 그렇게 생각하나요?

### 4B.2.

치료자: 친하게 되는 것을 회피하고, ○○씨 아내를 멀리 하기 위해서 화를 낸 것을 알고 있나요?

### 4B.3.

치료자: 그래서 ○○씨가 분위기를 즐겁게 하려고 하는 경향은 자신의 슬픈 감정을 나타내는 것을 부끄러워하기 때문에 나온 결과로 보입니다. 그리고 그건 저한테뿐만 아니라 다른 모든 사람에게도 그런 것 같습니다. 맞는 것 같으세요?

### 4B.4.

치료자: ○○씨는 부드러운 감정을 표현하는 대신에 ○○씨 가까이에 있는 사람들에게 스스로 냉담하고, 거리를 두어서 상처를 받지 않으려고 하는 것 같습니다.

### 4B.5.

치료자: 자신에 대한 자부심을 부정하는 것 같습니다. 왜냐하면 이 감정에 대해 불편하게 느끼기 때문입니다. 부모님과 아내와의 관계에서 그런 것을 확인했는데, 여기서 저한테도 그런 것 같습니다. 어떻게 생각하세요?

## 4C: 핵심 갈등이나 감정 공포를 개념화하기

**지시** 이 연습문제에서 각 이야기를 읽고 자신의 언어로 방어 행동, 억제 감정, 기저의 적응적 느낌을 기술하라. 다음의 예는 어떻게 하는지를 보여 준다.

**예** 유순한 친구

환 자: 저는 친구 수지에게 많이 화가 났습니다. 무엇을 해야 할지 몰랐습니다. 그녀와 함께 시내로 차를 타고 가기로 이미 약속을 했지만 저는 정말 같이 가고 싶지 않았습니다. 그녀는 이전에 저에게 정말 잘해 주었기 때문에 저는 그녀와 함께 있고 싶지 않다는 걸 말을 할 수가 없었습니다. 그냥 넘기는 것이 더 쉽고 파장을 일으키지 않는 것이지요. 수지는 저한테 엄마와 같았습니다. 그녀와의 우정을 위험에 빠뜨리고 싶지 않습니다. 여기서 다시 손해 보고 싶지 않습니다(울기 시작한다.). 제가 뭐가 잘못된 걸까요?

**답** 방어 행동: 방어적 화, 수동성, 합리화, 자기공격, 방어적 울음

억제 감정: 우정을 잃어버릴 거라는 두려움, 수치심. 자신이 필요한 것을 얘기할 가치가 있다는 것을 믿지 않음. 친구와 솔직하게 얘기하는 것에 대한 위험을 감수할 수 없음.

적응적 활성화 감정: 주장, 자기돌봄

### 4C.1. 걱정 많은 룸메이트

환 자: 사소한 작은 일들에 대해 항상 걱정을 해서 즐기지 못하는 것 같습니다. 제 맘속에 있는 일들을 자꾸 생각하느라 밤에 잠을 못 잡니다. 아무 의미가 없는 멍청한 것들이지요. 제 룸메이트는 아주 더운 지역에서 왔어요. 그녀는 밤이면 난방을 틀어 놓는데 정말 미칠 것만 같아요. 실제 그렇게 덥지는 않아요. 사실 저도 그러거든요. 그냥 밤새 난방을 하느라고 쓰여지는 돈이 끔찍한 죄책감을

느끼게 해요. 이제는 돈에 대해서도 괜찮아요. 한 달에 겨우 몇 달러 정도예요. 그냥 그런 생각이에요. 미친 짓이죠. 저는 여기 대학에 와 있고 제 삶의 시간을 가져야 하는데 이런 바보같은 일에 대해 생각하는 것을 멈출 수가 없어요.

방어 행동: ______

억제 감정: ______

적응적 활성화 감정: ______

## 4C.2. 고통받는 처녀

환 자: 저는 정말 까다로운 성격입니다. 데이트하는 사람의 틀린 점을 항상 찾아내지요. 별로 큰일도 아닌 것까지요. 그리고 그것들은 정말 사소한 일들이에요. 키가 좀 작은 거라든가, 별로 존경을 받지 못하는 대학에 갔거나, 말하는 방법이 좀 우습거나 하는 거지요. 저는 저한테 거슬리는 것들에만 초점을 맞춥니다. 물론 제가 끌리는 어떤 사람들과 관련되었을 때는 그 남자가 흥미를 보이는 순간 육체적 매력은 날아가 버려요. 저는 26세이고, 처녀예요. 제가 좋아서 그런 건 아니에요. 저에게 뭐가 잘못된 걸까요?

방어 행동: ______

억제 감정: ______

적응적 활성화 감정: ______

## 4C.3. 반에서 일등

환 자: 저는 반에서 일등이고, 항상 그래 왔어요. 최근까지는 상대적으로 논문을 쉽게 쓸 수 있었어요. 그런데 지금은 쓰려고 하면 엄청난 두려움과 불안을 느껴서 한 단어도 쓸 수가 없어요. 처음에는 이게 작가의 글쓰기 슬럼프인가 생각했지만 뭔가 더 큰일인 것 같아요. 글을 쓰려고 컴퓨터에 다가가면 가슴이 조여 오고

속이 불편합니다. 만약 이번 학기에 숙제를 내지 못하면 부모님은 화를 많이 내실 거예요.

방어 행동: ______________________

억제 감정: ______________________

적응적 활성화 감정: ______________________

### 4C.4. 노발대발하기

환 자: 가끔 저는 제 아내와 애들한테 너무 화가 나서 노발대발할까 봐 말을 할 수가 없습니다. 대개는 사무실에 일찍 가서 일을 합니다. 폭발하지 않기 위해서 집에 늦게 가고 일찍 나옵니다. 제 아내와 애들이 제가 멀어졌다고 느낀다고 말할 때까지 이게 좋은 해법이라고 생각해 왔습니다.

방어 행동: ______________________

억제 감정: ______________________

적응적 활성화 감정: ______________________

### 4C.5. 벽의 꽃

환 자: 저는 사회적 환경에서 어려움이 있다는 걸 알았습니다. 틀린 걸 말하거나 다른 사람의 감정을 상하게 하는 말을 할까 봐 두려워서 걱정을 많이 하고 긴장을 합니다. 대개는 혼자 앉아서 벽의 꽃처럼 행동합니다. 때때로 긴장을 풀기 위해 술을 몇 잔 마십니다.

방어 행동: ______________________

억제 감정: ______________________

적응적 활성화 감정: ______________________

______________________

## 4C.6. 오버타임 근로자

환 자: 저는 어떤 것에 대해 물어보는 것에 대한 어려움이 있습니다. 어떤 수준으로 생각하는데 사람들이 아니라고 답할까 봐 두렵습니다. 예를 들면, 정말 승진을 하고 싶지만 그걸 물어보기가 무섭습니다. 제 상사가 알아차리고 승진을 시켜 줄까 하는 희망에 오버타임으로 일을 많이 해 오고 있습니다.

방어 행동: ______________________

______________________

억제 감정: ______________________

______________________

적응적 활성화 감정: ______________________

______________________

## 4C.7. 과용하는 사람

환 자: 저는 수년 동안 부모님의 도움으로 살고 있습니다. 저는 책임감이 없습니다. 제 가족은 상당히 부자이고, 제 신용카드 청구서를 다 처리해 줍니다. 저는 마음이 내킬 때마다 2,000달러 정도의 쇼핑을 흥청망청하곤 합니다. 술을 마시거나 먹기 시작하면 둘 다 그만둘 수가 없습니다. 멈출 수 있는 단 한 가지 방법은 제 부모님이 단호하게 용납하지 않는 것입니다.

방어 행동: ______________________

______________________

억제 감정: ______________________

______________________

적응적 활성화 감정: ______________________

______________________

## 4C.8. 엄마의 '버팀목'

환 자: 아버지가 돌아가셨을 때 그냥 무감각해진 것 같습니다. 제 자신이 어머니에게

도움이 되도록 했습니다. 요리를 하고, 어린 동생들을 돌보고, 어머니를 위한 일을 했습니다. 엄마는 저에게 '버팀목'이라고 했습니다. 그건 큰 책임감이었지만 자신에 대해 좋게 느끼게 해 주었습니다. 다른 사람들 앞에서 운다거나 약점을 보이는 것은 나쁘다는 것을 일찍 배웠습니다. 솔직히 말해서 지난 겨울 동안 아버지에 대해서 많이 생각하지 않았는데, 그때 우울해지기 시작했습니다. 저는 항상 쾌활하고 재치 있어서 모두 저한테 의지를 했는데, 지금 저는 불쌍한 울보 애기가 되어 있습니다.

방어 행동: ______________________________

______________________________

억제 감정: ______________________________

______________________________

적응적 활성화 감정: ______________________________

______________________________

# 제2부

# 방어와 감정 재구조화하기

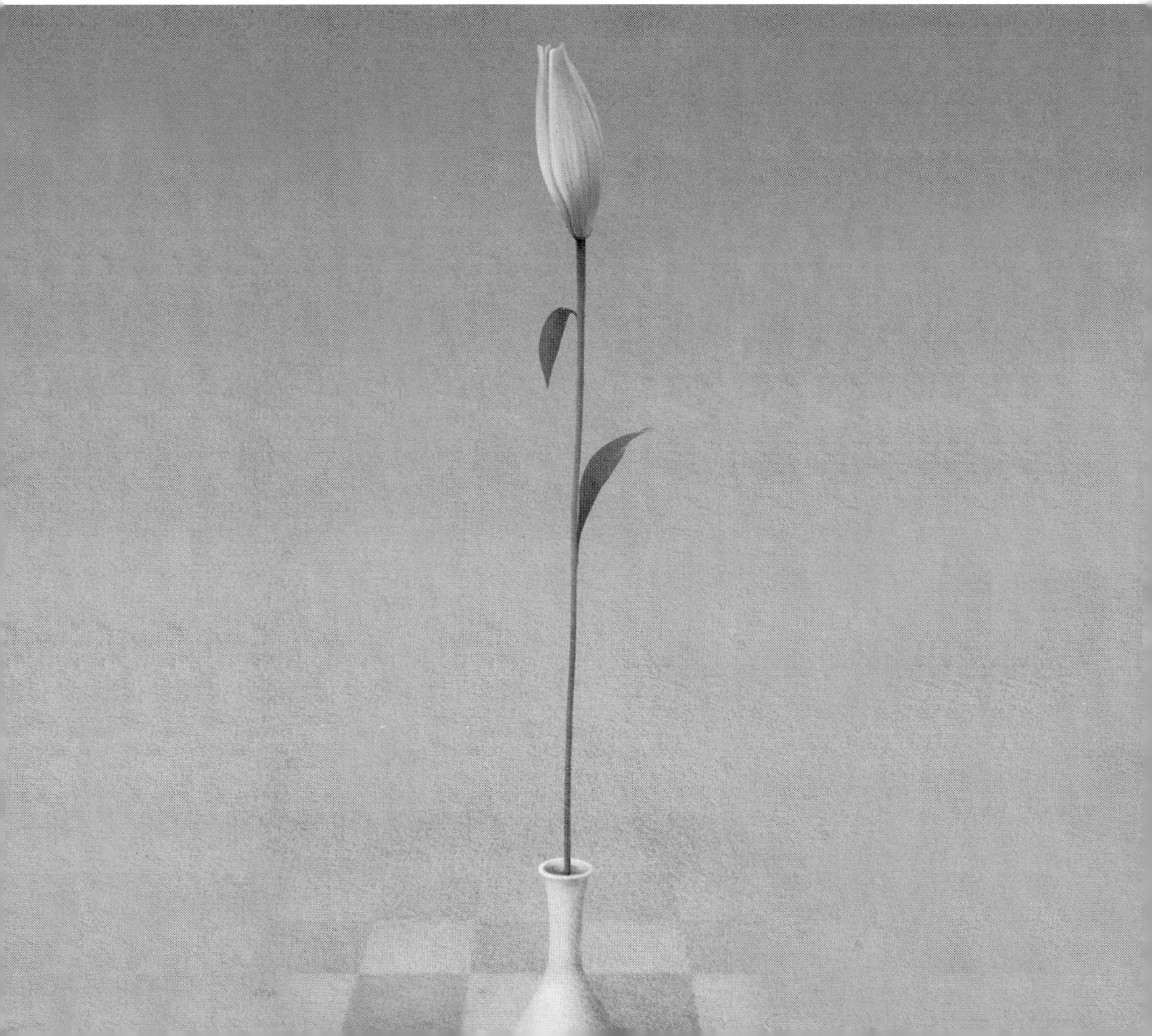

# 2부 소개

## 단기역동정신치료의 치료 목표에 대한 개관

1부에서는 단기역동정신치료(STDP)에 대한 이론의 기초, 평가 그리고 개념화에 대해 살펴보았다. 2부, 3부에서는 기저하는 환자의 감정 공포를 해결하기 위해 앞서 수집한 평가나 개념화 정보들을 어떻게 사용하는지를 설명하면서 단기역동정신치료의 치료 목표를 살펴볼 것이다.

부적응적 패턴의 재구조화는 체계적 탈민감화, 노출, 반응 중지 그리고 불안 조절을 통해 이루어진다. 이 목표를 이루기 위해 치료 과정은 세 가지 중요 목표로 나누어지는데, '방어 재구조화하기' '감정 재구조화하기' 그리고 '자기와 타인 재구조화하기'가 그것이다. 이미 우리는 이러한 목표들의 다양한 측면을 제시하였다. 몇몇 장(2장의 4절, 3장의 5절)에서 이 내용들을 반복해 재검토한 것이 독자들에게는 큰 도움이 되었을 것이다. 앞에서 논의하였듯이 목표들은 각각 두 가지 요소로 나뉜다.

## 방어 재구조화하기

- 5장: 방어 인식하기 – 자신의 부정적인 패턴을 인식하기
- 6장: 방어 포기하기 – 파괴적인 패턴에 대해 포기하기

방어 재구조화는 **반응 중지**의 한 형태로 생각할 수 있다.

### 감정 재구조화하기

- 7장: 감정 경험하기 – 신체에서 감정을 경험할 뿐만 아니라 감정을 보유하기
- 8장: 감정 표현하기 – 면대면 상호작용을 하면서 적절하게 감정을 표현하기

감정 재구조화하기는 내적 감정과 대인관계적 표현에 환자를 노출시키는 것이다. 방어 재구조화와 감정 재구조화는 2부에서 다룬다.

### 자기와 타인 재구조화하기

- 9장: 자기 재구조화하기 – 자기에 대한 관심과 연민을 높이기
- 10장: 타인 재구조화하기 – 타인과의 관계를 개선시키기

치료 전반에 걸쳐 불안 조절이 활용되지만, '자기와 타인 재구조화하기'에서 불안 감소를 가장 많이 다룬다. 이러한 특성 때문에 자기와 타인 재구조화하기는 구분하여 3부에서 다룬다.

### 감정 공포와 치료 목표를 함께 고려하기

사례개념화의 과정을 따르며, 치료자는 주된 감정 공포를 해결하기 위해 치료를 시작해야 한다. 이것은 선택을 뜻한다.

- 초점을 맞추어야 할 주된 감정 선택(대부분의 경우에 그렇듯이, 하나 이상의 감정 공포가 존재)
- 환자의 기능 수준을 고려하여 가장 적합한 치료 목표 설정

목표의 순서에 대한 안내는 3장의 5절에서 자세히 다루었는데, 다음에서 이 부분을 간략히 다시 살펴볼 것이다.

### 초기 초점의 감정 공포를 선택하기

하나 이상의 핵심적인 감정 공포를 가지고 있을 때, 치료자는 임상적 직관 또는 시행착오를 통해 가장 긴급한 문제를 확인한다. 엄격한 규칙이 있는 것은 아니다. 하지만 상황이 분명하지 않을 때, 초기 초점을 선택하는 일반적 기준은 다음과 같다.

- 자기 느낌에 관한 문제들(예, 자존감과 자기확신감 그리고/또는 자기연민의 부족)을 슬픔이나 분노보다 우선한다. 이후의 탐색적 작업을 견디는 데 있어서 환자의 자기감이 충분히 강하지 않을 수 있기 때문이다.
- 친밀감 형성에 어려움이 있다는 것은 치료에서 작업 동맹을 맺는 데 문제가 있다는 것을 뜻한다. 다른 갈등이 진행되기 전에 동맹의 문제를 먼저 작업할 필요가 있다. 깊은 탐색작업을 위해서는 강한 동맹이 필요하기 때문이다.
- 애도하지 못한 상실이 있을 때, 이는 분노에 관한 작업보다 선행되어야 한다. 해결되지 않은 애도로 인해 환자는 활력을 잃거나 우울할 수 있기 때문이다(Davanloo, 1980). 슬픔의 공포를 탈민감화하는 것은 분노나 다른 감정에 대한 작업을 위해 필요한 활력을 찾는 데 우선적으로 필요하다. 한편, 환자들에 따라 상실에 대한 슬픔의 눈물을 흘리기 전에 처음부터 분노를 느낄 필요가 있기도 하다.

### 감정 공포를 선택한 후 목표 설정하기

감정 공포를 먼저 선택하였다면, 환자의 기능 수준에 가장 적합한 목표(방어, 감정, 또는 자기와 타인 재구조화하기)를 설정한 후에 감정을 탈민감화하는 것을 시작해야 한다(또는 최종적으로 이를 위한 기술을 갖추어야 한다). 어떤 감정 공포라도 치료자는 다음과 같이 시작하는 방식을 선택해야만 한다.

- 방어 재구조화하기를 통해 감정에 반하는 방어를 지적하기
- 감정 재구조화하기를 통해 느낌에 대한 노출로 이동하기
- 자기와 타인 재구조화하기를 통해 환자가 느낌을 인내하고 또는 공유하는 것을 개선하기 위해 교정적인 작업을 수행하기

이 중 하나의 목표를 선택하는 데 있어 구체적인 지표는 다음과 같다.

### 방어 재구조화에 초점을 두어야 할 때……

치료자는 다음 세 가지 기준이 만족될 때 방어 재구조화를 시작할 수 있다.

- 전반적인 기능 평가(Global Assessment of Functioning: GAF) 점수가 50 또는

이상이다.

- 자기감이 방어를 인식할 수 있을 만큼 충분히 강하다.
- 충동 통제가 양호하다.

**감정 재구조화에 초점을 두어야 할 때……**

치료자는 다음과 같은 기준 중 하나 또는 둘 다를 만족시킬 때 감정 재구조화에 대해 초점을 맞출 수 있다.

- GAF 점수가 70~80에 해당된다(이러한 경우 빠르게 감정 경험으로 진행할 수 있다).
- 방어가 분명하게 확인되었고, 환자가 더 이상 방어 사용을 원하지 않는다.

**자기와 타인 재구조화에 초점을 두어야 할 때……**

치료자가 다음의 기준 중 하나 또는 그 이상이 충족될 때 자기/타인에 초점을 맞추는 것을 시작해야 한다.

- GAF 점수가 50 이하다.
- 환자의 충동 통제가 매우 빈약하다.
- 많은 시간 동안 방어 재구조화 작업을 하였음에도 불구하고, 방어가 단단히 자리를 잡고 있다.
- 자기연민의 부족으로 방어 또는 감정 재구조화에 관한 직접적인 작업이 고통스럽다.
- 자존감 또는 타인과의 관계가 심각하게 손상되어 있다.
- 변화를 위한 동기가 낮거나 없다.

**목표가 항상 순서대로 이루어지는 것은 아니다**

3장의 5절에서 기술하였듯이, 매우 심각한 어려움을 가지고 있는 경우에는 처음부터 자기와 타인 재구조화를 사용해야 하는 예외가 있지만, 앞서 제시한 세 가지 목표들은 어떤 고정된 순서가 있는 것은 아니다. 여기서는 세 가지 목표들이 서로 어떻게 혼합되어 진행되는지를 설명하면서 3장에서 언급한 일반적 원리들을 재검토할 것이다.

### 목표의 혼합

GAF 점수가 50 이상인 환자들에게 자기와 타인 재구조화를 적용하기도 하지만, 대체로 방어 재구조화로 시작하여 감정 재구조화로 이동하는 것이 전형적이다. 자신의 패턴을 자각하지 못하거나 변화에 대한 동기가 부족한 경우(특히, GAF 점수가 50~60 사이)에는 감정 탈민감화(감정 재구조화하기)를 하기 전에 방어를 이해하고, 포기하는 것을 배우는 포괄적인 작업(방어 재구조화하기)을 진행할 필요가 있다. 환자가 자신의 방어를 적어도 부분적으로 포기할 준비가 되어 있지 않으면, 감정 공포에 대한 체계적 탈민감화 작업은 진행할 수 없다.

더 높은 수준의 기능을 보이는 다른 환자들(GAF 점수가 70~80, 또는 GAF 점수가 60 이상)은 즉시 감정 재구조화로 시작할 수 있다. 그렇지만 이처럼 높은 기능을 보이는 환자들과의 작업에서도 저항에 부딪힐 수 있다. 그러한 경우에는 다시 방어 재구조화로 돌아가야 할 필요가 있다. 치료자들은 검토가 필요한 자기감과 관련된 문제를 발견하게 된다.

치료자는 치료 순간에 환자의 욕구와 자아 강도 또는 자기 구조에 따라 세 가지 목표 사이에서 앞뒤로 움직이게 된다. 치료가 시작되면 실제로 세 가지 목표가 대부분의 회기에 걸쳐 다양한 비율로 혼합되어 이루어진다.

### 자기손상이 있을 때는 자기와 타인 재구조화를 우선적으로 수행(GAF〈50)

앞서 언급한 융통적인 방식의 예외는 심각한 손상을 보이는 경우(예, GAF 점수가 50 이하)인데, 방어와 감정의 탐색작업을 진행하기 전에 자기와 타인 재구조화에 단독으로 초점을 맞추는 것이 필요하다. 이러한 작업 없이 감정 공포를 재구조화하려는 시도는 환자의 수치심 또는 타인에 대한 불신으로 인해 차단될 수 있다.

### 자기와 타인 재구조화는 장기 치료를 의미

자기와 타인에 대한 적응적인 느낌을 갖는 것은 집중적인 방어 그리고 감정 재구조화하기 작업을 위한 선행조건이다. 환자가 자기와 타인에 대한 적응적인 느낌을 갖는 능력이 부족하면 치료자는 다른 핵심적인 갈등을 작업하는 동안 또는 그 전에 이를 위한 치료 시간을 가져야 한다. 이것은 일반적으로 더 많은 치료 시간이 필요하다는 것을 뜻한다. 그렇지만 구체적인 단계와 함께 수행되는 감정에 대한 분명한 초점(자기돌봄, 자기연민 등)은 장기 치료가 효과적으로 이루어지기 위해 반드시 필요하다.

## 결 론

세 가지 목표를 함께 고려하고 혼합하는 것이 벅찬 과정으로 보일지라도, 실제 치료상황에서 이 과정은 매우 자연스럽게 느껴진다. 이제 이 과정을 숙달하는 과정으로 입문하기 위해 다시 개별적인 목표로 돌아가 보자.

제5장

# 방어 재구조화 1: 방어 인식하기

**목표:** 환자가 공포스러운 감정을 차단하고 있는 방어를 인식하도록 돕는 방법을 제시하기

**치료자의 자세:** 방어의 발견 과정에서 적극적이고 공감적인 협력자의 모습 보이기

**불안 조절:** 자기에 대한 연민을 훈련하고, 방어에 대해 타당화하기

**다루는 주제들:** 1. 방어 인식의 개관

2. 감정 공포에 반하는 방어를 알려 주기
3. 방어를 타당화하기
4. 방어와 나란히 존재하는 강점을 알려 주기
5. 어려운 방어를 다루기
6. 방어를 인식할 때까지 개입을 반복하기

**방어 인식에 초점을 맞추기 위한 지침**

- 환자의 전반적 기능 평가(GAF) 점수가 50 이상이다(구체적으로 50~70 사이).
- 자기감이 충분히 강하여 부적응적인 패턴의 직면을 인내할 수 있다.
- 이 단계에서 감정 재구조화하기는 차단된다.

## 1. 방어 인식의 개관

### 개 관

4장에서는 방어, 불안, 느낌을 확인하여 감정 공포에 대한 핵심 갈등 개념화를 발전시키는 방법을 제시하였다. 이번 장에서 논의되는 방어 인식은 다음의 내용에 더 강조점을 둔다.

- 방어 그 자체 – 많은 그리고 다양한 방어의 형태
- 방어를 인식하고, 감정 공포의 갈등을 회피하기 위한 방어의 역할을 이해
- 방어에 대해서 생각하고 느끼는 방식을 변화시키는 개입 – 방어를 멈추게 하는 첫 번째 단계

### 방어 재구조화가 핵심 갈등 개념화와 어떻게 다른가?

방어 재구조화가 핵심 갈등 개념화와 중복되는 많은 영역을 가지고 있다고 하더라도, 핵심 갈등 개념화와는 다른 과정과 목적을 가지고 있다. 핵심 갈등 개념화는 우선적으로 **문제가 무엇인지**를 관찰하고 확인하는 것이다. 목적은 기저하는 감정 공포의 패턴에 대한 가설을 형성하는 것으로 갈등삼각형, 즉 방어, 불안 그리고 느낌의 극점(D, A 그리고 F)에 해당하는 환자의 행동을 확인하는 것이다. 같은 정보를 사용하지만 방어 인식의 목표는 패턴을 확인하는 것 대신, **패턴을 변화시키는 방식**에 관한 더 적극적인 과정이다. 이 장은 갈등삼각형 중 방어 행동에 대한 환자의 인식과 느낌을 재구조화함으로써 부적응적 방어 패턴을 변경하는 방식을 구체화한다.

### 방어 재구조화를 위한 핵심 개입

다음은 방어를 지적하는 방법에 대한 몇몇 핵심 개입들이다.

- 공감적인 치료자 자세
- 방어의 직면에 대한 불안 조절
- 방어 패턴의 타당화
- 방어를 검토할 수 있는 강점을 주목하기

### 통찰이 유일한 첫 번째 단계

일반적으로 '자각이 전부다.' 또는 '통찰이 전부다.'라고 말하지만, 이 모델에서 만큼은 더더욱 방어 패턴에 대한 통찰이 방어 재구조화의 첫 번째 단계다. 두 번째 단계인 방어 포기하기(6장)에서 치료자는 환자가 부적응적 반응을 포기하려는 동기를 형성하도록 돕는다. 방어가 갈등을 겪고 있는 감정을 피하기 위한 무의식적 반응이라는 점을 기억하라. 감정 공포의 체계적 탈민감화에서 방어 재구조화하기는 **반응 중지**다. 방어 인식은 이 과정에서 첫 번째 중요한 단계로 무의식적 과정에 대한 자각 또는 통찰을 높이는 것이다. 이후에 감정 재구조화하기 동안(7장, 8장), 치료자는 환자가 적응적인 감정을 경험하고 표현하도록 돕는다.

환자가 방어를 사용하고 있지만 이를 인식할 수 없다면, 부적응적인 행동을 변화시킬 수 없다. 갈등 개념화 과정 이후에 조차 많은 환자들은 방어적인 행동으로 빠지고 있다는 것을 미처 알지 못한다. 통찰을 격려하는 분위기에서 지속적인 '의식 증가'를 촉진하는 것이 환자가 자신의 방어 패턴을 인식하도록 안내하는 중요한 방법이다.

### 자아 동질적인 것으로부터 자아 이질적으로 방어를 변화

방어는 무의식적인 것뿐만 아니라 종종 자아 동질적이다. 즉, 환자는 방어가 자연스럽고 그들을 보호하는 것으로 방어를 느낀다(예, "사실 난 그 문제에 대해서 울어 본 적이 없어요. 난 활력을 주는 사람이니까요."). 방어 자각에서 변화는 환자가 방어에 대해 긍정적인 입장에서 부정적인 입장으로 인식을 변경하는 것으로부터 시작된다. 즉, 자아 동질적인 입장(자기의 타당한 부분처럼 느껴지는 것)에서 **자아 이질적**(이상하고 불편한 것으로 느끼는 것)인 것으로 변화한다. 방어가 자아 이질적일 때, 환자는 "나는 내가 하고 있는 것을 봅니다. 나는 그런 모습을 좋아하지 않아요!"라고 말한다. **방어가 강하게 자아 동질적일 때, 치료는 오래 걸린다는 것**을 기억하라.

### 방어 인식에 초점을 맞추어야 할 때

환자의 GAF 점수가 50 또는 그 이상인 경우에는 일반적으로 방어 인식이 단기역동정신치료(STDP)의 출발점이 될 수 있다. 기능 수준에서 보면 환자들은 다음과 같은 기준과 함께 고통스러운 감정에 직면하는 것을 견딜 수 있는 통제력과 자아강도를 가지고 있어야 한다.

- 기능 면에서 중간 정도의 손상과 증상
- 다소의 관계들, 그리고 치료 작업을 할 수 있는 능력
- 진행 중인 물질 사용 장애가 없고, 충동 조절에서 어려움이 없음

### 방어 인식에 초점을 맞추지 말아야 할 때

환자가 감정을 작업할 수 있는 통찰력과 힘을 가지고 있을 때는 방어 인식에 대해 초점을 맞출 필요가 없다. 왜냐하면 높게 기능하는 환자의 능력을 과소평가함으로써 치료를 불필요하게 연장할 수 있기 때문이다. 환자가 불안 조절의 도움을 받으며 감정을 다룰 수 있는지 확인하기 위해 감정 경험하기를 시도한다면 치료를 단축시킬 수 있다. 만약 환자가 저항한다면 다시 방어 재구조화하기로 돌아가는 것이 필요하다.

그러나 환자가 40~50의 GAF 점수(심각한 증상, 친밀한 관계 부재 그리고/또는 무직)인 경우에는 갈등을 드러내기 위해 방어 인식이 사용되어서는 안 된다. 왜냐하면 고통스러운 감정이 드러나는 것을 인내할 안정감을 가지고 있지 않기 때문이다. 대신, 자기존중감, 관계형성, 대처기술을 확립하기 위한 교정 작업이 필요하다.

### 자기와 타인 재구조화하기에 초점을 맞추어야 할 때

- **손상된 기능 또는 빈약한 자기존중감**: 기능에 심각한 손상이 있는 경우에 치료자는 자기에 대한 연민을 차단하는 부적응적 또는 자기공격적인 방어를 인식하도록 도와야 한다. 추가로, 분노나 슬픔에 반하는 방어를 확인하는 것을 견딜 수 있을 만큼 자기감이 충분히 강하지 않을 경우(방어를 타당화하고 강점을 알려 주는 공감적인 치료자와 함께 작업을 할 때조차)에는 자기 재구조화하기에 초점을 맞추는 교정적인 작업이 더욱 필요하다. 기능에서 심각한 손상 또는 빈약한 자기감을 가지고 있는 경우, 자기 재구조화하기 작업이 가장 우선순위가 되어야 한다. 이것은 9장에서 자세히 다룰 것이다.
- **빈약한 동맹 또는 강한 투사**: 방어 인식 과정 동안 환자가 치료자에게 저항하고, 거부하고, 화를 낼 때 이것은 환자의 자존감의 문제이거나, 환자-치료자 동맹의 문제이거나, 또는 둘 다에서 문제가 있다는 신호다.

환 자: 조사당하는 것이 싫습니다. 방금 선생님께서 제가 틀렸다는 것에 초점을 맞추

려는 느낌을 받았습니다. 제가 멍청이가 된 기분입니다[D-투사].

치료자: 전혀 그러려는 마음이 아닙니다[지지적 언급]. 더 진행을 하기 전에 저와 함께 하는 작업에 대한 안전감과 신뢰감에 대해 초점을 맞추는 것이 필요할 것 같습니다[자기와 타인 재구조화하기로 이동].

환 자: 알겠습니다.

치료자 또는 타인을 신뢰하고 자신을 개방할 수 있는 능력이 손상되어 있을 때는 타인과의 관계를 재구조화하는 작업이 필요하다(10장).

- **견고한 방어들**: 결국 방어가 확고하게 고정되어 있고 자아 동질적일 때, 또는 환자가 이러한 변화 과정을 진행할 수 없거나 진행할 의지가 없을 때, 자기와 타인 재구조화하기가 우선 행해져야 한다.

### 자기와 타인 재구조화는 장기 치료를 의미

처음에 언급했듯이, 교정적인 자기와 타인 재구조화 작업이 필요한 경우에는 불가피하게 장기적인 과정을 거쳐야 한다. 그럼에도 불구하고, 치료자는 장기 치료에서 가장 효율적으로 작업하기 위해 최선의 노력을 해야 한다. 적절한 지지와 격려를 통해 많은 환자들은 협력할 수 있으며, 치료자는 방어적인 패턴, 억제 그리고 갈등이 있는 느낌을 인식하기 위해 갈등삼각형 도식을 사용할 수 있다.

### 방어 인식 단계

방어 인식 작업이 이루어질 때, 치료자는 다음과 같은 기본적인 단계를 따를 수 있다.

(1) 구체적인 사람(치료자, 현재 관계하는 사람, 또는 과거 사람-사람삼각형에서 T, C, P)이 언급될 수 있는 상황에서 부적응적인 행동의 구체적인 예를 관찰함으로써 방어(D)를 확인한다.

(2) 환자의 방어적인 행동을 부드럽게 지적한다.

(3) 환자와 함께 **무엇**(F-적응적인 느낌)을 방어하고 있는지 그리고 **왜**(A-불안/억제) 방어하고 있는지에 대해 추론한다.

(4) 지지를 제공함으로써 어려운 과정에 있는 환자를 조력한다.
  a. 공감적 그리고 협력적인 자세를 사용하기
  b. 방어를 타당화하기
  c. 환자의 강점을 인식하기

### 두 개의 삼각형이 방어 인식을 안내

사람삼각형은 방어가 과거 관계에서 어떻게 출발하였는지 그리고 방어를 현재 다른 관계에서 어떻게 지속하고 있는지를 환자에게 보여 주기 위해 사용할 수 있다. 방어(D)는 그 자체로 지적될 수 있고, 또는 불안(A)이나 느낌(F)과 함께 지적될 수 있다. 방어는 구체적인 사람(T-C-P)과 연결 지어야 한다. 하지만 초기에는 단지 한두 가지의 연결이 한 번에 제시되는 것이 환자가 받아들이기가 더 쉽다.

## 치료자 자세: 공감적 협력

### 환자가 느끼는 수치심에 대한 민감함

방어를 지적한다는 것은 환자의 가장 약하고 취약한 부분 또는 가장 수치스러운 부분이 의식으로 떠오른다는 것을 뜻한다. 이러한 과정에서 환자가 고통스럽고, 심지어 굴욕적일 수 있기 때문에 치료자는 공감적 자세를 유지하고, 환자의 불편함에 대해 민감함을 유지할 필요가 있다. 불안 조절은 전반적인 과정을 통해 주의 깊게 이루어져야 하는데, 환자가 치료자에게 어떻게 보여지고 있는지에 관해 특히 그러하다.

치료자: ○○씨가 어떻게 살아왔고, 자신을 보호하기 위해 이러한 방어를 사용할 수밖에 없었다는 ○○씨의 이야기를 들은 후에 제가 ○○씨에 대해서 어떻게 느낄 것 같은가요?

### 발견의 과정에서 동반자

환자가 치료자를 스스로 인식하기 어려운 반응들을 알도록 도와주는 신뢰로운 협력자 또는 발견에서의 동반자로 바라볼 수 있다면, 방어 인식 작업이 잘 이루어질 수 있다. 환자는 치료 과정에서 강력한 협력적 역할을 할 수 있도록 격려되어야 한다.

### 공감적 협력

치료자: 제가 이해한 ○○씨의 이야기를 정리해 보죠. 부모님에게 "사랑해요!"라고 말했을 때, 부모님[P]한테 무시당했던 그 느낌은 매우 고통스럽게[A] 느껴집니다. ○○씨가 누군가를 사랑하는 것이[F] 두렵다고[A] 생각하는 것은 어쩌면 너무 당연합니다. 이러한 상황에서 ○○씨는 다시는 상처를 받지 않도록 자신을 보호하기 위해 친밀해지는 것을[F] 피하게[D] 된 것 같습니다. 제가 지금 정확하게 이야기했나요? 이 설명에 대해 ○○씨는 어떻게 생각하십니까? 저와 같은 방식으로 보나요? 또는 다른 방식으로 설명할 수 있나요?

방어에 주목하는 작업은 치료자의 설명에 환자가 동의 또는 부정할 수 있도록 충분히 잠정적으로 이루어져야 한다. 환자의 수용 없이는 치료자의 어떠한 해석도 타당하다고 할 수 없다. 해석에 대해 매우 정확하다고 느끼는 경우조차, 환자가 자신의 개인적인 경험을 자세히 설명하는 방식으로 자신에게 이해될 때까지는 유용한 것이 아니다.

환　자: 맞아요. 저도 제 문제를 그렇게 보고 있어요. 선생님이 제 모습을 정확히 말했어요.

또는

환　자: 아니요. 선생님께서 말씀하신 부분은 저와 맞지 않아요.

치료자: 그렇군요. 그러면 어떤 것이 맞는지 ○○씨가 한번 설명해 보시겠어요?

### 환자의 손에 치료적 도구를 올려놓기

단기역동정신치료(STDP)의 주된 목표는 가능한 한 빠르게 환자가 치료적 도구를 갖는 것이다. 치료자는 환자가 적극적으로 회기 안에서, 회기 사이에 그리고 심지어 치료가 끝난 후에 조차 스스로 방어를 확인하는 방향으로 진행되어야 한다.

## 불안 조절: 자기연민을 가르치기

### 수치심을 자기연민으로 대체

앞에서 설명했듯이, 방어 재구조화에서 주된 어려움은 방어를 지적하는 데 나타나는 환자의 수치심이다. 종종 환자들은 자신의 부적응적인 행동을 볼 때 스스로를 멍청하고, 무지하다고 보며, 굴욕적으로 느낀다. 따라서 방어 인식에서 불안 조절의 주된 역할은 환자의 수치심을 줄이고, 환자가 스스로에 대해 연민 어린 자기이해를 하도록 안내하는 것이다.

### 자기공격을 다루기

방어는 자기의 아픈 부분을 보호하기 위해 사용된다. 이것은 정서적 '상처'로 이해할 수 있다. 따라서 환자가 상처 또는 취약한 부분을 보호하기 위한 방어에 대해 스스로를 비난하거나 처벌함으로써 '상처에 모욕을 추가'해서는 안 된다. 자기연민은 방어 행동을 수용하면서 자기공격과 자기비난을 대체해야 한다. 환자는 자신의 방어를 인식하지만 당황스러워하는 것이 일반적이다. 그러기에 환자들이 자기공격(자기연민과 자기수용을 피한다)을 보일 때, 치료자들은 다음과 같은 방식으로 반응할 수 있다.

### 자기공격에 반응하는 방식

환 자 1: 제가 이제까지 인생을 이렇게 살았다니 참 멍청한 거 같아요.

치료자 1: 자신에 대해 그렇게 가혹하게 이야기하는 것을 들으니 마음이 많이 아프네요! 과거의 자신을 충분히 이해하기도 전에 어떻게 스스로 멍청하다고 할 수 있겠어요?

환 자 2: 선생님이 저의 가장 약한 부분을 말했을 때, 마치 발가벗겨진 기분이고 수치스러웠어요.

치료자 2: 내가 ○○씨를 나쁘게 보고 있다고 생각하는군요. 왜 그럴 것이라고 생각하나요? ○○씨가 얼마나 자신을 가혹하게 판단하는지 알고 있나요?

환 자 3: 저는 그렇게 행동할 만큼 정말 어리석은 사람입니다.

치료자 3: 왜 그렇게 자신을 비난하나요? 같은 문제로 고민하고 있는 많은 사람들이 있다고 생각하지는 않나요?

환 자 4: 제가 어떻게 행동하는지 선생님이 자세히 설명을 할 때, 저를 비난하는 것처럼 느꼈어요.

치료자 4: 저는 ○○씨를 비난하기 위해 여기에 있는 것이 아닙니다. 스스로에게 피해를 주는 어떤 행동들을 ○○씨가 인식하도록 도와주기 위해 여기에 있는 것입니다. 저를 동지로 느끼나요? 아니면 제가 여전히 당신을 공격하고 있다고 느끼나요? [만약 환자가 계속해서 공격받았다고 느낀다면 9장, 10장에서 언급하는 자기와 타인 재구조화로 이동해야 한다.]

환 자 5: 그녀가 저의 행동에 대해 말했을 때, 제가 무척 방어적이라는 것을 알았어요. 하지만 그렇다고 해도 저 자신을 멈출 수 없었습니다. 참 멍청하죠! 제가 하고 있는 짓을 알면서도 왜 멈추지 못하는 걸까요?

치료자 5: ○○씨가 바로 그 순간에 자신의 모습을 볼 수 있다는 것은 정말 대단합니다 [부분적인 성공에 대한 강화]. 하지만 자신에 대해서는 여전히 가혹합니다! 이러한 패턴을 만들어 정착하는 데 꽤 오랜 시간이 걸렸다는 것을 압니다. 그것을 변화시키기 위해서는 일주일보다는 더 이상의 시간이 필요할 것입니다.

### 안전한 장소 마련

환자가 편안하게 느낄 수 있도록 하기 위해 치료자는 안전하고 양육적인 또는 '안아 주는(holding)' 환경을 조성해야만 한다.

치료자: ○○씨가 분노 감정을 느끼는 것이 불편하기 때문에 이를 피하기 위해 '타인을 즐겁게 하는 사람'이 되었다는 것이 충분히 이해가 갑니다. 어머니의 분노는 너무 파괴적이었습니다. ○○씨가 어떻게 다른 방식으로 행동할 수 있었겠습니까? 하지만 ○○씨가 분노를 느끼지 않는 것에는 엄청난 대가를 치러야 했어요. 책임감 있는 분노 표현은 우리가 자신을 보호하고 한계를 설정하는 방식인데, ○○씨에게는 이것이 너무 힘들었던 것 같습니다.

앞에서 지적했듯이, 이와 같은 개입에도 불구하고 환자가 자기공격을 고집스럽게 드러낼 때는 방어 인식보다는 자기 재구조화(9장) 또는 타인 재구조화(10장)에 집중할 필요가 있다.

## 2. 감정 공포에 반하는 방어를 알려주기

### 방어 포착

4장에서 방어적인 행동을 확인하는 가장 빠르고 쉬운 방법으로 **부적응적**, **회피적**, **특이한**, **변덕스러운**, 또는 **동떨어진 행동**들을 확인하는 것이라고 설명한 바 있다. 이것은 방어가 일어나고 있다는 신호가 될 수 있다. 그런 후에 치료자는 환자에게 이러한 행동을 알려 주고, 이 행동들의 목적이 무엇인지에 대해서 숙고하는 여러 가지 방법들을 사용할 수 있다.

### 방어 명료화

치료자는 방어 행동을 다시 되돌아보기 위해 명료화를 사용할 수 있다.

치료자 1: 저는 ○○씨가 슬픈[F] 주제에 대해 이야기를 할 때 웃는[D] 것을 보았어요. 그 웃음이 무엇을 의미하고 있다고 생각하십니까?

치료자 2: ○○씨가 방금 눈을 굴리네요[D]. 왜 그런 것 같은가요?

치료자 3: 오늘 ○○씨는 저로부터[T] 아주 멀어진 것 같습니다[D]. 무슨 일이 있나요?

치료자 4: 여동생[P] 이야기를 할 때 ○○씨는 저를 외면하네요[D]!

### 방어 직면

치료자는 방어 행동과 피해 왔던 느낌을 자각하도록 돕기 위해 직면을 사용할 수 있다. 무의식을 의식으로 가지고 오는 기술적인 측면에서 '직면'을 주목하라. 직면은 부드럽고 지지적인 방식으로 이루어진다. 또한 직면과 명료화 사이에 경계가 명확하지 않다.

치료자 1: 이러한 상황이 되면 ○○씨는 **생각**을 많이 이야기합니다[D]. **느낌**을 이야기하는 것은 피하고 있어요[F].

치료자 2: 이모가 떠난 것을 이야기할 때[P] ○○씨가 머리를 숙이는 것을[D] 보았어요. ○○씨가 피하고 있는 것이 슬픔인가요[F]?

치료자 3: 저와[T] 함께 여기서 느껴지는 느낌에 대해 묻자마자, ○○씨는 주제를 변경하였습니다. 느끼는[F] 것이 불편합니까[A]?

치료자 4: 우리가 아버지에[P] 대해서 이야기할 때마다, ○○씨는 저를[T] 바로 보는 것을 어려워하는 것 같습니다[D]. 어떤 느낌이 올라오나요[F 탐색]?

### 방어 패턴을 해석

치료자는 **해석**—환자의 중요한 사람들과 방어, 불안 그리고 느낌을 연결하는 탐색적 진술—을 사용할 수 있다. 앞에서 언급하였듯이, 이 과정은 핵심 갈등 개념화를 환자에게 제시하는 것과 유사하다. 그러나 방어 인식 과정에서는 방어의 패턴에 주목하도록 한다.

치료자 1: 이제 우리는 어머니에게[P] 화가[F] 났을 때, ○○씨가 웃어 넘긴다는[D] 것을 보았습니다. 그 느낌을 보여 주는 것을 두려워해 왔던 것 같습니다[A]. 이해가 가나요?

치료자 2: 성은 친밀한 관계의 중요한 부분입니다[수치심에 대한 불안 조절]. 하지만 ○○씨가 부인과의[C] 친밀함이[F] 너무 두렵기 때문에[A] 성적인 부분에 지나치게 초점을 맞추는 것은[D] 아닐까요?

치료자 3: 하루 종일 일만 하면서 시간을 보내는 것이[D] 애인과의[C] 이별에서 느껴지는 참을 수 없는[A] 슬픔을[F] 피하기 위한 것은 아닌지 궁금합니다.

치료자 4: 계모가[P] ○○씨에게 말할 때 사용했던 비열한 방식에 대해 이야기를 할 때 ○○씨는 더 우울한[D] 기분을 느낀다는 것을 알고 있나요? 계모에게[P] 단호하게 말하는 대신[적절하게 분노를 표현하면서-F], ○○씨는 분노에 대해 죄책감을[A] 느꼈고, 그것을 자기 자신에게 돌렸습니다. 그러고 나서 자신을 공격하고[D], 우울해지는[D] 것으로 마무리를 하고 있습니다. 제가 그것을 정확하게 이해하고 있습니까? 또는 다른 방식으로 말할 수 있습니까?

### 갈등 개념화와 중복

앞에서 언급하였듯이, 방어 인식은 개념화 과정에서 필수적인 부분이다. 앞의 예들 중에 어떤 것은 핵심 갈등 개념화의 형식과 매우 유사한 것처럼 보인다. 그러나 방어를 지적하는 것이 항상 '핵심' 갈등과 관련될 필요는 없다. 방어 패턴은 그것이 핵심 갈등 패턴인지 또는 그보다는 덜 중요한 패턴이든지 관계없이 언급될 수 있다.

환자가 스스로 자신의 방어를 이해하고, 방어를 자아 이질적인 것으로 보기 시작할 때까지 방어에 관한 포괄적이고 반복적인 초점이 필요하기에 방어 인식은 분리된 과정으로 볼 수 있다.

## 방어적 감정 대 적응적 감정

2장에서 그리고 4장에서 언급했듯이, 어떤 감정도 방어로서 작용할 수 있다. 그래서 치료자는 감정이 적응적인지 또는 방어적인지를 이해하는 것이 근본적으로 중요하다. 이것은 매우 도전적인 일인데, 종종 두 가지 감정이 섞여 있기 때문이다. 여기에 방어적 그리고 적응적 감정이 함께 섞여 있는 환자의 예가 제시되어 있다.

### 방어적 눈물(D)을 진정한 슬픔(F)으로 전환

환자가 울고 있었던 것 같은 얼굴로 치료에 왔다. 얼굴은 붉고 일그러져 있었다.

환　자: 저는 일주일 내내 울고 있어요. 아이들이 저를 걱정했죠. 하지만 멈출 수가 없었어요. 상황이 점점 안 좋아지고 있어요.

이러한 눈물이 방어적이라는 것을 알 수 있는 지표는 '상황이 점점 안 좋아졌다'는 말이다. 어떠한 안도도 보이지 않는다. 슬픔의 방어적 형태(예, 무기력, 피해를 입은, 또는 우울한 기분)가 진정한 애도의 표현과 안도감을 차단하는 것은 종종 일어난다. 이것은 상실에 대한 참을 수 없는 고통이나 자기에 대한 부정적 느낌 등에 의해 일어난다. 다음에 제시되는 상호작용은 이러한 갈등을 다루는 방식이다.

### 공감적으로 방어를 탐색

치료자: 고통스러운 눈물이[D] ○○씨에게 어떤 것을 떠올리게 하나요?

환　자: 저의 어머니가 죽어 가는 이미지가 보여요. 어머니는 너무 불쌍해 보여요. 그런데 저는 어떤 것도 할 수 없어요.

치료자: ○○씨는 어머니의 음성을 듣고, 도와주고 싶은 마음이 컸군요.

환　자: 하지만 저는 그럴 수 없었어요. 저는 몇 주 동안 내내 어머니에게 갔었어요……. 하지만 그날 어머니 곁을 떠나지 말았어야 했어요.

치료자: ○○씨가 어머니를 더 악화시켰다고 느끼나요?[방어적 눈물의 의미를 탐색하기] ○○씨의 어머니도 그와 같이 느끼실까요?

환 자: 아니요, 선생님께서 말씀하시는 것을 알겠어요. 또 저한테 엄격하게 굴고 있는 것은 바로 저네요. 왜 그럴까요? [환자는 자신의 방어를 이해한다]

치료자: 함께 살펴보지요. ○○씨의 눈물은[D] 자신에 대해 많은 화와 비난을[D] 담고 있는 것 같아요. 그래서 기분은 점점 나빠지지요[D]. ○○씨는 자신에게 매우 엄격해요[D]. 이것은 어머니를 다시는 볼 수 없을 것이라는 슬픈 느낌을[F] 피하도록[D] 하는 것처럼 보입니다.

환 자: 아, 그것을 느끼는[F] 것보다는 저 자신을 비난하는 것[D]이 훨씬 더 쉽네요.

치료자: ○○씨가 견딜 수 있는 것보다 더 강한 고통이[A] 있는 것이 분명합니다. ○○씨가 이것을 바로 직면할 수 있도록 제가 좀 도와줘도 될까요? 그러면 ○○씨는 더 이상 자신을 비난할[D] 필요가 없을 겁니다.

### 예의 요약

부적응적인 감정—이 예에서는 자기공격적인 눈물—을 탐색함으로써 치료자는 환자가 더 깊은 자기수용과 상실의 고통에 잘 대처하도록 안내할 수 있었다. 그래서 환자는 안도감을 느끼면서 슬퍼할 수 있었다.

감정이 적응적인지 또는 방어적인지를 알 수 있는 좋은 지표는 느낌의 생리적인 특성과 관련이 있다(예, 느낌이 신체에 영향을 미치는 방식). 〈표 5-1〉은 신체가 반응하는 방식에 의해 방어적 느낌을 확인할 수 있는 지침을 보여 주고 있다. 〈표 5-2〉는 방어적 그리고 적응적 형태의 구체적 감정의 행동적 징후를 비교하였다. (적응적 그리고 부적응적/방어적 형태의 감정의 이해는 7장의 '임상현장에서 구체적 감정'과 CC, pp. 198-199, 216-217 참조).

〈표 5-1〉 방어적 · 적응적 감정의 생리적 특성들

| | 부적응적 또는 방어적인 감정 | 적응적인 감정 |
|---|---|---|
| 생리적:<br>에너지 흐름의 방향 | 안으로 또는 밖으로 자기에게 해롭거나 그리고/또는 타인에게 해를 입힘. 자기공격, 긴장, 압박된, 위축된 또는 폭발하거나, 행동화하려는 마음을 억누른 느낌 | 에너지가 온몸으로 퍼져 흘러감. 점점 커지고 강해져 그 순간에 적절히 반응함 |
| 행동 경향:<br>자극 또는 억제 | 결과적으로 지나치게 반대되는 혹은 자기공격적인 행동의 억제, 또는 충동적이고 또는 폭발적인 행동화. 억제와 행동화 모두 자기 그리고 타인과 갈등을 일으킴. | 밀려오는 흐름을 통해 행동으로 옮기려는 경향을 보이고, 그 표현은 안도 또는 만족감에 이름 |
| 불안 해소:<br>억제 증가 또는 감소 | 내부로 향해 있다면 억제. 행동화되면 억제는 일시적으로 감소 | 억제가 감소하고 표현 이후에 더 잠잠해짐 |
| 지속 효과:<br>표현 후 해소 | 단지 행동화될 때만 효과가 순간적이며, 지속되지 않음. 그렇지 않다면, 좌절이 일어나고 왜곡되고 또는 자기처벌적인 형태가 나타남 | 표현 후에 지속적인 만족감 |

〈표 5-2〉 활성화 감정의 방어적 · 적응적 표현

| | 부적응적 또는 방어적인 감정 | 적응적인 감정 |
|---|---|---|
| 슬픔 | 눈물, 기분이 더 나빠짐 | 긍정적 그리고 부정적 기억과 함께 상실에 대한 눈물을 보임. 안도감에 이름 |
| 분노 | 좌절, 더 큰 무기력으로 이어짐 | 팔다리 쪽으로 엄청난 에너지가 흐름, 한계를 정하거나 또는 변화를 만드는 에너지 |
| 친밀함/부드러움 | 자기 필요와 갈망으로 인해 생겨난 다른 사람에 대한 이상화된, 완벽한 이미지. 자기갈망에 근거 | 온전한 수용으로 인한 부드러움, 과장되지 않은 따뜻한 연결감(강함과 약함) |
| 자존감/자기에 대한 긍정적 느낌 | 불안정함을 숨기는 자기에 대한 과장된 또는 거대한 느낌. 자기이미지를 높이기 위해 다른 사람을 무시 | 자기의 모든 측면을 수용하고 다른 사람 안에 있는 자신과 유사한 모습까지 수용하면서 잠잠하고, 편안한 자부심 또는 자기연민 |

| 기쁨 | 진짜가 아닌, 해리된, 거짓 평화. 과장된 평온함. 거짓된 웃음을 보이며 고요한 척하는 얼굴 | 깊은 이완 그리고 즐거움. 기뻐하는 경험 또는 영적인 경험을 깊게 음미함 |
|---|---|---|
| 흥분 | 지나친 각성. 경험에 대해 매우 급함 | 넘치는 열정 또는 호기심. 삶의 에너지. 깊은 관심과 관여. 영성 |
| 성적인 욕구 | 자기나 또는 타인에 대해 비하하거나 해로운, 강박적인, 중독적인 특성 | 자기와 타인에게 열정이 있음. 자유롭게, 깊게 만족함 |

## 3. 방어를 타당화하기

방어를 타당화하는 것은 고통스러운 방어를 환자가 직면하도록 하는 데 가장 효과적인 기법이다. 환자가 방어에 대한 타당한 이유를 이해할 때 자기파괴적인 행동 또한 이해할 만한 것이 된다. 결과적으로 자신의 방어를 보면서 일어나는 수치심은 상당히 감소된다. 환자는 방어 기제에 대해 변명을 할 필요가 없다. 그리고 자신의 방어적인 반응들을 연민의 입장에서 바라보기 시작한다.

환 자: 당연히 저는 모든 것을 지적으로 분석해야만 했어요! 우리는 느끼는 것이 허락되지 않았거든요.

이와 같은 이해를 통해 환자는 불안(죄책감, 수치심)이 조절될 수 있다. 방어 인식의 목표는 위축되지 않고 자신의 방어를 보고, 방어 행동이 환자가 그 당시에 할 수 있는 최선의 방식이었다는 것을 이해하는 것이다.

치료자 1: ○○씨는 성장하는 동안, 필사적으로 관심을 갈망해 왔지만 그것을 받지 못했습니다. 문제를 일으켜야 관심을 얻을 수 있다는 것은 당연하지요. 어린아이는 어떤 식으로든 관심을 갈망하지요. 아무런 관심도 없는 것보다는 부정적인 관심이 낫지 않겠습니까?

치료자 2: 이것이 ○○씨가 자신을 보호하기 위해 할 수 있었던 유일한 방식이지 않았을까요? ○○씨가 그러한 상황에서 할 수 있는 다른 것들이 있었을까요?

치료자 3: ○○씨의 가족 분위기에서 자신의 의견을 주장한다는 것은 안전하지 않았습니다. 그래서 ○○씨의 삶에서 말이 없었던 것은 당연한 겁니다!

치료자는 환자가 어떤 자기연민을 보일 때까지 이와 같은 방식으로 방어를 타당화하는 것을 지속해야 한다. 다음의 예를 살펴보자.

환 자: 이제 저의 잘못이 아니라는 것을 알겠습니다! 그때는 제가 어떤 다른 방식으로도 반응할 수가 없었지요!

## 4. 방어와 나란히 존재하는 강점을 알려 주기

약하고 파괴적인 부분을 작업함과 **동시에** 강점과 적응적인 대처기술을 치료자가 지적하는 것이 필요하다. 환자가 자신의 방어를 인식하는 것은 적지 않게 당황스러울 수 있다. 따라서 긍정적인 능력을 알려 주는 것은 부적응적인 행동에 대해 적절한 관점을 갖도록 도울 수 있다.

치료자: ○○씨는 생각하고 추론하는[강점] 것을 매우 잘합니다. 이러한 강점으로 ○○씨는 어려움을 잘 극복해 올 수 있었습니다[타당화]! 하지만 때때로 이러한 생각들이 ○○씨의 느낌을[F] 몰아냈던[D] 것은 아닌지 궁금합니다.

방어의 직면과 지지적인 표현을 함께 전달하는 것은 방어 재구조화의 과정이 빠르게 진행되도록 돕는다. 이것은 부정적인 것에만 단순히 초점을 맞추는 것보다 환자에게 더 포괄적이고 건설적인 조망을 제공한다. 환자는 치료자가 자신의 취약함이나 약한 부분만이 아닌 긍정적이고 바람직한 모습을 함께 보는 것에 안도감과 감사함을 느낀다.

치료자: ○○씨는 사람들과 친밀해지는 것에 어려움이[D] 있다고 말했습니다. 그리고 이것이 살펴봐야 할 중요한 부분입니다. 하지만 ○○씨는 친구 슈와 딸에[C] 대해 매우 따뜻한 마음을 가지고[강점] 있습니다.

환　자: 저는 너무 많은 사람을 떠나게 했기 때문에 저의 그런 면을 잊고 있었습니다.

치료자: 맞아요. 우리는 ○○씨가 사람들을 밀어내는[D] 많은 예를 보았죠. 하지만 ○○씨가 누군가에게는 참 부드럽게 대할 수 있으며, 심지어 자신을 털어놓을 수도 있다는 것을 기억하세요[강점].

만약 환자의 강점이 매우 적다면, 치료를 찾아온 힘과 용기에 대해 알려 줄 수 있다.

## 5. 어려운 방어를 다루기

환자들은 방어를 지적받으면 매우 다양한 방식으로 반응한다. 이러한 반응들은 그들이 보이는 저항의 정도만큼이나 다양하다. 다음에 제시하는 항목들은 치료자가 방어 행동을 지적할 때 보이는 대략의 위계 반응으로 동의부터 어려운 수준의 방어까지 제시되어 있다.

치료자: ○○씨는 슬픈 이야기를 할 때 웃는다는 것을 알고 있었나요? 이러한 행동은 ○○씨가 슬픔을 피하기 위한 방식은 아닌지 궁금합니다.

### 환자 반응의 범위

환 자 1: 선생님이 옳아요! 저의 웃음을 그런 식으로 생각해 본 적이 없었어요. [동의]

환 자 2: 네, 저도 알고 있어요. 저는 이것을 멈추고 싶어요. [방어를 자아 이질적으로 봄]

환 자 3: 저는 선생님이 무슨 말을 하는지 모르겠어요. [비동의]

환 자 4: 저는 슬프지 않아요. 단지 그녀가 한심하기 때문에 웃는 겁니다. [이해의 실패]

환 자 5: 선생님은 역시 전문가이군요. 선생님이 옳다고 확신해요. [지나친 동조]

환 자 6: 저는 늘 쾌활한 편이기에 잘 웃어요. [자아 동질적인 방어]

환 자 7: 저는 정말 멍청해요. 웃는 저 자신이 정말 싫어요. [자기공격]

다음은 이러한 다양한 형태의 반응을 다루는 방식을 보여 준다.

## 자신의 방어를 자아 이질적으로 쉽게 이해하거나 동의하는 환자들

앞의 반응에 추가하여, 다른 전형적인 동의 그리고 자아 이질적인 반응들은 다음과 같다.

치료자: 당신은 슬픈[F] 이야기를 할 때, 웃는[D] 것을 알고 있나요?

환 자 1: 정말 그랬나요? 제가 어떤 것을 피하고[D] 있는 것이 분명하네요.

환 자 2: 맞아요. 이해가 안 돼요, 그렇죠? 제가 왜 그렇게 하는지 모르겠네요.

환 자 3: 제가 슬픔을 피하는 것이라고 생각하나요?

환 자 4: [어떤 환자들은 치료자의 관찰에 덧붙여 말한다.] 맞아요, 선생님이 이야기를 하니까 말인데요. 어머니에게[P] 비슷한 식으로 한 적이 있어요. 어머니, 아버지가[P] 그립다고 말했을 때요[P]. 저는 그때 어머니를 바로 볼 수 없었어요[D]. 저는 거기에서 벗어나고 싶었어요[D].

환자들이 자신의 방어를 이처럼 쉽게 이해할 때, 그들은 빠르게 방어를 인식한 후에 방어 포기로 이동한다(6장). 방어가 자아 이질적일 때(인식될 뿐만 아니라 적극적으로 거부하는 마음이 있음), 그들은 일반적으로 감정 경험으로 이동할 수 있다(7장).

다음에는 방어 인식 작업이 필요한 다양한 반응들을 제시할 것이다. 예에서는 환자가 방어를 이해하는 방향으로 움직여 다음 목표로 진행하도록 돕는 치료자 개입을 볼 수 있다.

## 방어를 볼 수 없는 환자들

환자가 자신의 방어를 볼 수 없을 때, 치료자들은 환자가 자신의 방어에 대해서 통찰을 얻을 수 있는 상황을 만들어야 한다.

### 방어 행동을 중단시키기

치료 시간 동안에 나타난 방어 행동에 대해서(슬프고 화가 날 때 웃거나, 눈맞춤을 피하거나, 지나치게 빠르게 이야기를 하거나 등등), 방어 행동을 중지하도록 안내하고, 이때 어떤 기분이 일어나는지 관찰하는 것이 도움이 된다. 이 실험은 때때로 기저하는 감정 공포를 환자가 직접적으로 경험하도록 할 수 있다. 때때로 방어 행동을 했을 때와 하지 않았을 때를 반복해서 경험하고 그 차이점을 주목할 수 있다.

### 슬픔에 반하는 방어를 지적

치료자: ○○씨가 웃고[D] 있을 때는 슬픔을 느끼고 싶지 않을 때인가요?

환 자: 모르겠습니다.

치료자: 좋아요. 슬픈 이야기를 할 때 웃지 않는다고 상상해 볼까요? 그때 ○○씨는 어떤 기분이 들 것 같나요? 한번 시도해 볼까요?

환 자: (이야기를 다시 하고 잠깐 중지) 아! 선생님께서 말하는 것이 뭔지 알겠어요. 웃는 것을 멈추자마자 슬픔이 느껴집니다.

### 친밀함에 반하는 방어를 지적

치료자: 제 눈을 피하는[D] 이유가 궁금합니다.

환 자: 잘 모르겠습니다.

치료자: 어떤 것을 느끼고 싶지 않은 것일 수 있을까요?

환 자: 어…… 이런 모든 심리학적인 용어들이 사실 좀 짜증납니다.

치료자: 그러시군요. 제 눈을 피하지 않는다고 상상해 보죠. 어떤 기분이 드시나요?

환 자: 부끄럽습니다. 저를 판단하는 선생님의 눈을 보고 싶지 않아요.

### 관점을 변화

환자가 자신의 방어에 대해 통찰을 하도록 하는 또 다른 기법은 '관점을 변화'시키도록 돕는 것이다. 즉, 환자가 다른 사람의 입장이 되어 보는 것이다.

치료자: 존이 당신의 아이디어를 가로채 공을 세웠을 때 어떤 기분이 들었나요?

환 자: 아마도 '그는 늘 그런 식이야.'라고 생각했던 거 같습니다.

치료자: ○○씨가 **생각했던** 것이군요. 하지만 ○○씨의 **느낌**이 궁금합니다.

환 자: 저는 어떤 느낌도 느끼지 못했습니다. 저는 단지 서류들을 정리하고 있었습니다.

치료자: 서류들을 정리하는 것[D]이 ○○씨가 느끼는 것을 피하는 방법인지 궁금하네요.

환 자: 잘 모르겠습니다.

치료자: 어떤 사람이 회의에서 모두가 함께한 이야기를 마치 자기의 아이디어인 것처럼

이야기를 했다면, 나머지 동료들은 어떤 기분이 들 것 같습니까[관점 변화]?

환 자: 아마 화가 나겠지요.

치료자: 아마도 그렇겠죠. 만약 그들이 화가 전혀 안 났다고 하면 ○○씨는 어떤 생각이 듭니까?

환 자: 어리석다고 생각할 것 같습니다[방어를 인식하지만 자기공격].

치료자: 좋아요. 어리석다는 것은 모르겠네요. 하지만 그들이 화를 느끼는 것이 안전하지 않다고 느끼는 점에 대해서는 의문스럽지 않습니까[미숙한 자기공격보다는 중간 수준의 방어(주지화) 제시]?

관점을 변화시키는 기법은 9장과 10장에서 자세히 다룰 것이다.

## 동의하지 않는 환자

### 방어를 지적

방어에 동의하지 않을 때, 환자를 정면으로 직면할 필요는 없다. 대신, 치료자는 방어로 볼 수 있는 행동을 환자가 보고, 그 방어 행동의 목적이 무엇인지를 탐색하도록 격려하는 것이 필요하다.

치료자: 웃음의[D] 역할이 무엇인지 궁금합니다.

환 자: 저는 어떤 상황에서 뭔가 예상하지 못했던 상황에서 웃음이 나옵니다.

치료자: ○○씨가 슬픔을[F] 느끼는 것을 원하지 않는다고 볼 수 있나요?

환 자: 아니요. 저는 그렇게 생각하지 않아요. 제가 생각하기에 선생님은 별것 아닌 것을 가지고 크게 이야기하는 것 같아요.

치료자: 좋아요. 우리 함께 웃음을 좀 지켜보지요. 그것이 슬픈 상황에서 일어나는 것은 아닌지 함께 살펴보지요.

환 자: (다시 이야기를 하고 웃음) 무언가 있을 수도 있겠네요. 제가 다시 웃는 것을 보니까요.

방어를 보지 못하는 환자들과의 작업에서 방어 행동을 멈추는 것을 실험을 해 보는 것이 도움이 될 수 있다.

치료자: 눈맞춤을 피하는[D] 이유가 궁금합니다.

환 자: 저는 선생님 눈을 피하지 않았어요. 선생님을 많이 보는데요.

치료자: 대체로 ○○씨는 저를 많이 보지요. 하지만 아버지 장례식에 대해 이야기를 시작할 때 특히 두드러지는데, 마치 제 눈을 쳐다볼 수 없는 것처럼 보입니다.

환 자: 뭔가 생각하고 있을 때는 시선을 피하고 싶습니다.

치료자: 좋아요. 제 눈을 피하지 않는다면 어떤 기분이 들까요? 한번 해 볼까요?

환 자: 아……. 오래 선생님을 보는 것이 불편합니다.

치료자: 가장 불편한 것이 무엇인가요? [불안 조절]

## 지나치게 동조적인 환자

지나치게 동조하는 모습은 확인되어야 한다. 하지만 이것을 반드시 치료에 대한 강한 방해물로 볼 필요는 없다. 사실 지나치게 순응하는 환자들은 방어를 검토하고 다른 시도를 해 보려는 강한 의지가 있다. 이것이 치료 과정을 진행시키는 데 도움이 될 수 있다. 이들이 치료에 대한 동조로 인해 실생활에서 변화를 인식하게 되면(예, 분노를 편안하게 느끼며 자신을 더 드러내려고 하는 경우), 그들은 치료를 지속하고자 하는 동기를 갖게 된다. 그러나 피상적인 동조 또는 자율성의 부족이 치료 과정을 방해할 때, 이것은 검토되어야 한다. 일반적으로 이러한 환자들에게는 자율성을 갖는 것이 치료 목표 중 하나가 되어야 한다.

### 동조 다루기

#### 예 1

치료자: 슬픔을 느끼지 않으려고 시선을 돌리나요?

환 자: 선생님의 말씀이 맞아요(여전히 시선을 피하면서).

치료자: 제 말을 그냥 따르는 것은 아닌가요? ○○씨에게 정말 이해가 됩니까?

환 자: 사실 잘 모르겠습니다.

치료자: 제 눈을 한번 보시겠어요? 그리고 어떤 기분이 드는지 느껴 보세요. 그렇게 해 볼 수 있겠어요?

**예 2**

치료자: 아내에게 화를 내는 것이 오히려 안전한 거리감을 유지하도록 하는 것은 아닌지 궁금합니다.

환 자: 아내도 그렇게 이야기를 했어요, 아마 선생님 말이 옳은 겁니다.

치료자: 그렇군요. ○○씨가 생각하는 것은 어떤 것인지 궁금합니다.

환 자: 아내는 항상 제가 자신을 밀어내려고 한다고 말해요. 하지만 저는 아내의 행동 때문에 너무 화가 납니다.

치료자: 아마도 ○○씨는 안전함을 위해 아내와 거리가 필요한 것 같아요[불안 조절과 타당화로 이동]. 맞나요?

**예 3**

치료자: 그동안 우리는 ○○씨가 화가 났을 때 소극적으로 변하고, 다른 사람들과 그냥 잘 지내려고만 하는 것에 대해 이야기를 했습니다……. 저와 이 이야기를 하고 있는 상황에서도 같은 것이 작용하는 것은 아닌지 궁금합니다.

환 자: 역시 선생님은 전문가이시군요.

치료자: ○○씨에 관해서는 ○○씨만이 전문가입니다. 어떻게 생각하세요?

환 자: 선생님이 옳다고 생각해요.

치료자: 그렇군요. 그런데 제가 말하는 것이 ○○씨에게 맞는지 또는 제가 무슨 말을 하든지 ○○씨가 옳다고 하는 것인지 잘 모르겠습니다.

환 자: 아니, 아니에요. 선생님은 이 일을 오래 해 왔잖아요. 제가 뭘 알겠어요?

치료자: 음, 저는 항상 틀릴 수 있습니다. ○○씨에게 진실로 들려야 합니다. 하지만 ○○씨 마음이 딱 그렇지 않을 때 그저 저와 잘 지내기 위해 그렇게 하는 것은 아닌지 궁금합니다.

환 자: 네. 그런 부분이 있는 것 같습니다.

치료자: ○○씨가 지나치게 저의 의견에 동의하는[D] 때를 함께 보고, 그 순간에 ○○씨가 진심으로 느끼는[F] 것을 말해 보도록 하죠.

### 지나친 사회화

앞의 예에서와 같이 동조와 겸손은 상황에 적절하기만 하면—예, 동조와 겸손으로 그들의 목적이 달성될 가능성이 높은 경우—반드시 방어라고 볼 필요는 없다. 하지만 과도한 공손함(지나친 사회화)은 진심이 아닐 수 있다. 주장에 반하는 방어로서의 역할을 하거나 좋지 않은 느낌에 반하여 환자를 보호할 수 있다. 그러기에 가능한 방어로서 과도한 겸손, 단정함, 또는 예의 바름을 탐색하는 것이 중요하다.

## 자아 동질적 반응: 환자가 행동은 보지만, 방어를 보지 못할 때

어떤 환자들은 그들의 행동은 볼 수 있지만 그것이 방어라고는 이해하지 못한다. 이 장의 시작에서 언급했듯이, 이것은 그들의 방어가 자아 동질적이며, 자기감에서 매우 본질적이라는 것을 뜻한다. 전형적인 자아 동질적인 반응은 다음과 같다.

치료자: ○○씨가 슬픈 이야기를[F] 할 때 웃음을[D] 보인다는 것을 알고 있나요?

환 자 1: 네. 그게 바로 저지요.

환 자 2: 그래서요? 모든 사람들이 그것을 좋아하지 않나요?

환 자 3: 그래요, 물론 저는 웃지요. 저는 밝은 것을 좋아해요.

환 자 4: 웃지 않는 제 모습을 상상할 수 없습니다.

### 방어를 자아 이질적인 것으로 분리하는 방법

어떤 환자들은 방어 행동이 자신의 어떤 중요한 감정을 피하도록 한다는 것을 이해하지 못한다. 6장에서 우리가 다룰 핵심은 환자가 방어의 대가를 보도록 하는 것이다. 부드럽게 그들의 행동이 자신들이 이해하지 못하는 방식으로 기능하고 있다는 것을 보도록 도우면서 방어를 불편한 것(자아 이질적)으로 만들 수 있다.

치료자: 웃음이 어떤 역할을 하는지 궁금합니다.

환 자: 웃음이 어떤 역할을 하고 있다고는 생각하지 않아요. 그저 그냥 그렇게 하는 겁니다.

치료자: ○○씨가 슬픔을 느끼지 않으려는 것은 아닌가요?

환 자: 그럴 수도 있겠네요. 하지만 저는 단지 행복한 사람이라고 생각해요.

치료자: 그렇군요. 우리 함께 이 행동을 보도록 하죠. ○○씨는 제게 때때로 외롭고 슬프다고 말했어요. 이런 이야기를 할 때 웃음이 나온다는 것은 일치하는 것 같지 않습니다.

그러나 방어가 강하게 자아 동질적일 때("그건 그냥 나입니다. 그 모습이 내가 아는 나입니다."), **너무 빠르게 변화로 몰아붙이지 말아야 한다.** 그러한 방어를 지나치게 빠르게 제거하려고 하는 것은 환자의 자기감을 파괴할 수도 있다. 자기를 유지하는 데 필요한 방어를 제거하기 전에 방어 포기를 견딜 수 있는 적응적인 자기감을 구축해야 할 필요가 있다(자기 재구조화, 9장 참조).

### 자기공격적으로 반응하는 환자

앞에서 언급했듯이(1부), 자기공격은 불안 조절을 통해 해결될 수 있다.

치료자: ○○씨가 여자 친구로부터 벗어나는 것과 비슷한 방식으로 저로부터 멀어지는 것을 알고 있나요?

환 자: 선생님 말이 맞아요. 저와 같이 멍청한 사람을 그녀가 어떻게 그동안 견뎠는지 모르겠어요.

치료자: 아……, ○○씨 자신에 대해 너무 가혹하군요! 자기를 받아들이는 것이 더 도움이 되는 상황에서 자신을 가혹하게 공격하는 모습이 안타깝네요. [수치심 조절]

환자가 일관적으로 자기를 공격하면서 방어 인식에 반응한다면 치료자는 환자의 자기연민을 구축하기 위해 자기 재구조화(9장)로 이동해야 한다.

## 6. 방어를 인식할 때까지 개입을 반복하기

#### 반복해서 방어를 지적

환자가 방어를 자주 사용할 때, 방어를 한두 번 지적하는 것은 변화를 위해 충분하지 않다. 치료자는 계속해서 방어 행동을 지적해 줄 필요가 있다. 부드럽게 그리고 공감적으로, 반복해서, 매 회기마다, 환자가 치료자의 도움이 없이도 자신의 방어를 확인할 수 있을 때까지 반복한다. 이 패턴이 확인될 때마다 치료자는 환자가 그것을 자신의 말로 표현할 수 있도록 격려해야 한다.

치료자: 우리가 보았듯이 딸과[C] 즐거움을 느낄 때[F], ○○씨는 딸 아이의 실수를 지적하기[D] 시작했어요. 어떤 상황인지 좀 알려 주실 수 있나요?

목표는 환자가 자신의 방어를 스스로 인식하는 것이다. 환자가 자신의 방어를 포착해서 설명하는 것을 경청하면서 적절하게 격려하라.

환 자: 이번 주에는 제 모습을 분명히 보았어요. 딸아이가 저를 안아 줄 때, 내가 어떻게 엄격해지는지 알았습니다. 제가 그러고 있다는 것이 놀라웠고, 이제까지는 전혀 몰랐습니다.

치료자: 그 상황을 잘 이해하고 있다는 점에 놀랍네요. 그리고 이것을 이해한 것이 스스로 당신의 패턴을 변화시키도록 도울 것입니다.

### 방어가 자아 이질적일 때 이동하라!

환자가 방어 행동에 통찰을 보일 때, 방어는 분명히 자아 이질적이 된 것이다(환자가 방어를 싫어하게 됨). 따라서 치료자는 다음 목표—방어 포기하기(6장 환자가 방어를 포기하도록 돕는 것) 그리고 감정 경험하기(7장 환자가 핵심적인 감정 공포에 탈민감화하도록 돕는 것)—로 이동할 수 있다.

### 목표의 혼합

치료 목표가 순차적인 방식으로 이루어지지 않는다는 것을 기억하는 것이 중요하다(3장에서 언급하였듯이). 현실에서 치료자는 종종 방어 재구조화하기, 감정 재구조화하기 그리고 자기와 타인 재구조화하기가 필요할 때마다 오가면서 작업을 해야 한다. 때때로 방어들은 부분적으로만 재구조화되어 있고, 감정 작업이 차단되었을 수도 있다. 그래서 치료자는 감정 경험을 시작하기 전에 감정 경험의 방해물을 줄이기 위해 다시 방어 재구조화 또는 자기와 타인 재구조화로 되돌아가야 할 필요가 있다.

### 방어 인식 단계의 요약

방어 인식의 기본적 단계는 〈표 5-3〉으로 요약할 수 있다.

〈표 5-3〉 방어 인식에서 단계

- 구체적 문제인 상황을 이야기하면서 방어를 확인한다.
  - 구체적 사람(T-C-P)과의 관계에서 구체적인 부적응적 행동[D]을 살펴본다.
  - 적응적인 감정과 부적응적인 방어적 감정을 구별한다.
- 환자에게 방어적인 행동을 부드럽게 지적한다.
- (F-적응적인 느낌)에 대항하여 방어하는 것이 무엇이고, 그 이유(A-불안/억제)는 무엇인지 추측한다.
- 환자에게 지지를 제공한다.
  - 공감적 그리고 협력적 자세를 사용한다.
  - 방어를 타당화한다.
  - 환자의 강점을 인식한다.

## 연습문제

### 5A: 방어를 지적하기

**지시** 예를 읽은 후에 환자의 반응 다음에 치료자가 어떻게 방어를 지적하는 반응을 할 수 있는지 생각해 보라. 치료자 반응은 환자가 잘 견딜 수 있도록 지지적인 방식을 포함하도록 한다. 만약 그 반응이 잠정적이고, 질문하는 형식이라면 더더욱 협력적이고 존중하는 태도이어야 한다.

다음의 예(5A)와 그다음의 예(5B)는 당신이 꽤 복잡한 반응을 해야 하기 때문에 어렵게 느껴질 수 있다. 그러나 이 예들을 환자가 앞에 있을 때 자연스럽게 반응을 하는 데 매우 좋은 연습이 될 것이다. 만약 당신이 어떻게 반응을 해야 할지 잘 모를 때는 부록에 제시되어 있는 답을 미리 살펴볼 수 있다. 그러고 나서 다시 좀 더 쉽게 반응할 수 있는지 다음 항목을 도전해 보라. 제시되어 있는 답은 다양한 반응들 중 몇 가지 예에 불과하다.

**예1** 환 자: 누가 뭐라고 해도 별로 크게 신경 쓰지 않아요. 어린 시절에 저에게 상처 준 것은 아버지이고, 저를 보호했던 사람은 어머니입니다. 그런데 제가 어떻게 어머니에게 부정적인 감정을 가질 수 있겠어요[D].

**답** 치료자가 방어를 지적하기 위해 할 수 있는 반응들: 사랑하는 누군가에게

○○씨가 부정적인 감정을 느낀다는 것은 힘든 일이라는 것을 이해합니다[지지적인 반응]. 하지만 ○○씨가 맺고 있는 많은 관계에서 그리고 전체 인생을 통해서 부정적인 감정을 갖고 있지 않다는 것이 가능할까요? 어머니에게 너무 많이 화가 나서 견디기 힘들어[A] ○○씨가 그것을 직면하고 싶지 않은 것인가요[D]? 어떻게 생각합니까?

**예2** 환 자: 제가 일을 지나치게 많이 하면서[D] 아내와 아이들을 어떻게 밀어내고 있는지[D]를 선생님이 말하고 있다는 것을 알아요. 저는 제가 일을 많이 하니까 아내와 아이들이 더 좋은 삶을 살 수 있다고 생각해 왔어요. 하지만 지금 저는 그들을 피하기 위해[D] 일을 많이 했다는 것을 알았습니다. 아마 아내가 저와 이혼을 원한다면 이혼을 해야 할지도 모릅니다[D]. 아내는 참 좋은 사람입니다. 저보다 그녀를 더 사랑해 줄 누군가를 만날 수 있을 겁니다.

**답** **치료자가 방어를 지적할 수 있는 반응들:** 일에 빠지면서 아내를 거부했다는 것을 ○○씨가 이해한 것은 참 다행입니다[지지적인 반응]. 하지만 많은 시간 동안 아내와 아이들을 홀로 두었다는 것을 후회하지만, 이혼을 통해 다시 아내를 떠나는 것을 이야기하고 있습니다[D]. 이혼이라는 것은 ○○씨가 갖고 있는 친밀함[F]에 대한 두려움[A] 그리고 건강한 자기가치감[F]을 차단하는 부적절감[D]을 해결하는 것보다 더 손쉬운 방법이 아닌가 하는 의문이 듭니다. 그럴 가능성이 있을까요? 아니면 다른 이유가 있는 것인가요?

방어를 직면하는 것은 고통스러운 것이다. 그래서 치료자의 지지적인 반응은 환자가 방어에 대해 이해하는 데 도움이 된다. 방어를 사용함에도 불구하고 가치 있는 사람으로 환자가 자신을 받아들일 수 있도록 돕는다. 결과적으로 수치심이 줄어들게 된다. 치료자는 다음과 같이 계속 반응할 수 있다.

또한 ○○씨가 없는 것이 아내에게 더 좋을 것이라고 말하는 것은 스스로에게 주는 가혹한 처벌인 것 같습니다[D]. 그렇지 않나요? 자신의 이런 면을 처음 마주하면 불편한 감정을 느끼게 됩니다. [지지적 반응] 하지만 진심으로 ○○씨가 없어야 아내가 더 행복할 것이라고 생각합니까? ○○씨가 기억하지 못하는 어떤 것을 아내에게 준 적은 없나요? [지지적인 반응 그리고 의식화를 높이기]

이러한 반응은 치료자가 할 수 있는 가능한 반응들 중 하나일 뿐이다. 많은 타당한 반응들이 있다는 것을 기억하라.

### 5A.1.

환 자: [환자가 남편과의 친밀한, 그리고 돌보는 관계에 대해 이야기를 했다.] 남편과 침실로 들어갈 때, 저는 무척 긴장하게 돼요[D].

방어를 지적하는 반응들: ______________________________

______________________________

### 5A.2.

환 자: 제가 말할 때마다, 아무도 제 말에 귀 기울이지 않아요[D]. 제가 사람들을 귀찮게 하는 거라고 생각해요[D].

방어를 지적하는 반응들: ______________________________

______________________________

### 5A.3.

환 자: 저는 웃음을 지으며 참고 있어요[D]. 그건 그리 큰 문제가 아닙니다[D]. 누구에게나 일어날 수 있는 일입니다[D].

방어를 지적하는 반응들: ______________________________

______________________________

### 5A.4.

환 자: (환자가 고개를 끄덕이며 치료자가 하는 모든 말에 동의한다[D].)

방어를 지적하는 반응들: ______________________________

______________________________

## 5B: 방어, 느낌 그리고 불안을 연결하기

**지시** 환자의 행동에 대해서 다음과 같은 질문에 근거하여 반응하라.

- 어떻게 공감적이고, 지지적인 방식으로 방어 행동을 지적할 수 있을까?
- 기저하는 느낌을 어떻게 연결할 수 있을까?
- 어떻게 불안, 억제, 또는 갈등을 탐색할 수 있을까?

이 연습은 당신에게 많은 것을 요구한다. 다시 말하지만, 환자가 당신 앞에 앉아 있을 때 반응할 수 있는 것을 미리 준비할 수 있는 좋은 방식이다. 만약 당신이 답을 하기 어려울 때는 부록에 제시되어 있는 답을 미리 볼 것을 권한다. 그리고 나서 다음 과제에 도전해 보라. 우리는 기저에 있는 가능한 느낌을 제시한다.

예 환자가 사회생활에서 누군가를 알아 갈 때[F-친밀함] 너무 빠르게 말한다[D].

답 **방어를 지적하는 반응:** 저는 ○○씨가 때때로 매우 빠르게 이야기를 하는 것을 보았습니다. 그리고 그것이 ○○씨가 어떤 기분을 피하도록 하는 것은 아닌지 궁금합니다.

**방어와 느낌을 연결시키는 반응:** 그렇게 빠르게[D] 말할 때는 ○○씨를 더 잘 이해하려고 하는[F-친밀함] 사람들에게 자신을 소개할 때인 것 같습니다.

**불안을 탐색하는 반응:** 말하는 속도를 늦추고 사람들이 ○○씨를 좀 더 깊이 알 수 있도록 한다면[F], 무슨 일이 일어날까 봐 두려운 건가요[A]?

## 5B.1.

거의 말하지 않거나 전혀 말하지 않는다[D]. [F-주장, 또는 모든 느낌]

방어를 지적하는 반응: ______________________________

______________________________

방어와 느낌을 연결하는 반응: ______________________________

______________________________

불안을 탐색하는 반응: ______________________________

______________________________

## 5B.2.

"희망이 없어요[D]. 제가 원하는 것을 얻을 수 없어요[D]."라고 말한다[F-희망, 바라는 것: 관심/흥분 그리고 자기가치감, 권리].

방어를 지적하는 반응: ______________________________

______________________________

방어와 느낌을 연결하는 반응: ______________________________

______________________________

불안을 탐색하는 반응: ____________________

____________________

### 5B.3.

치료자가 분노[F]를 지적하자 환자는 무기력하고 '희생당한 것처럼' 울기 시작한다.

방어를 지적하는 반응: ____________________

____________________

방어와 느낌을 연결하는 반응: ____________________

____________________

불안을 탐색하는 반응: ____________________

____________________

### 5B.4.

눈을 마주치는 것을 피하고[D], 치료자 주변을 보면서[D] 이야기를 하고 있다[F-친밀함].

방어를 지적하는 반응: ____________________

____________________

방어와 느낌을 연결하는 반응: ____________________

____________________

불안을 탐색하는 반응: ____________________

____________________

### 5B.5.

말하기 어려운 자기존중감에 대해 말하다가 다른 이야기로 주제를 돌린다[D]. [F-긍정적 자기느낌].

방어를 지적하는 반응: ____________________

____________________

방어와 느낌을 연결하는 반응: ____________________

____________________

불안을 탐색하는 반응: ____________________

---

5B.6.

아버지의 죽음에 대해 이야기할 때, 밝게 웃으며 이야기를 한다[D]. [F-슬픔].

방어를 지적하는 반응: ____________________

____________________

방어와 느낌을 연결하는 반응: ____________________

____________________

불안을 탐색하는 반응: ____________________

____________________

## 5C: 방어를 타당화하기

**지시** 다음과 같이 환자 방어를 타당화하는 반응을 하라.

**예1** 치료자: 웃는 것이 어떤 역할을 하는지 궁금합니다.

환　자: 마음이 상한 것을 애써 밝게 하려고 제가 그렇게 웃는다는 것[D]을 알았어요.

**답** 방어를 타당화할 수 있는 반응: ○○씨가 몇 년 동안 겪은 고통[A]을 생각하면 충분히 이해가 되네요.

**예2** 치료자: ○○씨가 저의 눈을 왜 피하는지 궁금합니다[D].

환　자: 저는 누군가 저를 판단하고 비난하는 것이 두렵기 때문에[A] 눈을 피하는 겁니다[D].

**답** 방어를 타당화할 수 있는 반응: 누군가의 눈을 보면서 나를 비난하면 어쩌지 또는 판단하는 것은 아닐까 걱정된다면 저 역시도 눈을 피할 것 같습니다.

5C.1.

환　자: 눈물을 보이는 것이[F] 정말 힘들어요[A]. 저는 늘 무덤덤합니다[D]. 저는 30년 동안 울어 본 적이 없어요.

방어를 타당화하는 반응: ____________________

____________________

## 5C.2.

환 자: 제가 아내에게 화가 났다고[F] 솔직히 말하지 않고 대신, 아내에게[C] 비아냥거린다는[D] 선생님의 말은 맞습니다. 하지만 그녀는 화가 난 것을[A] 직접적으로 그녀에게 이야기해도 되는지 저에게 한 번도 말하지 않았어요.

방어를 타당화하는 반응: ______________________________

______________________________

## 5C.3.

환 자: 여동생이[P] 죽은 이후로 제가 감정을 차단하고 있다는 것[D]을 알고 있습니다. 하지만 누가 그렇게 슬픈 감정에[F] 계속 머물러 있고 싶겠습니까[A-두려움 또는 고통]?

방어를 타당화하는 반응: ______________________________

______________________________

## 5C.4.

환 자: 저는 너무 불편하기 때문에[A] 친밀함에[F] 대해서 또는 친밀함과 유사한 것에 대해서 말하는 것을 피하고 있습니다[D]. 아마도 제 아내[C] 말이 맞을 겁니다. 저는 항상 친밀함에 대한 문제를 가지고 있었어요[F].

방어를 타당화하는 반응: ______________________________

______________________________

## 5C.5.

환 자: 사람들이 지나치게 웃는 것을 볼 때[F-기쁨], 저는 "어떻게 저렇게 미숙할 수가 있지?"[D-평가절하]라고 느꼈습니다. 저의 부모님은[P] 매우 엄격하셨고 자유로운 행동에 대해서는 금지가 많았습니다. 그리고 저의 기숙학교 선생님들은 더 심했고요![P-교사들은 환자의 성장에 미치는 영향 때문에 초기 삶의 양육자로 본다].

방어를 타당화하는 반응: ______________________________

______________________________

## 5D: 강점을 지적하기

**지시** 다음과 같은 진술 뒤에 환자의 강점을 지적한다.

**예** 치료자: 웃음이 어떤 역할을 하는지 궁금합니다.

환 자: 상처받는 것을 피하기 위해 밝게 하려고 노력하며 웃어요. 저는 오랫동안 고통을 받아 왔어요.

**답** **강점을 지적할 수 있는 치료자의 반응:** 당신이 그동안 당해 온 고통을 생각하면 긍정적으로 밝게 생각하는 모습은 큰 강점이네요.

### 5D.1.

환 자: 조롱거리가 되는 것이 두렵기 때문에[A] 사람들을 만나는 상황을 피해요[D].

강점을 지적하는 반응: ______________________________

______________________________

### 5D.2.

환 자: 저는 끔찍한 삶을 살아왔어요. 자살하고 싶은 충동[D] 때문에 일곱 번이나 병원에 입원했던 적이 있었어요. 잘 살아갈 자신이 없습니다[D]. 어떤 날 아침에는 일을 할 수 없을 것 같은 기분이 강하게 들어요[D]. 만약 상사가 제가 이렇게 정신없는 상태라는[D] 것을 알았다면, 저를 해고했을 겁니다.

강점을 지적하는 반응: ______________________________

______________________________

### 5D.3.

환 자: 저는 (일을 갖지 않고) 이모를 돌봐 드리는 데 많은 시간을 보냅니다. 그렇다고 해도 요즈음 너무 정신없이 지내고 있습니다[D]. 뭔가 정리되지 않고 혼란스러운 제 생활을 생각하면 제가 너무 싫습니다[D-자기공격].

강점을 지적하는 반응: ______________________________

______________________________

제6장

# 방어 재구조화 2: 방어 포기하기

**목표**: 단단하게 자리 잡은 방어를 다루고, 이를 포기하도록 동기화시키는 방법을 습득하기

**치료자 자세**: 적극적, 관여하는 자세, 방어와 겨루기

**불안 조절**: 환자가 방어를 포기하도록 돕는 동안에 일어나는 불안, 죄책감, 수치심 그리고 고통을 견딜 수 있는 범위 안에서 유지하기

**다루는 주제**
1. 방어 포기하기의 개관
2. 방어 행동의 결과를 확인하기: 대가와 이득
3. 방어의 기원과 방어의 유지를 식별하기: 그때 대 지금
4. 방어로 인한 상실에 애도하기
5. 슬픔이 일어나지 않을 때 자기연민을 구축하기
6. 방어의 이차적 이득을 확인하기: 숨겨진 의미와 보상
7. 방어 포기의 동기를 강화하는 개입을 반복하기

**방어 포기에 초점을 맞추어야 하는 신호들**

- 전반적 기능 평가(GAF) 점수가 50 이상인 경우
- 성격을 변화시키는 데 필요한 적절한 자아강도를 가지고 있는 경우
- 자신의 방어를 자각하고 있지만 변화에 대한 동기가 낮은 경우
- 치료 동안 감정 경험이 어려운 경우

## 1. 방어 포기하기의 개관

### 방어 포기하기

방어 인식에서(5장) 환자는 그들의 방어를 인식하는 것을 배우고, 부적응적인 행동들이 어떻게 적응적인 표현을 방해하고 있는지를 이해하였다. 하지만 그러한 통찰에도 불구하고 많은 환자들은 변화에 대한 두려움에 압도되기 때문에 그들의 방어 패턴을 포기할 수 없다.

환 자: 맞아요, 제가 어떻게 행동하고 있는지 알아요. 그리고 그러한 행동이 내게 크게 도움이 되지 않는다는 것도 알아요[방어 인식]. 하지만 제가 정말 그것을 변화시키고 싶은 건지 확신할 수 없어요[방어기제의 포기에 대한 동기의 부족].

### 방어 포기하기의 의미

방어를 포기한다는 것은 부적응적인 행동을 적응적인 감정 반응 그리고/또는 더 성숙한 방어로 대체한다는 것을 뜻한다. 체계적 탈민감화에서(2장에서 논의) 방어를 포기할 수 있는 능력은 반응 중지를 뜻하며, 이것은 감정 경험하기의 핵심이다(느낌에 노출, 7장). 환자가 부적응적인 방어를 포기하는 것을 선택할 때 그들은 자동적 그리고 회피적인 방식으로 반응하는 것을 멈추는 것이다. 대신 적응적인 감정을 통해 건설적인 방식으로 반응할 수 있는 것이다.

환 자: 화가 날 때[F-감정 경험하기], 침묵에 사로잡혀 있는[D] 제 자신을 멈추는 것을 배웠습니다[반응 중지]. 이제 신경 쓰였던 점에 대해 아내에게 말할 수 있습니다[감정 표현].

이 장에서 치료자는 환자가 오래 지속해 온 부적응적인 행동에 집착하는 다양한 방식을 이해할 수 있다. 또한 방어를 포기할 수 있도록 동기를 높이는 방법을 배울 수 있을 것이다.

### 방어에 대한 슬픔은 이동을 위한 신호

방어에 의해서 야기된 손실에 대한 슬픔과 애도는 환자가 방어를 자멸적인 것으로 보고 포기하기를 원한다는 신호다. 환자가 방어 행동으로 인한 손실을 슬퍼한다는 것은 방어가 더 이상 바람직한 행동이 아니라는 것을 이해한다는 것을 뜻하며, 감정 경험으로 이동할 만한 충분한 동기가 있다는 신호가 될 수 있다.

환 자: (눈에 눈물이 고이고, 목이 메며) 아! 저는 너무나 오랫동안 정말 바보같이 살아왔군요. 정말 비참합니다! 하지만 저는 더 이상 그렇게 살고 싶지 않아요.

기능이 높은 환자들(예, GAF 점수 〉 70)은 자신의 방어를 보고 포기하기를 원하면서 이미 치료가 시작된다고 할 수 있다. 방어를 포기하기 원할 때, 치료자는 바로 노출로 진행할 수 있다(감정 경험하기).

### 방어에 대한 슬픔이 나타나지 않을 때

방어 포기하기에 대한 전반적인 작업 이후에도 슬픔이 일어나지 않을 때는 환자가 자기연민을 느낄 수 있도록 많은 작업이 필요하다. 자기파괴적인 행동에 대해 관심이 부족한 것은 다시 말해 환자가 자기연민이 부족하고, 자기와 타인에 대한 새로운 시각을 가질 필요가 있다는 것을 뜻한다(9장과 10장). 이 부분의 작업을 통해 환자들은 부적응적인 방어로 인해 잃어 왔던 것을 슬퍼하고 견딜 수 있게 된다. 이것은 방어를 포기하는 데 있어 가장 중요한 시작이다.

환 자: 저를 주장하는 것[F-분노/주장]을 피해 왔다는 것[방어 인식]은 사실입니다. 하지만 저는 별로 신경 쓰지 않아요. 혹시 제가 다른 사람의 것을 빼앗는 것은 아닌지가 더 많이 신경이 쓰입니다. 그건 정말 끔찍해요[수치심]!

### 방어 포기에 초점을 두어야 할 때

환자는 방어를 포기하기 전에 우선 방어를 인식할 수 있어야 한다(5장 방어 인식하기). 자신이 어떻게 하고 있는지에 대해 인식이 없으면, 방어를 이해하고, 최소화하고, 또는 억제하는 것은 더더욱 어렵다. 환자가 방어 행동을 인식할 수 있을 때만이 치료자는 방어를 포기하도록 격려할 수 있다. 앞에서 언급했듯이, 환자는 그렇게 크지 않은 손상(GAF 점수 〉 50) 수준으로 기능을 할 수 있어야 한다. 그리고 성격을 변화시키기 위해 어려움을 견딜 수 있는 충분한 자아강도가 있어야 한다.

### 순환하는 치료 과정

갈등이 있는 느낌이 치료 과정 이후에 나타날 때 방어는 다시 또 다루어져야 한다. 또한 감정 경험하기에서 새롭고 또는 더 깊은 느낌이—또는 새로운 느낌들이 모두 함께—나타날 수 있다는 것을 명심해야 한다. 만약 이러한 느낌이 나타나면서 저항이 일어난다면 감정 경험하기가 고통스럽고 어려울 수 있다. 이때 감정 경험이 더 부드럽게 진행되도록 돕기 위해 치료 작업은 방어 포기하기(불안 조절뿐만 아니라)로 다시 돌아갈 필요가 있다. 앞서 언급하였듯이, 치료 목표가 항상 직선 과정으로 진행되는 것은 아니다. 저항이 크게 일어나고 방어가 견고할 때마다 방어 포기는 필요하다. 그러한 저항은 치료가 시작되었다는 증거일 수 있고, 갈등이 있는 감정에 노출된 이후에 나타날 수도 있다. 저항이 일어날 때마다, 방어 포기에 관한 집중적인 작업을 하는 것은 막혀 있는 치료를 다시 앞으로 나아가도록 돕는다.

### 방어 포기에 초점을 두지 말아야 할 때

**자기감에 손상을 보이는 환자의 경우에는 단기역동정신치료(STDP)의 적용을 제한한다**(예, 자기애 또는 경계선 성격장애). 자기애적인 방어는 가능한 한 부드럽게 다루어져야 한다. 왜냐하면 그들의 방어가 취약하고, 쉽게 손상되는 자기감을 보호하고 있기 때문이다. 또한 방어를 지적하는 것이 환자에게 커다란 수치심을 일으키고, '자기애적인 손상'을 가져올 수 있다. 이렇게 방어 분석이 치료 자체를 위협할 수 있기 때문에 환자가 방어 분석을 견딜 만큼 자기감이 탄력적일 때만 치료를 시도하는 것이 바람직하다. 자기감에 문제를 가지고 있는 경우에는 자기와 타인 재구조화하기가 필요함을 뜻한다(9장과 10장 참조). 더 적극적인 방어 작업과 감정 작업은 자기 재구조화하기 또는 변증법적 행동치료(Linehan, 1993)와 같이 다른 형태의 자아 강화 치료를 통해 환자의 자기감이 안정화된 이후에 적절하다.

### 방어 포기하기를 위한 방법

5장에서 논의되었듯이, 치료자는 환자가 자신의 방어를 자아 동질적인 것보다('나의 삶의 방식이고 제가 그렇게 해야만 하는 방식') 자아 이질적('바람직하지 않고 해로운 것')인 것으로 보도록 도와야 한다. 그러나 어떤 환자들은 방어가 해롭다는 지적인 통찰만을 가지고 있으면서 여전히 그것을 사용하는 경우가 있다. 그러한 예에서 치료자는 환자가 방어를 포기하려는 동기와 의지를 높이도록 도와야 한다. 다음의 예를 통해 살펴보자.

- 방어의 이득을 지적하기(일차적 이득 또는 이차적 이득)
- 방어의 기원과 변화를 위해 환자의 책임을 이해할 수 있도록 돕기(방어의 기원 대 방어의 유지)
- 방어의 대가를 이해하고 느끼도록 도움으로써 동기를 강화시키기
- 방어의 대가와 손실에 대해 애도하도록 격려하기. 필요시 애도를 가능케 하는 자기연민을 구축하기
- 환자의 저항과 맞설 수 있는 적극적인 치료자의 입장을 고수하기
- 불안 조절을 통해 방어를 포기하는 동안 회피를 줄이고 지지를 제공하기

방어를 포기하도록 돕는 방법들은 이 장의 후반부에서 예를 통해 다시 살펴볼 것이다.

## 치료자 자세: 적극적인, 관여하는 그리고 방어와 맞붙는 자세

### 촉매제로서 치료자

방어 포기에서 치료자는 변화를 위한 적극적인 촉매제다. 이는 많은 치료자에게 쉽지 않은 치료적 입장이다. 하지만 환자가 견고한 방어를 포기하도록 돕는 것은 매우 중요하다. 많은 환자들은 치료자로부터 얻는 지지와 적극적인 관여 없이 평생 동안 지속하고 유지해 온 방어 패턴을 변화시킬 수 없을 것이다. 그러기에 단기역동정신치료(STDP) 치료자들은 지적으로(문제를 확인하고 통찰) 그리고 감정적으로(적절한 격려와 관여) 적극적이어야 한다. 이는 절제와 중립이라는 전통적인 분석적 입장으로부터의 극적인 분리다. 이와 대조적으로, 단기역동정신치료(STDP)의 치료자는 환자의 고통이 감소되고 제거되는 것에 주의를 기울여야 한다. 하지만 이러한 관심과 염려는 건강한 경계 안에서 전문적인 방식으로 전달되어야 한다.

### 방어를 다루는 방법

방어 포기하기에서 적극적으로 관여하는 치료자는 환자의 방어와 다음과 같이 맞붙어 싸울 수 있다.

- 방어를 적극적으로 활력 있게 지적하기
- 방어의 부정적 효과를 강조하고 보상을 지적하기
- 방어가 숨어 있는 '여우굴' 속으로 들어가 왜 환자가 방어적 행동을 하고 있는지를 이해할 수 있는 작업을 하기
- 상황의 슬픔에 대해 항상 깨어 있기
- (전문적인 방식으로) 관심을 보이기
- 위험한 부분을 강조하고 이에 대한 환자의 무관심을 조명하기

**때때로 변화를 위해 환자를 점화시킬 수 있는 좋은 방법은 '치료자가 관심을 보이는 것'이다.**

치료자: 자신을 반복해서 그렇게 상처를 주는 것이[D] 참 안타깝네요! 반복해서 괴롭힌다는 점에서도 매우 비극적입니다[부정적 결과를 강조하기]. 이제까지 이 부분에 대한 ○○씨의 이야기를 잘 들었습니다. 참 가슴 아프고 슬픈 일입니다[관심을 보이고 감정을 공유하기]. 하지만 그러한 행동은 ○○씨에게 너무 고통스러울 것이라고 느껴집니다. 다른 사람이 아닌 바로 ○○씨가 매일매일 스스로에게 상처를 주는 삶을 살아야 하니까요[방어의 대가를 강조하기]!

### 치료자의 깊은 염려에 대한 환자의 반응을 주목하기

치료자가 환자에게 깊은 관심을 보일 때, 치료자는 환자의 반응이 어떠한지 신중하게 관찰해야 한다. 다양한 반응들이 있다. 어떤 환자들은 치료자의 관심이 그들에게 익숙하지 않은 방식이기 때문에 감동을 받아 눈시울이 뜨거워질 수도 있다. 다른 환자들은 그것을 느끼기에는 너무 고통스럽기 때문에 치료자의 관심을 방어적으로 사소하게 평가하거나 또는 거절할 수 있다. 두 가지 반응 모두 치료자-환자 관계에서 역동을 탐색하는 데 유용하다. 그러나 치료자가 환자를 변화시키는 데 어떠한 힘도 가지고 있지 않다는 점을 환자에게 강조하는 것은 매우 중요하다. 외과 수술과는

달리, 심리치료는 환자가 완전히 참여해야 가능하다. 변화를 위해서는 환자의 결정이 필요하다.

치료자 1: 저는 ○○씨에게 진정한 염려와 관심을 보일 수 있습니다. 하지만 저는 ○○씨를 변화시킬 어떠한 힘도 가지고 있지 않아요. ○○씨만이 ○○씨의 삶을 변화시킬 힘을 가지고 있습니다.

치료자 2: 지금 ○○씨가 괜찮다고 하는 것보다 제가 더 염려하고 있는 것을 아시나요? 하지만 저는 단지 관찰자로서 이 이야기를 듣게 됩니다. 매일매일 살아가는 것은 결국 ○○씨입니다!

## 불안 조절: 방어를 포기하도록 하면서 일어나는 불안, 죄책감, 수치심 그리고 고통을 견딜 수 있는 수준으로 유지하기

방어 행동을 포기할 때 불안 조절은 매우 필요하다. 환자가 보호의 수단으로 사용해 왔던 행동들을 포기하면서 부정적 반응을 보일 수 있다는 것은 예상할 만하다. 그러기에 치료자들은 환자가 오랫동안 지속해 온 성격 패턴을 변화시키는 데 있어 피할 수 없는 두려움과 상실에 대해 다루도록 도와야 한다.

### 두려움에 개입하는 방법

1장과 4장에서 불안 조절의 기초적인 부분에 대해 환자에게 요청했던 부분을 기억해 보라. '________에 대해서 가장 힘든[두렵고, 예상되는 가장 힘든 점이 무엇이고, 또는 가장 고통스러운] 점은 무엇인가요?' 여기에 환자가 방어 패턴을 포기하도록 돕는 데서 나타나는 불안을 조절하도록 돕는 방법의 예를 제시한다.

치료자 1: 이제까지 삶에서 ○○씨를 숨겨 주고 안전감을 느끼게 했던 행동을 변화시키는 것은 매우 힘든 일입니다. 가장 두려운 부분이 무엇입니까?

치료자 2: 방어를 포기한다면 가장 어려운[또는 두려운, 죄책감이 느끼지는] 부분이 무엇인지 말할 수 있나요? 더 이상 이런 행동을 하지 않는다면 어떤 것이 가장 두려운지[또는 고통스러운지 또는 수치스러운지] 한번 볼 수 있나요?

치료자 3: 이러한 행동을 변화시키기 위해 ○○씨를 어떻게 도울 수 있을까요? 우리 한

번 그것에 대해 생각해 볼까요? ○○씨가 이 패턴을 변화시키면서 얻을 수 있는 좋은 점을 상상해 볼까요? [변화의 긍정적 결과]

### 너무 빠르게 방어를 포기

너무 빠르게 방어를 포기하는 것은 위험하다는 것을 기억하라. 오래 지속해 온 믿음을 변화시킨다는 것은 다른 말로 하면 환자의 정체성과 안정감을 위협하는 것과 같다. 비록 변화가 쉽지 않다고 하더라도 이것이 고통스러운 것이 되어서는 안 된다. 따라서 환자에게 너무 많은 불안이 일어나도록 하는 것보다 단계적인 노출을 통해 환자가 점진적으로 변화에 적응해 나갈 수 있도록 촉진하는 것을 권한다.

치료자: ○○씨가 압도되지 않도록 좀 더 천천히 작업을 할 수 있을까요? ○○씨가 견딜 수 있는 것 이상으로 너무 빠르게 변화하려고 스스로 몰아세울 필요는 없습니다.

## 2. 방어 행동의 결과를 확인하기: 대가와 이득

### 자아 동질적인 상태에서 자아 이질적인 상태로 방어를 변화

방어를 포기하기 위해 환자들은 방어를 자연스러운 자기의 일부분으로 보기보다는(자아 동질적) 더 이상 유지하고 싶지 않은 어떤 행동으로 볼 수 있어야만 한다(자아 이질적). 5장에서 논의하였듯이, 방어를 자아 동질적("그것이 내가 사는 방식입니다.")에서 자아 이질적("나는 이와 같이 행동하고 싶지 않아요.")으로 변화시키는 것은 방어를 인식하면서 시작되고, 결국 방어 포기하기의 주된 목표가 된다. 이러한 변화가 가능하기 위해서 환자들은 방어 행동이 얼마나 해가 되었는지 그리고 어떤 도움이 되었는지를 알아야 한다. 즉, 대가와 이득에 대한 이해다. (1) 방어로 인해 손해가 되었던 부분 그리고 다른 한편에서는 (2) 도움이 되었던 방식이 분명해질 때, 환자들은 방어를 포기하는 데 더 큰 동기를 갖게 될 것이다.

### 방어의 대가를 확인

방어의 대가는 환자가 자신의 삶에서 방어로 인해 잃어버린 어떤 것들이 될 수 있다. 다른 사람에게 갖는 친밀함, 일에 대한 만족감, 삶에서의 기쁨, 대가는 괴로운 증상(예, 우울, 불안, 신체적인 증상)과 그동안 지속해 온 고통이다. 알코올 중독 치료에서와 같이, 파괴적인 방어를 포기하려는 동기는 환자가 방어의 대가가 바람직하지 않다는 것을 깨닫게 되면서 생긴다(Miller & Rollnick, 1991 참조).

**환자의 입장에서 더 선호할 만한 무엇이 없다면 견고한 방어의 변화는 불가능하다.** 방어로 인해 환자가 성인으로서 가져야 할 책임감을 회피하도록 도왔다면, 어른이 되어 자율성을 갖는 것이 위협적이지 않고 바람직한 것이라고 인식될 때까지 방어 행동이 포기되기는 어려울 것이다. 만약 방어가 어린 양을 유지하도록 하고, 누군가로부터 보살핌을 받는 의존적인 입장을 유지하게 했다면, 환자가 자기를 돌보는 성숙한 방식을 배우기 전에는 그리고 타인으로부터 건강한 돌봄을 받는 방식을 배우기 전에는 이와 같은 방어 행동을 포기하기는 어려울 것이다.

### 대가와 이득을 지적

환 자: 화나는 느낌이[F] 싫고, 두려운 이유[A]와 제가 그것을 어떻게 배우게 되었는지를 이해하게 되었어요. 언니 성격이 너무나 통제가 안 되었고, 항상 언니가 화를 내는 것이 두려웠기 때문에[A] 저는 완전히 반대로 아주 착한 소녀로 행동했습니다[D].

치료자: 하지만 우리가 이야기했듯이, ○○씨는 분노를[F] 표현하는 대신, 피하면서[D] 자신을 보호했습니다[과거 이득]. 분노를[F] 피하면서[D] ○○씨는 관계를 유지해 왔던 것 같습니다[이득]. 하지만 ○○씨도 말했듯이, 이렇게 되면 ○○씨의 대인관계는 결국 고통으로 끝이 나게 됩니다[이것은 환자가 이전에 동의했던 방어의 대가다].

환 자: 맞아요. 저는 입을 다물고 말을 안 하는 것[D] 이상으로 어떤 것도 하지 않았어요.

치료자: 분노를 피하는 것이 바로 ○○씨를 고통스럽게 했던 우울의 주된 원인이라고 생각합니다[대가].

환 자: 맞아요. 모든 상황에서 모두를 맞추는 것은 정말 너무 힘이 들었습니다[방어를 포기하려는 높은 동기]. 하지만 더 이상은 할 수가 없을 것 같아요.

치료자: 그래서 관계를 더 잘 유지하기 위해 적절하게 주장을 하면서 분노를[F] 어떻게 사용할 수 있는지 그 방법을 배우는 것이 좋을 것 같습니다[방어를 대체하는 방식을 배우기 – 미래의 이득].

환 자: 네, 이제 느낌을[F] 무조건 참을 필요가 없다는[D] 것은 분명히 좋을 것 같습니다. 하지만 한편 너무 두렵습니다[A].

### 방어의 보상

방어의 이점은 환자가 그것을 사용하면서 얻는 '보상' 또는 '이득'이다. 이 보상으로 인해 환자들은 방어를 지속해서 사용할 뿐만 아니라, 심지어 그것을 포기하는 것을 거부할 수 있다. 방어의 이득 또는 보상은 두 가지 종류로 구분해서 살펴볼 수 있다. **일차적 이득**과 **이차적 이득**이다.

### 일차적 이득

갈등삼각형에서 논의했듯이(2장), 방어(D)는 환자가 초기 삶에서 경험할 수 있는 적응적이지만, 과도하게 억제되어 있는 감정(F)의 불편함(A)을 경험하지 못하도록 한다. 억제적 느낌(불안, 죄책감, 수치심, 또는 고통)의 회피가 방어의 **일차적 이득**이다. 방어가 이러한 일차적 이득만으로 유지될 때, 치료는 빠르게 체계적 탈민감화의 과정으로 진행할 수 있다. 왜냐하면 인지적 기법과 불안 조절을 통해 억제된 느낌을 작업하는 것이 상대적으로 수월하기 때문이다.

### 이차적 이득

더 나아가 느낌에 대한 방어적 회피는 종종 **이차적 이득**을 제공하는데, 이는 더 강력한 위안이자 보상이다.

환 자: 거절에 대한 두려움[A][일차적 이득] 때문에 제가 수동적으로[D] 사람들을 대한다는 것을 알았습니다. 하지만 이러한 태도를 보이면 사람들이 알아서 저를 챙겨 주기도 합니다[이차적 이득].

이차적 이득은 종종 방어 행동을 고정시키는 핵심이다. 왜냐하면 무의식적이기 때문에 이해하는 것이 어렵고 매우 강력하기 때문이다. 환자의 저항이 강력할수록 치료자는 방어의 이차적 이득 또는 숨겨진 보상에 대해 세심히 살펴야 한다. 방어를 포기하는 가장 큰 장애물 중 하나는 달콤하고 미묘한 이차적 이득의 보상이다. 이차적 이득 또는 숨겨진 보상이라는 용어가 다소 경멸적인 의미를 암시한다 해도 이것은 의식 밖 그리고 통제 범위를 넘어서는 인간의 공통적이고 자연스러운 반응이다. 환자가 이를 의식으로 가져와 바람직하지 못한 것으로 인식했을 때만이 이 기제에 대한 통제를 얻을 수 있다.

### 일차적 그리고 이차적 이득을 재구조화

방어를 재구조화하기 위해 치료자는 일차적, 이차적 이득에 초점을 맞춰야 한다. 느낌을 피하면서 얻는 일차적 이득은 체계적 탈민감화를 통해 포기되어야 한다. 이차적 이득—숨겨진 보상—은 건강하고 적응적이며, 대체되었을 때 동등하게 보상이 되는 반응을 통해 포기되어야 한다. 여기 두 가지 예가 있다.

#### 광장공포증 여성

- **방어적 행동:** 그녀는 집을 떠날 수 없다.
- **일차적 이득:** 자유가 주는 두려움을 피할 수 있다.
- **이차적 이득:** 남편은 그녀를 어디든 데리고 가야만 한다. 그래서 남편이 그녀를 돌보아 주면 그와 더 가까워진 기분을 느낄 수 있다.

광장공포증 여성에게 일차적 이득은 자율성과 자기감의 갈등에 대한 체계적 탈민감화를 통해 재구조화되어야 한다(체계적 탈민감화는 노출, 반응 중지 그리고 불안 조절을 포함한다는 것을 2장에서 언급하였다). 갈등이 감소되면 스스로 밖에 나가는 것을 즐기는 것을 배울 수 있다. 이차적 이득을 재구조화하기 위해서 그녀는 남편과 친밀감을 느낄 수 있는 다른 건강한 방식을 발견해야 한다.

#### 수동 공격적인 남성

- **방어적 행동:** 부인이 불쾌한 어떤 행동을 했을 때, 며칠 동안 말을 안 하면서 수동 공격적으로 행동한다.
- **일차적 이득:** 자신을 주장하는 데서 오는 두려움을 피할 수 있다.
- **이차적 이득:** 의식적으로 또는 무의식적으로 부인을 답답해 미쳐 버리도록 만들어서 자신이 행사하는 힘을 즐길 수 있다.

수동 공격적 남성의 일차적 이득은 체계적 탈민감화를 통해 재구조화될 수 있다.

그가 주장하는 것에 대해 편해지면(노출을 통해), 그는 자발적으로 어떤 점에서 자신을 힘들게 하는지 부인과 이야기할 수 있을 것이다. 수동 공격적 남성은 더 건설적인 방식으로 그리고 무조건 참는 방식이 아닌 다른 방식으로 부인과의 관계에서 힘을 느낀 후에야 방어의 이차적 이득을 포기할 것이다(반응 중지).

#### 일차적 이득의 다양한 형태

치료자는 환자가 방어로부터 얻는 다양한 이득을 확인하는 데 집중해야 한다. 예를 들어, 수동-공격적인 남성은 (1) 보복하고 싶은 마음에서 일어나는 불안을 피할 수 있고, (2) 분노를 표현하면 나쁜 사람이라는 수치심을 피할 수 있는 일차적 이득이 있다. 이것은 몇몇의 예에 불과하다. 그가 피할 수 있는 것은 더 많을지도 모른다(예, 거절에 대한 두려움, 공격적 충동의 두려움, 타인에게 상처를 주는 것에 대한 죄책감, 누군가가 그에게 화를 낼 때 느껴지는 참을 수 없는 고통 등).

#### 이차적 이득의 다양한 형태

환자가 구체적인 방어를 사용하면서 다양한 방식으로 보상을 얻을 수 있기 때문에 다양한 이차적 이득의 예가 있다. 예를 들어, 광장공포증 여성의 경우에 (1) 남편과 더 친밀한 느낌을 얻을 수 있을 뿐만 아니라, (2)그녀가 한 번도 경험하지 못한 보호받는 아이가 된 기분을 느낄 수 있고, 심지어 (3)그녀가 일을 하지 않아도 된다. **일차적 이득의 금지된 감정들과 이차적 이득의 구체적인 측면들이 방어가 포기되기 전에 다루어져야 한다.**

이차적 이득을 확인하는 것이 방어 포기하기에서 매우 중요하기 때문에 이 장의 6절과 7절에서는 이차적 이득의 다양한 형태에 대해 상세하게 논의할 것이다.

## 3. 방어의 기원과 방어의 유지를 식별하기: 그때 대 지금

#### 방어에 대한 책임

방어의 기원과 유지를 구별하는 것은 방어 행동에 대한 수치심을 줄이는 데 매우 도움이 된다. 이 개입은 환자가 방어를 어떻게 이해해야 하는지를 보여 줄 수 있기 때문에 방어의 타당화와 유사하다(5장에서 언급). 하지만 이 부분에서는 **방어가 어떻**

**게 시작되었는지 그 기원**에 대한 기술을 더 깊게 시도한다. 조건화된 방어는 초기 양육자에 대한 반응으로, 일반적으로 아동기에 기원을 두고 시작되었다. 그러한 방어 행동을 시작한 기원에 대해 환자에게 어떠한 책임도 가지고 있지 않다고 말해 주는 것이 도움이 된다. 그러나 그 문제 행동을 유지하는 것에 대한 책임은 바로 환자 자신에게 있다는 것을 배워야 한다. 두 가지 주된 요점은 다음과 같다.

(1) **아동은** 방어 행동의 **기원에 대한 책임을 지지 않는다.** 방어 행동은 그것이 바람직하든 그렇지 않든 과거에 시작되었다. 아동은 어린 시절에는 의존적일 수밖에 없었다. 그리고 그들의 행동은 거의 대부분 양육자에 대한 반응이다. 그 당시 방어적인 행동은 타당한 행동이었을 것이고, 과거 상황에서는 대가보다는 이득이 훨씬 많았을 것이다.

(2) 환자는 그들이 현재 파괴적인 방어 행동을 유지하고 또는 포기하는 것에 대한 **책임이 있다는 것을 배워야 한다.** 이 패턴을 변화시킬 수 있는 유일한 사람은 바로 환자 자신이다.

### 정확한 책임을 부여

환자가 방어 행동에 대해 스스로를 비난하는 것은 흔한 일이다. 환자—또는 환자의 부모—를 비난하는 것이 목표가 아니다. 목표는 공감하는 마음으로 **문제가 어디에서 출발했고, 그것을 수정해야 할 사람이 바로 누구인지에 대한 정확한 책임을 부여하는 것**이다. 정확한 책임의 부여는 환자가 자신을 비난하는 것 대신 과거 문제 행동의 기원을 이해할 수 있도록 돕는다.

### 비난 대 책임감

많은 환자들은 방어 행동의 **기원**에 대한 책임을 묻는 것을 두려워하며 또는 죄책감을 갖는다. 그들은 종종 치료자들이 자신을 대신해서 부모를 비난하는 것으로 잘못 느낄 수도 있다. 환자들이 다음과 같이 언급하는 것은 흔한 일이다. "하지만 저는 부모님을 비난하고 싶지 않아요." 비난은 환자를 희생자의 역할로 유지하도록 하는 방어적 움직임이라는 것을 명확히 하는 것이 중요하다. 환자가 자신의 부모를 비난할 때 그들의 행동에 대한 책임감을 갖지 않아도 된다. 반면, 환자가 부모의 책임을 탓하고 싶어 하지 않을 때, 그들은 방어 행동을 하고 있는 자기 자신을 비난하려고 한다.

여기에 비난과 책임의 문제에 있어 치료자가 어떻게 개입해야 하는지 그 예가 있다.

치료자: 우리는 ○○씨 또는 ○○씨의 부모님을 비난하기 위해 여기에 있는 것이 아닙니다. 이것을 하는 것은 파괴적이 될 수 있습니다. 우리는 부모가 자신이 알고 있는 방식으로 최선을 다해 양육을 했다고 하더라도 그 패턴이 시작된 상황에 대해 어떻게 책임이 있는지를 검토할 것입니다. 또한 지금은 ○○씨만이 이 방어 행동을 유지하고, 변화시킬 수 있는 책임을 가지고 있다는 점을 확인할 것입니다.

환 자: 알겠습니다. 무슨 이야기인지 알겠습니다. 하지만 직면하기가 어렵습니다. 그건 공평하지 않아요.

치료자: 맞아요. 공평하지 않지요. 처음 시작에 대해 당신이 통제할 수 없었던 일들을 해결해야만 한다는 것은 참 슬픈 일입니다. 그렇지 않나요?

환자는 어린 시절에 아이로서 어떠한 통제력도 가지고 있지 않았다는 것을 이해해야 한다. 하지만 이제 그들은 어떤 것들을 변화시킬 수 있는 통제력을 가지고 있다. 기질적으로 그들이 불안하고 충동적인 아이였다고 하더라도 이것은 환자의 잘못이 아니다. 이것은 그들이 알고 있는 가장 최선의 방식으로 이 문제를 다룬 부모에게 책임이 있다. 그리고 지금 이 문제를 (그것이 생물학적이든, 심리적이든) 다루는 것은 환자의 몫이다.

방어 행동에 대한 정확한 책임을 갖도록 돕는 치료자의 반응은 다음과 같다.

치료자 1: 어린 시절, 우리는 부모 또는 양육자에게 **완전히** 의존되어 있습니다. 그들은 ○○씨가 성장했던 가정을 만들어 냈습니다. 그리고 모든 가정은 어떤 문제를 다루는 방식이 있지요. 하지만 때때로 이 해결책이 ○○씨에게 가장 좋은 방식은 아니었습니다. 지금 ○○씨는 어린 시절에 갖고자 해서 얻어진 것도 아닌 행동의 패턴을 수정해야 하는 책임 앞에 놓여 있습니다.

치료자 2: 부모님은 가장 최선의 의도를 가지고 있었을 것입니다. 하지만 어떠한 부모도 완벽하지 못하고, 아이가 필요한 것을 정확하게 모두 예측할 수 없습니다. ○○씨가 아주 특별한 요구를 가지고 있었기에 부모는 이것을 어떻게 다루어야 할지 잘 몰랐을 수도 있습니다. 지금은 상황이 어찌되었든 이 문제를 다루는 것을 배워야 할 책임이 ○○씨에게 있습니다.

치료자 3: ○○씨는 이러한 방어 행동을 스스로 원했던 것은 아닙니다. 단지 주변의 상황에 따라 의존적인 아이로 살아왔을 뿐입니다. 슬픈 것은 ○○씨가 그 힘겨웠던 상황을 원한 것도 아니고 그 문제를 만들어 낸 장본인도 아니라는 겁니다. 하지만 이제 ○○씨가 바로 이 문제에 대해 어떤 것을 해야 하는 유일한 사람입니다.

치료자 4: ○○씨가 이 패턴을 시작하지 않았다고 하더라도 이제 ○○씨 아니 ○○씨만이 이 문제에 대해 책임을 갖고, 무엇인가를 해야 하는 사람입니다.

### 정확한 책임을 확인하여 수치심 감소

많은 환자들은 방어의 기원(그들의 부모에게 책임이 있었던) 그리고 유지(자신에게 책임이 있는) 사이의 차이를 배웠던 것이 **치료에서 수치심을 감소시켰던 개입**이었다고 말했다. 이러한 개입은 그들이 무엇을 하고 있는지를 더 잘 직면할 수 있도록 도왔다고 하였다.

## 4. 방어로 인한 상실에 애도하기

### 애도를 위한 안전한 장소가 필요

치료자는 방어—방어의 '보호 행동'으로 인한 과거의 대가—로 인해 잃어 왔던 모든 것에 대한 슬픔을 탐색하기 위해 환자를 안내할 필요가 있다. 치료자는 슬픔을 표현할 수 있도록 안전한 분위기를 형성하면서 상실감에 대해 천천히 공감적으로 반응해야 한다.

### 슬픔은 변화를 위한 동기의 신호

방어로 인해 잃어버렸던 상실에 대한 환자의 슬픔은 변화에 대한 동기가 높아지고 있다는 중요한 신호다.

환 자: (울면서) 저는 지난 많은 시간 동안에 어떤 것도 느끼지 않으면서 살아왔어요. (깊게 흐느끼면서) 아, 이것을 느끼니 마음이 너무 아파요.

슬픔을 주목하는 것은 많은 고통이 함께 따라오기 때문에 치료자가 수행하기에 매우 힘든 과정이다. 그러나 상실을 애도하는 것만이 환자가 행동변화의 의지를 다질 수 있도록 돕는다. 더 나아가 이 애도는 새로운 자기감의 탄생을 알려 준다.

환 자: [긴 흐느낌 후] 이제 저는 제 자신을 얼마나 부당하게 다루어 왔는지를 알았습니다. 저는 결코 다시는 이렇게 살고 싶지 않아요. 그리고 저는 더 좋은 대접을 받을 가치가 있다고 생각합니다.

치료자는 환자의 불안과 고통을 조절하는 데 주의를 기울여야 한다. 환자는 때때로 치료자가 더 많은 지지와 격려를 제공하는 이 과정을 피하고 싶어 하기도 한다.

치료자: 이 느낌을 여기서 저와 함께 경험하는 것이 ○○씨 혼자 하는 것보다 더 잘 견딜 수 있을 것이라고 생각합니다. 이것은 때때로 매우 고통스럽습니다. ○○씨가 이것을 잘 견디도록 제가 옆에 있을 것입니다.

### 불안 조절: 격려하며 환자의 강점에 주목

종종 환자의 슬픔과 불편함이 너무 강렬해서 혼란스럽고, 불안이 커지면서 이것에 압도될 수 있다. 그때 치료자는 다시 시도하기 전에 잠시 동안 이것을 완화시킬 필요가 있다. 여러 가지 방식이 있을 수 있는데, 종종 환자를 지지하고 힘을 반영해 주는 것이 도움이 된다.

환 자: 지금 압도되는 기분이 느껴집니다. 심장이 빨라지고, 그냥 도망치고 싶어요. 너무 힘들어요.

치료자: 잠시 멈춰 볼까요. 지금까지 잘 해 오고 있습니다[강점]. 하지만 불편함이 느껴질 만큼 급하게 할 필요는 없습니다. 좀 더 편안한 마음이 들 때까지 압도되는 느낌에 대해서 이야기를 하는 것이 도움이 됩니다[불안 조절]. 우리는 ○○씨가 그 슬픔을 견딜 수 있고, 안도감이 든 후에 다시 진행할 것입니다.

## 5. 슬픔이 일어나지 않을 때 자기연민을 구축하기

환자는 슬픔을 느낄 수 없기 때문에 앞에서 강조된 개입이 적용될 수 없는 경우가 많이 있다. 방어 행동의 대가에 대한 슬픔이 없을 때, 일반적으로 방어는 자아 동질적이라는 뜻이다(예, 환자는 자기 성격의 일부로 방어를 사용한다). 그러한 예에서 환자의 자기감은 방어를 변화하기에는 충분히 강하지 않다고 볼 수 있다. 그러기에 특별한 작업이 필요한데, 자기연민을 평가하고 형성해야 할 필요가 있다.

환　자: 미안해요. 저는 소극적인 사람입니다. 그리고 앞으로도 여전히 소극적일 것입니다.

치료자: 왜 ○○씨는 자신을 그렇게 꼼짝 못하게 하나요?

환　자: 그게 접니다. 그리고 저는 폭력적이고, 공격적이지 않는 것이 좋다고 생각해요.

치료자: 그것이 유일한 답인가요?

환　자: 이것이 제가 살아온 방식입니다.

치료자: 좋아요. ○○씨의 생각과 일치하는 방향으로 자신을 보호하고 돌보는 것을 배워야 할 것 같습니다.

### 동등하게 보상하는 반응으로 방어를 대체

이제까지 편안했던 반응들(예, 좋은 사람, 의존적인 아이, 반항하는 아이, 또는 다른 형태의 이차적인 이득)을 포기하는 것은 적어도 동등한 가치가 있는 어떤 것으로 그 자리를 대신해야 한다는 것을 뜻한다. 동등하게 보상을 주는 다른 행동들 또는 가치들을 가져야 한다. 예를 들어, 환자는 다음과 같이 깊은 자기 긍정적 이해가 이루어질 필요가 있다.

환 자 1: 결코 화를 내지 않는 것[또는 슬픔에 빠지지 않는, 열정적이지 않은]이 제가 원하는 사람이 아니라는 것을 이해했습니다. 더 이상 그것을 좋게 생각하지 않습니다. 그리고 어머니가[아버지 또는 다른 양육자] 이것을 이해할 수 없었다는 점이 슬픕니다(울면서). 이제는 제가 저를 유지시키는 유일한 사람입니다.

자기연민은 방어를 포기하도록 환자를 동기화시킨다. 환자에게 이러한 근본적인 능력이 부족할 때 자기 재구조화가 필요하다. 9장은 자기연민이 없을 때 이를 회복하는 것을 배우는 장이다.

## 6. 방어의 이차적 이득을 확인하기: 숨겨진 의미와 보상

(감정의 회피가 꽤 간단한) 일차적 이득과 달리 이차적 이득은 더 복잡한 양상을 보여 준다. 다양한 형태의 숨겨진 의미와 보상이 기저하고 있는 느낌을 피하기 위해 사용된다. 이차적 이득에 의해 유지되는 감정 공포는 방어가 강하게 자리를 잡고 있기 때문에 탈민감화하는 것이 매우 어렵다. 그러한 경우, 환자들은 자신이 하고 있는 행동을 잘 알지 못할 뿐만 아니라 방어에 매달려 무의식적인 방식으로 행동하려 하며, 그렇게 행동하는 깊은 의미는 더욱 모호하다. 이러한 경우, 견고한 방어 행동에 기저하는 많은 보상적인 부분을 이해하기가 어려우며, 이를 변화시키기는 더더욱 어렵다.

### 이차적 이득을 확인하는 질문들

이차적 이득을 발견하는 것은 치료자와 환자 사이에 협력적이고 '탐색적인 작업'이 되어야 한다. 일차적 이득과 같이 방어의 비용과 대가를 살펴보는 것이 매우 중요하다. 여기 이차적 이득을 확인하는 몇몇 질문들이 있다.

- 방어가 환자에게 제공하는 것은 무엇인가?
- 방어를 통해 얻는 이득은 무엇인가?
- 방어를 사용하지 않는다면 어떤 일이 생길 것인가?
- 환자가 놓치고 있는 부분은 무엇인가?

### 숨겨진 의미와 보상을 통해 이차적 이득을 발견

이차적 이득을 해독하는 두 가지 방식은 (1) **방어의 상징적 또는 감추어진 의미**를 발견하는 것 그리고 (2) 이차적 이득이 주는 **숨겨진 보상**을 발견하는 것이다. 각각은 분리된 항목이 아니다. 모든 숨겨진 의미는 보상적 가치가 있고, 모든 숨겨진 보상은 어떤 의미를 가지고 있다. 숨겨진 의미와 보상을 검토하는 것은 이차적 이득의 비밀스러운 목표를 이해하고 해독하는 두 가지 유용한 방식이다.

종종 숨겨진 의미가 환자의 자기이미지 또는 가치감과 관련이 깊기 때문에 매우 보상적일 수 있다는 것을 기억해야 한다. 앞에 제시된 질문들과 유사한 질문들이 숨겨진 의미를 발견하는 데 도움이 된다. 환자와 치료자가 서로 주고받는 대화를 보자.

치료자: ○○씨가 운다면 무슨 일이 일어날까요?

환　자: 모르겠습니다. 울게 되면 저는 매우 당혹스러울 것입니다.

치료자: 당혹스럽다고요? 왜 그렇지요?

환　자: 운다는 것은 제가 나약하다는 것과 같습니다……. 존경받을 가치가 없다는 거지요.

치료자: 그것은 누구에게 배웠나요?

환　자: 모르겠어요. 아버지라고 생각합니다. 아, 지금 그것을 생각하니까 아버지는 항상 정신력이 투철한 사람만을 존경하고 좋아했던 것이 떠오르네요.

이 환자에 대한 요약: '울지 않는다는 것은 나의 아버지가 존경할 만한 강인한 사람이 되는 것을 의미함.' 이러한 의미가 보상임을 기억하라. 환자는 이와 같이 행동함으로 인해 얻은 것이 있다.

여기 다른 가능한 의미를 이해할 수 있는 예가 있다.

환 자 1: 열정을 갖고 참여하는 것보다 거리를 두고 물러나 있는 것이 저를 부정적으로 평가하는 사람들로부터 안전하다는 것을 뜻합니다[숨겨진 의미].

환 자 2: 신도 저를 미워할 것 같은 기분은 저를 그렇게도 용서하지 않았던 아버지를 떠오르게 합니다. 어쨌든 아버지한테 용서를 받는 것은 불가능하기 때문에 저는 어떤 노력을 할 필요가 없었습니다. 만약 제가 어려운 일에 도전하지 않는다면 저는 결코 상처를 받지도 않을 것이고, 누군가를 실망시킬 일도 없는 거지요 [숨겨진 보상].

### 숨겨진 의미와 보상을 지속적으로 탐색할 필요

이차적 이득은 환자와 치료자가 발견하고 이해하는 것이 어렵기 때문에 모든 다른

**가능한 의미를 검토하고, 그로 인해 얻어지는 숨겨진 보상**을 탐색하는 것이 특히 중요하다. **환자가 방어로부터 얻은 것이 무엇인지 정확하게 확인하는 것**(단지 느낌을 회피하는 그 이상으로)이 이차적 이득을 발견하도록 도울 수 있다. 이러한 숨겨진 의미 그리고 보상들을 이해한 후에는 더 적응적인 보상으로 대체하는 방법을 알아야 한다. 이것은 환자가 견고한 부적응적인 방어를 포기할 수 있도록 돕는다. **모든 숨겨진 의미와 보상이 확인되지 않고 대체되지 않는다면 그 방어는 견고하게, 움직이지 않으며, 유지될 가능성이 크다**(CC, pp. 170-172, 176-178 참조).

### 흔히 나타나는 숨겨진 보상 또는 이차적 이득

다음은 다양한 방어기제 및 감정 공포와 연관된 이차적 이득 또는 보상의 항목들이다(Davanloo, 1980).

- **친밀함의 회피**: 친밀함, 부드러움, 개방, 취약함에 대한 감정 공포(두려움)로부터 나온 방어. 숨겨진 보상과 이차적 이득은 고립을 통해 안전함을 얻는다.
- **가짜 자기**: 참 자기를 드러내어 평가받는 것에 대한 감정 공포로부터 나오는 방어. 숨겨진 보상과 이차적 이득은 부서질 것 같은 자기감을 보호한다.
- **손상된 자기감**: 자기가치/버려짐 또는 사랑받지 못하는 것에 대한 감정 공포로부터 나온 방어. 숨겨진 보상과 이차적 이득은 사랑의 결핍 또는 버려짐에 대한 고통의 회피다.
- **치료의 방해**: 변화에 대한 감정 공포로부터 나온 방어. 숨겨진 보상과 이차적 이득은 변화하지 않고 지금을 유지하는 것이다.
- **변화에 대한 동기 부족**: 변화, 자유, 또는 개인적 책임감을 갖는 것에 대한 감정 공포로부터 나온 방어. 이차적 이득 또는 숨겨진 보상은 변화하지 않는 것, 그리고 내가 책임을 갖지 않고 다른 사람에게 넘기는 것이다.

우리가 이것을 **숨겨진 보상**이라고 부르더라도, 『성격 변화(*Changing Character*)』에서는 이러한 이차적 이득을 방어의 다른 기능으로 언급하였다. 방어가 환자에게 보상이 되는 매우 구체적인 방식으로 기능하고 사용되기 때문이다(CC, pp. 128-138 참조). 이 장에서는 방어, 감정 공포 그리고 숨겨진 보상을 더 상세히 살펴볼 것이다.

### 친밀함의 회피, 친밀함에 대한 공포 그리고 안전한 고립

1장(3절)에서도 언급하였지만 **친밀함**은 단순한 하나의 감정이 아니다. 톰킨스에 의해서 설명되었듯이, 기본 감정들의 복잡한 혼합으로, 부드러움, 돌봄, 연민, 관심, 사랑하는 느낌을 포함하고 있다. 친밀함은 임상실제에서 매우 중요한 초점이고 감정 공포에 매우 적합한 주제이기에 갈등삼각형에서 느낌(F)의 극점에 친밀함을 두었다. 그리고 부드러움 또는 돌봄에 대한 갈등을 해결하기 위해 체계적 탈민감화를 사용한다.

### 친밀함의 회피에 개입하는 방법

어떤 환자들은 상대적으로 친밀함에 대한 억제된 공포를 가지고 있는 반면, 다른 환자들은 친밀함과 다정함뿐만 아니라 수줍고 물러서려는 모습을 보이며, 모든 느낌들을 피하려고 한다. 이러한 경우, 분노 또는 슬픔과 같은 구체적인 감정 공포에 반하는 방어를 치료자가 지적하는 것이 반드시 도움이 되는 것은 아니다. 대신 그러한 환자들은 어떻게 다른 사람들로부터 정서적으로 고립되는지 또는 벽을 치는지를 자각하는 것이 우선적으로 필요하다. 친밀함의 문제나 또는 친밀함에 대한 공포를 가지고 있을 때, 치료자와 환자 관계는 변화를 위한 수단으로 매우 중요하다. 치료관계에 존재하는 친밀함에 대한 감정 공포는 노출과 탈민감화를 할 수 있는 강력한 기회를 제공한다. 환자가 안전한 환경에서 취약해질 수 있고, 타인을 신뢰하는 것을 배울 수 있는 유일한 기회다. 환자는 다른 사람 앞에서 자신을 개방하고 취약해질 수 있기 위해 치료자와 함께 안전함을 배우는 것이 우선적으로 필요하다.

치료자 1: 저[T]와 ○○씨의 감정을[F] 공유하는 것이 매우 힘든 것 같습니다[A].

치료자 2: 그렇게 고통스러운 문제로 도움을 구하러 왔는데 저에게도[T] 마음을 열지 못한다는 것이[D] 슬프지 않나요?

치료자 3: 여기서도 침묵을 유지하면서[D] 저와[T] 벽을 치고[D] 있나요?

### 거짓 자기: 참 자기를 드러내는 것에 대한 공포 그리고 부서지기 쉬운 자기보호

거짓 자기는 더 다루기 복잡하고 어려운 방어를 대표한다. 고립되어 있고, 부끄러워하는 환자들을 식별하는 것은 어렵지 않다. 반대로 자기애적인 환자들은 거짓 확신, 자기과신, 거대성, 매력 뒤에 있는 부적절감과 깊은 불안정감을 숨기고 있어 쉽지 않다. 그러한 사람들은 종종 문제가 없어 보이기도 하고, 불안이 없어 보인다.

**이번 장의 1절에서 언급했듯이, 단기역동정신치료(STDP)의 적극적인 개입은 자기애적 성격장애를 가진 환자들에게는 대체적으로 제한된다.** 부서질 것 같은 자기를 보호하는 방어를 직면하는 것은 극히 고통스럽고, 환자에게는 감정적 폭발을 일으킬 수 있으며, 치료관계가 결렬될 수 있다. 이것은 **자기애적인 손상**으로 볼 수 있다.

### 거짓 자기를 가진 환자에게 개입하는 방법

자기애의 경우, 진실한 자기이미지를 형성하고 치료자와 동맹을 형성하는 것이 수 주일을 넘어서 몇 달 또는 몇 년이 걸릴 수도 있다. 그리하여 장기 치료를 요한다. 치료 과정이 환자의 인생을 유지시켜 온 버팀목을 무너뜨리는 것과 같다. 때문에 오랜 구조물이 허물어질 때 새로운 구조(즉, 자기와 타인 재구조화하기를 통해 자기를 향한 그리고 관계 내에서 새로운 감정적 · 인지적 그리고 행동적 능력 형성)를 형성하는 것이 매우 필요하다. 환자가 행동할 수 있는 강력하고 적응적인 발판을 만드는 것이다. 따라서 환자에게 감정 공포를 너무 급격하게 드러내게 해서는 안 된다(CC, pp. 411-415 참조).

친밀함이 갈등삼각형에서 느낌 극점[F]에 나타내어지듯이, 자기와 관련되는 이슈들은 느낌 극점에 자기, 자기가치, 또는 자기존중감에 대한 긍정적 느낌으로 나타내어진다. 물론 많은 환자들은 거짓된 또는 손상된 자기의 문제를 가지지 않고서도 이 영역의 문제를 가지고 있다. 하지만 자기 관련 문제가 두드러질 때는 일반적으로 자기와 타인 재구조화하기에 먼저 집중하는 것이 좋다(9장과 10장). 이것은 초점화된 감정 작업을 견딜 수 있도록 돕는다.

치료자 1: 제가 말한 것 때문에 ○○씨가 불편하고 신경이 쓰였다는 점을 말할 수 있어 다행입니다. 구체적인 이야기를 하기 전에 우선 이러한 이야기를 한 것이 정말 용감한 일이라는 것을 말하고 싶습니다. 지난 시간에 ○○씨가 했던 이야기를 생각하면, ○○씨가 이렇게 충동적이지 않게 솔직히 말하는 것이 이번이 처음인 것 같습니다[지지].

치료자 2: 다른 사람들에게 ○○씨를 보이는 것이 얼마나 힘든 것인지를 말해 주었네요. ○○씨가 저를 믿고 진심을 나누어 주어 고맙습니다.

치료자 3: 다른 사람들 앞에서 자기 자신이 되는 것이 얼마나 힘든 일인지 알겠습니다. 듣고 보니 어린 시절 가족에서 성장하였던 모습과 비슷했다는 것을 알겠습니다. 가족 속에서 ○○씨가 생존하려면 진짜 자기를 숨기는 것이 가장 좋은 방법이었다는 것을 알겠습니다[타당화].

### 손상된 자기감과 자기가치에 대한 공포, 버려짐에 대한 공포, 회피 그리고 고통

어떤 환자들은 정체성 또는 자기감의 발달에서 심각한 혼란을 감추는 숨겨진 보상을 가지고 있다. 이들은 경계선 성격장애와 같은 진단을 받을 수 있고, 축 II 성격장애 중 하나 또는 외상후스트레스장애의 더 복잡한 형태를 보일 수 있다. 그러한 장애에 대한 진단적 기준에 따르면 이들은 자신이 누구인지, 자신의 가치가 무엇인지, 또는 친구로서, 사랑하는 사람으로서 자신이 원하는 사람이 누구인지 잘 알지 못한다. 게다가 그들은 버림받는 것 또는 사랑받지 못하는 것에 대해 두려워하고, 종종 내부에서 공허감 또는 무력한 기분을 느낄 수 있다.

### 손상된 자기감에 개입하는 방식

이러한 경우, 자기감이 재구조화되기 전에 신속하게 드러내는 개입은 적합하지 않다. 특히 충동 조절에 어려움을 가지고 있는 환자들의 경우에는 더욱 그러하다. 왜냐하면 중독 행동 또는 다른 행동화가 불편한 감정을 다루는 식으로 촉발될 수 있기 때문이다. 1절에서 언급했듯이, 리네한(1993)의 변증법적 행동 치료(DBT)는 이러한 환자들을 안정화시키는 데 도움이 된다. 행동화를 시도하는 환자들에게 이러한 치료는 파괴적인 방어적 행동을 인식하고, 자기돌봄 그리고 자기연민을 형성하는 것을 도움으로써 많은 시간을 절약할 수 있다.

그러기에 거짓 자기를 가지고 있는 환자들과 같이, 손상된 자기감을 가지고 있는 환자들에게도 자기와 타인 재구조화(9장과 10장)하는 작업이 필요할 것이다. 또한 이 작업에서 방어 재구조화하기(방어 행동이 어떻게 자신을 해하는지를 지적) 그리고 감정 재구조화하기(자기연민뿐만 아니라 의식할 수 있는 느낌을 확인하고 명명하는 정도로만)의 일부를 적용하는 것도 자기와 타인에 대한 보다 적응적인 느낌을 발전시킬 수 있다.

치료자: 만족할 만한 일을 찾을 수 없는 것이 얼마나 고통스러운지 알고 있습니다. ○○씨가 기쁘고, 정말 흥미를 가지고 할 수 있는 일이 무엇인지 알려 줄 수 있나요?

환 자: 맙소사, 없어요. 저는 마흔 살이나 먹었지만 그런 쪽으로는 별 생각이 없었습니다. 불쌍하지 않나요?

치료자: 정말 힘들어 보입니다. 직업에 초점을 맞추는 것 대신에 먼저 자기 자신에 대해 이야기하는 것이 좋을 것 같습니다. ○○씨 자신의 가치, 희망 그리고 꿈, ○○씨가 좋아하는 것, 싫어하는 것, 바로 ○○씨 자신이지요. 자신에 대한 긍정적인 느낌, 자신을 흥분시키는 것, 흥미를 가지고 있는 것에 대해 좀 더 분명히 이해한다면, 직업에 대한 문제가 더 쉽게 풀릴 수 있을 것 같습니다.

### 치료에 대한 방해, 변화에 대한 공포 그리고 현행 유지

이 항목에 속해 있는 환자들 그리고 변화에 대한 동기가 부족한 환자들은 변화를 향해 한 발자국도 움직이지 않고, 아무것도 하지 않기 때문에 치료자를 더 좌절시킨다. 진전의 어려움을 보이는 환자들은 앞에서 언급한 방어의 이차적 이득 또는 숨겨진 보상을 가지고 치료에 온다. 예를 들어, 이러한 환자들은 강한 감정 공포를 가지고 있다. 그들은 고독 또는 소외를 선택하면서 친밀함을 피하기 때문에 여기에 고정하여 움직이려 하지 않는다. 그리고 의존적이고, 희생된, 미숙한 방식으로 오래된 파괴적인 자신의 방식을 단단히 붙잡고 있다. 방어를 포기하는 것에 대한 두려움 때문에—대개는 무의식적으로—오래된 부적응적인 패턴을 유지하려고 하기 때문에 작업하기가 어렵다.

### 변화를 거부하는 환자를 다루는 방식

만약 치료자가 치료에서 나타나는 환자의 미묘한 저항을 놓친다면 치료 효과를 기대하기가 어렵다. 다음의 환자가 보이는 저항 행동의 몇 가지 예를 살펴보자.

- 계속해서 변화를 향해 노력한다(결국 그들은 치료를 찾는다.) 하지만 반복해서 오래된 파괴적인 패턴으로 돌아간다.
- 치료 회기에서 열심히 노력하는 것처럼 보인다. 하지만 지난주 치료에서 말했던 것 중 어떤 것도 기억하지 못한다.
- 동기를 가지고 있는 것처럼 보인다. 하지만 그들의 삶에서 어떠한 변화를 일으키는 시도도 없이 몇 달이고 지나간다.

감정 공포 패턴을 확인하기 위해 치료자는 한 걸음 물러서서 과연 변화가 일어나는 것인지 아닌지에 대해 점검해 보아야 한다. 변화가 전혀 일어나지 않는다면 이것을 환자에게 공감적으로 지적할 필요가 있다.

치료자: 치료에서 말하는 동안은 ○○씨의 변화하고자 하는 강한 마음을 느낄 수 있지만, 한편으로는 우리가 했던 작업들이 바로 다음 시간이 되기도 전에 모두 사라지는 것 같은 생각이 듭니다. 거의 완벽하게 모든 것을 잊는 것[D] 같습니다. 심지어 우리가 매우 파괴적인 행동의 패턴을 확인했을 때조차도 이후에 어떠한 진전도 보이지 않는 것처럼 보입니다.

환 자: [이 주제에 대해 많은 논의를 한 후에] 아, 제가 달라질 수 있을 거란 믿음이 없는 것 같아요.

치료자: 맞아요. 매우 강력한 어떤 것이[이차적 이득] 많은 고통[A]을 일으키는 패턴[D]으로 ○○씨를 가두는 것 같아요. 이 패턴이[D] 드러나는 것이 두려운[A] 것 같습니다. 변화하는 것에서 가장 힘든 부분이[A] 무엇입니까[불안 조절]?

### 변화의 동기 부족, 책임에 대한 공포, 현행 유지 그리고 책임 거부

가장 저항적인 환자들은 심지어 치료에 참여하는 것에 대한 동기가 부족하다. 그들은 치료에 수동적인 입장을 보이고, 내심 치료자가 자신을 저절로 변화시킬 힘을 가지고 있기를 바란다. 환자가 변화에 대한 바람이나 동기가 없을 때, 구체적인 느낌을 차단하는 방어를 재구조화하기 위해 노력하는 것은 의미가 없다. 다음의 예를 살펴보자.

환 자: 선생님, 저를 위해 언제, 어떤 개입을 하실 건가요? 지금은 아무것도 달라지지 않고 있습니다. 제가 생각하기엔 선생님이 지금보다 더 많은 노력을 해야 할 것 같습니다. 지금 이 방식은 저에게 별로 도움이 되지 못하고 있습니다. 저는 5주 동안 여기에 왔어요. 그렇지만 저는 더 나아지는 기분을 못 느끼겠습니다. 저를 도우려는 노력은 도대체 언제 하실 건가요?

환자는 사실상 '저를 변화시키는 것에 대한 책임은 바로 치료자에게 있습니다.'라고 이야기하는 것이다. 어떤 환자는 치료에서 어떤 노력도 하지 않으려 한다. 대신 자신이 어떤 노력을 하지 않아도 치료자가 자신을 더 좋은 상태로 만들어 주기를 바란다. 그렇지 않으면 저항하면서, 어떤 대가를 치르더라도 지금의 상태를 고수하려고 한다.

### 동기 부족을 다루는 방식

만약 치료자가 적극적으로 개입하여 환자의 파괴적인 패턴을 바로 지적한다면, 어떠한 개선도 일어나지 않을 것이다. 치료자는 변화에 대해 보이는 환자의 강한 저항을 확인할 필요가 있다. 이것은 환자에게 더 공감적으로 지적되어야 한다. 이것은 정직하고 직접적인 방식으로 이루어지도록 한다.

치료자 1: 제가 마술 지팡이를 가지고 있으면 좋겠습니다. 또는 스위치를 탁 올리면 당신이 고통에서 벗어날 수 있는 장치라도 있으면 좋겠습니다. 만약 그렇게 할 수 있다면 당장 저는 그것을 할 것 같아요! 하지만 안타깝게도 저에게는 그럴 힘이 없습니다.

치료자 2: ○○씨는 치료에 와서 힘겹게 번 돈을 쓰고 있습니다. 하지만 ○○씨의 마음이 치료 안에 있는 것 같지 않습니다. 우리는 ○○씨가 정말 할 수 있는 것을 찾아야 할 것 같습니다. 또는 더 이상 동기를 느끼지 못한다면 이 치료를 지속해야 하는 것인지 고민을 해 봐야 할 것 같습니다. 어떻게 생각합니까?

종결에 대한 제안은 최후의 수단으로만 사용되어야 한다. 그러나 종종 이러한 방식이 환자에게 강력한 동기를 제공할 수 있다. 만약 환자가 여전히 동기가 없다면 종결—또는 순전히 지지적인 형태로 치료를 이동하는 것—을 고려해야 한다.

## 7. 방어 포기의 동기를 강화하는 개입을 반복하기

### 변화가 일어날 때까지 개입을 반복하기

단기역동정신치료(STDP)의 치료자의 마음에 떠오르는 지속적인 질문—모든 회기 이전, 동안 그리고 이후—은 다음과 같아야 한다. **'변화가 있는가? 없다면 왜 없는가?'** 만약 파괴적인 패턴에서 움직임이 없다면, 검토되지 않은 다른 것이 있다는 것이다. 과도한 억제(일차적 이득) 그리고/또는 숨겨진 보상(이차적 이득)이 방어를 견고하게 유지시키고 있는 것이다.

### 이차적 이득의 탐색에 대한 저항

이차적 이득은 환자가 방어를 고집하는 이유를 검토하는 것에 대한 거부나 완강함을 통해 알 수 있다. 우리는 앞서 이 부분에 대해 이야기를 했는데, 또 다시 반복할 만하다. **모든 숨겨진 보상과 의미가 확인되지 않고, 설명되지 않고, 대체되지 않는다면 방어는 여전히 견고한 채로 움직이지 않을 것이다.** 방어가 포기되지 않을 때는, 심지어 많은 이차적 이득이 탐색된 이후라도 발견되지 못한 추가적인 의미와 보상이 있을 수 있다. 당신은 이러한 탐색을 위해 6절에서 제시한 이차적 이득의 항목 리스트를 검토하는 것이 도움이 될 것이다. 치료에 대한 저항 그리고 변화에 대한 동기 부족은 환자가 고집스럽게 부적응적인 방어에 매달려 있을 때 고려해야 하는 부분이다(방어의 숨겨진 의미 또는 방어의 기능은 CC, pp. 128-138, 170-172, 176-178 참조).

치료자는 회기마다 그리고 매주, 방어 밑에 기저하는 구조가 분명하게 드러나고 변경될 때까지 단호하게 왜 이러한 방어가 변화하지 않는지를 이해하는 데 초점을 맞추어야 한다(예, 저항, 불안 그리고 일차적, 이차적 이득의 대가와 이득에 대한 분석). 다시 말해, 치료자는 매주 어떤 작은 변화(인지적 이해 또는 감정적인 변화)라도 이루어지도록 노력해야 한다.

치료자: 우리가 초점을 맞추어 온 문제가 어떻게 되어 가고 있는 것 같은가요?

환　자: 나아진 것이 없습니다. 저는 여전히 그대로예요. 녹음기에서 같은 말을 계속 되풀이하는 것 같아요[D].

치료자: 그렇군요. 우리가 핵심으로 들어가기까지 다시 반복해서 보죠. 이 방어를 그대로 유지하고 싶은 강한 힘이 있는 것 같아요. [치료자는 초점을 맞추고 그 방어에 대한 타당화를 시도한다.] 우리는 머리로는 이것을 변화시켜야 한다는 것을 알아요. 하지만 정서적으로 ○○씨는 같은 패턴으로 반복해서 돌아가고 있는 것 같습니다[공감].

환　자: 맞아요.

치료자: 그것을 포기하는 것에서 가장 힘든 것이 무엇인가요, 한번 볼까요? [A-일차적 이득] …… (많은 대화 후에) 이미 검토한 많은 것들 **이외에도** 이 방어를 멈추기 어려운 어떤 다른 이유가 있을까요[다양한 이차적 이득-6절에서 항목 리스트를 검토]?

이러한 과정이 다소 지루한 과정일지라도 환자가 변화에 대한 동기를 높이도록 도움을 받을 때만이 감정 공포에 대한 치료의 중심부—다음 장에서 다루는 감정 경험하기—로 들어갈 수 있다.

### 방어 포기하기 단계 요약

방어 포기하기 단계를 〈표 6-1〉에 요약하였다.

**〈표 6-1〉 방어 포기하기에서의 단계**

- 방어에 대해 적극적이고, 활발하게 지적한다.
  방어의 대가와 이득에 대해 지적한다.
  자아 동질적인 방어를 자아 이질적인 방어로 전환하도록 한다.
- 방어의 기원과 방어의 유지를 구별한다.
- 방어의 부정적인 효과에 대해 강조함으로써 변화에 대한 동기를 높인다.
- 진정한 관심을 보인다.
- 방어의 위험한 부분을 강조 - 환자의 무관심을 조명한다.
- 환자가 어떤 행동을, 왜 하는지를 이해하도록 작업한다(일차적/이차적 이득).
- 적응적인 행동 또는 성숙한 방어를 지적하고 형성하도록 돕는다.
- 변화에 대한 동기를 확인하면서 방어로 인한 슬픔(비탄)에 대해 주목한다.
- 방어에 대해 어떠한 슬픔도 없다면 자기와 타인 재구조화하기 작업을 한다.

## 연습문제

### 6A: 방어의 이득과 대가를 확인하기

**지시** 다음 예에서는 이제까지 경험한 당신의 임상적 그리고 삶의 경험에 근거해서 방어의 가능한 대가와 이득을 떠올려 보라.
다양한 가능성이 있다는 것을 기억하라. 방어를 유지하는 이유에 대해 잠정적인 가설을 만들어 보라.

**예** **방어 행동**: 55세 여성으로, 슬픔을 느끼지 않으려고 차단해 왔다. 또한 약하다는 것에 대한 수치심을 피해 왔다. 그녀는 "저 자신을 불쌍히 여기는 것이 끔찍해요."라고 말한다.

**답** **가능한 이득**: 일차적인 이득은 슬픔과 연결되어 있는 수치심을 피하는 것이다. 슬픔을 경험하기 시작하면 끝이 없을 거라는 불안을 피하고 있다. 이차적인 이득은 굳건하고 독립적인 사람이라는 느낌을 주는 것이다.

**가능한 대가**: 공교롭게도 그녀는 슬픔을 피하려고 애를 쓰면서 오히려 비효과적인 슬픔에 갇혀 있었으며, 자유롭게 자신을 해방시키는 안도감을 느낄 수 없었다. 일종의 해결되지 못한 슬픔은 치료에 오게 된 환자의 문제(우울, 불안, 그리고 친밀함에 대한 어려움)와 직접적으로 관련이 있다. 슬픔을 피하는 것은 자기 자신뿐만 아니라 다른 사람들에 대한 연민을 느끼는 것을 차단하게 했다.

## 6A.1.

**방어 행동**: 학교 선생님인 환자는 타인의 합리적이지 못한 요구에 수동적으로 수용하는 모습을 보였다. 줄곧 그렇게 수용을 하다가 갑자기 화를 분출하였다. 갑자기 화를 분출하는 자신에 대해 불만을 갖고 '분노 문제'가 있다고 하면서 치료에 오게 되었다(걸핏하면 화를 내는 것은 억누른 좌절감이 분출되는 것이다[분노의 방어적 형태]. 이것은 자신을 표현하는 것[적응적인 분노의 표현]을 차단한다.).

가능한 이득: ____________________

____________________

가능한 대가: ____________________

____________________

## 6A.2.

**방어 행동**: 5형제 중 맏딸이자 외동딸인 젊은 여성은 자신의 문제는 별것이 아니라고 하면서 이해받지 못하는 기분 또는 무시당하는 기분이 느껴질 때, 이야기를 하지 않고 오히려 치료자를 돌보려고 한다.

가능한 이득: ____________________

____________________

가능한 대가: ____________________

____________________

## 6A.3.

**방어 행동:** 30세의 화학 엔지니어인 환자는 직업에서 뭔가 막혀 있는 느낌을 받았고, 생산적으로 일을 하지 못한다는 느낌을 받았다. 그는 어머니와 형제들이 자신이 8세경에 집에 불이 나서 죽었다는 사실과 지금 경험하고 있는 직업 문제와 어떤 연관성이 있는지 이해하지 못하고 있다.

가능한 이득: ______________________________

______________________________

가능한 대가: ______________________________

______________________________

## 6A.4.

**방어 행동:** 32세인 여성 환자는 너무 결혼을 하고 싶고, 아이를 갖고 싶다고 이야기한다. 하지만 그녀는 '완벽한 …… 부모님이 항상 결혼은 저런 남자와 해야 한다는 바로 그런 사람'이라고 설명하는, 자신에게 헌신하는 남자 친구에게 화를 내며 마치 마녀처럼 트집을 잡는 자신을 발견할 때 부끄럽고 당황스럽다고 한다.

가능한 이득: ______________________________

______________________________

가능한 대가: ______________________________

______________________________

## 6A.5.

**방어 행동:** 26세 평화 운동가인 환자는 여자 친구에게 성적으로 흥분하는 것에 어려움을 가지고 있다. 이 문제를 탐색하면서 그는 청소년기에 누나들과 속옷 차림으로 놀다가 성적으로 각성된 적이 있었는데, 이때 수치심을 느꼈던 것을 생생하게 회상했다.

가능한 이득: ______________________________

______________________________

가능한 대가: ______________________________

______________________________

## 6B. 방어의 기원과 유지를 확인하기

**지시** 방어 행동이 어떤 기원을 가지고 있고, 어떻게 유지되고 있는지에 대해 떠올려 보라. 환자에게 이를 설명하기 위해 어떻게 할 수 있는가? (반복해서 말하지만, 이 실습문제에 정답과 오답은 존재하지 않는다. 중요한 점은 가능한 시나리오를 생각하고, 반응하는 것을 연습하는 것이다.)

**예** 방어 행동:

치료자: 이제까지 우리는 ○○씨가 화가 났을 때 어떻게 빠르게 소극적이 되는지를 보았습니다. [역사: 어린 시절 내내 환자의 부모님은 심하게 싸웠다. 환자는 그것이 너무 싫었다.]

**답** 방어의 기원에 대한 치료자 반응(어린 시절 방어의 대가 그리고/또는 이득): ○○씨가 성장하는 동안 싸움이 심했던 부모님에게 화가 났지만, 그 당시 침묵하고 물러서는 것이 도움이 되었을 것입니다[이득].

방어의 유지에 대한 치료자 반응(현재 대가와 이득): 하지만 ○○씨는 이제 더 이상 어린 시절과 같은 상황이 아닌데도 불구하고 이 패턴을 유지하고 있습니다. ○○씨를 안전하게 지키기 위해 침묵을 사용하고 있습니다[기원적 이득]. 그리고 심지어 지금도 침묵을 지키면서 스스로 '좋은 사람'으로 느끼고 있지요[이차적 이득]. 하지만 ○○씨는 매우 절망적이고 외롭게 지내고 있습니다[대가]. 그리고 사실 이런 ○○씨의 모습은 어떤 사람들을 매우 화나게 하기도 합니다[대가]. 왜냐하면 그들은 ○○씨가 무슨 말이라도 하길 원하니까요.

### 6B.1.

방어 행동:

치료자: 아내나 아이들이 ○○씨와 같이 있고 싶을 때, ○○씨는 집을 수리하는 것 같습니다[역사: 환자는 냉소적이고, 거리가 있는 가족에서 자랐다. 가족은 혼자 지냈고, 각자만의 흥미를 가지고 있었다. 개인적인 관심을 가족과 공유하지 않았다].

방어의 기원에 대한 치료자 반응(어린 시절 방어의 대가 그리고/또는 이득): ______

______

방어의 유지에 대한 치료자 반응(현재 대가와 이득): ______

______

### 6B.2.

방어 행동:

치료자: 남동생의 죽음에 대해 슬픔[F]이 느껴질 때, 농담을 하거나[D] 주제를 변화시키는[D] 것을 알고 있습니까? [역사: 환자의 가족은 항상 기분을 좋게 유지하려고 애를 썼다. 누구에게도 우는 것이 허락되지 않았다. 눈물을 보이는 사람은 '나약한' 사람으로 놀림을 받았다.]

방어의 기원에 대한 치료자 반응(어린 시절 방어의 대가 그리고/또는 이득): ______

______

방어의 유지에 대한 치료자 반응(현재 대가와 이득): ______

______

### 6B.3.

방어 행동:

치료자: 누군가 화가 난 상황에 대해 이야기할 때, ○○씨가 우울해진다는 점이 매우 놀랍습니다[역사: 어린 시절 어머니는 너무 우울했고 수동적이었다. 그녀는 아들에게 '성직자처럼' 될 것을 가르쳤다. 학교에서 다른 소년들과 싸우는 것도 금지되었다. 항상 자신의 욕구보다 다른 사람의 욕구를 먼저 고려해야 한다고 배웠다].

방어의 기원에 대한 치료자 반응(어린 시절 방어의 대가 그리고/또는 이득): ______

______

방어의 유지에 대한 치료자 반응(현재 대가와 이득): ______

______

## 6C. 방어의 대가에 애도하기

**지시** 예에서 치료자는 다음의 기준에 따라 반응할 수 있다.

- 방어의 대가에 대한 슬픔을 확인하였는가?
- 압도되는 기분을 느낄 때 이를 격려하고 북돋아 주었는가?

다시 말하지만 '정답'은 없다. 가능한 반응을 찾아보는 것이다. 느낌을 강화시키는 방법은 환자에게 좀 더 활력적으로 전달하면서 상세하게 반응하는 것이 도움이 된다.

**예** 방어 행동:

치료자: 우리는 ○○씨가 원하는 것을 요청하는 것이 얼마나 어려운 일이었는지에 대해 알았습니다. 결과적으로 ○○씨는 소극적인 성향을 갖게 되었군요.

**답** **심화시키기 위한 치료자 반응:** ○○씨는 요청하지 않고 그냥 지나가는 많은 것들이 있습니다. ○○씨가 많은 것들을 그렇게 놓쳐 왔다는 것은 참 슬픈 일입니다.

**격려하기 위한 치료자 반응:** 가족이 너무나 우울해했기 때문에 ○○씨가 원하는 것을 요구해 봤자 실망만 돌아올 것이라는 것을 배웠습니다[타당화]. 그래서 놀라울 정도로 ○○씨는 자기 자신만을 믿어야 한다고 다짐했고요. 이러한 장애물에도 불구하고, ○○씨는 많은 것을 성취하였습니다[강점을 지적하기].

**설명** 이 반응들은 슬픔을 깊게 경험하도록 하기 위한 것인지, 또는 방어에 대한 수치심을 감소시키기 위한 것인지 그 목적에 따라 각각 적절할 수 있다.

## 6C.1.

방어 행동:

치료자: 수년 동안 어머니의 죽음과 관련된 슬픔에 적당한 거리를 두고 지내 왔군요, 그렇지요?

심화시키기 위한 치료자 반응: ______________________________

______________________________

격려하기 위한 치료자 반응: ______________________________

______________________________

## 6C.2.

방어 행동:

치료자: ○○씨가 저와 눈을 맞추는 것을 피하는 것으로 보아 ○○씨는 다른 사람들에게도 비슷한 방식으로 할 것이라고 생각할 수 있습니다. 그리고 사람들과 거리를 유지하는 또 다른 방식들이 있을 수 있을 것입니다. [이 환자의 주된 호소문제는 지속적인 관계를 유지하는 것에 대한 어려움이다.]

심화시키기 위한 치료자 반응: ______________________________

격려하기 위한 치료자 반응: ____________________

____________________

6C.3.

방어 행동:

치료자: △△[환자의 동성 애인]과 성관계를 할 수 있는 시간이 되면 ○○씨는 과도하게 청소를 하기 시작합니다. [환자는 동성애자다.] [이 환자의 가족은 성문제에 대하여 엄격해서 그녀의 동성애 성향에 대해 매우 거부적이었다.]

심화시키기 위한 치료자 반응: ____________________

____________________

격려하기 위한 치료자 반응: ____________________

____________________

## 6D: 방어의 숨겨진 의미를 확인하기

**지시1** 방어적 사고의 뒤에 있는 숨겨진 또는 상징적인 의미를 상상해 보라.

**예** "나는 완벽하게 모든 일을 해야 합니다."

**답** 이 생각의 가능한 의미: 1) "만약 내가 완벽하게 모든 일을 한다면, 그것은 내가 멍청하지 않다는 것입니다." 2) "만약 내가 완벽하게 모든 일을 한다면, 사람들이 나를 좋아할 것이라는 뜻입니다." 3) "만약 내가 완벽하게 모든 일을 한다면, 그것은 내가 유능하고 가치 있다는 뜻입니다."

6D.1. "나는 항상 최고로 행동해야 합니다."

가능한 의미: ____________________

____________________

6D.2. "사람들이 나에 대해 이야기를 하고 있습니다."

가능한 의미: ____________________

____________________

6D.3. "사람들은 왜 내가 좋은 사람이라는 것을 모르지요?"

가능한 의미: ____________________

____________________

지시2 방어 행동 뒤에 있는 가능한 숨겨진 또는 상징적 의미를 상상해 보라.

예 과도하게 수집하는 행동

답 이 행동의 가능한 의미: 1) "과도한 수집행동은 내가 모든 것에 준비되어 있다는 것을 뜻합니다." 2) "모든 것을 내 손 안에 가지고 있다는 것은 멍청하게 보이지 않는다는 것을 뜻합니다." 3) "옛날 것을 수집한다는 것은 내가 잃었던 것에 대해 슬퍼할 필요가 없다는 것을 뜻합니다."

6D.4. 자기 스스로 일을 시작하지 못함

가능한 의미: ____________________

____________________

6D.5. 어떤 것도 버리지 못하는 행동

가능한 의미: ____________________

____________________

6D.6. 강아지를 발로 차는 행동

가능한 의미: ____________________

____________________

6D.7. 냉소적이고, 비판적인 모습

가능한 의미: ____________________

____________________

6D.8. 인색함

가능한 의미: ____________________

____________________

6D.9. 기분의 변화가 심함

가능한 의미: ______________________________

______________________________

## 6E: 방어의 숨겨진 보상(이차적 이득)

**지시** 다음에는 방어의 관찰에 대한 환자들의 반응이 제시되어 있다. 각각의 반응에 대해 다음 주제에 따라 반응해 보라. 첫째, 방어의 숨겨진 보상을 확인하라(이 장의 6절을 참조하라). 둘째, 환자의 숨겨진 보상에 대해 알려 주는 반응을 연습해 보라.

**예** 환 자: 그래서 제가 항상 웃는 것이 어떻다는 거죠? 그것이 저인걸요. 저는 원래 밝은 사람입니다. 그럼 제가 어떻게 해야 하는 거죠? 항상 칙칙하게 다니라는 건가요? 저는 그렇게 할 수 없습니다. 한편으로, 사람들이 저를 좋아하는 유일한 이유가 바로 제가 명랑하다는 건데요.

**답** **방어의 숨겨진 보상**: 느낌을 피하는 첫 번째 이유는 분노에 대한 불편함이다. 하지만 단서를 준 마지막 문장에서 환자가 대인관계의 불안 또는 친밀함에 대한 불신을 피하려는 이차적인 이득이 있다는 것을 알 수 있다("사람들이 저를 좋아하는 유일한 이유가 바로 제가 명랑하다는 건데요."). 자기감과 타인과의 관계에 문제가 있다는 것을 알 수 있다.

**방어의 숨겨진 보상을 지적할 수 있는 치료자 반응**: ○○씨가 명랑하기에 사람들이 ○○씨를 좋아한다는 것이 정말인가요? 왜 그런 생각이 들었나요? 누군가가 항상 명랑해야 한다는 것을 요구하는 것은 옳지 않잖아요?

### 6E.1.

환 자: 그녀가 제게 친절하지는 않았다고 생각해요. 그렇다고 해서 그녀에게 화를 내야겠어요? 지나간 일은 별 수 없잖아요. 그리고 울적해 있는 것보다는 웃어넘기는 것이 더 좋은 것 같습니다.

방어의 숨겨진 보상: ______________________________

______________________________

방어의 숨겨진 보상을 지적할 수 있는 치료자 반응: ______________________

______________________________________________

## 6E.2.

환 자: 제 생각을 그녀에게 말한다는 것은 끔찍해요! 저에 대해 안 좋게 생각할 겁니다!

방어의 숨겨진 보상: ______________________

______________________________________________

방어의 숨겨진 보상을 지적할 수 있는 치료자 반응: ______________________

______________________________________________

## 6E.3.

환 자: 지난달에 여자 친구가 저에게 못되게 굴지도 않았는데 너무 화가 나서 그녀에게 마구 소리를 질러댔어요. 지금 되돌아보면 너무 맘이 안 좋습니다. 하지만 그 당시에는 그것이 완전히 타당해 보였어요. 몇 주 동안, 그녀가 저에게 아무 일이 없었던 것처럼 좋게 대할 때, 짜증이 났습니다.

방어의 숨겨진 보상: ______________________

______________________________________________

방어의 숨겨진 보상을 지적할 수 있는 치료자 반응: ______________________

______________________________________________

## 6E.4.

환 자: 저는 오늘 할 말이 없어요. 저는 지난주에 치료를 끝낸 이후에 한 번도 치료에 대해서 생각하지 않았어요.

방어의 숨겨진 보상: ______________________

______________________________________________

방어의 숨겨진 보상을 지적할 수 있는 치료자 반응: ______________________

______________________________________________

### 6E.5.

환 자: (화가 나서) 어떻게 저의 행동에 숨은 의도가 있다고 말할 수가 있지요! 저는 치료에서 진실로 정직했거든요, 완벽하게! 선생님이 그렇게 저를 이해하지 못한다면 제가 이 치료를 계속 받아야 하는지 의심이 듭니다.

방어의 숨겨진 보상: ____________________

____________________

방어의 숨겨진 보상을 지적할 수 있는 치료자 반응: ____________________

____________________

# 제7장

# 감정 재구조화 1: 감정 경험하기

**목표:** 환자가 적응적이지만 경험하기를 차단했던 감정을 불안이 감소할 때까지 경험할 수 있도록 도움으로써 감정 공포를 탈민감화하는 방법을 제시하기

**치료자의 자세:** 느낌을 격려하고 경험을 나누기

**불안 조절:** 감정을 경험하는 것에 대한 두려움(공포증)을 탈민감화하기 그리고 노출을 적정하게 유지하기

**다루는 주제:**
1. 감정 경험하기의 개관
2. 공포스러운 느낌/두려운 감정에 노출하기
3. 반응 중지: 필요할 때 방어 재구조화하기
4. 감정 경험에서 함정을 확인하기
5. 감정 공포가 감소될 때까지 개입을 반복하기
6. 자주 묻는 질문들

**감정 경험하기에 대해 초점을 맞추는 지표**

- 전반적 기능 평가(GAF) 점수가 50 이상이다.
- 행동화를 한 이력이 없다.
- 충동 통제가 1~3년 동안 유지되어 왔다.
- 환자가 경험하는 감정을 보유할 수 있다.

## 1. 감정 경험하기의 개관

감정 경험하기는 단기역동정신치료(STDP)의 핵심이다. 이것은 감정 공포를 탈민감화하고, 환자가 적응적인 감정(갈등삼각형에서 느낌 극점, F)을 처벌적인 억제(불안 극점, A) 없이 경험하도록 돕는 것을 뜻한다. 가장 효과적인 노출은 환자가 강한 감정—예, 강한 흐느낌 또는 (상상에서) 누군가를 죽일 듯한 분노—을 결과적으로 완화된 형태로 경험하는 것이다. 하지만 만약 감정이 너무 강렬하게 그리고 너무 빠르게 경험된다면 통제된 방식으로 진행하는 것이 어렵다.

### 단계별 과정

**치료자는 단계적인 불안 조절을 통해 환자의 더 강한 감정의 수준까지 탈민감화시키는 것이 중요하다.** 그렇지 않으면 갈등을 탈민감화하는 것이 아니라 오히려 더 민감화시키는, 즉 증가시키는 위험이 있다(1장의 5절 참조).

안내된 상상 기법은 환자가 느낌을 경험하도록 돕는 주된 기법이다. 상상에서 환자는 감정을 인지적(생각 속에서)으로 그리고 생리적(몸에서)으로, 경험할 수 있으며, 감정에 따른 행동과 태도를 상상할 수 있다. 이것이 탈민감화를 위해 필요한 모든 것이다. 상상 속에서 탈민감화는 환자에게 어떻게 느낌을 보유할 수 있는지를 알려 준다. 그리고 최선의 행동 과정에 대해 떠올릴 수 있는 시간이 된다. 상상 속에서는 환자의 깊은 욕구와 갈망이 온전히 확인될 수 있으며, 타당화될 수 있고, 경험될 수 있다.

당연히 통제의 상실은 강렬한 느낌을 느끼는 데 가장 우려되는 문제 중 하나다. 그러나 이 과정에서 생각과 느낌이 행동과 일치하지 않는다는 것을 환자가 이해할 수 있도록 한다면 파괴적이고 위험하지 않다.

### 감정 경험하기에 초점을 맞추어야 할 때

앞에서 주목했듯이, 감정 경험하기를 진행하기 위해 치료자는 다음을 확인해야 한다. (1) 환자의 GAF 점수가 50이 넘어야 한다. (2) 경험하는 감정을 보유할 수 있어야 한다. (3) 바람직한 충동 조절이 적어도 1~3년 동안 유지되었어야 한다. (예, 물질남용으로부터 재발이 없어야 한다.) 그리고 (4) 파괴적인 행동화를 시도했던 경험이 없어야 한다. 바람직한 충동 조절을 위한 이러한 기준을 만족시키는 환자들은 바로 감정 경험하기를 진행할 수 있다. 그들이 또한 다음과 같은 경우라면 가능하다.

- 자신의 방어적인 회피 행동을 자각한다(방어 인식하기).
- 변화에 준비가 되어 있다(방어 포기하기).
- 자기와 타인에 대한 적응적인 느낌을 가지고 있다.

충동적인 행동(예, 물질사용장애, 폭행사건 등)은 높은 강도의 감정을 느끼지 않으려는 방어 기제로 볼 수 있기 때문에 환자의 충동 통제 능력은 감정이 깊이 탐색되기 전에 반드시 평가되어야 한다. 환자가 문제가 되는 감정을 보유할 수 있다는 것은 매우 중요하다. 즉, 충동적으로 행동화하지 않으면서 감정을 경험하는 것이다.

많은 환자가 극단적 억제를 하면서 혹시나 충동적으로 행동을 하지 않을까에 대한 걱정을 많이 한다. 이러한 과도한 불안은 평가되어야 하며, 적절할 때 조절될 필요가 있다. 그러나 이러한 환자의 우려가 현실적으로 근거가 있다면(예, 충동 또는 행동화의 역사가 있는 경우), 이것은 중요하게 검토되어야 한다. 많은 관심을 가지고 치료가 천천히 진행해야 한다는 신호다.

감정 경험에 주관적으로 지각하는 위험에 덧붙여, 환자의 충동적인 행동의 역사를 평가하는 것은 매우 중요하다. 앞에서 강조되었듯이, 약물남용의 역사를 가지고 있는 환자의 경우에는 적어도 1~3년 동안 적절한 지지 안에서 안정적인 회복을 한 상태이어야 한다. 과거의 행동이 미래의 가장 좋은 지표이기 때문에 환자가 화가 났을 때 적절하지 않은 행동을 했거나, 누군가를 때린 적이 있거나, 또는 다른 파괴적인 행동을 한 적이 있는지를 묻는 것은 중요하다.

### 감정 경험하기에 초점을 맞출 수 없을 때

환자가 이전에 충동 조절 문제를 일으킨 적이 있을 때, 느낌에 노출하는 작업은 감정을 조절하는 인지적 기술을 배우는 것과 함께 진행되어야 한다. 자기통제가 형성되고, 각 단계에서 확신을 가질 때까지 천천히 그리고 주의 깊게, 느낌의 매우 작은 변화를 주면서 진행해야 한다. 이는 다음과 같이 이루어진다.

치료자: 여기서는 당신이 원하는 정도가 어디까지이든지 원하는 느낌을 탐색하는 것이 안전합니다. 우리는 느낌에 대해서 이야기를 하고 있습니다. 오직 느낌이지, 행

동은 아닙니다. 우리가 누군가를 향해 죽이고 싶은 기분을 느낄 수 있습니다. 하지만 우리는 그에 따라 행동을 하는 것은 결코 아닙니다. 기분을 통제하는 것을 어려워하기 때문에 우선 분노 감정의 아주 작은 단위부터 시작해 봅시다. 그것을 ○○씨가 통제할 수 있는 만큼 아주 천천히 진행해 봅시다. [분노 관리 전략]

### 가장 먼저 초점을 맞추어야 할 감정

환자가 준비가 되어 있다면 치료자들은 다음과 같은 질문에 스스로 답을 해 보면서 개입을 하는 것이 필요하다.

- "탐색해야 하는 감정 또는 감정들은 어떤 것인가?"
- "탐색해야 하는 감정이 하나 이상이라면 어떤 순서로 해야 하는가?"

초기 평가에서 확인된 주호소 문제의 핵심 갈등 개념화(4장 참조)가 환자의 주된 감정 공포를 알려 줄 것이다. 그 예는 다음과 같다.

- 슬픔
- 분노
- 부드러움/친밀함
- 자기에 대한 긍정적 느낌

그러나 새로운 감정 갈등이 치료 과정 동안에 일어날 수 있다. 치료자는 이러한 가능성을 염두에 두어야 한다. 핵심 갈등 개념화가 하나 이상의 감정 공포를 드러낼 때, 치료자는 어떤 감정을 가지고 시작해야 하는지에 대해 혼란스러울 수 있다. 예를 들어, 슬픔과 분노가 둘 다 갈등이 있을 때, 치료자는 어떤 감정에 먼저 초점을 두어야 하는가?

엄격한 규칙이 존재하는 것은 아니다. 하지만 일반적인 지침이 이 책 2부의 서론에 논의되었다. 그리고 이 시점에 다시 재검토할 것이다. 환자마다 개인차가 있기 때문에 치료자는 우선적인 감정 초점을 결정하기 위해서 자신의 직관과 기술을 유연하게 사용해야 한다. 구체적 회기에서 감정 초점을 결정하기 위한 추가적인 안내 지침이 있다.

- 감정 초점은 환자가 그 회기 동안에 다루고 싶은 문제를 통해 결정될 수 있다.
- 가장 중요하게 또는 두드러지게 갈등이 있는 감정을 다룰 수 있다.
- 결정이 나지 않는다면 치료자는 환자가 더 구체적인 갈등이 있는 감정에 관여할 때까지 시행착오적으로—몇몇 느낌에 돌아가면서 초점을 두는 방식—시도해 볼 수 있다.
- 치료자는 환자에게 어떤 느낌을 지금 작업하는 것이 필요한지 질문을 할 수도 있다. 환자는 치료자보다 어떤 감정에 초점을 둘 필요가 있는지에 대해 더 잘 알고 있을 수 있다.

### 적응적인 감정에 초점

방어적/부적응적인 감정을 적응적인 감정과 구별하는 것의 중요성을 다시 한 번 상기하자(1장의 4절, 2장의 3절 참조). 감정을 탈민감화하는 과정에서 치료자는 감정이 적응적인지 또는 부적응적인지 주의 깊게 구별해서 **단지 적응적인 감정에만 탈민감화**하는 것이 중요하다. 치료자의 실수로 환자의 방어적인 느낌에만 초점을 맞추기가 매우 쉽다. 이것은 환자를 점점 더 퇴행시킬 수 있다.

적응적인 감정의 형태는 **밖으로 향하고**, 개방적이고, 안도하는 모습을 보이며, 결과적으로 자기와 타인을 위해 가능한 건설적인 행동으로 이어진다. 반대로, 부적응적인 감정의 형태는 **안으로 향해 있는**, 무기력하고, 희생당한 특성인 '한심한 나'와 같은 느낌으로, 자기에 대한 진심 어린 슬픔 또는 연민이라기보다는 비건설적인 불만으로 나타낸다. 일반적으로 팽팽한, 차단된, 정지된 반응이다. 부적응적 감정이 퇴행된 다른 형태로 행동화 또는 감정을 폭발적으로 분출하는 경향이 있는데, 이것은 자기 또는 타인에게 매우 해롭고 파괴적이다.

### 탈민감화의 핵심적인 단계

일단 갈등을 겪고 있는 적응적인 감정이 확인된 후, 치료자는 노출을 시작하기 위한 안내된 상상 기법을 사용한다. 느낌에 대한 갈등을 탈민감화하는 과정으로 되어 있다. 탈민감화는 다음과 같은 단계로 진행되는데, 갈등삼각형에서 각 극점에 대응되는 것이다.

(1) **두려운 감정에 노출(F 극점)**: 이제까지 피해 온 감정을 참을 수 있는, 하지만

점점 증가하여 환자에게 노출하는 것. 우선 안내된 상상 기법을 통해 가능하다.

(2) **반응 중지(D 극점)**: 감정을 노출하는 동안에 방어적 또는 회피적 반응을 멈추도록 한다(예, 5장, 6장에서 다루었듯이, 방어 인식하기 그리고 방어 포기하기).

(3) **불안 조절(A 극점)**: 불안이 일어날 때 이를 조절하는 것이다. 환자가 통제할 수 있다고 느낄 때까지 또는 적응할 수 있을 때까지 불안 탐색으로 짧게 초점을 이동한다.

탈민감화하는 동안, 치료자들은 이 세 단계를 숙달된 방식으로 이동할 필요가 있다.

감정 경험하기 동안에 치료자가 마음속으로 갈등삼각형을 유지하는 것은 세 가지 요소들 사이에 적절한 균형을 유지할 수 있도록 돕는다. [그림 7-1]은 방어를 차단하면서(반응 중지, D 극점) 감정 노출(F 극점)과 불안 조절(A 극점) 사이를 앞뒤로 왔다 갔다 하는 움직임을 보여 주고 있다.

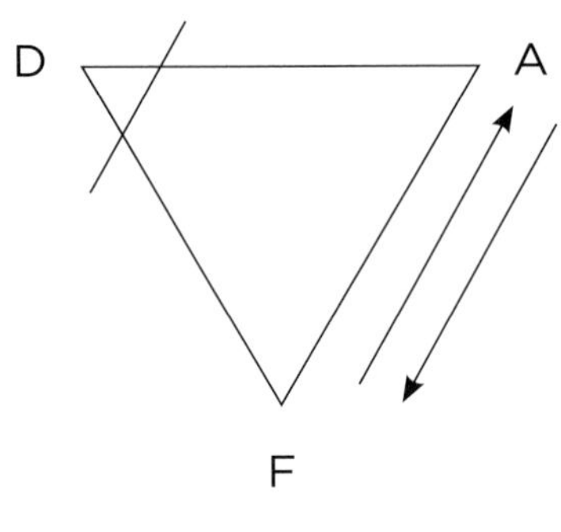


**[그림 7-1] 감정 탈민감화 과정**

불안 극점(A)과 느낌 극점(F) 사이의 양방향 화살표는 치료자가 단계적, 체계적 탈민감화를 부드럽게 진행하기 위해 느낌 노출(F)과 불안 조절(A) 사이를 어떻게 앞뒤로 오가는지를 보여 준다. 방어 극점(D)을 자르는 실선은 치료자가 환자의 방어를 차단하는 것을 보여 준다(반응 중지).

이 과정은 느낌이 적응적으로 느껴질 때까지 반복되어야 한다. 그래야 환자는 안심하고 만족스러운 상태에서 그것을 경험할 수 있다.

### 불안을 적정하게 유지

탈민감화 동안, 치료자는 섬세하게 단계적인 방식으로 환자에게 감정을 노출시키면서 이동한다. 치료자는 환자가 이 과정을 피하지 않고 또는 그 과정에 반하여 방어하지 않도록 격려하고, 노출 과정에서 나타나는 불안에 적응하는 것을 도우면서 진행한다. 그것이 감정 공포를 해결하는 체계적인 탈민감화 과정이다.

감정 경험에서 치료자 자세를 언급한 후에 체계적인 탈민감화 요소를 더 상세하게 검토할 것이다. 적응적인 한계 내에서 불안을 유지하는 것의 중요성 때문에 우선 불안 조절을 논의한다(감정을 일으키는 것에 대한 다양한 두려움에 대한 강조 그리고 불안 조절을 위한 구체적인 기법). 2절에서는 노출을 다루고, 3절에서는 반응 중지를 다룰 것이다.

## 치료자 자세: 격려와 감정을 공유하기

감정 경험하기에서 환자의 감정에 조율하며, 머물러서 가능한 한 전문적이고 합리적인 태도로 느낌을 공유하기 때문에 치료자에게는 중요한 감정적 도전이 된다. 이 과정은 상당히 어려운데, 특히 치료자가 자신의 감정을 경험하는 것에 불편함이 있다면 더더욱 그러하다.

모든 환자에게 적합한 최적의 태도란 존재하지 않는다. 치료자는 진심으로 관여해야만 하는데, 특히 환자의 부모가 심리적으로 거리가 있거나 무관심했던 경우에 특히 그러하다. 동시에 부모의 간섭이 심했던 경우라면 치료자는 환자가 안전감을 느끼도록 심리적 공간을 허락해야 하며, 더 큰 자율성을 발전시키도록 해야 한다.

### 느낌을 공유

치료자는 환자의 바람에 따라서 치료자 자신의 느낌을 분명하고 솔직하게 드러낼 수 있다. 하나의 지침은 치료 관계에서 경계 또는 한계를 분명히 하는 반면, 치료자가 공유된 느낌을 수용하는 것이다. 때때로 같은 문장으로 이루어진다.

치료자 1: [분노] 당신이 받은 학대에 대해 이야기를 할 때, 당신을 대신해서 화가 느껴지네요……. 하지만 제가 느끼는 화는 당신이 느끼는 화와 비교하면 아마도 그만큼은 아닐 것입니다.

치료자 2: [친밀감] 맞아요, 지금 어떤 따뜻한 느낌이 있네요. 치료는 당신도 알다시피 분명한 경계 안에서 긍정적이든 부정적이든 어떠한 느낌도 이야기할 수 있는 안전한 장소입니다. 우리는 일어날 수 있는 일에 대해 모든 것을 이야기할 수 있습니다.

### 전이와 역전이 문제

감정 경험하기에서 전이와 역전이 문제는 치료자에게 도전적이기 때문에 치료에서 종종 선두의 문제로 나선다. 환자는 치료에서 개방을 한 후에 치료자가 자신을 조롱하고 비하하는 것은 아닌지 두려워한다. 이러한 기분은 치료자로부터 거리감을 만들 수 있다. 공감적 연결은 금지된 감정을 경험하고 표현하기 위해 안전하고 보호된 장소를 제공하는 데 있어 매우 중요하다. 감정은 전염된다. 즉, 환자의 강한 정서는 치료자에게도 정서적 도전이다.

치료자는 환자의 감정에 즉시적으로 반응하지 못하면서 감정으로부터 멀어지고, 지나치게 밝아지거나 지나치게 관여를 할 수 있기 때문에 조심해야 한다. 치료자는 또한 자신의 반응을 자각하고 조절할 필요가 있다. 그래서 환자가 자유롭게 이야기하면서 회기가 풍부해지는 것을 방해하지 말아야 한다. 치료 회기의 비디오테이프를 관찰하는 것은 반응을 연구하고 치료자로서 성장하고 발달하기 위한 좋은 방식이다. 여기에는 치료자 자신의 감정 공포를 탈민감화하는 것을 포함한다. 치료 평가를 위한 비디오테이프를 사용하는 방식은 www.affectphobia.org를 방문하면 알 수 있다.

치료자가 자신의 모든 감정적인 갈등이 해결된 채로 있어야 한다는 것은 현실적이지 않다. 하지만 슬픔에 잠겨 있는 환자가 어떻게 하면 눈물을 멈출 것인지를 알기 위해서 우선 치료자는 이러한 환자의 정서적 눈물을 함께 항해할 수 있어야 한다. 취약성과 부드러움에 대해 공감할 수 있는 능력을 가지고 있는 치료자는 환자가 이러한 느낌을 경험하는 것을 더 잘 견딜 수 있다. 그리고 그것이 흘러가는 자연스러운 형태를 알고 있다. 예를 들어, 분노를 편안하게 느끼기 위해 치료자는 강한 분노를 허용할 수 있어야 할 뿐 아니라 내적 분노감을 제어할 수도 있어야 한다.

### 치료자 자신에 대한 연민

치료자는 환자가 자신의 느낌을 직면하는 능력을 촉진시켜야 하며, 이를 손상시키지 말아야 한다. 또한 환자의 감정을 다루기 위한 치료자 자신의 고군분투 또한 연민 어린 마음으로 다루어져야 한다(CC, pp. 199-201 참조).

## 불안 조절: 느낌의 노출을 적정하게 유지하기

불안 조절은 직접적으로 공포 반응(즉, 증가하는 불안, 수치심/죄책감, 또는 고통)에 초점을 맞추는 탈민감화의 핵심 요소다. 이 작업은 적응적 감정과 억제하는 감정 사이에 있는 조건화를 분리시키면서 적응적인 느낌의 억제를 줄이는 것이다. 감정 노출이 이루어지기 위해서는 적당한 양의 불안이 일어날 필요가 있다. 그러나 너무 많은 불안은 상처가 될 수 있으며, 실제로는 오히려 감정 공포가 증가한다(탈민감화가 아니라 민감화가 일어난다. 1장의 5절 참조). 일어난 감정과 불안은 환자가 그들을 통제할 수 있는 능력을 가지고 편안해질 때까지 적은 양으로부터 반복해서 경험되어야 한다.

### 불안의 홍수를 완화

환자가 불안에 지나치게 압도되고, 회기 사이에 행동화가 일어나면 지지와 위안을 제공하고, 공포, 수치심, 또는 고통을 탐색해서 환자가 진정하도록 도와야 한다. 예를 들어, 공황발작이 시작될 것 같다고 느낄 때 다음과 같은 치료자 반응이 있다.

치료자 1: 취약한 느낌에 대한 작업을 잠시 멈추도록 합시다. 잠시 멈추고 이 작업에서 가장 두려운 것이 무엇인지 보는 것이 어떨까요? (잠시 멈춤. 몇 분 후에) 다시 그 취약한 느낌을 살펴볼까요?

치료자 2: 치료 과정에서 어떤 불안을 느낄 수 있습니다. 하지만 그것에 압도되지 않는 것이 중요합니다. 두려움을 이해하는 것이 필요합니다. (잠시 멈춤. 그러고 나서 공황 상황이 끝났을 때) 이제 ○○씨를 두렵게 하는 느낌으로 이동하여 그것을 잘 견딜 수 있는지 볼까요?

이와 같이 느낌의 '심상적' 탈민감화(예, 상상에서 노출)는 불안, 죄책감, 수치심 또는 고통을 정상적인 한계 내에서 일으킬 수 있다. '정상적인 한계'라는 것은 감정을 조절하고, 통제할 수 있을 만큼 어느 정도 억제를 할 수 있어야 한다. 하지만 반응에서 자유롭고 유연해야 한다(CC, pp. 201-202, 209-215 참조).

### 반복적으로 불안을 조절

많은 반복을 거쳐 상상에서 감정에 노출하는 것은 적정해야 한다(적은 양으로부터 주어짐). 환자가 회기 밖에서 표현을 조절하는 것에 따라 낮은 것부터 적당하게, 그리고 강하게 순차적으로 이루어져야 한다. 불안, 수치심, 또는 고통은 환자가 그 두려움에 어떤 입장을 갖고 잘 적응할 수 있을 때까지 초점을 맞추면서 해결될 수 있다.

환　자: 이것을 기억하는 것은 너무 고통스럽습니다! 그레미가 죽은 다음에는 모든 것을 차단했어요. 제게는 아무도 없습니다.

치료자: 그녀를 기억하는 데 가장 고통스러운 것은 무엇입니까?

### 필요할 때마다 반응 중지

불안 조절을 하는 동안, 환자들은 방어로 되돌아가려는 경향을 보인다. 방어는 항상 어느 정도 존재한다. 그러나 방어가 너무 강하면 환자는 노출 작업을 계속 진행할 수 없다. 이런 경우에는 방어 재구조화 또는 자기와 타인 재구조화로 되돌아가서 다시 저항을 감소시켜야 한다.

환　자: 저는 그 일을 겪은 후에 누구와도 가까워지려고 하지 않았어요. 저는 너무 외로웠고, 그것을 생각하면 견딜 수 없었어요[D]. 지금도 그래요.

치료자: 잠시 이 느낌에 머물러 보세요[방어적인 회피에 개입하기]. 느낌은 시간이 지나면서 덜 고통스러질 것입니다[불안 조절-확신]. 무엇이 가장 힘들었는지 말해 보세요[지속되는 불안 조절].

하지만 느낌을 더 잘 견딜 수 있고 더 쉽게 경험할 수 있는지 확인하기 위해, 불안이 감소되면 가능한 한 빨리 노출로 되돌아가라.

환　자: 맞아요. 저의 어느 부분은 다시 그녀와 함께 있는 것을 바라고 있습니다. 그녀의 부드러움과 온화함이 저를 많이 달래 주었어요. 집으로 가면 다락에 치워 놓은 그녀의 사진을 다시 꺼낼 수 있을 것 같습니다.

## 유발되는 감정에 대한 두려움과 불안 조절

### 환자와 치료자가 갖는 느낌에 대한 두려움

감정을 유발하는 힘든 작업을 하는 동안, 치료자는 필연적으로 일어나는 두려움—환자의 감정과 치료자 자신의 감정—과 마주하게 된다. 주된 고통은 치료자가 환자의 방어와 결탁하여 그 감정을 보지 않으려고 하는 것이다. 다음에 느낌을 개방하는 것에 대한 두려움을 설명한다. 그다음에는 불안 조절을 돕는 추가적인 기법을 논의한다.

### 감정을 갖는 것에 대한 수치심

**'저는 왜 그것을 극복하지 못하지요?'** 이러한 말은 '과거는 묻어 두고 앞으로 가자.'라는 뜻인데 환자가 과거 누군가에게 들었거나 또는 스스로에게 말하는 것이다. 이것은 한편으로 안타까운 생각이다. 왜냐하면 치유는 고통스런 기분을 포함하는 과거의 기억을 기억하고 통합하는 것을 요구하기 때문이다. 물론 방어적인 입장에서 과거에 대해 만성적으로 불평하고 불만을 보이는 것을 의미하는 것은 아니다.

환 자: 제가 과거 문제를 다시 꺼내 그것에 대해 울고불고하는 것이 뭐가 좋은가요? 이미 지나간 것은 지나간 것입니다. 지나간 것은 문제를 삼지 않았으면 좋겠습니다!

치료자: 물론 그럴 겁니다[타당화]. 하지만 ○○씨가 우는[F] 것을 피하면서[D] 막혀 있는 상태를 그대로 유지하는 것[대가] 또한 매우 힘들다는 것입니다. 만약 스스로 자신의 기분을 느끼도록 허용한다면 이것이 ○○씨를 움직이게 할 수 있을 것입니다. ○○씨가 감정을 묻어 두는 데 사용했던 모든 에너지를 자유롭게 사용할 수 있기 때문입니다. [방어 포기하기]

목표는 감정 공포의 해결인데, 환자는 앞으로 나아가 새롭고 적응적인 방식으로 미래를 직면할 수 있다(CC, pp. 215-216 참조).

### 느낌에 대한 권리감 부족

**'내가 그러한 기분을 느껴도 되는 건가요?'** 1장에서 논의하였듯이, 기분은 집중해야 하는 중요한 신호다. 많은 환자들은 그들의 느낌이 '타당한지' 또는 '정확한지' 또는 '옳은 것인지'에 의문을 가지고 있다. 다음의 첫 번째 예에서 환자는 기쁨에 대한 공포를 가지고 있다. 두 번째 예에서 공포는 성적인 욕망이다.

**기쁨 공포**

환 자: 이 기분이 옳은가요? 그러니까 좋은 일이 생겼을 때 눈물을 흘려도 되는 건가요? 제가 바보 같아요.

치료자: 그렇군요. ○○씨가 느끼는 것에 판단하지 마세요[반응 중지]. 느낌을 이해하기 위해 그저 경험하세요.

**성적인 감정 공포**

환 자: 우리가 성관계를 할 때 남자 친구가 저를 거칠게 대해 주었으면 좋겠다는 생각을 했어요. 이것은 제가 원래 가지고 있던 여성주의적 철학과 위배되는 것이거든요. 제가 뭐가 문제가 있는 건 아닐까요?

치료자: 느낌은 옳다 또는 옳지 않다가 아닙니다. 그저 느낌일 뿐입니다. 그것에 집중하는 것이 중요합니다. 왜냐하면 그것으로부터 많은 것을 배울 수 있으니까요.

환자들은 중요한 내적 신호에 집중하는 것을 배워야 한다. 그리고 스스로에게 묻는 것이다. **'나의 느낌이 내게 무엇을 말하고 있는가?'** 느낌이 방어적, 파괴적 또는 자기공격적일 때조차도 그것이 **상상 안에 담겨 있고** 행동화되지 않는다면 문제를 일으키지 않는다. 환자는 내면에 있는 진실한 바람과 욕구를 이해할 필요가 있으며, 그리고 그것에 따라 행동할 필요가 있다. 그렇게 많은 노력을 상상 속에서 느낌을 경험하는 것에 쏟는 이유는 경험 후에 자신의 느낌을 이해하고 분류할 수 있기 때문이다.

**감정에 압도되는 것에 대한 두려움**

**'만약 내가 통제를 잃게 되면 어떻게 될까요?'** 가장 크게 부딪힐 수 있는 장벽 중에 하나는 느낌이 완벽하게 그를 지배해서 모든 것을 파괴할 수 있다는 두려움이다. 다음과 같은 항목은 이러한 두려움의 예를 제기한다(환자가 통제를 잃는 것에 대한 두려움은 CC, pp. 220-227 참조).

| 감정(F 극점) | 감정의 두려움(A 극점) |
|---|---|
| 분노 | "나는 관계를 파괴시킬 것입니다. 또는 아주 폭력적인 괴물로 변할 겁니다. 누군가를 죽이고, 그래서 결국 모든 사람에게 버려지지요. 일단 화가 나면 난 내 화를 멈출 수가 없어요." |
| 슬픔 | "나는 한번 눈물이 나면 결코 멈출 수가 없어요. 공허하고 다시는 행복감을 느낄 수 없을 겁니다." |
| 친밀함 | "나는 누군가에게 잡아먹혀 버리고, 통제당하고, 나 스스로를 보호하지 못해요." |
| 자기에 대한 긍정적 감정 | "나는 기본적으로 오만하고 이기적입니다. 아무도 나를 좋아하지 않아요." |
| 성적인 욕망 | "나는 통제할 수 없게 난잡하고, 변태가 될 겁니다." |
| 기쁨 | "나는 좋은 감정을 잃어버리고 '폭발'할 것입니다, 그런 후에 '나에게 도끼가 내리쳐질 것입니다.' 또는 어떤 식으로든 처벌이 있을 겁니다." |
| 수치심 | "나는 좀 역겨운 구석이 있어요. 결국 버려지지요." |
| 두려움 | "나는 닥쳐올 불행에 압도되는 두려움을 가지고 있어요." |
| 경멸/혐오 | "그의 행동에 대해 내가 얼마나 오싹했는지 표현을 했다면 사람들은 나를 매우 거만하고 비열한 사람으로 볼 것입니다." |

## 불안 조절 기법들

### 두려워하는 환자들을 위한 단계들

탈민감화는 환자가 느낌을 통제할 수 있다고 확신을 느낄 때까지 천천히 적은 수준으로 진행되어야 한다. 다음과 같은 상호작용을 보자.

치료자: 이러한 느낌의 정도가 편안하게 느껴집니까? 또는 ○○씨가 이 시간에 통제력을 잃을까 봐 걱정이 되나요?

환　자: 저는 여기서 울고[F] 싶지 않아요[D]. 멈출 수 있을지 모르겠어요[A].

치료자: ○○씨 안에 슬픔이 너무 많아서 그것이 영원히 지속될 거라고 느끼는 것 같군요[적응적인 감정과 불안을 동시에 반영].

환　자: 네, 많이 그래요.

치료자: 또한 눈물을 흘리는 것에서도 ○○씨는 불안이 있는 것 같아요[불안 조절]. ○○씨가 이제까지 가장 오래 울었던 일은 무엇이었나요? 이번 주말에 집에서 언제 울

었나요? 얼마나 오래 울었나요?

환　자: 잠깐 울고 나서 마음이 편해졌어요.

치료자: 그렇군요. 슬픔이 느껴지더라도 영원히 지속되지는 않는군요.

환　자: 선생님이 말하는 것이 무슨 말인지 알겠어요(마치 울고 싶어 하는 듯이).

치료자: 감정을 붙잡아 두지 말고 ○○씨가 느끼는 것을 스스로 허락하면 어떨 것 같나요?

### 격려와 안도

격려와 안도가 불안 조절을 도울 수 있다.

치료자: 불안을 잘 극복할 수 없을 것이라고 느끼는 것 같습니다. 하지만 ○○씨는 해낼 수 있을 것입니다. 불안은 ○○씨를 집어삼키지 못할 겁니다. 어려운 것은 그것을 통과할 때까지 슬픔과 함께 머무르는 것입니다. 문제는 대부분의 사람들이 느끼는 것을 너무 안 좋다고 생각하여 그것에 머무르기보다는 그것으로부터 피하려고 한다는 것입니다.

### 유머의 사용

유머는 때때로 환자가 어려운 감정을 견딜 수 있도록 도와준다.

치료자: 한번 울게 되면 결코 눈물이 멈추지 않을 거라고 느끼고 있다는 것을 알아요. 하지만 실제로는 아마 ○○씨는 울다가 배가 고파질 것이고, 화장실에도 가고 싶어질 겁니다.

그러나 시기적절하지 않은 유머는 치료자가 자신의 문제에 민감하지 않거나 하찮게 여기는 것 같은 느낌을 줄 수도 있기 때문에 주의가 필요하다. 유머는 강한 동맹 그리고 치료적 존중 안에서만 가능하다.

불안 조절과 이것의 다양한 측면에 대해 확실한 이해를 가지고 있어야 우리는 노출로 이동할 준비를 할 수 있다.

# 2. 공포스러운 느낌/두려운 감정에 노출하기

### 감정적인 경험의 세 가지 차원

적응적인 감정에의 노출은 치료의 핵심이다. 환자가 감정을 **언어적**으로, **생리적**으로 그리고 **심상 속에서 상상된 행동**으로 감정을 경험할수록 갈등의 탈민감화는 좀 더 완벽하게 이루어질 수 있을 것이다. 그러므로 치료자는 충분한 감정적 경험을 위해 세 가지 차원이 일어나도록 작업을 해야 한다. 안내된 상상 기법을 사용하면서(느낌과 불안의 생리적 신호에 주의 깊은 관찰을 하면서) 치료자는 환자가 다음의 세 가지를 할 수 있도록 돕는다.

- 언어적으로 감정을 정확하게 명명한다.
- 몸 안에서 감정의 신체적 느낌을 확인한다.
- 심상에서 바람직한 행동을 상상한다.

## 인지적 자각을 높이기 위해 감정을 언어적으로 명명

환자는 피하고 있는 구체적인 감정을 정확하게 명명할 수 있다(예, 분노를 불안으로 또는 슬픔을 우울로 잘못 명명해서는 안 된다). 환자들이 내적 느낌을 잘못 명명하는 것은 일반적이다. 환자들은 종종 분노를 불안으로, 슬픔을 우울로 혼동한다. 요구하는 것과 부드러움에 대한 갈망을 혼동스러워한다. 또 어떤 단어가 자신의 내부의 느낌을 설명하는지 잘 모른다.

치료자: 친구가 ○○씨를 도와주는 것을 거절했을 때 어떤 기분이 들었나요?

환　자: 모르겠어요.

치료자: 그렇군요. 좋았나요, 좋지 않았나요?

환　자: 좋지 않았어요.

치료자: 그러면 어떤 기분인가요?

환　자: 아마 화가 났을 걸요.

치료자는 혼란을 분류하도록 도울 수 있고, 환자가 내적 경험(분노, 슬픔, 기쁨 등)을 **구체적인 언어**로 명명함으로써 느낌을 정확하게 확인할 수 있도록 안내할 수 있다. 이것은 인지적 수준에서 느낌의 자각에 일차적인 노출을 하는 것인데, 그 자체로 불안을 유발할 수 있다.

환 자 1: 화가 난 자신을 보는 것이 너무 부끄럽습니다.

환 자 2: 몇 년 동안 항상 슬펐다는 것을 생각하면 너무 두렵습니다.

환 자 3: 저는 지금 기쁘고 차분합니다. 하지만 때때로 너무 편안하다는 것이 저를 두렵게 합니다.

(감정을 명명하는 것에 대해 더 많은 정보를 얻고 싶으면 CC, pp. 138-139, 202-204 참조)

### 적응적인 그리고 부적응적인 느낌의 혼합

적응적인 그리고 부적응적인 느낌이 섞여 있다는 것은 매우 자연스러운 현상이다. 예를 들어, 학대하는 부모에 대한 과장된 분노, 또는 진실한 슬픔이지만 '희생당한' 느낌과 과장된 울음이 섞여 있다. **부적응적인 느낌과 적응적인 느낌 둘 다 그것에 충분히 직면하고 탐색하는 것이 가능하도록 탈민감화될 필요가 있다. 뿐만 아니라 적응적인 느낌은 그것에 따라 행동할 수 있도록 충분히 탈민감화되어야 한다.**

### 느낌 수용의 범위를 넓히기

우리 모두 가지고 있는 내적인 정서적 경험의 넓은 범위를 의식하는 것이 중요하다. 이것들이 우리의 행동을 안내하고 통제한다. 우리 자신을 충분히 이해하고 알기 위해서 우리는 자신에게 무제한의 자유를 줄 수 있어야 한다. 현실에서는 가능하지는 않지만 상상에서는 항상 가능하다. 상상 기법을 사용해서 자기가 예전에 피해 왔던 부분을 수용하는 것은 상당한 자기타당화를 가능하게 한다.

## 감정의 신체적 느낌을 경험하기

치료자는 환자들이 신체적으로 느낌을 경험하도록 도와야 하는데, 감정에 대한 언어적 확인과 몸에서의 정확한 신체적 느낌을 연결시키는 것을 도움으로써 가능하다.

치료자 1: ○○씨의 몸에서 어떻게 부드러움을 경험할 수 있나요?

환　자 1: 저의 가슴에서 따뜻한 감정을 느낄 수 있어요. 그리고 그녀를 안고 싶은 마음을 표현하고 싶어요.

치료자 2: ○○씨의 몸 안에 어떤 분노를 경험하나요?

환　자 2: 팔을 휘두르고 싶어요. 엄청난 양의 에너지가 흘러나와요.

치료자 3: ○○씨 몸에서 기쁨은 어떻게 경험되나요?

환　자 3: 글쎄요, 제가 거기에 초점을 맞추니까 위가 편안하고, 천천히 쉽게 숨을 쉴 수 있어요.

치료자 4: 신체적으로 어떻게 흥분을 경험하지요?

환　자 4: 오! 집중을 해요. 모든 저의 의식을 거기에 두어요. 그러면 심장이 뛰어요. 거기에 집중해요. 제 안에 간절히 바라는 마음이 느껴집니다.

### 신체상의 각성을 항상 관찰

환자들이 느낌에 대한 내장으로부터의 신체 감각을 경험하도록 하는 것이 탈민감화 과정에서 가장 핵심이다. 감정적인 각성은 행동화의 신호가 될 수 있으며, 또는 억제와 불안을 나타내는 위축, 긴장, 날카로움, 겁먹음, 벗어남의 신호가 될 수 있다. 탈민감화는 **느낌을 내장으로 경험**하지 않고, 단지 **느낌에 대해 생각**하는 것만으로는 일어나지 않는다. 그것은 예를 들어, 다리 공포를 가지고 있는 환자가 단순히 다리를 건너는 것에 대해 생각을 하는 것과 같다. 하지만 그것은 실제로 그렇게 하는 데서 오는 불안을 느끼는 것이 아니다. 억제된 분노를 가지고 있는 환자와 치료자의 대화를 살펴보자.

치료자: ○○씨, 몸의 느낌이 어떤가요?

환　자: 배 속에 나비가 있는 것 같아요. 가슴이 꽉 조여 오고, 머릿속이 윙윙거리는 것 같아요.

치료자: 분노 또는 불안인가요? [구별을 시도]

환　자: 아마 그것은 불안인 것 같아요. 재밌네요. 저는 항상 이것은 분노라고 느끼고 있었어요.

치료자: 많은 사람들이 분노와 불안을 혼란스러워합니다. 그래서 이젠 어떤 분노가 느껴지는지에 대해 초점을 맞추어 봅시다. ○○씨가 정말 화가 났을 때를 봅시다.

환 자: 정말 화가 났을 때를 기억합니다. 팔과 다리로 몰려오는 에너지가 있어요.

느낌에 대한 공포는 그 느낌에 대해 **생각하는** 것만으로 연결되지 않는다. 그 공포는 느낌의 실제적인 **각성**과 강하게 연결되어 있다.

환자가 그들의 신체적 감각에 대해 관찰하는 것은 감정 공포를 정확하게 찾아내는 것을 도울 수 있다. 감정 공포에 노출되었을 때, 과도한 양의 신체적 조임, 긴장, 위축, 공포, 공황 그리고 억제를 보인다.

환 자 1: 제가 조금이라도 성적으로 각성될 때마다[F], 저의 신체가 죽어 가거나 생명이 없는 것 같이 느껴집니다[D].

환 자 2: 예전에 저는 종종 울고 싶은 기분을 느꼈습니다[F], 목이 조여 옵니다. 그리고는 아무 일도 일어나지 않았습니다[D].

환 자 3: 저는 이완을 했고 마사지를 받았어요[F-즐거움/기쁨]. 그러고 나서 저는 소리를 꽥 질렀습니다[D, A].

## 상상에서 바라는 행동을 떠올리기

구체적인 감정을 언어화하는 것 그리고 정확한 신체적 감각과 그 명명을 연결하는 것(예, 적응적 느낌과 억제된 느낌을 혼동하지 않는 것)에 덧붙여 다음 단계는 상상 속에서 그들이 경험하고 싶은 느낌을 확인하는 것이다. 감정 공포는 느낌을 두려워할 뿐만 아니라 느낌에 따라 행동하는 것에 대한 두려움을 가지고 있다. 그리고 이러한 행동에 대한 두려움이 느낌 그 자체를 회피하도록 한다(CC, pp. 205-208 참조).

### 지속적인 노출이 다양한 회기에서 반복

상상 속에서의 노출이 왜 필요한지에 대한 또 다른 이유가 있다. 감정 공포의 탈민감화가 효과적이기 위해서는 신체적으로 각성이 지속되어야만 한다. 상상을 수행하는 동안에 **환자가 그 감정에 편안해지도록 하기 위해 그리고 억제적인 느낌을 약화시키기 위해 일반적으로 반복되는 회기에서 느낌의 내장 경험에 노출을 유지할 필요가 있다**(예, 5~40분). 이미지를 사용하는 노출은 지속적인 감정 경험을 성취하기에 가장 좋은 방법이다. 여러 번 강조하듯이, 치료 시간에 노출을 유지하기 위해서는 감정이 경험되면서 불안은 조절될 필요가 있고, 방어 반응은 중지되어야 한다(이 장의 2절과 4절 참조).

### 상상은 치료 목표가 아니다

물론 상상은 치료 목표가 아니다. 이미지 작업은 그 자체가 만족스러울 수 있지만, 이전에는 피해 왔던 감정을 편안하게 느끼고 이해할 수 있도록 하는 데 필요한 수단으로 활용될 수 있다. 이것은 적응적인 방식으로 표현되거나 행동해야 하는 갈등이 있는 느낌에 다가가 이것을 보유하고, 탈민감화하는 수단이다. 그래서 환자들은 느낌의 진정한, 성숙한, 잘 안내된 표현을 할 수 있다. 즉, 삶에서 문제를 해결할 수 있다(감정 표현은 8장 참조).

치료자는 환자에게 그들이 생각만으로 느낌에 직면할 수 없다는 것을 강조해야만 한다. 탈민감화는 다음과 같은 환자의 경험이 필요하다.

- 구체적인 감정의 각성을 신체적으로 느낀다.
- 행동하기 위해 느낌을 어떻게 촉진해야 하는지를 이해한다.
- 상상에서 일어난 두려움에 직면한다.
- 그 느낌이 자유롭게 해소될 때까지 관련된 두려움을 익히고 적응한다.

하지만 감정 경험하기를 통해 환자는 **느낌이 바로 행동이 아니고**, 상상 안에서 경험되는 극단적인 감정이 파괴적인 방식으로 행동화되지는 않는다는 것을 상기하는 것이 필요하다.

### 바람직한 퇴행으로서 노출

상상 기법은 느낌, 욕구, 바람이 탐색되고 만족되기 위한 안전한 장소를 제공한다. 반면 유지하는 것은 보유하는 것이지 파괴하는 것이 아니다. '기본적인 실수(The Basic Fault)'에서 마이클 발린트(1968, p. 32)는 이러한 몰입과 느낌의 깊은 탐색에 대해 '자아의 퇴행' 또는 '진전을 위한 퇴행'으로 언급하였다. 왜냐하면 이것은 환자의 성장을 촉진시키기 위해 초기 발달 단계로 되돌아가는 것이기 때문이다. 상상을 통한 바람직한 퇴행에서 학대적, 권위적인 인물은 살해될 수도 있다. 성욕은 기쁨을 주는 누군가와 만족될 수 있고, 어떠한 방법으로든 채워질 수 있다. 그가 바라는 만큼 누군가에 의해서 만져지고 부드럽게 애무된다. **하지만 한 번 더 말하지만, 현실에서 행동화되지 않는 범위에서 경험하는 것이 안전한 퇴행이라는 것을 상기하는 것이 중요하다**(퇴행은 CC, pp. 206-208 참조).

### 예: 분노에 노출

환 자: 상사에 대해 점점 더 화가 납니다.

치료자: 그 분노를 어떻게 경험합니까? 그것은 ○○씨 안 어디에 있습니까?

환 자: 가슴이 조여 오고, 막혀 있는 것 같아 끔찍합니다.

치료자: 그것이 분노입니까? 아니면 다른 것입니까?

환 자: 저는 분노의 뚜껑을 딱 닫아 유지하고 있어요.

치료자: 그 분노의 뚜껑을 약간 열면 어떤 일이 일어날까요? 불안하기보다 그 사람에 대해 진심으로 화가 나는 것을 인정한다면 어떤 일이 일어날까요?

환 자: 그 사람에게 정말 호통치고 싶습니다. (점점 더 활기찬 듯) 저는 그를 한 대 때릴 수 있습니다[행동 경향]. 거의 제정신이 아닌 느낌입니다[명명하기]. 하지만 정말 그렇게 하는 것은 아닙니다.

치료자: 물론 아닙니다. ○○씨의 몸 안에서 어떤 것을 느끼나요? [분노의 생리적 신호]

환 자: 그것은 에너지와 같습니다. 가슴에서 시작합니다. 하지만 곧 저의 팔과 다리로 퍼져 갑니다. 분노의 강렬한 느낌입니다.

### 자기의 모든 부분을 수용

상상에서 퇴행은 환자가 자신의 가장 혼란스러운 부분을 탐색하도록—수용하고, 이해하고—허용한다. 때로는 그러한 상상을 치료자가 듣는 것이 불편할 수 있다. 하지만 상상을 비판단적인 분위기에서 나누는 것은 환자에게 교정적인 감정 경험을 제공할 수 있다. 여기에 혼란스러운 환상들이 있다.

#### 폭력적 또는 자학적인 분노 이미지

환 자: 그녀의 살을 손톱으로 할퀴고 싶어요. 그녀가 비명을 지르는 것을 보고 싶어요.

치료자: 그녀도 ○○씨를 해치겠군요.

가학적인 감정은 학대를 당했던 엄청난 고통으로부터 일어난다. 그리고 분노와 슬픔 둘 다에 노출될 필요가 있다.

#### 집착적인 또는 악의적인 성적인 느낌

환　자: 폭력적이고, 공격적인 방식으로 사람들이 지켜보는 가운데 원하는 만큼 많은 파트너들과 함께 성관계를 하고 싶습니다.

치료자: 그 장면에서 ○○씨가 가장 갈망하는 것은 무엇입니까?

혼란된 성적 갈망은 사랑과 수용을 구하는 매우 방어적인 방식 또는 자기 자신을 처벌하는 방식으로 나타난다.

#### 의존적 그리고 유아적 판타지

환　자: 저는 단지 선생님과 함께 살고 싶습니다. 그리고 선생님이 저를 돌봐 주길 원합니다.

치료자: 그 이미지 속에서 무엇을 달래 주는 것입니까? ○○씨가 스스로 하기 어려운 것 중에 저로부터 갈망하는 것은 무엇입니까? (잠시 후에) ○○씨의 삶에서 그것을 얻을 수 있도록 우리가 어떻게 ○○씨를 도울 수 있을까요?

의존성에 대한 갈망은 자신의 능력에 대한 확신이 부족하다는 것을 뜻한다.

그렇게 피해 온 능력을 확인하고 발달시킴으로써 환자들은 이전에는 차단하고 또는 부정해 왔던 자신의 일부분을 수용하고 작업을 하게 된다.

### 느낌을 인내하는 능력이 행동화를 감소

상상에서 그러한 내용을 견디는 능력은 수치심을 감소하도록 돕는다. 환자는 기저하는 적응적인 소망을 이해할 수 있다. 상상에서 이 이미지를 다루는 것은 오히려 행동화를 줄이도록 돕는다. 그러나 폭력행동의 가해자들은 누군가에게 하고 싶은 폭력행동을 계속 반추한다. 이것은 방어적인 분노의 예인데, 종종 적절해 보이는 수치심과 죄책감을 보이며 억제될 수 있다. 하지만 결과적으로 실제 생활에서는 쉽게 행동화될 수 있다. 그러한 예에서 치료자는 분명하게 분노 충동을 일으키는 데 초점을 두지 말아야 한다. 분노가 방어로서 사용될 때 진실로 회피된 감정은 자신에 대한 긍정적인 감정, 친밀함, 또는 다른 사람을 믿지 못하는 감정이다. 차단된 분노의 탈민감화를 적절하게 인내하고 조절하기 위해 환자는 관계 안에서 연결되어 있어야 하며 잘 통제되어야 한다.

여기 환자를 퇴행적인 상상을 통해 감정에 노출시키는 예가 있다.

### 퇴행적인 상상에서 분노에 노출

치료자: 그러한 감정을 드러낸다면 어떻게 하고 싶습니까? 물론 우리는 여기서 행동화하는 것에 대해 말하는 것이 아닙니다. 우리는 단지 이러한 느낌을 상상에서 탐색하는 것입니다.

환 자: 좋아요. 저는 제정신이 아닌 채로 그를 때려 주고 싶습니다. 아! 그를 박살내는 것이 얼마나 바라 오던 것인데요! 제가 그것을 하는 것을 느낄 수 있어요……. 그리고 오랫동안 그를 때리면서 멈추고 싶지 않아요.

치료자: 그렇게 한 다음에는 무엇이 상상이 되나요?

### 성적 감정의 공포에 노출

행복한 결혼생활을 하는 회계사는 그녀의 동료에게 강렬한 성적 욕망을 느끼고 나서 매우 고통스러웠다. 상상 기법을 통해 무의식적 소망과 바람을 발견할 수 있다.

환 자: 그를 볼 때마다 그와 성관계를 하고 싶다는 마음이 들어요.

치료자: 어떤 것이 떠오릅니까? 가장 원하는 것이 무엇입니까? 그에 대해서 가장 끌리는 것이 무엇입니까?

상상 기법을 통해 성적인 각성의 탐색은 1) 안도감을 주고(비교적 짧게) 2) 느낌을 부정하거나 그것에 따라 행동하지 않고, 누군가를 그리워하고 갈망하는 것에 대한 깊은 이해를 하도록 한다. 다른 이미지와 같이 환자가 자신의 욕구에 따라 행동하는 것보다 상상을 보유할 수 있도록 하는 것이 중요하다. 그래서 드러난 내용이 자신의 실제 관계를 개선하는 데 사용될 수 있다(상상에서 퇴행은 CC, pp. 206-208 참조).

## 구체적 감정에 노출하는 또 다른 예

이미지를 사용해 깊은 감정을 경험하도록 돕는 예가 있다.

### 슬픔/비탄에 노출

치료자: 할머니를 기억할 때 어떤 기분이 느껴지나요[노출]?

환 자: 그레미는 저를 어디든 데리고 가 주었어요. 너무 좋았습니다. 늘 저를 인자하게 바라보며 웃어 주셨어요. 제 마음을 밝혀 주셨지요.

치료자: 참 좋은 경험이었네요.

환 자: 사실 저는 그녀를 다시 기억하고 싶지 않아요. 제 몸이 꽉 조여 오는 느낌입니다. 스스로 울지 못하도록 저지하려는 것 같아요[D].

치료자: ○○씨가 그것을 막지 않으면 어떤 일이 벌어지나요[반응 중지 그리고 불안 조절]?

환 자: 더 슬픈 기분이 들어요. 가슴에 어떤 묵직한 것이 느껴져요……. 아, 만약 제가 편안하게 이완을 하면 그리고 할머니와 어땠는지를 떠올리면 금세 눈에 눈물이 고이고 심장은 아마도 비명을 지르고 싶을 겁니다[F]!

### 슬픔/비탄에 노출

치료자: 친구가 이사를 갔을 때 가장 슬펐던 순간을 기억할 수 있나요? 그 슬픔을 어떻게 표현할 수 있을까요?

환 자: 제가 얼마나 그녀를 그리워할 것인지 얘기하고 싶어요[감정의 적응적인 부분]. (울면서) 그리고 그녀가 떠난 지금 줄곧 얼마나 비참한 기분이 드는지도 이야기하고 싶어요[감정의 퇴행적인 부분].

치료자: 너무 그리워해서 누구도 그 친구를 대신할 수 없는 기분을 좀 더 살펴보기 위해 ○○씨와 친구가 함께 있을 때 어땠는지 상상할 수 있나요[노출과 탐색을 계속하기 위해 상상하기]?

### 흥분에 노출

치료자: 노래 부르는 것을 좋아한다고 했지요. 파티에서 노래를 부른 적이 있나요?

환 자: 아니요. 저는 구석에 서 있고요. 그저 지켜봐요. 제가 만약 사람들과 무대에서

노래를 불렀다면, 분명 제 목소리는 엉망진창이 되었을 겁니다.

치료자: 기회를 놓친 것이 얼마나 슬플까요! 파티에서 ○○씨가 노래를 부르는 것을 상상해 볼까요? 가장 힘든 것이 무엇인지 말해 줄 수 있나요?

### 분노에 노출

치료자: ○○씨의 분노대로 한다면 무엇을 하고 싶은 기분이 듭니까? 이 느낌을 안전한 상담실에서 한번 살펴봅시다.

환 자: 지난번 그가 저를 괴롭혔던 것에 대해 너무 화가 나서[적응적인 느낌] 저는 그의 목을 움켜쥐고는 조르고 싶은 기분을 느꼈습니다[퇴행적인 느낌]. 마치 제가 괴물이 된 기분이었습니다.

치료자: 아마 ○○씨가 잠시 동안 그러한 기분에 머무를 수 있다면 분노의 어떤 부분이 타당한 것이고, 어떤 부분이 해로운 부분인지 볼 수 있을 것입니다. 이렇게 어려운 사람들을 어떻게 대처해야 하는지에 대해서는 나중에 이야기할 것입니다. [감정 표현, 8장 참조] 하지만 ○○씨가 받은 것이 얼마나 힘들었고, 그 느낌이 어떤 의미였는지에 대해서 머물러 봅시다[노출과 탐색을 지속].

### 기쁨에 노출

환 자: 저는 몇 년 만에 처음으로 편안한 기분을 느꼈습니다. 햇살이 들어오는 부엌 탁자에 앉아서 커피를 마시고 있었습니다. 너무나 새로운 기쁨이었습니다. 그러고 나서 저는 공황 상태에 빠졌습니다!

치료자: 지금 이완을 해 볼까요? 그것을 기억할 수 있나요? 고요하고 안전한 상황에서 그렇게 두려웠던 것이 무엇 때문인지 보도록 합시다.

### 친밀함에 대한 노출

치료자: 아버지의 집에 가서 아버지께 말하는 것을 떠올려 볼 수 있나요? 그가 ○○씨에게 얼마나 큰 의미인지에 대해서요…….

환 자: 네, 할 수 있습니다. 그것에 대해 생각하니 참 대단한 기분이 듭니다.

치료자: 그를 안아 보는 것을 생각해 보십시오.

환 자: 처음 해 보는 겁니다. 하지만 글쎄요……. 네, 할 수 있습니다. 그것을 하고 싶습니다. 아버지를 안아 보고 싶어요. [적응적인 감정] 사실상 제가 그것을 떠올렸

을 때 저는 너무 꽉 잡아서 그가 빠져나가지 못하도록 하는 것을 원합니다[퇴행적인 감정]. 그렇지만 성적인 느낌이 일어나기 때문에 두렵습니다[탈민감화가 필요한 또 다른 갈등].

성적인 느낌은 종종 친밀함과 수반되어 나타난다. 두려움은 성적인 각성 그 자체보다 더 견디기 힘들다. 목표는 성적인 느낌에 따라 행동하지 않으면서 그것을 견디도록 배우는 것이다.

치료자: 맞아요. 이것은 다소 정도의 차이는 있을지 몰라도 모든 사람이 가지고 있는 느낌일 것입니다[불안 조절]. 우리가 그것을 이해하고 잘 다루어 볼 수 있도록 안전한 이곳에서 탐색해 봅시다. 그를 안아 보는 것이 어떤가요? 떠오르는 느낌을 바라보세요. [노출과 탐색을 지속]

(구체적 감정에 대한 노출은 CC, pp. 191-192 그리고 223-224 참조)

## 감정 경험이 깊어지도록 하는 방법

환자가 정서적 각성을 느끼도록 하는 데 많은 도움이 필요하다. 그들은 종종 어떤 느낌으로부터 회피하면서 삶을 살아간다. 그래서 느낌을 경험한다는 것은 새롭고 낯선 경험이다. 불안 조절에 대한 우리의 논의에서 느낌에 대한 장벽을 줄임으로써 노출을 하도록 돕는 것에 초점을 맞추어 왔다. 이번 장은 직접적으로 노출을 강화시키는 방법에 대해 초점을 맞출 것이다.

치료자는 환자에게 처음으로 탐색해야 하는 느낌에 대해 강조할 필요가 있는데, 느낌이 잘 통제되고 행동이 건설적일 때까지는 그것에 따라 행동하는 것이 아님을 설명한다. 실습을 통해 건설적인 행동을 발견하면서 마치 자전거를 타는 것과 같이 자동적이 될 수 있다. 하지만 처음에는 적응적인 감정이 심사숙고되어야 한다. 환자가 그들의 바람을 이해하고, 받아들이고, 견디고, 현실적인 방식으로 반응할 때 문제는 해결되고, 치료가 일어난다.

### 완전한 내적 경험

탈민감화 동안 몸이 충분히 이완되어 있을 때는 더 깊게 내적 경험을 집중할 수 있고, 감정의 더 강한 강도가 경험된다. 신체 움직임을 통해 느낌을 표출하는 것이 이 과정의 시작일 수 있지만, 그것은 온전한 내적 경험을 분산시킬 수 있기에 주의가 필요하다. 따라서 환자가 특정한 느낌—약하더라도—을 경험할 능력이 있다면, 신체를 잘 유지한 채 상상에서(상상적 탈민감화) 경험의 내적 자각을 형성하는 것이 바람직하다. 환자가 느낌을 경험할 수 없을 때는 신체적인 움직임이 도움이 된다.

환자가 느낌의 완전한 각성에 접근할 수 있도록 돕는 구체적인 기법이 있다. 이것을 다음에서 상세하게 다룰 것이다. 이 방법을 적용할 때 환자의 자기통제뿐만 아니라 느낌의 깊은 부분을 세밀하게 관찰하라.

- 직접적으로 그 느낌에 초점을 두라.
- 공감적 문장을 사용하라.
- 환자의 말을 반영하라.
- 상세하게 초점을 맞추라.
- 신체적인 감각을 탐색하라.
- 일어날 수도 있는 일을 상상하라.
- 치료자 자신의 느낌을 공유하라.
- 상상에서 강렬한 느낌으로 이동하는 바람직한 퇴행을 격려하라.
- 안구운동 탈민감화 재처리(EMDR)를 사용하라.
- 느낌이 차단될 때 신체적으로 움직임을 사용하라.

환자에 따라 다른 기법이 효과적일 수 있다. 하나의 접근이 도움이 되지 않는다면 다른 것을 시도하라. 기존의 치료 접근들로부터 기법을 추가할 수 있다.

### 집요하게 감정에 초점

신체적 감각과 행동 경향을 포함하고 있는 느낌에 초점을 두고 머물러라. 환자가 느낌을 온전히 가득 느끼고 있을 때는 분석이나 질문 등을 피하라. 지속적으로 집요하게 정서에 머물러라! 경험을 한 후에야 비로소 그 의미를 이야기할 수 있다. 환자가 감정으로 인해 목이 잠기거나 그것을 억누르려고 할 때의 예를 보여 줄 것이다.

치료자: ○○씨는 많이 울고 싶은 것 같네요. 지금 ○○씨의 몸은 어떤 느낌인가요? 그 느낌을 잘 나타내는 말은 무엇일까요? [치료자는 지적인 통찰을 유발하려고 하지 않는다. 슬픔과 같은 단순한 말로 표현하도록 한다. 예, "저는 그가 너무 그리워요."]

단순한 격려는 남아 있는 방어를 다루기에 충분하다.

치료자: 눈물을 억누르는 부분이 여전히 있는 것 같아요.
환　자: 정서를 억누르는 것은 습관이 되었습니다. 지금은 제지하지 않으려고 노력하고 있습니다.
치료자: 자신에게 슬픔을 허락한다면 어떻게 되겠습니까? 조금씩 마음의 빗장을 열어 보는 것입니다.

### 공감적 표현

**감정을 깊이 느끼도록 하기 위해 공감적 표현을 사용하라.** 이러한 반응의 대부분은 정서 경험을 공감하고 타당화하기 위해서 대부분의 치료자들이 사용하고 있는, 오랜 시간에 걸쳐 입증된 반응이다.

- "음……." 또는 다른 공감적 추임새
- "그것에 머물러 보세요."
- "좀 더 이야기해 보세요."
- "슬퍼 보입니다." ["짜증이 난 것 같네요." "화가 난 것 같습니다."]
- "이것은 해결하기 어려운 것이 사실입니다."
- "정말 화가 났군요!"
- "이 경험이 ○○씨에게는 매우 고통스러운 일이었네요."
- "그가 ○○씨를 이런 식으로 대할 때 정말 그에게 화가 났겠네요."
- "지금까지 당신이 다른 사람에게 보여 줬던 것보다 당신은 훨씬 더 많은 능력을 가지고 있습니다."

#### 환자의 반응을 재진술

공감적 태도를 사용하여 환자의 말을 정확하게 반복하는 것은 강력한 힘이 있다.

환 자 1: 어머니는 결코 저를 사랑하지 않았습니다.

치료자 1: 어머니가 ○○씨를 결코 사랑하지 않았군요.

환 자 2: 어린 시절 내내 아버지가 관심을 가져 주기를 원했습니다.

치료자 2: 아버지가 ○○씨에게 관심을 주기를 무척 원했군요.

#### 상세함에 초점

더 상세한 이미지가 있을수록 감정적 각성은 더욱 강력하다. 환자가 있었던 방, 벽의 색깔, 환자의 당시 나이, 할아버지 옆에 앉아 있었을 때 몸의 느낌, 광경, 소리, 냄새 등과 같은 상황에 대한 상세한 묘사를 부탁하라.

환 자: 어머니는 어두운 방에서 혼자 담배를 피며 앉아 있곤 했습니다.

치료자: 그녀가 주로 앉았던 장소가 있었나요?

환 자: 하루 종일 장미 빛깔을 띤 안락의자에 앉아 계셨던 것이 기억납니다. 담배가 그녀의 손에 매달려 타고 있었어요.

환자가 스스로 이미지를 떠올릴 수 없을 때, 치료자는 이전 자료에 근거해 잠정적인 이미지를 제안할 수 있다. 환자가 일어났던 것에 대해 생생하고 구체적으로 그림을 그릴 수 있도록 도울 필요가 있다. 예를 들어, 죽음 장면에서 치료자는 질문을 할 수 있다. "침대 위에 어떻게 앉아 있었나요?" 또는 "○○씨 손을 그의 팔 위에 얹었나요?" 또는 "그의 표정은 어떻게 보였나요?" 또는 "○○씨가 얼마나 오래 머물렀나요?" 그러나 속도를 맞추면서 해야 한다는 것을 기억하라. 질문을 계속해서 던지는 방식은 환자가 감정에서 벗어나게 할 수 있다.

#### 신체로 감각을 탐색

앞서 논의했듯이, 감정의 신체적인 감각은 감정 경험의 통합적인 부분이다. 환자가 신체로 자각하는 부분을 확인하는 것은 환자가 감정에 접촉하여 머무를 수 있도록 돕는다.

치료자: ○○씨 몸으로 지금 느끼고 있는 것은 무엇입니까?

환 자: 아무것도 없습니다.

치료자: 잠시 전에 ○○씨는 팔과 가슴에 어떤 에너지를 느끼고 있다고 말했습니다. 그 에너지가 어디로 갔는지 한번 봅시다.

### 일어날 수 있었던 상황을 상상

환자에게 감정, 특히 슬픔이나 갈망을 일으키도록 하는 강력한 방법은 일어날 수 있었던 상황을 상상하게 하는 것이다. 치료자가 할 수 있는 질문은 다음과 같다.

- "○○씨 마음 안에 말하고 싶었지만 할 수 없었던 것은 무엇이 있나요?"
- "그의 눈을 바라보면 어떤 느낌이 드나요?"
- "그가 죽기 전에 그로부터 가장 듣고 싶었던 말은 무엇인가요?"

### 치료자 자신의 느낌을 공유

자기노출은 치료자 자세와 연결해 앞에서 언급하였듯이, 현명하고 전문적으로 활용해야 하겠지만 감정 경험을 깊이 강화하는 데 도움이 된다(1절 참조).

다음의 예에서 환자는 자기돌봄의 상징적 행동으로 자신을 구두 닦기에 비유하였다. 작은 단계이지만 자신과의 관계에서 변화를 향한 중요한 첫걸음이다.

환 자: 이것이 저 자신을 위한 첫걸음이라는 점에서 눈물이 나고, 저를 위해서 이러한 것들을 한 번도 시도하지 않았기 때문에 더욱 눈물이 납니다. 그동안 너무 힘들었습니다. 하지만 뭐 지금 대체로 행복합니다.

치료자: 감동적입니다. 치료에서 해 왔던 많은 부분을 ○○씨가 잘 이해하고 있는 것 같습니다. 저 역시 눈물이 나네요. ○○씨로 인해 지금 너무 행복합니다. 이제까지 자신을 돌보지 못했다는 것이 너무 슬프네요.

### 상상에서 퇴행을 격려

앞에서 논의하였듯이, 상상에서 퇴행은 감정을 행동화하지 않고 담아 둘 수 있는 환자들에게 치료적 변화를 위한 강력한 도구다. 강한 방어의 힘이 여전히 있기 때문에 살인적인 분노와 같은 퇴행적인 감정을 상상 속에서 충분히 경험하도록 하는 데 있어 치료자가 적절하게 격려를 해 주는 것이 필요하다.

치료자: 우리는 반복해서 ○○씨가 자기 스스로에게 분노를 어떻게 돌렸는지 그리고 그 것—우울함, 자신에 대해 나쁜 평가[대가]—으로 인해 얼마나 고통스러웠는지를 알게 되었습니다. 저는 이런 모습을 많은 사람들에게서 보아 왔습니다. 그리고 정말 도움이 되는 것은 상상이기 때문에 부정적인 결과가 일어나지 않는다는 것을 이해하면서 ○○씨 또는 타인들을 위해 ○○씨가 할 수 있는 한 생생하게 다른 사람에게 하고 싶은 행동을 상상해 보는 것입니다. 이렇게 하는 목표는 해롭지 않은 방식으로 ○○씨가 자신의 기분을 느끼도록 돕는 것입니다. [이익] ○○씨의 생각과 느낌은 누구에게도 해롭지 않습니다. 이러한 느낌을 수용하는 법을 배우는 것은 갈등이 있는 상대방과도 잘 지내면서 스스로를 상당히 도울 수 있을 것입니다.

### 안구 운동 탈민감화 재처리

안구 운동 탈민감화 재처리(Eye-Movement Desensitization and Reprocessing: EMDR, Shapiro, 2001)는 환자가 외상적 또는 혼란스러운 기억을 재처리하도록 돕기 위해 안구 움직임(또는 양반구에 교대로 자극을 주는 다양한 기법들)을 사용하는 경험적으로 지지된 치료적 접근이다. EMDR이 근본적으로 외상후스트레스장애(PTSD)의 치료에 적용되었다고 하더라도, 우리의 주장은 EMDR이 금지된 느낌을 불러일으키도록 하고 감정적 변화를 촉진하는 데 있어 도움이 될 수 있다는 것이다. 또한 여러 저자들은 EMDR을 통해 감정 경험 작업에서 매우 유용한 부가적인 효과가 있다는 것을 발견하고 있다. 감정이 차단된 순간에 특히 유용하다(STDP 그리고 EMDR을 통합하는 상세한 논의는 McCullough, 2002 참조).

### 느낌이 차단되었을 때 신체적 움직임을 사용

치료자들은 빈번하게 환자가 느낌에 접근하기 위해 신체 움직임을 사용하는 것(예, 베개를 때리는 것)이 도움이 되는지를 묻는다. 대답은 환자의 욕구에 달려 있다. 특히 감정 표현 불능증을 보이는 환자가 느낌에 접근할 수 없을 때 도움이 된다(Sifneos, 1973). **때때로 신체적 움직임은 내적 느낌의 상태를 확인할 수 있는 매우 효과적인 방법이다.** 상징적인 방식에서 느낌을 표출하는 것은 때때로 금지된 느낌을 의식으로 데리고 올 수 있다. 베개를 때리는 것, 못을 박는 것, 테니스 공을 세게 치는 것, 수건을 비틀어 짜는 것은 분노를 자각하는 데 시동을 거는 역할을 할 수 있다. 무술 수업이 어떤 사람에게는 신체적 힘의 감각을 접촉할 수 있도록 도움을 준다. 또한, 고밀도의 고무로 만든 두꺼운 패드인 '바타카스'는 방망이나 주먹으로 때리기에 매우 적절하다. 때때로 환자들은 느낌이 쉽게 접촉되고 경험될 때까지 수주 동안 이러한 외적인 방법을 사용할 필요가 있다. 그러나 앞에서 언급하였듯이, 최종 목표는 환자가 상상에서 모든 느낌을 경험하는 것을 배우는 것이다.

상상에서 환자는 어떤 느낌이 의미하는 것과 그것에 따라 최선의 방식으로 어떻게 행동할 것인지에 대한 자유로움을 가지고 있다. 느낌을 내적으로 담아내는 것을 실습하는 것은 우리가 화가 날 때 느낌을 드러내면서 '분출하는' 것이 생산적이지 않기 때문에 중요하다! 강렬한 내적 경험에 대한 조용한 숙고는 환자에게 힘을 실어 주며, 더 깊은 반응을 이끌어 낼 수 있다(효과적인 경험을 지지하는 방법은 CC, pp. 223-228 참조).

## 3. 반응 중지: 필요할 때 방어 재구조화하기

느낌에 대한 갈등이 있을 때, 노출은 필연적으로 불안을 야기할 것이다. 결과적으로 방어적인 회피로 되돌아간다.

환 자: 이것에 대해 이야기하는 것이 너무 끔찍합니다[A]. 도망가고 싶어요[D].

치료자: 이것이 얼마나 어려운지 알아요. 하지만 도망가지 않으려고 노력할 수 있을까요[D]? 그 느낌에 머물러 볼 수 있을까요[노출로 돌아가기 위해 격려와 함께 반응 중지 시도]?

방어로 인해 느낌을 경험하는 것을 차단한다면 5장과 6장에서 논의했던 방어 재구조화 과정으로 되돌아가라. 그러나 일반적으로 방어 재구조화라는 짧은 길을 우회한 후에 다시 감정 경험으로 돌아오는 것이 최선이다.

환 자: 그에게 화를 내는 것을 떠올리면 저 스스로 멍청이 같은 느낌이 들어요.

치료자: 방금 우리가 전에 말했던 것처럼 분노의 느낌이 올라오자마자 그 사람에게서

마음을 접고 어떻게 자신을 공격하는지 이해할 수 있나요[D]?

환 자: 아, 저를 죽이고 있어요[대가].

치료자: 네, 맞아요. 모든 것을 잠시 접어 두고 ○○씨 자신의 느낌에 집중해 봅시다. 나중에 자신에 대해 어떻게 느끼는지 작업을 할 것입니다[주의: 치료자는 자기공격이 너무 심각하지 않은 경우에만 사용해야 한다].

## 4. 감정 경험에서 함정을 확인하기

여기서는 감정 경험하기의 일반적인 오해에 대해 설명할 것이다.

### '분노 표출'의 오류

감정 경험하기의 궁극적인 목적은 느낌을 '분출'하는 것이 아니라 통찰을 통해 책임감 있게 느낌을 다루는 것이다. '분노 표출'은 잘못 이해될 수 있다. 치료실 밖에서의 폭발적인 분노는 초기에는 일시적으로 안도감을 줄 수 있다. 하지만 이 방식이 문제를 해결해 줄 수는 없다. 그 대신 모든 것이 더 악화될 수 있다. 반대로 자신의 욕구 또는 한계를 설정하는 주장적인 반응이 안도감을 줄 수 있다. 유사하게 환자가 치료 회기 안에서 화를 낼 때도 화를 폭발하며, 요란하게 소리치고, 욕을 하며 감정을 표출하는 것이 아니다. 그러한 행동은 앞에서 언급했듯이, 분노 경험하기에 시동을 걸 수 있다. 그러나 그것이 지속되면 무기력하고 좌절스러운 방어적인 행동을 유지하게 된다.

심상 기법은 탈민감화, 탐색 그리고 이해를 위해 안전한 공간에서 환자가 분노의 강도를 안으로 경험할 수 있도록 돕는 데 사용된다. 이어서 환자와 치료자는 그 문제를 해결할 수 있는 행동을 결정한다.

환 자: 정말 그를 죽여 버리고 싶다는 것 때문에 미칠 것 같았어요! 제가 느꼈던 화가 너무 강렬해서 깜짝 놀랐어요.

치료자: 만약 ○○씨의 반응이 너무 강렬하다면 어떤 이유가 있을 것입니다. 그 감정이 ○○씨의 과거 관계의 어디에서 왔는지 탐색해 봅시다. 어느 만큼이 동료를 향한 타당한 분노일까요. 다시 그 장면으로 돌아가서 ○○씨가 느꼈던 부분을 말

해 줄 수 있나요? ○○씨가 편안하고 통제감을 느낄 때까지는 밖에서 어떤 행동을 하지 않고 말입니다. 나중에 현실에서 문제를 잘 극복하기 위해 어떻게 해야 하는지를 이야기해 보도록 해요.

궁극적 목표는 '가장 가능한 건설적인 해결을 가져오는 그리고 안도감을 지속시키는 방식으로 분노를 **어떻게** 표현할 수 있는가'이다(감정 표현, 8장 참조).

### 충동 통제 문제

환자가 충동 통제가 어려울 때는 (1) **자기통제의 적응적인 방어** 그리고/또는 (2) 과장되지 않은 **긍정적인 자기감**을 세우는 인지적인 작업이 수행되어야 한다.

정서의 가장 빠른 심리적인 신호를 환자가 확인하고 통제하도록 도와라. 예를 들어, 화를 분출하기 전에 작은 짜증 또는 충동적인 행동을 부추기는 작은 좌절들인데 지나치고 강한 느낌보다 작은 느낌을 조절하는 것이 더 쉽다.

치료자: 상사가 고객 앞에서 ○○씨를 비난했을 때로 돌아갈 수 있을까요? 그리고 ○○씨의 분노를 느낄 수 있을까요? 몸에서 무엇이 느껴지나요? 이 느낌을 다루기 위해 무엇을 하는 것이 좋을까요?

환자는 느낌의 상당 부분을 통제할 수 있을 때까지 반복적으로 연습 또는 '감정적 팔굽혀펴기'를 하는 것이 필요하다. **느낌을 통제하는 능력이 충분하다고 판단될 때 다음으로 조금 강한 느낌에 노출하도록 한다.**

### 분노 표출의 이전 역사가 없는데 행동화하는 경우

때때로 다른 상황에서는 잘 통제할 수 있는 환자가 강렬한 회기 후에 소소한 방식으로 행동화를 할 수 있다. 억압적인 환자일수록 그럴 가능성이 더 크다(예, 이성을 잃거나 소리를 지름). 해결은 환자가 회기 동안에 이러한 가능성에 주의를 갖도록 하는 것이다. 따라서 그들은 느낌에 관해 인지적인 통제를 할 수 있다.

치료자: 이번 시간에는 ○○씨가 아버지에 대해 강한 화를 경험했기 때문에 다음 치료에 오기 전까지 그 강렬한 느낌에 따라 행동하고 싶을 수 있습니다. 그런 경우

에는 잠깐 멈추고 그 상황에서 가장 좋은 행동이 무엇인지 생각해 보십시오.

주목하라. GAF 점수가 50 이상이고, 적절한 충동 통제의 역사를 가지고 있는 환자는 자신이 스스로 인정하는 것 이상으로 그들의 충동에 대해 더 많은 통제감을 가질 수 있다(환자의 행동화는 CC, pp. 61-62, 217-218 참조).

### 자기공격의 위험성

너무 빠르게 느낌을 촉진하는 것은 자기공격, 또는 '안으로의 행동화'를 강화시키는 위험이 있다. 치료에서 밝혀진 강렬한 느낌에 대해 억제감을 느낄 때(불안, 죄책감, 수치심, 또는 슬픔), 환자는 자신을 공격의 대상으로 삼을 수 있다. 가학적인 환자들일수록 의식으로 떠오르는 받아들일 수 없는 느낌 때문에 불안한, 죄책감이 큰, 수치스러운 또는 불쌍한 기분을 느끼면서 스스로를 위험에 빠뜨린다.

환　자: 제가 얼마나 어머니의 돌봄을 갈망했는지를 이해하고는 참 마음이 아팠습니다. 주말 내내 비참한 기분으로 보냈습니다.

치료자: 이런 기분에 노출하는 것은 ○○씨를 더 고통스럽게 하는 것이 아니라, ○○씨를 안심시키도록 하려는 것입니다. 고통스럽지 않을 때까지 그 수치심이 줄어드는 것을 도울 것입니다. 결국 그것은 단지 느낌일 뿐입니다. [불안 조절]

(자기공격을 하는 환자를 위한 작업은 9장과 CC, pp. 218-219 참조)

### 치료자가 감정 노출 개입을 회피하는 경우

종종 치료자는 환자의 정서적인 이슈를 회피한다. (1) 그들이 더 보호하는 기분을 느끼기 위해서 그리고 환자가 더 많은 고통을 느끼기를 원치 않기 때문에, 또는 (2) 느낌이 너무 고통스러워서 치료자가 견딜 수 없기 때문이다. 외과의사가 상처를 처치하는 것이 보기 싫고 불편해서 상처 부위가 곪도록 내버려 두는 것은 치료가 아니다. 유사하게, **환자가 불안을 느끼지 않도록 유지시키는 것이 환자를 보호하는 것이 아니다.** 치료자가 환자에게 그들의 어려운 문제를 직면시킴으로써 환자가 고통을 느끼거나 혼란스러울 수 있는데, 이러한 고통과 혼란을 주지 않으려고 지나치게 보호하고 걱정함으로써 고통이 오히려 연장될 수 있다. 적절하게 기능을 하는 경우라면

(GAF 점수가 50 이상), 환자는 노출을 잘 견딜 수 있다.

### 불안 조절 개입

불안은 그것이 감소되기 전에 그리고 환자의 고통이 줄어들기 전에 어느 정도 유발될 필요가 있다. 이 책은 환자가 고통스러운 감정을 견디도록 도와줄 수 있는 불안 조절 그리고 수치심 감소 개입에 대해 기술한다. 이러한 개입은 인지적 기법, 자기와 타인 재구조화하기, 지지하기 그리고 안심시키기가 있다. 여기 몇 가지 예가 있다.

치료자 1: 그 느낌을 느낄 때 일어날 수 있는 가장 안 좋은[두려운, 가장 어려운] 것은 무엇인가요[인지적/불안 감소 기법]?

치료자 2: ○○씨의 감정들 때문에 제가 ○○씨를 나쁘게 볼 것 같아 두렵습니까[자기 재구조화하기]?

치료자 3: ○○씨는 방어에 대해 책임을 가지고 있지 않습니다. 자라면서 배운 것이지요. [수치심 감소하는 기법]

치료자 4: 기억하세요. 이것은 단지 기분입니다. 그것이 누구도 다치게 하지 않습니다. 오히려 ○○씨를 도울 수 있습니다. [가르침, 위안]

치료자 5: 잠시 그 느낌으로부터 천천히 뒤로 물러나 봅시다. 만약 ○○씨가 느낌에 압도된다면 지나치게 밀어붙일 필요가 없습니다. [불안 조절]

### 치료자 자신의 두려움에 대처

치료자가 환자의 느낌을 견디는 데 어려움이 있다면 슈퍼비전(동료 슈퍼비전) 또는 개인치료가 도움이 될 것이다. 환자와 같이 치료자는 강한 수준의 느낌을 견디는 데 지지가 필요하다. 치료자가 완벽해야 할 필요는 없으며, 그들의 문제가 모두 해결되어야 할 필요도 없다. 단지 치료자는 '충분히 좋은' 상태로 있으면서 환자가 감정 공포에서 적응적인 방식으로 기능할 수 있도록 환자보다 조금 앞에 서서 안내하려고 노력해야 한다.

### 비디오테이프를 통한 치료자 훈련

훈련 프로그램은 치료자가 정서를 어떻게 효과적으로 다룰 것인지를 안내하는 데 필요하다. 앞에서 언급하였듯이, 그러한 훈련은 강한 감정이 드러났던 성공적인 치료 회기의 비디오테이프를 관찰하는 것을 포함한다. 치료자가 강렬한 기분에 대해 갖는 불안을 줄이는 데 매우 도움이 될 것이다(비디오테이프 회기 평가에 대한 자세한 사항은 홈페이지 www.affectphobia.org 참조).

## 5. 감정 공포가 감소될 때까지 개입을 반복하기

상상 기법에서 노출은 갈등이 있는 느낌의 탈민감화가 일어날 때까지 반복되어야 한다. 즉, 환자가 충분히 경험하고 그 느낌을 보유할 수 있을 때까지 반복되어야 한다. 환자가 점점 자유롭게 그 느낌에 편안해지면(예, 오래 지속해 온 슬픔에 대해 울기), 치료자는 활발한 개입을 줄일 필요가 있다. 하지만 조용히 환자 옆에 머물러야 한다. 그리고 환자의 느낌에 조율한 채 머물러야 한다.

오래 지속해 온 문제를 멈추기 위해서는 일반적으로 갈등이 있는 감정의 상황을 많이 제시하는 것이 필요하다. 단지 한 번 또는 두 번이 아니다. 앞서 언급했듯이, 반복되는 노출은 '감정적 팔굽혀펴기'를 통해 환자의 '감정적 근육'을 발달시키는 것을 뜻한다. 슬픔과 분노가 탈민감화되기 위해서는 6~10회 정도의 집중된 회기가 필요하다.

#### 감정은 반복적으로 느껴져야만 한다

종종 우리가 감정에 다가갈수록 그것을 경험하기가 더 쉽다. 반드시 느낌이 강렬해야만 하는 것은 아니다. 환자가 견딜 수 있는 만큼을 의미한다. 요점은 행동 변화를 위해 감정이 사고 또는 언어가 아닌 신체에서 반복적으로 느껴져야만 한다. 환자가 감정을 잘 통제할 수 있다는 안전감을 느낀다면 회기 사이에 반복적으로 이러한 이미지를 연습하도록 격려되어야 한다. 단계에 따른 감정 경험의 반복은 환자가 느낌에 따라 행동하는 것 없이 느낌을 반영하는 능력을 갖는 것이다. '정서가 당신을 소유하는 것'이 아니라 '당신이 정서를 소유하는 것'이 핵심이다.

### 예: 안개 속에 갇힌 여인

다음 치료 축어록은 감정 경험하기를 통해 환자가 점점 불쾌한 느낌과 화해하는 과정을 보여 준다. '방어의 안개' 속에서 어찌할 바를 몰랐던 환자는 방어 인식에 대한 상당한 거부감을 표현했었다. 하지만 그녀는 마침내 시작한다.

### 느낌을 견디는 능력

환 자 1: 저의 상사에게 말하고 싶습니다. '당신 일을 가지고 저를 괴롭히지 마세요.'

치료자 : 그러한 느낌을 어디에서 느끼나요?

환 자 2: 제 몸에서 어떤 것이 뜨거워졌다가 식었다가 하는 느낌이 들어요[F]. 그녀에게 한 방 날리고 싶어요[F]……. 하지만 다른 한편에서는 도망가고 싶은 기분입니다[D]. [환자는 감정과 방어적인 회피를 모두 확인할 수 있다.]

회피 반응을 중지하도록 하면서 치료자는 초점을 유지한다. 하지만 갈등은 30분가량 지속된다. 환자는 폭력적인 느낌 때문에 고통스러워하고 도망가려 한다. 치료자는 그녀가 불편함을 다룰 수 있도록 돕는다.

치료자: 지금 무엇이 가장 힘든가요[불안 조절]?

환 자: 계속 그녀를 때리고 싶습니다[F]! (크게 한숨을 쉬고는) 일단 시작한다면 멈출 수 없을 것입니다. 그녀를 때리고 싶어요[F]. (놀람)[A]

치료자: 무엇이 가장 힘든가요[불안 조절]?

환 자: 제가 그렇다는 것을 알았다는 것이요! 신발 한 짝을 들어 손가락을 때리고[F] …… 피가 날 때까지 그녀를 후려 팰 수 있습니다. 때리는 것을 아주 오랫동안 하고 싶어요! 이런 느낌이 너무 두렵습니다[A]!

치료자: 우리 모두 이런 기분을 종종 느끼지요! 기억하세요, 이것은 행동이 아닙니다[불안 조절].

이러한 위로는 환자를 안정시킬 수 있고, 그녀는 계속해서 폭력적인 상상을 지속한다.

환 자: 저는 목이 긴 부츠를 신고 그녀를 짓밟고 싶어요[F]……. 만족스러워요.

치료자: 그렇군요. 계속하세요. [불안 조절]

분노를 깊게 느끼는 것이 큰 위안이 될 수 있다. 그것은 상상하기의 목표다. 느낌의 힘을 수용하고 유지하는 것이다.

환　자: (잠시 후, 그 회기를 되돌아보며) 이것은 너무 두려운 방식입니다. 새롭고 너무나도 위협적이었습니다[A]. 제 안에 이런 마음이 있다는 것이 너무 두려웠습니다……. 하지만 그것은 저의 부분입니다. 선생님은 저를 잘 아시는 것 같아요.

치료자: 이러한 충동과 화해하고, 이것을 어떻게 조절하고 안내할 것인지를 아는 것이 중요합니다.

"선생님은 정말 저를 잘 알고 있군요."라는 환자의 언급은 치료 과정에서 드러난 치료자의 비판단적인 수용의 핵심적인 역할을 드러내는 말이다.

## 6. 자주 묻는 질문들

이 장을 마치기 위해 다음에 치료자들이 감정 재구조화하기에 대해 종종 물을 수 있는 질문들을 제시하였다.

### "감정이 탈민감화되고 공포가 해결되어야 할 때를 어떻게 알 수 있는가?"

감정 공포는 환자가 다음과 같이 행동할 때 해결될 수 있다.

- 방어로 달아나지 않고, 자신에 대한 나쁜 느낌을 갖지 않으며, 적절한 수준에서 강한 수준까지 감정을 경험한다.
- 느낌에 따라 적절한 행동을 한다(8장 참조).

### "고통은 사라질 수 있는가?" 또는 "고통스러운 느낌은 결국 사라지는가?"

감정 공포의 탈민감화 방법은 많은 고통스러운 느낌을 '쉬도록' 도와주는 힘을 가지고 있다. 환자가 과거의 불행한 기억을 떠올린다고 하더라도, 슬픔, 분노, 갈망이 끝없이 고통과 괴로움을 발생시키지는 않는다.

#### 고통을 제거하기

감정 공포의 탈민감화는 분노, 슬픔, 친밀감을 느끼는 데서 오는 불안, 수치심, 고통 또는 자기공격을 제거할 수 있다. 안개 속에 가로막힌 여인의 예에서 **제거하기는 그 느낌에 대한 갈등이 사라지는 것이다.** 고통을 유발하는 괴로운 억제적인 기분(A) 없이 느낌[F]을 경험할 수 있다('고통 멈추기'는 CC, pp. 228-232 참조).

### "감정 공포가 탈민감화되면 그다음에는 무엇을 하는가?"

#### 궁극적인 목표

다음 장에서 우리는 새롭게 탈민감화된 느낌을 최종적인 단기역동정신치료의 목표를 향해 어떻게 적용할 수 있는지에 대해 논의할 것이다. 바로 느낌에 따라 온전한, 성숙한, 잘 안내된 행동으로 표현하기다. 이것을 감정 표현이라고 한다. 반복적으로 말하였지만, 우리는 과거를 변화시킬 수 없다. 하지만 그들은 과거에 반응하는 방식을 변화시킬 수 있다. 그리고 더 좋은 미래를 세울 수 있다.

#### 감정 재구조화 단계의 요약

더 나아가기 전에 감정 재구조화의 기본적인 단계를 요약할 것이다. 〈표 7-1〉을 보라.

**〈표 7-1〉 감정 경험에서 단계**

- 치료자에 의해 안내된 이미지에서 두려운 감정(F)에 노출을 수행한다.
  - 언어적으로 정확하게 그 감정을 명명하도록 한다.
  - 감정의 신체적 느낌을 확인하도록 한다.
  - 상상에서 바라는 행동을 그려 보도록 한다.
  - 상상에서 느낌을 고조시키기 위해 바람직한 퇴행을 격려한다.
- 반응 중지에 관여한다(D).
  - 방어/회피를 지적한다.
  - 환자가 그 느낌에 조금 더 길게 머무르도록 격려한다.

- 불안 조절에 관여한다(A).
  - 지지와 안심을 통해 환자를 안정시킨다.
  - 환자의 두려움, 수치심, 고통을 탐색한다
- 불안이 감소될 때까지 노출로 돌아가라.
  - 일관적으로 느낌의 신체적 신호를 관찰하라.
- 필요하다면 반응 중지로 돌아가라.
- 반복적으로 불안 조절로 돌아가라.

## 연습문제

### 7A: 구체적 감정의 부적응적인 그리고 적응적인 형태를 식별

**지시** 연습문제는 노출을 위해 정확한 감정 초점을 선택하는 것부터 시작한다. 다음과 같이 감정이 포함된 행동이 적응적인지 또는 부적응적인 것인지를 식별하라. 이때 부적응적인 감정은 방어로서 사용되며, 다른 적응적인 느낌을 차단하는 역할을 한다는 점을 기억하라. 어떤 행동은 답이 분명할 수 있지만 다른 행동에서는 답이 모호하며, 특히 일어난 맥락—특히 문화적 맥락—에 따라 다를 수 있다. 목표는 환자의 감정이 적응적인지 또는 부적응적인지를 치료자가 고려하는 것이다.

| **예** 친밀함/부드러움 | 부적응적 | 적응적 |
|---|---|---|
| **답** • 매달리기, 요구함 | √ | ______ |

**설명** '매달리기'는 불안정한 그리고 부적응적인 애착을 나타낸다.

#### 7A.1.

| 친밀함/부드러움 | 부적응적 | 적응적 |
|---|---|---|
| • 타인에 대한 이상화된, 완벽한 이미지 | ______ | ______ |
| • 공감을 차단하는 자기몰두 | ______ | ______ |
| • '나-너', 타인을 소중히 여김 | ______ | ______ |
| • 질투가 심한 | ______ | ______ |

| | | |
|---|---|---|
| • 사람의 강함, 약함, 과장에 대한 수용 | ________ | ________ |
| • 편안한, 안아 주는, 버텨 주는 | ________ | ________ |
| • 감사하는 | ________ | ________ |
| • 타인에 대한 공감 | ________ | ________ |
| • 불안 또는 눈맞춤 회피 | ________ | ________ |

## 7A.2.

| 성적 욕망 | 부적응적 | 적응적 |
|---|---|---|
| • 만족스러움을 깊게 나눔 | ________ | ________ |
| • 친밀감을 깊게 느끼지 않음 | ________ | ________ |
| • 중독적인 만남 | ________ | ________ |
| • 친밀함을 높임 | ________ | ________ |
| • 상대방을 대상화하는 성욕 | ________ | ________ |
| • 사랑과 돌봄이 함께 있는 | ________ | ________ |

## 7A.3.

| 고통 | 부적응적 | 적응적 |
|---|---|---|
| • 정서적 손상을 알림 | ________ | ________ |
| • 적응적인 회피를 함 | ________ | ________ |
| • 우울함/우울증 | ________ | ________ |
| • 자기에 대한 만성적인 손상 | ________ | ________ |
| • 피할 수 없다는 느낌, 갇힌 느낌 | ________ | ________ |
| • 상실로 인한 슬픔 | ________ | ________ |

## 7A.4.

| 즐거움/기쁨 | 부적응적 | 적응적 |
|---|---|---|
| • 타인의 고통을 무시 | ________ | ________ |
| • 외부 자극의 상실과 함께 빠르게 사라짐 | ________ | ________ |
| • 안정된, 달래는, 조용한 | ________ | ________ |
| • 지나치게 서두름 | ________ | ________ |

| | 부적응적 | 적응적 |
|---|---|---|
| • 기쁨을 지속하는 | ______ | ______ |
| • 그 안에서 깊게 경험하는 | ______ | ______ |

### 7A.5.

| 수치심/죄책감 | 부적응적 | 적응적 |
|---|---|---|
| • 자기비난에 이르는 | ______ | ______ |
| • 진심으로 후회, 애도에 이르는 | ______ | ______ |

### 7A.6.

| 관심/흥분 | 부적응적 | 적응적 |
|---|---|---|
| • 충동적인 끌림 | ______ | ______ |
| • 깊게 만족하는, 주제에 대한 관심 | ______ | ______ |
| • 강하게 그리고 의욕이 넘치는 관여 | ______ | ______ |
| • 이완하는, 하지만 깊이 집중하는 | ______ | ______ |
| • 과도한/지나치게 넘치는 에너지 | ______ | ______ |
| • 희망, 낙관주의, 기대하는 | ______ | ______ |

### 7A.7.

| 슬픔/비애 | 부적응적 | 적응적 |
|---|---|---|
| • 자기에 대한 연민 | ______ | ______ |
| • 점점 안 좋은 느낌을 초래하는 눈물 | ______ | ______ |
| • 상실의 기억과 함께 눈물, 고통스럽지만 위안이 됨 | ______ | ______ |
| • 자기비난, 자기공격 | ______ | ______ |
| • 분노를 막는 눈물 | ______ | ______ |

### 7A.8

| 분노 | 부적응적 | 적응적 |
|---|---|---|
| • 느낌의 의식적 안내 | ______ | ______ |
| • 느낌에 대해 바로 분출 | ______ | ______ |

- 행동의 최적의 방법을 계획하기 ________ ________
- 행동 전에 심사숙고를 하지 않음 ________ ________
- 시끄럽게 욕하고, 소리 지르기 ________ ________
- 바라는 것에 대해 분명히 진술 ________ ________
- 좌절, 희망 없음 ________ ________
- 팔다리로 에너지가 몰리지만 잘 통제된 ________ ________

### 7A.9.

| 두려움 | 부적응적 | 적응적 |
|---|---|---|
| • 자기를 보호하는 행동 | ________ | ________ |
| • 공격적, 좌절하는 자기 | ________ | ________ |
| • 마비된 행동, 울 수 없음 | ________ | ________ |
| • 필요하면 도망가고, 소리지르고 얼어붙을 수 있는 | ________ | ________ |

## 7B: 방어 아래의 활성화 감정 또는 억제 감정을 찾기

**규칙** 환자 반응에 대한 정확한 답은 없다. 환자와 함께 확인할 필요가 있다. 제시된 환자의 반응은 공통적으로 우리가 실제 치료에서 마주할 수 있는 것이다. 하지만 환자들은 종종 독특한 반응을 보일 수 있다. 따라서 다음에서 주어진 것 외에 다양한 가능성에 열려 있는 것이 필요하다.

**지시** 이어지는 예에서 환자가 경험하고 있는 하나 또는 그 이상의 기저하는 감정을 표에 제시된 항목들에서 찾아 설명하라. 다시 강조하지만 맥락에 따라 답이 다양할 수 있다. 연습문제는 단지 당신의 생각을 촉진하기 위해 제시된 것이다. 또한 치료자가 제시하는 설명은 환자에 의해 다시 확인될 필요가 있다.

| | | |
|---|---|---|
| 분노 | 흥분 | 불안 |
| 슬픔 | 기쁨 | 수치심 |
| 부드러움 | 성적 갈망 | 죄책감 |
| 두려움(도주) | 고통/비통함 | 경멸/혐오 |
| 자기에 대한 긍정적인 느낌 | | |

7B.1. "배 속에 나비가 있는 것 같이 느껴져요."라고 말한다.

기저하는 감정(들) ______________________________

______________________________

7B.2. 다리를 꼬고 팔을 포개고 있다.

기저하는 감정(들) ______________________________

______________________________

7B.3. 깊게 한숨을 쉰다.

기저하는 감정(들) ______________________________

______________________________

7B.4. 주먹을 쥐고 있다.

기저하는 감정(들) ______________________________

______________________________

7B.5. 천천히 반복적으로 손가락으로 머리를 빗질한다.

기저하는 감정(들) ______________________________

______________________________

7B.6. 어려운 주제를 이야기하는 동안에 갑자기 환자가 허리 통증을 호소한다.

기저하는 감정(들) ______________________________

7B.7. 환자가 눈을 감는다.

기저하는 감정(들) ______________________

## 7C: 노출-세 가지 수준에 따라 감정을 경험하기

**지시** 이 장의 2부에서 제시한 세 가지 수준에 따라 감정에 노출을 촉진하는 치료자의 반응을 떠올려 보라. 환자가 보이는 감정 공포를 제시하여 단서를 제공할 것이다. 다음에 기술된 환자 각각에 대해 다음과 같은 세 가지 과정을 하도록 돕는 치료자 반응을 제시하라.

1. 감정을 명명한다.
2. 몸 안에 있는 감정의 신체적 느낌을 확인한다.
3. 상상에서 바라는 행동을 떠올린다.

다음 예의 답에서는 치료자 개입에 이어지는 환자의 가능한 반응을 제공할 것이다.

**예** 괴로워하는 미망인

환 자: 남편이 죽은 후에 남편이 저와 좀 더 있기 위해 자기 자신을 돌보지 않았다는 사실을 받아들일 수가 없습니다. [감정 공포: 분노 공포]

**답** 느낌을 명명하기 위한 반응: 이 이야기를 하면서 ㅇㅇ씨 목소리에 많은 감정이 있는 것 같습니다. 남편이 자신을 더 잘 돌보지 않았다는 사실에 대해 어떤 느낌이 드나요?

환 자: 그 부분에 대해 말하는 것이 싫어요. 화가 납니다.

생리적인 신호를 촉진하기 위한 반응: ㅇㅇ씨의 몸 안 어디에서 그 분노를 경험할 수 있습니까?

환 자: 몸과 팔에 많은 에너지가 있어요!

상상된 행동을 촉진하기 위한 반응: ㅇㅇ씨가 남편에게 이제까지 참아 왔던 분노를 경험한다면 무엇이라고 말하고 싶습니까?

환 자: 발에 에너지를 느낍니다. 그에게 달려들고 싶어요. 그리고 세게 그를 흔

들며 말할 거예요. 그 자신을 좀 더 돌보지 않은 것에 대해서요! 말하기 어렵네요. 하지만 진심입니다.

치료자: ○○씨도 알다시피 그런 느낌을 갖는 것은 자연스럽습니다.

### 7C.1. 이웃에게 감사할 수 없는 환자

환 자: 지난주에 저는 감기로 너무 고생을 해서 침대를 떠날 수가 없었어요. 이웃에 사는 사람이 저에게 치킨 스프를 가지고 왔어요. 정말 도움이 되었지요. 그러나 저는 그녀에게 감사하기가 어려웠어요. 이유를 알 수 없어요. [감정 공포: 친밀함/부드러움]

느낌을 명명하기 위한 반응: ______________________________

______________________________

생리적 신호를 촉진하기 위한 반응: ______________________________

______________________________

상상된 행동을 촉진하기 위한 반응: ______________________________

______________________________

### 7C.2. 행복하지 않은 화가

환 자: 저는 다시 그림을 그리는 것 때문에 많이 긴장을 하고 있었어요. 그런데 뭔가 문제가 생겼어요. 그림을 그리는 것에 몰두할 수가 없었어요. [감정 공포: 흥분]

느낌을 명명하기 위한 반응: ______________________________

______________________________

생리적 신호를 촉진하기 위한 반응: ______________________________

______________________________

상상된 행동을 촉진하기 위한 반응: ______________________________

______________________________

### 7C.3. 스트레스가 심한 남편

환 자: 아내는 그동안 제가 얼마나 심하게 스트레스를 받고 있는지 알고 있었어요. 그래서 욕조에 따뜻한 물을 받아 주었고, 제가 좋아하는 환상적인 음식도 만들어 줬어요. 하지만 저는 기분이 좋지 않았어요. 그것을 즐길 수가 없었어요. [감정

공포: 기쁨 또는 친밀함]

느낌을 명명하기 위한 반응: ______________________________

______________________________

생리적 신호를 촉진하기 위한 반응: ______________________________

______________________________

상상된 행동을 촉진하기 위한 반응: ______________________________

______________________________

### 7C.4. 늦게까지 일하면서 고통스러운 남자

환 자: 상사와 늦게까지 일을 하고 있었어요. 그녀는 부적절한 어떤 것을 하지 않았어요. 하지만 저는 그녀에게서 이상한 기분을 느끼기 시작했어요. 제가 변태인가요? 사실 아내와 저 사이에는 문제가 있어요. 그럼에도 저는 비교적 행복한 결혼생활을 하고 있어요. 적어도 제가 생각하기에는 말이죠. [감정 공포: 성적 감정]

느낌을 명명하기 위한 반응: ______________________________

______________________________

생리적 신호를 촉진하기 위한 반응: ______________________________

______________________________

상상된 행동을 촉진하기 위한 반응: ______________________________

______________________________

## 7D: 감정의 경험을 깊게 하는 방법

**지시** 다음과 같은 치료자 반응 중에 어떤 것이 환자의 감정을 깊게 촉진하는지를 확인하라. 다시 말하지만, 상황에 따라 다양한 반응이 있을 수 있다. 연습문제는 환자가 자신의 느낌을 경험하도록 돕는 개입에 대해 치료자의 생각을 촉진하는 데 의미가 있다.

**예** 환 자: 아버지는 항상 형과 누나 앞에서 저에게 창피를 주셨어요. 이것이 저의 아동기의 전부입니다.

**답** 치료자가 분노를 깊게 경험하기 위해 어떤 반응을 하고 있는가?

_√_ A. 그런 일이 일어났던 때가 언제인지 그 상황을 이야기해 줄 수 있

나요?

_____ B. 아버지는 다른 형제들에게도 같은 방식으로 창피를 주었나요?

_____ C. ○○씨는 그것을 잘 견딘 것 같네요.

_____ D. 아버지는 자신의 수치심을 ○○씨에게 투사한 것 같습니다.

**설명** 가장 가능한 대답은 A다. 일어났던 사건에 대해 일반화하기보다는 그 감정을 촉발시키는 것을 유도하기 위해 구체적인 기억을 떠올리는 것이 필요하기 때문이다.

## 7D.1.

치료자: 지금 그 슬픔을 어떻게 경험하나요?

환　자: 배 속이 메스꺼운 느낌입니다. 그리고 목이 꽉 조이는 것 같습니다.

치료자: 그것이 슬픔인가요?

환　자: 저는 슬픔을 통제하려고 하는 것 같아요.

**환자의 슬픔을 깊게 하기 위해 치료자는 어떤 반응을 할 수 있는가?**

_____ A. ○○씨 자신이 울도록 내버려 둘 수 있는지 궁금합니다.

_____ B. 편안하게 이완을 하고 심호흡에 주목을 해 보세요. 무엇이 올라오나요?

_____ C. 만약 ○○씨가 목을 편안하게 하고, 그렇게 힘겹게 싸우지 않는다면 어떤 일이 일어날까요?

_____ D. 슬픈 느낌에 대해 어떤 단어나 이미지가 떠오르는지 말해 줄 수 있나요?

## 7D.2.

환　자: 결국 남자 친구와 끝이 났어요. 그는 저에게 좋은 사람이 아니었어요. 하지만 여전히 저는 그를 생각합니다. 저는 거의 서로 접촉을 하지 않는 냉정한 가족에서 자랐어요. 그는 제가 키스를 한 첫 번째 사람이었고, 사랑하게 된 첫 번째 사람입니다(슬퍼 보임). 하지만 성관계는 전혀 좋지 않았어요. 왜 그렇게 성관계를 하려는 것인지 이해할 수 없었어요.

**친밀함에 대한 갈망을 좀 더 깊게 다루기 위해 치료자는 어떤 반응을 할 수 있는가?**

_____ A. 오랫동안 누군가 ○○씨를 잡아 주고, 어루만져 주었으면 하고 바라 왔군요. ○○씨가 기억하는 것 중에 그가 ○○씨를 어루만졌던 구체적인

경험이 있다면 말해 주세요.

_____ B. ○○씨 가족이 너무 차가웠기 때문에 가족으로부터 받지 못했던, 서로 접촉하고 안아 주는 것이 너무 어색하다는 것은 이해할 만합니다.

_____ C. ○○씨는 앞으로도 만날 수 있는 사람이 많이 있습니다. 그를 떠날 필요가 있어요.

_____ D. 만약 ○○씨가 자신을 사랑하는 법을 배운다면 굳이 접촉을 위해 다른 사람들을 찾을 필요가 없을 것입니다.

## 7D.3.

환　자: [회기의 마무리 즈음] 이번 주에는 선생님께 전화하지 않겠습니다. 약속합니다. 이제 저는 괜찮아요.

치료자: 지난주에 연락을 취하고, 전화를 하는 것이 ○○씨에게 도움이 되었던 것 같습니다. 우리는 너무 힘이 들 때 전화를 할 수 있다고 했고, ○○씨는 그렇게 했습니다. 또한 다른 사람에게도 다가갔고, 이러한 노력을 통해 다른 사람들이 ○○씨를 돕는 것을 받아들였습니다. 우리는 ○○씨가 항상 다른 사람들에게 무언가를 주는 것을 압니다. 하지만 자신이 다른 사람에게 받는 것을 수용하는 것도 중요합니다. 이것은 저와 함께 여기서 시작할 수 있습니다. 그러고 나서 ○○씨의 친구나 가족에게 확장할 수 있습니다.

환　자: 글쎄요, 선생님은 저의 치료자입니다. 제가 생각하기에 선생님은 그저 치료자로서 역할을 수행하고 있는 것 같습니다.

치료자: 그 말이 참 냉정하게 들리네요. 제가 ○○씨에게서 감정적으로 멀어져 있음을 느낀 적이 있나요?

환　자: 아니요. 선생님은 제가 전화했을 때 정말 진심으로 관심을 보였어요.

**타인에게 돌봄을 받는 느낌을 좀 더 깊게 하기 위해 치료자는 어떤 반응을 할 수 있는가?**

_____ A. 그래요, 비인간적인 방식으로 저를 생각하면서 ○○씨는 다른 사람들에게 그러하듯이 저와의 관계에서도 장벽을 쌓고 있었던 걸까요?

_____ B. 물론, 많은 사람들이 그러한 상황에서 ○○씨처럼 걱정을 할 수 있다고 생각합니다.

_____ C. 맞아요. 저는 ○○씨에 대해 많이 걱정을 했고, ○○씨가 전화한 것에

대해 반가웠습니다. 이 점에 대해 말하는 것을 들으면서 어떤 기분이 드나요?

_____ D. ○○씨가 필요할 때면 언제든지 전화하는 것을 주저할 필요가 없습니다. 다음 주에 보지요.

### 7D.4.

환 자: (눈물을 흘리며) 선생님 앞에서 울고 싶지 않아요.

**슬픔을 깊게 하기 위해 치료자는 어떤 반응을 할 수 있는가?**

_____ A. 그대로 ○○씨를 내버려 두는 것이 좋을 것 같습니다. 이곳은 적당하지 않은가요?

_____ B. ○○씨가 그렇게 슬픈 기분이 들었던 구체적인 생각 또는 기억에 대해 말해 줄 수 있나요?

_____ C. 제 앞에서 우는 것에 대해 무엇이 가장 힘든가요?

_____ D. 그러고 싶지 않다면 ○○씨가 꼭 지금 울 필요는 없습니다. 준비가 되었을 때 하면 됩니다.

### 7D.5.

환 자: (주먹을 흔들면서) 제가 무엇을 할 수 있을까요? 아버지는 항상 제가 아버지의 인생을 살기를 원했습니다.

**분노/주장을 깊게 하도록 하기 위해 치료자는 어떤 반응을 할 수 있는가?**

_____ A. '아버지의 인생을 살길 원한다'는 말은 무슨 뜻인가요?

_____ B. 지금 ○○씨가 주먹을 쥐고는 부르르 떨고 있다는 것을 알고 있나요? 지금 ○○씨의 몸에서 어떤 느낌이 드나요?

_____ C. ○○씨가 항상 아버지의 그늘에서 느끼는 기분이 참으로 절망스러웠을 것 같네요.

_____ D. 아마도 아버지는 결코 그의 인생에서 ○○씨가 가지고 있는 자유를 한 번도 가진 적이 없는 것 같아요. 아버지는 그것에 화가 났던 것 같습니다.

### 7D.6.

환 자: 저의 아내는 모든 면에서 저를 지지합니다. 하지만 그녀는 저와의 성관계에 대

해 좌절하고 있습니다. 성관계를 할 때마다 항상 제가 먼저 아내에게 시작을 합니다. 하지만 시간이 가면서는 제가 성관계를 원한다는 것에 대해 점점 큰 수치심이 느껴집니다.

**그 감정을 깊게 하기 위해 치료자는 어떤 반응을 할 수 있는가?**

_____ A. 성관계를 원하는 것에 대해 어떤 점이 그렇게 수치스럽습니까?

_____ B. 우리는 ○○씨가 원하는 것을 요구하는 것에 어려움이 많았던 시간들이 있었다는 것을 보아 왔어요. 압박을 덜 느끼기 위해 부인에게 할 수 있는 말이 무엇이 있을까요?

_____ C. ○○씨의 인간관계 중 가장 깊고 즐거운 것 중 하나를 스스로 즐기지 못하게 한다는 것이 참 슬프네요.

_____ D. ○○씨의 관계를 돕기 위해 성적인 감정에 대해 편안한 마음을 갖는 것이 중요할 것 같습니다. 이것에 대해 말하는 것이 참으로 어려울 것 같습니다. 하지만 ○○씨가 부인에게 다가갈 때 가장 먼저 성적으로 각성되는 것은 무엇 때문인가요?

## 7E: 느낌에 대한 불안을 조절하는 방법

**지시** 환자가 적응적인 감정(F)을 경험하지 못하도록 하는 억제적인 감정(갈등삼각형에서 A-불안, 수치심, 죄책감 또는 감정적 고통)을 줄이도록 하기 위해 치료자가 할 수 있는 개입의 예가 있다. 유머, 인지적 기법, 지지/위안/정보제공을 통해 억제적인 감정을 줄이는 방법이 있다는 점을 기억하라(예, 가장 힘든[두려운, 가장 고통스러운] 것은 무엇인가요?).

**예** 환 자: 저는 선생님[치료자] 앞에서 무너지고 싶지 않아요.

**답** **치료자 반응:** ○○씨의 기분을 저와 함께 여기서 드러내는 것이 무엇이 어렵습니까?

### 7E.1.

환 자: 어머니에 대해 화가 나는 것을 참을 수가 없습니다.

**치료자 반응:** ______________________________

______________________________

### 7E.2.

환 자: (수치스러워하며) 성적인 상상을 하는 것이 너무 죄책감이 느껴집니다. 제가 변태인 것 같아요.

치료자 반응: ______________________________

______________________________

### 7E.3.

환 자: [첫 회기 후에] 여기에 와서 내내 저에 대해서만 이야기를 하는 것이 좀 무례한 느낌입니다.

치료자 반응: ______________________________

______________________________

### 7E.4.

환 자: [결석에 대해 치료자에게 질문을 받은 후에] 형의 죽음에 대해 이야기를 할 필요가 있다고 하더라도 저는 슬픔을 느끼는 것을 시작하는 것조차 매우 두렵고, 한 번 울면 눈물을 멈출 수 없기 때문에 여기에 오는 것이 너무 두려웠습니다.

치료자 반응: ______________________________

______________________________

### 7E.5.

환 자: (불편한 기색을 보이며) 선생님께서 저를 칭찬했을 때 저는 숨고 싶었어요.

치료자 반응: ______________________________

______________________________

## 7F: 체계적 탈민감화 – 반응 중지 그리고 노출

**지시** 다음의 예에서 어떤 감정이 환자의 감정 공포의 핵심인지를 추측해 보라. 그러고 난 후에 치료자가 다음의 두 목표를 얻기 위해 어떤 반응을 해야 하는지를 작성하라.

- 방어를 차단한다(반응 중지).
- 공포스러운 감정에 환자를 노출하도록 한다.

이 연습은 당신이 초점을 두어야 할 감정을 결정할 필요가 있기 때문에 어렵게 느껴질 수 있다. 문제 해결에 어려움이 있다면 부록의 답을 읽어 본 후에 시도하라.

**예** 환 자: 그녀가 칭찬했을 때 너무 긴장된 기분을 느꼈어요. 저는 그것을 받아들일 수 없어요.

**답** **감정 공포:** 자신에 대한 자부심

**치료자 반응:** 잠시 편안한 기분을 느껴 보면 어떨까요[반응 중지]? 그리고 ○○씨 스스로 자신을 칭찬하면서 기쁨을 느끼면 어떨까요[노출]?

## 7F.1.

환 자: 우리의 관계에 대해 그녀가 무엇을 말하려고 했을 때, 너무 긴장이 되어서 어디론가 숨고 싶었습니다.

감정 공포: ______________________

치료자 반응: ______________________

______________________

## 7F.2.

환 자: 엄마가 돌아가신 후에 한동안 한 번도 울지 않았어요. 저 역시 다른 가족과 함께 참았어요. 저는 강한 사람이었어요.

감정 공포: ______________________

치료자 반응: ______________________

______________________

## 7F.3.

환 자: 선생님이 저에게 승진에 대해 어떤 기분이 들었는지 물었을 때, 제 마음이 어디론가 사라지는 것 같았습니다. 앞으로 제가 해야 할 많은 일들이 먼저 생각났어요.

감정 공포: ______________________

치료자 반응: ______________________________

______________________________

### 7F.4.

환 자: 직업은 제가 정말 원하는 것을 구했어요. 하지만 저는…… 제가 원하는 것을 부탁하는 걸 잘 못하겠어요. 할 수 있는 부탁도 하지 않아요.

감정 공포: ______________________________

치료자 반응: ______________________________

______________________________

### 7F.5.

환 자: 그때는 글을 다시 쓴다는 것이 정말 흥분되기 시작했어요. 하지만 잠시 후 '너는 나의 대단한 자부심은 아니다!'라고 경고하시는 아버지의 음성을 들었어요. 그때 이후로 저는 어떤 글도 쓴 적이 없어요.

감정 공포: ______________________________

치료자 반응: ______________________________

______________________________

제8장

# 감정 재구조화 2: 감정 표현하기

**목표**: 환자들이 다양한 관계에서 적응적으로(감정 공포 없이) 느낌을 통합하고, 표현하는 것을 돕는 방법을 보여 주기

**치료자 자세**: 교사, 안내자, 협력자

**불안 조절**: 환자가 오래 유지한 감정 공포를 포기하는 것에서 나타나는 두려움, 수치심 그리고 고통을 관리하도록 돕기. 그리고 새롭게 변화된 관계에 대해 예상하고 행동을 계획하는 것을 돕기

**다루는 주제**
1. 감정 표현의 개관
2. 표현적 그리고 수용적인 능력을 구축하기
3. 대인관계의 갈등을 참고 견디기
4. 느낌을 통합하기
5. 어려운 상호작용에 대해 역할 연기를 시연하기
6. 표현을 돕기 위해 정보를 제공하기
7. 감정 표현에서 함정을 인식하기
8. 감정 표현이 성숙할 때까지 연습을 반복하기

**감정 표현에 초점을 맞추기 위한 신호**

- 감정 공포가 상상 안에서 충분하게 탈민감화되었기 때문에 환자의 느낌이 심각한 갈등 없이 경험될 수 있다.

• 대인관계에서 감정 표현을 하기 위해 연습 또는 기술 습득이 필요하다.

## 1. 감정 표현의 개관

### 치료의 궁극적인 목표로서 감정 표현

방어 재구조화하기에서 환자는 자신의 부적응적인 반응 패턴을 확인하고 포기하는 것을 배웠다. 감정 경험에서 그들은 이전에는 과도하게 억제하는 감정으로 인해 견딜 수 없었던 정서를 경험하는 것을 배웠다. 하지만 감정 경험은 치료의 궁극적인 목표가 아니다. 목표는 감정 표현인데, 이것은 적응적인 방식으로 풍부한 감정을 경험하고 의사소통하는 능력으로, 치료의 목표뿐만 아니라 일반적으로 환자 주변 사람들에게도 도움이 된다. 종종 환자는 다음과 같이 말한다.

환 자: 저는 정말 이 느낌을 무시할 수가 없었어요……. 제가 어머니에게 얼마나 화가 났었는지 그리고 그것이 얼마나 힘들었는지에 대해 어렵게 이야기를 했기 때문에 우리의 관계는 이전보다 더 좋아졌습니다. 그리고 어머니에게 말을 하지 않으려고 했던 것이 얼마나 힘들었는지를 생각하게 되었습니다.

감정 표현은 치료 과정을 평가하는 데 직접적인 척도다. 치료자와 환자는 변화된 관계 그리고 개선된 기능을 통해 치료의 결과를 평가할 수 있다.

### 감정 표현은 분출이 아니다

감정 표현이 분출이나 폭발적인 행동화, 또는 퇴행적인 방출이 아니며 욕구와 바람에 의해 잘 안내된 표현임을 치료자와 환자가 기억하는 것은 매우 중요하다.

- 공격보다는 주장
- 상실에 대한 깊은 눈물
- 개방적으로 그리고 수치심 없이 부드러움을 표현하기
- 열정적으로 관심을 추구하기

- 자유롭게 성적인 기쁨을 주고받기
- 기쁨을 경험할 때 평화롭게 웃고 느끼기

이 능력은 자기달래기, 자기보호의 기초이며 성숙하고 건강한 기능이다.

### 감정 표현의 중요한 요소들

잘 안내된 바람과 욕구를 표현하는 것은 다음과 같은 정서 표현의 세 가지 중복되는 영역에 대한 작업과 관계가 있다.

- **표현적이고 수용적인 능력을 구축하기**: 환자는 타인에게 감정을 표현할 수 있고, 타인이 표현한 감정에 반응할 수 있다.
- **대인관계 갈등을 인내하기**: 환자는 갈등을 직면하고 견딜 수 있다. 그것을 생산적으로 사용할 수 있으며, 연결된 채로 머무를 수도 있다.
- **감정을 통합하기**: 환자는 성숙한 방식으로 감정을 통합하고 균형을 이룰 수 있다.

이것들은 일반적으로 치료 과정에서 주의 깊게 주목해야 하는 중요한 영역이다. 그러나 감정 표현 동안, 이러한 능력들은 맨 앞으로 이동한다.

### 감정 표현을 위한 핵심적인 개입

감정 표현을 강화하기 위한 핵심적인 개입은 의사소통, 대인관계 그리고 주장하기 위해 필요한 것으로 **정보 제공과 기술 훈련**이 있다. 이는 기술 훈련과 불안 조절을 위한 **역할 연기** 그리고 환자에게 중요한 사람들과 실생활에서 감정 표현의 연습을 하는 **실제(in vivo) 탈민감화**다.

### 실제(in vivo) 또는 실생활에서 탈민감화

감정 공포를 가진 환자는 느낌을 표현하기보다는 그것을 피하는 데 수년 또는 수십 년을 보내 왔다. 그리고 이 행동들은 회피가 가져오는 안도감으로 인해 강화되어 왔다. 감정 경험에 관한 포괄적인 작업(7장)을 하였다고 하더라도, 오래 유지해 온 행동 패턴이 쉽게 변화되기는 어렵다.

감정 표현은 환자가 다른 사람들과 재연결되고, 재접촉되는 것을 돕기 위해 실제(in vivo) 또는 실생활에서 탈민감화가 필요하다. 그래서 환자들에게는 삶에서 중요한 사람들과 마주하여 수십 번 또는 수백 번씩 느낌을 표현하는 연습이 필요하다. 어떤 환자들은 치료 시간에서 감정 경험을 하자마자 밖에서 스스로 할 수 있는 반면, 대부분의 환자들은 이 주제에 초점을 맞춘 치료자와의 연습이 필요하다. 이 작업은 감정의 통합, 정보 제공과 교육 그리고 역할 연기 등이 있다.

### 최상의 감정 표현을 위해 감정을 통합하기

내적 느낌을 적절하게 표현하는 방식을 배우면서 구체적인 감정(예, 분노)이 좀 더 세련된 감정의 통합으로 발전될 수 있다는 것을 배운다(예, 다른 사람에 대한 돌봄이 있지만 주장할 수 있는). 감정을 통합하는 과정은 환자가 성숙하고, 적응적으로 그리고 인지적으로 느낌을 표현하는 것을 배우는 것이다. 개방적이지만 잘 안내된 느낌들을 통합하는 것은 환자가 최상의 감정 표현을 발전시켰다는 것을 뜻한다. 이것은 성숙한 자부심과 수치심의 통합, 사랑과 거절에 대한 두려움의 통합, 연민과 분노 표현의 통합 등으로 균형을 맞추는 것이다.

### 정보 교육

비록 인지적 · 대인관계적 그리고 행동적 치료자들이 일상적으로 기술 훈련을 치료 목표로 통합하였더라도 심리역동적 치료자들은 그것을 거절해 왔다. 하지만 격려와 함께 이루어지는 정보 제공과 코칭은 학습의 기본적인 방법이고, 단기역동정신치료(STDP)에서 금지되어서는 안 된다. 단지 현명하게 적용되어야 한다. 여기에 몇 가지 안내가 있다.

- 우선 방어를 해결하고 갈등적인 느낌을 작업하라.
- 환자가 미처 알지 못하는 것을 안내하라.
- 자율성과 더 깊은 독립을 지지하고 계획하는 반면, 의존을 허락하라.

### 감정 표현에 초점을 맞추어야 할 때

치료의 많은 형태는 감정 표현을 출발점으로 사용한다. 예를 들어, 인지적 · 대인관계적 그리고 행동적 치료는 종종 사회적 기술 훈련 또는 주장 훈련으로 시작한다. 이것들은 환자에게 다른 사람들과 어떻게 상호작용할 것인지 그리고 자신의 욕구와 바람을 어떻게 적절하게 표현할 것인지를 가르친다. 반면, 단기역동정신치료(STDP)에서 감정 표현은 기저하는 방어적 패턴을 포기한(반응 중지) **이후에** 그리고 갈등의 탐색으로 감정 반응을 자유롭게 한 **이후에**(탈민감화가 일어날 때까지 노출) 초점이 된다.

### 방어 재구조화 그리고 감정 경험 이후에 감정 표현하기

이러한 순서대로 작업을 하는 것이 왜 중요한지에 대한 몇 가지 이유가 있다. 예를 들어, 분노에 대해 갈등 또는 공포를 가지고 있는 환자가 있다고 가정하자. 감정 공포를 해결하지 않고 주장 훈련을 배운다면 분노를 피하려는 회피는 결국 많은 문제를 야기시킬 수 있다.

- 불안은 이론적 수준에서조차 기술을 배우는 것을 어렵게 할 수 있다.
- 이론은 배울 수 있지만 기술을 습득하는 것은 어려울 것이다.
- 치료자와 기술을 습득할 수 있지만 실제에서 실행하고 싶지 않거나 할 수 없을 것이다.
- 기술을 실제로 연습하고, 주장적으로 행동할 수 있지만 '너무나 두려울' 것이다(예, 내적 고통을 대가로 치르게 될 것이다).

이러한 이유로, 최상의 감정 표현을 이루는 것—통합적인, 균형적인, 적응적인 방식으로 그들의 삶의 모든 측면에서 긍정적인 그리고 부정적인 감정을 표현하는 것—은 치료의 시작점이라기보다는 끝점에서 이루어진다.

### 성격 변화

아르빌 헨드릭(1992)은 치료에서 어떤 작업들이 많이 이루어지든지 간에 성격 변화는 환자의 실제 세계에서 지속적으로 사랑하는 관계에서 이루어져야 한다고 믿었다. 실습은 각자 환자의 실생활에서 이루어진다. 치료의 암묵적인 목표는 궁극적인 관계를 제공하는 것이 아니라 환자가 치료 밖에서 사랑하는 관계를 발견하고, 유지하고, 성장시키는 것을 돕는 것이다. 감정 표현은 환자가 치료자와의 작업을 공고히 하고 유지하도록 하는 것이다. 환자가 감정 경험으로부터 감정 표현으로 이동할 준비가 되어 있을 즈음에, 그들은 느낌의 표현과 수용 그리고 느낌의 통합, 갈등의 인내에서 중요한 변화를 보이기 시작할 것이다. 이러한 변화를 보일 때는 바로 대인 관계에서 환자의 감정적 기능을 재평가해야 하는 중요한 시기다. 환자의 관계가 의미 있게 개선이 되었는가 또는 개선되고 있는가? 치료자들은 개방적인 질문을 사용하여 직접적으로 이것을 탐색할 수 있다. "당신의 상사와 지내는 것이 어떠한가요?" [또는 당신의 남편/부인, 또는 당신의 친구]

감정 표현의 세 가지 영역들(표현/수용, 갈등의 인내 그리고 느낌의 통합)은 이 장의 후반부에서 평가에 도움이 되는 다른 질문들과 함께 설명할 것이다. 이후에 우리는 역할 연기 그리고 정보 제공하기와 같은 특별한 치료기법으로 이동할 것이다.

## 치료자 자세: 교육자, 코치 그리고 협력자

문제 상황에 대한 바람직한 반응을 환자가 알도록 돕는 것은 치료자의 세심한 판단과 적극적인 관여가 필요하다. '중립성'은 환자가 오래 지속해 온 부적응적 행동패턴을 영속화시키면서 환자 방어와 결탁을 초래할 수 있다.

### 교육자 그리고 코치로서 치료자

감정 표현을 작업하는 동안, 환자가 새롭게 얻은 자유로운 느낌을 진실하게 기능하고 관계하기로 나아가기 위해 치료자는 환자를 교육하고 코치하는 것이 필요하다. 교육을 하는 것은 치료자가 거들먹거리거나 아는 체를 하고, 권위적인 것이 아니어야 한다. 지도, 충고, 정보 제공, 설명, 역할 연기 그리고 모델링과 같은 개입이 사용될 수 있다. 하지만 감정 공포가 존재할 때는 이러한 도움이 비교적 효과적이지 않다. 격려, 지지 그리고 칭찬과 같은 기본적인 교육 기법이 유용하다.

### 협력자로서 치료자

비록 치료자가 환자의 관계에 대해 도움이 되거나 또는 되지 않을지도 모르는 어떤 의견을 가질 수 있고, 가져야 한다고 하더라도 이러한 치료자의 견해는 다른 치료적 목표에서와 같이 권위적이라기보다는 탐색적 그리고 협력적인 자세로 제공되어야 한다.

### 가치와 '이상적인 자기'를 발견

감정 표현은 치료실에서가 아니라 세상 속에서 환자의 행동으로 나타나기 때문에 최적의 반응을 찾기 위해 환자의 생각과 가치를 분명히 하는 것이 필요하다. 최상의 반응을 결정하는 데 도움이 될 수 있는 질문들은 다음과 같다.

- 호소 문제에 있어서 최상의 적응적인 반응은 무엇인가?
- 환자가 다른 사람과의 관계에서 되고자 하는 사람은 어떤 종류의 사람인가?
- 예가 되는 행동의 모델은 누구인가? 환자에게 모델이 될 만한 대표적인 영웅이 있는가?
- 환자의 이상적인 자기감은 무엇인가?

환자는 치료자의 도움으로 이상적인 자기의 이미지를 세워야 한다. 치료자는 환자의 가치와 신념에 특히 주의를 기울여야 한다. 이것이 치료자 자신의 것과 다를 수 있다. 치료자와 환자 그리고 주변 환경에서 문화적 차이가 있다면 세심하게 조사되어야 한다.

환자의 이상적인 자기가 정신건강에서의 관습과 일치하지 않을 때, 치료자는 이를 환자와 나눠야 하고, 협력적으로 작업을 하여 환자가 어떠한 반응을 더 편안하게 느낄 수 있는지를 결정한다.

치료자: 좋아요. 여기 ○○씨가 이 문제에 대해 대처해 온 방식이 있어요. 또 많은 사람들이 도움이 될 거라고 찾아온 방식이 있어요. 하지만 반드시 ○○씨가 이것을 따라야 할 필요는 없어요. 그래서 ○○씨가 그것에 대해서 어떻게 생각하는지 그리고 자신의 스타일과 어떻게 어울리는지에 대해 살펴보면 좋을 것 같습니다. 만약 저의 제안이 ○○씨에게 적합하지 않다면 우리는 다른 가능성을 탐색할 필요가 있습니다.

이로써 협력자로서 행동하는 치료자와 함께 환자들은 새로운 형태의 관계형성과 그들이 받아야만 하는 존중에 대해 크게 이해하는 기회를 갖게 된다. 정신역동적 갈등—'저항'—이 감소되면 환자는 이제까지 인생에서 받아 보지 못했던 격려와 안내를 치료자가 정중하게 제공할 때 이를 기꺼이 수용할 수 있다.

### 최적의 표현을 발견하기 위한 협력

환 자: 저는 연애 경험이 많지 않아요. 왜냐하면 일단 제가 그녀와 밖으로 나가면 그 여자와 결혼을 해야 할 것 같은 기분이 들기 때문입니다.

치료자: 너무 지나친 책임감처럼 보이네요!

환 자: 이렇게 하는 것이 남자답다고 생각해요. 여자들은 쉽게 상처를 받잖아요.

치료자: 다른 관점으로 ○○씨의 '점잖은 행동'을 생각해 보지요. 여성을 상처 주는 것에 너무 걱정을 하는 것이 한편으로는 여성을 지나치게 과잉보호하거나 심지어 여성을 어린아이 취급하는 것으로도 보일 수 있습니다. 어떤 방식으로 그것은 여성과 거리를 유지하는 또 다른 방식이 될 수 있겠네요[D]. ○○씨의 욕구가 감추어진 단지 돌보기만 하는 관계보다 어른스럽게, 성숙하게, 주고받는 관계가 좋지 않을까요?

환 자: 음……, 선생님이 무슨 말을 하는지 알겠어요. 선생님이 말한 대로 본다면 저의 행동은 더 이상 고상한 것이 아니네요.

## 불안 조절: 다른 사람들의 반응을 예측

### 타인과 재연결하기 위해 환자를 지지

감정 표현에서 환자는 치료에서 배운 행동을 밖의 관계에 적용할 필요가 있다. 비록 감정 경험의 상상적인 노출(7장)을 통해 감정 공포를 줄였다고 하더라도, 환자는 여전히 다른 사람에게 감정을 표현하는 것에 대해서 심각한 불안을 느낄 수 있다. 심지어 긍정적인 변화로 인해 숙달감을 느꼈다고 하더라도 불안을 느낄 수 있다. 치료자는 새로운 방식으로 타인과 재연결하는 데 있어 환자를 지지할 필요가 있다.

### 관계에서 어려움을 예측

환자의 두려움을 예측하고 타인의 반응에 대해 환자를 준비시킴으로써 불안은 조절될 수 있다.

치료자: ○○씨를 항상 비난했던 점에 대해 어머니에게 강하게[F-분노/주장] 말하길 원하는 것 같습니다. 이야기를 한다면 어머니가 어떤 반응을 할 것인지에 대해 상상해 볼까요? [반응 상상-부정적 또는 긍정적]

환　자: 아…… 아마 저를 한 방 날릴걸요. 저는 엄마와 맞서서 어떤 말도 할 수 없어요.

치료자: 그러면 일단 어머니가 처음에는 흥분할 것이라고 예상할 수 있네요[교육하고 두려운 반응에 노출하기].

환　자: 맞아요! 생각만 해도 무섭네요[A].

치료자: 정말 무섭군요[A]! 우리 함께 다른 가능한 반응을 생각해 볼까요[노출]?

이어서 환자에게 일어날 수 있는 상황을 미리 준비시키기 위해 어머니와의 상호작용에 관해 역할 연기를 실시할 수 있다(역할 연기는 5절 참조). 환자 주변의 중요 사람이 치료 시간에 와서 그들이 환자의 변화 과정에 익숙해지도록 하는 것도 또한 도움이 된다.

## 2. 표현적 그리고 수용적인 능력을 구축하기

### 표현적이고 수용적인 능력을 평가

대인관계에서 건강한 감정적인 기능은 환자가 다른 사람들에게 적응적으로 감정을 표현할 수 있을 뿐만 아니라 상대방에 의해서 표현된 감정을 수용하고, 그 감정에 조화롭게 반응하는 것을 뜻한다. 환자가 실생활의 관계에서 느낌의 표현에 편안한지를 평가할 필요가 있다. 뿐만 아니라 그들이 다른 사람들과의 의사소통에 대해 수용적인지에 대해 평가해야 한다. 치료자가 이를 위해 할 수 있는 질문들과 평가를 위해 고려할 수 있는 질문들이 있다.

- 환자가 적응적으로 정서를 표현할 수 있는가?
  치료자 1: 어머니가 많이 그리울 때 ○○씨 남편에게 이것에 대해 말할 수 있나요?
  치료자 2: 존에게 너무 화가 났을 때 무엇을 하였나요? ○○씨는 그를 멈추게 할 수 있나요?
- 환자가 적응적으로 정서를 수용할 수 있는가?
  치료자 1: 그가 ○○씨를 칭찬할 때 어떻게 느꼈나요? 그것을 즐길 수 있었나요?
  치료자 2: 딸이 너무 슬퍼하고 있을 때 ○○씨는 딸 아이의 슬픔을 함께할 수 있나요?
  치료자 3: ○○씨의 상사가 전화를 끊겠다고 말했을 때 어떻게 반응하였나요?

- 충분히 검토되지 못했던 느낌의 표현 또는 수용에 대한 불안, 죄책감, 또는 수치심이 없는가?

  치료자: 아내에게 화가 났을 때 말할 수 있나요? 그리고 ○○씨에게 화를 냈을 때 그녀의 이야기를 들을 수 있나요? 또는 갈등에 대해 아직도 불편한 마음이 있나요?

- 여전히 존재하는 이차적인 이득이 있는가? 그래서 환자는 달리 반응할 동기를 가지고 있지 않은가?

  치료자: 참으면서 얻는 것이 여전히 있나요?

- 어렵지 않게 표현할 수 있는 충분한 지식 또는 기술이 있는가?

  치료자 1: ○○씨가 슬픈 기분이 들기 시작할 때 무엇을 하는지 알고 있나요?

  치료자 2: 슬픔과 우울의 차이를 말할 수 있나요?

## 구체적인 감정 표현을 평가

여기에는 구체적인 기분 주변에 있는 갈등이 적절하게 탈민감화가 되었는지를 평가할 수 있는 방법의 예가 있다.

### 분 노

환자가 바람, 욕구, 좋음, 싫음에 따라 자신을 보호하고 주장할 수 있는가? 두려움 또는 수치심 없이 편안하게 그 주장을 경험할 수 있는가?

환 자: 저는 지금 즉시 상사의 방으로 갈 수 있고, 그에게 제 주장을 말할 수 있어요. 우리는 좀 이야기를 해야 한다고요! 저의 몸은 흥분되었지만 좋은 느낌입니다. 저는 전혀 두렵지 않아요! 머뭇거릴 필요가 없어요.

### 슬 픔

비록 심각한 상실로 슬프더라도 애도 과정 이후에는 내장이 비틀어지는 또는 찌르는 듯한 고통이 수반되지는 않는다. 환자는 상실에 대한 부정적 그리고 긍정적인 느낌을 둘 다 가질 수 있고 느낄 수 있다. 그들은 항상 삶의 기능을 유지할 수 있다. 그리고 그 상실을 대신하는 희망을 가질 수 있다.

환 자 1: 저는 그녀가 많이 그리워요! 우리는 항상 책을 읽으면서 기쁨을 느끼곤 했어요. 하지만 저는 그것을 받아들여야 해요. 암은 그녀의 눈을 파괴시켰고, 그것은 그녀를 너무나 고통스럽게 했어요. 그 결과, 그녀는 마침내 세상을 떠났지만 더 이상 고통스럽지 않다는 사실에 깊이 안도감을 느낍니다.

환 자 2: 지금은 남편을 생각하면 화가 나지 않아요. 물론 종종 그가 담배 피는 것을 떠올릴 때 짜증이 나곤 합니다. 그리고 여전히 그가 자신을 더 잘 돌봐서 저와 함께 여기에 있을 수 있다면 얼마나 좋을까 생각합니다. 하지만 저는 지금 평화로워요. 그가 저를 사랑했다는 것을 알고, 그는 항상 제 마음 안에 있을 거예요. 앞으로 잘 살아갈 수 있을 것 같습니다.

### 친밀감

환자가 중요한 타인에게 개방적이고 연약함을 드러낼 수 있는가? 부드러움을 진심으로 표현할 수 있는가? 환자가 깊게 감사하고 돌봄을 느낄 수 있는가? 그렇게 할 때 눈맞춤을 할 수 있는가? 환자가 신뢰하는 사람과 자신을 털어놓는 것이 편안한가?

환 자 1: 저의 삶에서 누구와도 친밀한 기분을 느낄 수 없을 거라고 그녀에게 말했어요. 하지만 그녀는 이제까지 제가 대접받은 것보다 훨씬 더 저를 잘 대해 주었어요. 저는 그녀를 꼭 안았어요. 제가 그것을 깊게 느끼는 것을 그녀가 알 수 있도록 말이에요.

환 자 2: 지금 저는 따뜻한 느낌이에요, 닫힌 느낌은 없어요. 최근에 누군가의 친절함을 접촉했다는 기분을 느꼈고, 그 느낌을 개방하는 것이 정말 좋았어요.

### 자기돌봄 또는 연민

환자가 자신을 잘 보살피는가? 그리고 힘든 상황에 적응할 수 있는 능력뿐만 아니라 자신의 실수에 대해 어떤 연민을 가질 수 있는가?

환 자: 맞아요. 저는 그 인터뷰를 잘하지 못했어요. 그래서 인터뷰하는 기술을 연습할 겁니다. 그러면 다음번에는 더 잘하겠지요. 항상 완벽할 수는 없잖아요!

### 다른 긍정적인 느낌

환자가 자기 자신에게 긍정적인 경험으로부터 기쁨, 흥분 또는 자부심을 느낄 수 있는가? 긍정적인 느낌을 신체에서 느낄 수 있는가?

환 자 1: [기쁨] 최근 들어 조용히 앉아 아주 평안한 상태의 느낌을 갖고 있는 저 자신을 발견했어요. 그것은 완전히 새로운 세계입니다. 대단해요.

환 자 2: [자부심] 그러니까 저의 모든 행동을 비난하는 것을 멈추었고, 제가 해 온 일에 대해 마음으로 정말 잘했다는 느낌을 갖기 시작했어요.

환 자 3: [성적인 느낌] 오랜 과거의 불안이 지나갔어요. 그리고 제 몸이 열정적으로 변화하면서 더욱 자유로워지는 것을 느끼고 있습니다. (웃으며) 저는 이제 제가 부도덕하다고 느끼지 않아요!

환 자 4: [관심/흥분] 갑자기 제가 하고 있었던 일에 빠져 있다는 것을 알았어요. 매 시간마다 경계하는 것이 아니고요. 제가 만들고 있는 것에 흥분했어요. 그리고 저 스스로 그것을 느끼도록 했어요.

만약 이런 능력이 계속해서 차단된다면 또는 감정 표현이 자기공격으로 이어진다면 자기와 타인 재구조화에 관해 작업을 재시도할 것을 고려하라(표현적, 수용적인 능력에 대해서는 CC, pp. 291-296 그리고 315-337과 이 책의 9장과 10장 참조).

## 3. 대인관계의 갈등을 참고 견디기

### 갈등을 생산적으로

갈등 없이 좋은 관계를 만드는 것은 가능하지 않다. 갈등을 참고 그것을 생산적으로 사용하는 것('공정하게 싸우는 것')은 어떤 방식으로 표현적 그리고 수용적인 능력의 구체적인 형태다. 이것은 너무 중요해서 주목할 만한 가치가 있다. 다음과 같은 질문들을 고려하는 것이 도움이 될 것이다.

- 성숙한 방식으로 의사소통을 하는가? 불평하거나 평가하지 않고, 정직하고 예의 바르게 할 수 있는가?

환　자: 당신이 늦어서 기분이 썩 좋지 않습니다.

- 자신이 말하는 것에 긍정적 그리고 부정적인 느낌을 통합할 수 있는가?

  환　자: 저는 당신에 대해 진실로 염려가 됩니다. 그래서 당신 때문에 속상했던 것을 말하려고 합니다. 이것을 이야기하면서 우리가 좀 더 가깝게 될 수 있기를 바랍니다.

- 환자가 '당신은'이라는 말보다 '나는'이라는 말로 의사소통을 할 수 있는가? 즉, 'X와 같은 행동을 하는 당신은 멍청이에요.' 또는 '당신이 X를 하다니 너무 미숙하군요.'라고 말하기보다 '당신이 X 할 때, 나는 Y라고 느낍니다.'
- 긍정적 반응이 나올 가능성을 높일 수 있도록 요청을 할 수 있는가? 예를 들어, '그것을 하는 것을 멈추세요.'라고 말하기보다 '당신이 그 행동을 멈추는 것이 나에게 너무 중요합니다.'

앞에서 기술하였듯이, 의사소통은 양쪽에게 모두 이익이 되도록 이루어져야 한다. 이것은 '정정당당한 싸움'의 목표다. 즉, 파괴적인 갈등을 생산적인 갈등으로 전환하는 것이다.

## 4. 느낌을 통합하기

### 사람은 '혼합된 느낌 주머니'

느낌은 진공상태에서 일어나지 않는다. 사람은 '혼합된 느낌 주머니'다. 어떤 사람이나 또는 모든 상황에서 혼합된 정서 반응이 나타나는 것은 필연적이다.

### 느낌에 대해 바른 견해를 갖도록 돕기

지혜롭게 관계—공감과 연민—를 맺는 것은 동시에 다양한 범위의 감정을 고려하는 것을 뜻한다. 치료자는 환자가 인지적인 안내와 느낌의 자각을 연결하여 '바른 관점에서' 느낌을 갖도록 도와야 한다.

충분한 부드러움은 처벌적이지 않은 분노와 통합될 필요가 있다. 충분한 주장(분노)과 한계 설정은 이용되고 학대되지 않는 친밀함에 대한 바람과 통합될 필요가 있다. 슬픔은 기쁨에 의해서 완화되고, 상실은 (가능한 정도로) 채워질 필요가 있다. 이 과정은 **콘서트에서 느낌을 연주하는 것** 또는 **정서적 통합**이라고 부를 수 있다. 때때로 정서의 혼합은 자연적으로 나타난다. 하지만 느낌이 부정적일 때는 긍정적인 느낌을 일으키기 위해 노력할 필요가 있다. 그 반대의 경우도 마찬가지다.

### 환자가 느낌을 통합하도록 돕기

환자가 느낌을 통합하는 것을 힘들어 하면, 치료자는 느낌의 전체적인 범위를 살핀 후 균형으로부터 벗어난 것을 확인함으로써 이것을 통합하도록 도울 수 있어야만 한다.

예를 들어, 환자는 다음과 같은 문제를 가지고 있을 수 있다.

- 관계에서 다정함이 없고 강한 분노만 있는가?
- 다른 사람들의 학대나 매정함을 무시하면서 그들에게 지나치게 감사하는가?
- 욕구를 만족시켜 주는 새로운 방법을 찾을 수 없을 만큼 과도한 슬픔이 있는가?

하나의 감정에 초점을 맞추기 위해 사용되었던 것과 같이(7장) 안내된 상상 기법은 감정적 경험을 통합하도록 사용될 수 있다. 모든 느낌은 다른 느낌들을 고려함으로써 조절될 필요가 있다. 여기 치료자들이 반대되는 느낌들을 통합하도록 돕는 예가 있다.

### 반대되는 느낌을 통합하기

치료자 1: 지금의 ○○씨는 따뜻한 느낌에 좀 더 편안해 보입니다. 하지만 관계에서 다룰 필요가 있는 다른 갈등은 없나요?

치료자 2: 선물을 주는 남편에게 고마운 마음이 큰 것 같아요. 하지만 그것은 ○○씨에게 소리 지르는 남편에 대한 느낌을 표현하는 것 같지 않습니다.

치료자 3: ○○씨는 길 중간에 놓여 있는 바위를 보지 못한 채 스노보드 타기에 푹 빠져서 기뻐하는 것 같아요. 경계하며 안전을 지키기 위한 두려움을 통합할 필요가 있습니다.

환자가 이러한 능력을 숙달하는 데 어려움을 가질 때, 남겨져 있는 작업이 있는지 확인할 필요가 있다. 재구조화될 필요가 있는 방어기제가 있는가? 탈민감화될 필요가 있는 감정 공포 또는 통합을 차단하는 자기 또는 타인들의 문제가 있는가? (느낌의 통합은 CC, pp. 288-290 참조)

## 5. 어려운 상호작용에 대해 역할 연기를 시연하기

### 역할 연기를 통해 감정 표현을 개선

역할 연기는 우리의 일상 삶에서 흔히 일어난다. 친구와의 문제를 이야기하는 것 또는 도움이 되는 적절한 행동의 과정을 결정하기 위해 상상 속에서 상호작용을 떠올리는 것 모두 역할 연기의 예가 될 수 있다. 역할 연기—치료 회기 안에서 그리고 밖에서—는 환자가 그들 대인관계의 의사소통을 연습하고 개선하는 데 도움이 되는 방식이 될 수 있다. 심리치료의 견지에서 역할 연기를 생각해 볼 수 있는 여러 가지 방식이 있다. 인지행동적 틀에서 역할 연기는 기술 훈련 그리고 실습을 뜻한다. 정신역동적 입장에서 보면 역할 연기는 예상해 볼 수 있는 성숙한 방어를 치료자의 조력으로 시연해 보는 것이다. 그 과정에서 미래에 일어날 수 있는 문제를 미리 치료에서 예측하고 준비하는 것이다.

감정 공포의 입장에서 보면, 역할 연기는 감정 표현에 집중되어 있는 불안에 대한 노출치료로 생각할 수 있다. 이런 이유로 역할 연기를 하면서 불안을 조절하는 것이 도움이 될 수 있다.

### 불안 조절과 역할 연기

환 자: 제 친구와 예전에 함께 있을 때보다 훨씬 개방되어 있습니다. 하지만 제가 말하고 싶은 것을 어떻게 말해야 하는지 여전히 모르는 것 같습니다.

치료자: 좋아요, ○○씨가 과거에 망설였던 구체적인 상황으로 돌아가서 말하고 싶었던 것을 역할 연기로 해 보면 어떨까요?

환 자: 어떻게 시작해야 할지 모르겠어요.

치료자: ○○씨가 막힌 기분을 느꼈었던 순간으로 돌아가서 거기부터 시작을 하면 어때요? ○○씨는 어떤 말도 떠오르지 않을 수 있습니다. 하지만 그 순간에 머물러서 어떤 것이 일어나는지 봅시다.

환 자: 좋아요, 저와 방을 같이 쓰는 친구와 관련된 일입니다. 저는 그 친구에게 방을

청소하는 것을 분담하자고 요청하고 싶습니다.

치료자: ○○씨가 그녀에게 우선 뭐라고 요청할까요?

환 자: 음……. 메리, 네가 당번일 때 쓰레기를 버리는 것을 부탁하고 싶었어.

치료자: (메리의 역할을 함) 아, 내가 완전히 잊어버렸어. 그런데 그게 뭐 그렇게 큰 문제이니?

환 자: 음……. 내가 생각하기에…… 여러 날 동안 쓰레기가 부엌에 있으면 냄새가 나잖아.

치료자: (메리의 역할을 함) 맞아, 그렇겠다! 앞으로 꼭 할게.

환 자: 고마워, 그러면 정말 좋을 거 같아. 아! 정말 어렵네요!

치료자: 메리에게 그것을 말하는 것을 상상하는 데 가장 힘든 점은 무엇입니까[불안 조절]?

물론 치료 회기에서 역할 연기는 이것보다 더 길게 진행될 수 있다. 역할 연기를 할 때 다양한 시나리오를 구성하는 것이 도움이 될 수 있다. 예를 들어, 앞의 치료자는 룸메이트가 약간은 쉽게 인정하지 않는 역할 연기를 제안하였다. 초기에는 치료자가 환자의 역할을 연기하면서 적응적인 행동의 시범을 보이는 것이 도움이 된다(감정 표현에 있어 불안 조절과 역할 연기에 대해서는 CC, pp. 286-287 그리고 301-304 참조).

## 6. 표현을 돕기 위해 정보를 제공하기

때때로 환자에게는 적절한 행동을 안내하는 기본적인 정보가 부족하다. 이러한 경우에 치료자는 환자의 부족한 지식을 채우기 위해 환자에게 정보를 가르쳐 줄 필요가 있다. 1부에서 논의하였듯이, 교육은 감정 표현의 중요한 요소다.

### 제안 또는 직접적인 충고를 제공

환자가 어떤 것을 알고 있지 못하다고 생각될 때 그리고 알려 주면 도움이 될 것이라고 판단이 될 때는 환자의 반응을 주의 깊게 살피면서 직접적인 조언 또는 제안을 제공하는 것이 도움이 된다.

치료자 1: 아침에 일어나는 것이 힘들다면, 조금 일찍 시계 알람을 맞춰 놓는 것이 도움이 될까요? 그것에 대해 어떻게 생각하십니까?

치료자 2: 이것을 한다면, ○○씨의 삶에서 상당한 고통을 피할 수 있을까요? 그렇게 보십니까?

치료자 3: ○○씨가 이번 주에는 3분 동안 이완훈련을 해 보는 것이 도움이 될 것이라고 생각합니다. 어때요?

물론 조언 또는 숙제가 부과되었다면 추후 회기에 많은 치료적 기회를 가지게 된다. 환자는 숙제에 대해 어떻게 느꼈는가? 수행하기가 상대적으로 쉬웠는가? 또는 그 행동이 여전히 상당한 불안을 일으키는가? 방어 재구조화하기 그리고/또는 감정 경험이 더 필요하다는 신호는 없는가?

만약 치료자의 조언에 따라 환자가 수행하지 않았다면, 당신은 비판단적인 태도로 그 이유를 탐색하는 것이 중요하다. 이것은 좋은 평가를 받고자 하는 마음, 경쟁심리 또는 남아 있는 갈등을 포함하여 여러 다른 이유들 때문일 수 있다. 결론에 이르기 위해서는 어떤 인내가 필요하다.

치료자: 바쁜 한 주를 보냈다는 것이 무엇을 의미하는지 알겠어요. 하지만 아주 오래된 익숙한 죄책감이 ○○씨가 해야 하는 것을 못하도록 발목을 잡고 있는 것은 아닌지 궁금합니다.

환 자: 아, 그것이 맞을 겁니다. 왜냐하면 지금 그것에 대해서 생각하니 제 몸이 얼어버리는 기분이 듭니다.

그러므로 치료자가 지시적일 때는 항상 협력적인 태도 안에 있어야 한다(치료자의 자세는 CC, pp. 283-286 참조).

### 가르치는 것의 함정

'수동적이며 의존적인 방어'와 '조언이 진심으로 필요한 상태'를 구별하는 것은 어려울 수 있다. 그러한 경우에는 소크라테스식 질문법을 시도해 보라.

치료자: ○○씨가 무엇을 해야 하는지 모르겠다고 말했어요. 혹시 유사한 상황에서 ○○

씨가 효과적이었다고 생각했던 누군가의 행동을 본 적이 있나요?

환자가 기저하는 느낌에 대해 여전히 불편하다면, 이어지는 가르침이 그저 기계적인 교육이 될 가능성이 있다(교육이 필요한 경우와 교육을 하면 안 되는 경우는 CC, pp. 298-301 참조).

치료자: 무엇을 할지 ○○씨에게 말해 주길 원하는군요. 하지만 저는 ○○씨가 요청하는 주제에 대한 어려움을 탐색하기 전에 조언을 제공하는 것이 적당하지 않다고 봅니다. 먼저 ○○씨가 분노를 느끼는 것에 어떤 불편함은 없는지 알아볼 수 있을까요?

#### 의사소통에서의 특징

의사소통에 관한 기본적인 정보는 많은 환자들이 관계를 개선하는 것을 돕는다. 이 부분에서는 환자들이 알지 못하는 의사소통의 특성을 다룰 것이다. 인식하고 있으면 잘 사용할 수 있는 정보들이다.

#### 감정의 수동적(억제된) · 주장적(적응적) 그리고 공격적(억제되지 않은)인 표현

분노가 표현되는 많은 방식—침묵을 유지하거나(수동적으로), 말을 하거나(주장적으로), 이성을 잃거나(공격적으로)—이 있다.

- **수동적**: 환자는 차분하게 웃으면서 말하지만 내적으로는 혼란스럽다.
- **주장적**: 당신이 종종 늦는 것이 불편합니다. 당신이 정각에 오지 못할 때는 나에게 미리 연락을 했으면 좋겠습니다.
- **공격적**: 너는 @#$%! 너는 내 시간을 ##$$%!

유사한 특징이 모든 감정 표현에 적용될 수 있다. 그러나 슬픔과 같은 감정은 억제된(수동적보다는), 적응적(주장적보다는), 비억제된(공격적보다는) 언어로 표현하는 것이 더 적절하다. 물론 특정 행동이 어떤 항목에 해당되는지를 결정하는 것에는 신중한 판단이 필요하고, 개인의 문화적 환경에 달려 있다.

### 감정의 적절한 억제

적절하게 표현된 감정(주장적/적응적) 그리고 부적절하게 표현된 감정(수동적/비억제적 그리고 공격적)에 덧붙여, 감정은 적절하게 억제될 수도 있다. 적절한 억제는 결코 표현되지 않는다는 뜻이 **아니다**(예를 들어 수동적이라는 것은 아니다). 그것은 억제라는 성숙한 방어기제를 사용해서 의식적으로 적절한 시간까지 간직하는 것을 의미한다(예, 입을 다물고, 내색하지 않으며 마음속으로 10을 센다. 하지만 결과적으로 적절한 방식으로 느끼는 것을 드러낸다).

- **행동화**: 환자는 방에 커피잔을 던지고 퍼붓는다. 그리고 소리를 내며 밖으로 나가 버린다.
- **적절한 표현**: 나는 정말 당신이 이 행동을 멈추길 바랍니다. 당신은 왜 이것을 하는 겁니까? 우리가 이 점에 대해 말할 수 있을까요?
- **적절한 억제**: 환자는 파티에서 배우자의 행동을 직면시키지 않고, 집에 도착할 때까지 기다린다.

## 도움이 될 만한 책

모든 정보가 치료자에 의해서 제공될 필요는 없다. 좋은 자기 도움을 위한 책은 더 적응적인 행동을 위해 도움이 되는 안내를 제공할 수 있다. 여기에 많은 환자들이 도움을 받을 수 있는 책들이 있고, 이 책들은 구체적으로 감정 또는 관련된 주제를 다루고 있다.

- 『분노의 춤』(Lerner, 1985): 분노/주장
- 『어려운 사람들 다루기』(Bramson, 1981): 분노/주장
- 『해로운 부모』(Forward with Buck, 1989): 학대적인 부모들
- 『필요한 상실』(Viorst, 1986): 슬픔
- 『재능 있는 아이들의 드라마 그리고 진짜 자기를 위한 탐색』(Miller, 1990): 자기연민을 구축하기
- 『당신이 원하는 사랑을 얻기』(Hendrix, 1988): 친밀함
- 『당신이 '아니요'라고 말하고 싶을 때 '네'라고 말하지 않기』(Fensterheim &

Baer, 1975): 주장
- 『두 가지 단계: 친밀함을 위한 춤』(McCann, 1985): 친밀함

## 7. 감정 표현에서 함정을 인식하기

감정 표현에는 발생 가능한 다양한 함정이 있다. 이 점을 치료자들은 자각해야 한다. 이 부분은 다음과 같은 점에 초점을 맞춘다.

- 감정을 경험하기 전에 감정을 표현하기(피상적인 반응들)
- 동조

### 정서를 경험하기 전에 정서를 표현

적극적인 단기역동정신치료(STDP)에서 환자가 내적인 감정 공포의 해결에서 충분히 진전을 보기도 전에 '적응적인' 행동을 하도록 치료자가 요구할 수 있다. 다른 말로 하면, 감정 경험을 하기 전에 감정을 표현하는 작업을 하는 것이다. 1부에서 논의하였듯이, 이것은 자신의 느낌으로부터 진심으로 하기보다는 기계적인 방식으로 반응하는 것(피상적으로)이다.

심지어 감정 경험에 관해 상당한 작업이 진행되어 온 환자들조차 피상적으로 반응할 수 있다. 중요한 점은 환자가 감정을 표현한 예를 살펴서—회기 밖 또는 회기 중—치료자는 환자의 감정이 여전히 지속되는 갈등이 있는지(불안, 수치심 등), 또는 표현이 비교적 잘 이루어졌는지, 또는 표현이 아주 편안했는지 보기 위해 경험을 평가해야 한다는 것이다.

느낌을 표현하는 데 있어 지속적인 억제(긴장감, 불편함)가 있다면, 감정 공포는 여전히 어느 정도 존재한다는 것을 뜻한다. 따라서 필요하다면 치료의 초점은 방어 재구조화하기(5장과 6장), 불안 조절과 감정 경험하기(7장) 그리고/또는 자기와 타인 재구조화하기(9장, 10장)로 다시 돌아갈 수도 있다.

**예:**

환 자: (긴장하며) 저는 우리가 말한 것—어떤 것들이 저를 괴롭히는지 그리고 왜 제

주장을 할 수 없는지—에 대해 생각을 많이 하고 있어요. 그리고 지금은 사실 제가 선생님에게 말하고 싶은 것이 있는데 말하기가 힘듭니다.

치료자: 무엇인가요?

환 자: 지난번에 선생님이 저한테 전화를 해서 치료 시간을 취소했을 때 좀 혼란스러웠습니다. 제가 치료를 취소할 때는 선생님께 24시간 전에 알리도록 되어 있다고 했습니다. 하지만 선생님은 바로 그 전날 밤에 전화를 했어요. 그것은 다소 공평하지 않다고 생각했어요.

치료자: 이런 문제를 제게 가져와 준 것이 너무 좋습니다. 만약 ○○씨가 제가 준 조언을 꼭 해야만 하는지 묻는다면, 저는 과연 제 조언이 적절했는지를 다시 점검할 것입니다. [주장적 행동의 강화] 지금 ○○씨가 한 말에 제 의견을 말하고 싶습니다. 그리고 저는 곧 그렇게 할 것입니다. 하지만 우선 이 점을 말한 것이 ○○씨에게 어떻게 느껴졌는지를 확인하고, 이해하고 싶습니다. [치료자가 불안을 어떻게 일으키는지 주목하라. 지지적인 방식이지만 환자의 불만에 대해 어떤 반응을 바로 즉시적으로 하지 않는다.]

환 자: (이완되면서) 끔찍했어요. 선생님이 저한테 뭔가 잘못했다고 말할까 봐 두려웠어요. 순간 멍청이가 된 것 같았아요.

치료자: 밖에서 보기에는 자유롭게 행동하는 것 같지만, 정작 내부에서 ○○씨가 자유로워지도록 하는 작업을 하는 것이 필요합니다. ○○씨를 화나게 하는 사람에게 무언가를 말하는 것이 그리 유쾌한 일은 아니라고 생각해요. 하지만 그렇게 했을 때 끔찍한 기분보다는 안도감을 느낀다는 점을 ○○씨가 경험하는 것이 중요합니다. [치료자는 자기주장이 감소되지 않도록 불안 조절에 대해 더 작업할 것을 안내한다.]

치료자는 환자가 가져온 정확한 문제를 다루는 것으로 돌아가야 한다(피상적인 반응에 대해서는 CC, pp. 304-306 참조).

### 동조: 밖으로부터 안으로 사는 것

환자가 동조할 때 그것은 종종 '안에서 바깥으로'가 아니라, '바깥에서 안으로' 사는 것이다. 방어 인식 부분에서 동조에 대해 다루었듯이, 치료자는 환자들이 누군가의 바람 또는 기대에 맞추는 방식을 평가할 필요가 있다. 여기에 이 문제를 고려할 질문들이 있다.

- 환자가 그들 자신의 기분에만 반응하는가? 또는 다른 사람들이 그들에게 원하는 것에만 반응하는가?
- 환자가 반대에 직면해서 그들의 입장을 유지할 수 있는가?
- 환자가 그들의 치료자와 다른 자신의 입장을 유지할 수 있는가, 또는 그저 치료자를 따라가는가?

환 자 1: 그는 날카로운 눈을 가진 매와 같이 보였어요. 그가 저에게 무엇을 원하는지 이해할 수 없었어요. 제가 무엇을 해야 할지 모르겠어요.

치료자 1: ○○씨가 원하는 것에 대해 생각해 본 적이 있습니까?

치료자 2: 아마 제가 맞을 겁니다. 아니면 제가 틀릴 수도 있지요. 하지만 이것이 제가 이 문제를 보고 있는 방식입니다. ○○씨는 그것을 다르게 볼 수 있나요? 이것이 ○○씨의 경험과 맞나요?

환 자 2: 맞아요(잠시 주춤). 그런 것 같아요.

치료자 3: (순응에 대해 주의 깊게 들으면서) ○○씨는 주저하는 것처럼 보입니다. 상황에 대해 다른 생각을 가지고 있는지 궁금합니다. ○○씨의 생각을 드러내는 것이 어려워 보입니다.

환 자 3: 선생님이 옳아요. 저는 어머니를 대하는 것과 비슷하게 선생님을 대하고 있어요. 심지어 어머니와 다른 생각을 가지고 있을 때조차, 저는 어머니와 그저 잘 지내려는 것처럼 행동합니다.

## 8. 감정 표현이 성숙할 때까지 연습을 반복하기

환자에게는 관계에서 역기능적인 방식을 더 효과적인 방식으로 대처하기 위해 반복되는 실습이 필요하다. 환자가 실습을 할 수 있도록—치료 안과 밖에서—그들의 억제가 감소될 때까지 격려되어야 한다. 회기 사이사이에 이루어지는 작업이 많을수록 더 빠른 변화가 일어난다.

환자의 두려움이 그대로 있고 감정 표현이 억제된다면, 남아 있는 갈등을 해결하기 위해서 방어, 감정 그리고 자기와 타인 재구조화로 돌아가야 할 수도 있다.

### 종결을 고려할 때

그러나 모든 변화의 작업이 치료 중에 다 이루어져야 한다는 것은 아니다. 단기치료는 변화 과정을 시작하는 것을 위해 노력한다. 그리고 환자에게 치료 종결 이후에도 계속 변화의 과정을 지속하기 위한 도구를 제공한다. 환자의 정서 반응이 반복을 통해 더욱 적응적이고 자연스럽다면, 이것은 충분한 작업이 치료에서 이루진 것을 뜻한다. 환자는 자신의 삶에서 이것을 지속해서 노력해야 할 것이다. 그렇다면 종결을 고려할 시간이다(12장에서는 종결의 과정을 어떻게 다루는지를 안내한다).

### 감정 표현 단계의 요약

기본적인 감정 표현의 단계는 〈표 8-1〉에 요약되어 있다

〈표 8-1〉 감정 표현 단계

- 실제(in vivo) 탈민감화를 격려한다(예, 실제 생활 실습).
- 환자가 표현적인 그리고 수용적인 능력을 형성하도록 돕는다.
- 환자에게 대인관계 갈등을 견딜 수 있도록 안내한다.
- 환자의 이상적인 표현을 위해 감정을 통합한다.
- 필요할 때 기술 훈련을 제공한다.
  - 환자가 수용할 수 있다면 직접적인 조언을 제공한다.
  - 문제가 있는 부분에 기술을 가르친다.
  - 주장 훈련을 실시한다.
  - 어려운 상호작용에 대해 역할 연기를 한다.
- 연습을 반복한다.

## 연습문제

### 8A: 억제적·적응적 그리고 비억제적 반응을 식별하기

**지시** 다음과 같이 이야기하는 환자의 반응이 **억제적 · 적응적 또는 비억제적**인지를 식별하라. 분노/주장의 예에서 이러한 세 가지 선택은 **수동적 · 주장적 그리고 공격적**인 반응과 일치한다. 다음과 같은 예에서 정확한 기술을 시도해 보라.

**예** 분노: 억제적 · 적응적 또는 비억제적?

환자의 친구가 끝없이 이야기를 해서 환자는 전화를 끊을 수 없다.

**답** A. 부드럽게 이야기를 하면서 끼어든다. "슈! 나는 지금 너랑 이야기하는 것이 즐거워, 하지만 내가 지금 가 봐야 하거든. 중간에 끊어서 미안한데 나중에 또 이야기하자." 적응적

B. 크게 한숨을 쉬면서 귀찮다는 듯이 "나 지금 가 봐야 하거든!"이라고 말하고는 급하게 끊는다. 비억제적

C. 성심성의껏 듣고, 귀찮고 짜증나지만 관심 있는 척 행동한다. 억제적

**설명** 앞의 답은 저자들(대부분 치료자들)이 중산층 유럽계 미국인을 기준으로 생각한 답이다. 이 답은 당신, 당신의 환자 그리고 또는 둘 다에게 적합한 문화적 환경에 따라 더 적절하게 수정될 필요가 있을 것이다.

A. **적응적**(적절하게 주장적으로). 긍정적('긍정적인 샌드위치'라고 부른다.) 방식으로 대화의 시작과 끝을 맺는다.

B. **비억제적**(주장적)

C. **억제적**(수동적)

#### 8A.1. 흥분: 억제적 · 적응적 또는 비억제적?

당신의 환자가 승진을 한 후 친구들과 레스토랑에 있다. 그녀는 다음과 같이 행동했다.

A. 친구들이 아무 말도 하지 않고 침묵으로만 있지 않을까 걱정한다.

__________

B. 어떤 사람이 집에 가고 싶다고 해도, 모두를 위해 저녁을 사겠다고 한다.

______________

C. "잠깐만요. 오늘 정말 빅 뉴스가 있어요."라고 말한다. ______________

**8A.2. 분노/주장: 억제적 · 적응적 또는 비억제적?**

동료가 환자의 아이디어를 가로채 갔다. 그녀는 사무실에 그 남자 동료와 단 둘이 있다. 그녀가 말한다.

A. "오늘 아침에 미팅에서 당신이 했던 말이 좀 불편했습니다. 이 점을 당신에게 말하고 싶어요." ______________

B. "당신은 비열했어요. 당신이 오늘 내게 한 짓을 그대로 당신에게 돌려주겠어요." ______________

C. "당신이 오늘 미팅에서 참 잘했다고 생각해요!" ______________

**8A.3. 기쁨: 억제적 · 적응적 또는 비억제적?**

당신의 환자는 감동적인 영적인 경험을 방금 했다. 친구에게 다음과 같이 전달한다.

A. "오늘 아침 감동스런 경험을 했어." ______________

B: 침묵을 지킨다. 친구의 기분을 상하게 하고 싶지 않다. ______________

C. 친구에게 명상 그룹에 오라고 강력하게 말한다. "이런 걸 놓치는 사람은 영적인 경험에 대해 안다고 말할 수 없을 거야." ______________

**8A.4. 성적인 흥분: 억제적 · 적응적 또는 비억제적?**

당신의 환자는 애인과 데이트했던 즐거웠던 밤에 대해 말하고 있다. 그들은 서로 매력을 느끼고 있다. 환자가 다음과 같이 말한다.

A. 애인을 벽에 기대게 하고, 키스를 하기 시작했어요. ______________

B. 애인이 나에게 키스를 했으면 하는 마음으로 그저 아래만 보고 있었어요. ______________

C. 눈을 맞추고 더 가까이 다가가 상대방의 표정을 보았습니다. ______________

**8A.5. 슬픔: 억제적 · 적응적 또는 비억제적?**

부인이 죽은 지 2년 만에 가까운 친구들과 레스토랑에서 점심을 먹고 있었다. 친구들 중 한 명이 죽은 배우자에 대해서 회상하였고, 환자는 다음과 같이 이야기하였다.

A. 그의 얼굴은 무표정한 채 그저 앞만 보고 있었다. ____________

B. 눈물을 흘리며 아마도 죽은 그녀가 자신이 이런 식으로 기억되는 것을 좋아할 거라고 말한다. ____________

C. 통제할 수 없는 슬픔으로 말을 할 수 없었다. 잠시 후 친구들이 그가 레스토랑을 나오는 것을 도왔다. ____________

### 8A.6. 분노/주장: 억제적 · 적응적, 비억제적?

이웃 사람이 당신의 환자에게 쓰레기를 버리는 날에 그녀의 강아지를 풀어 놓는 것이 신경쓰이지 않는지에 대해 적절한 피드백을 원하고 있다. 환자는 다음과 같이 말한다.

A: "오, 아니요! 문제없어요." (그녀의 위가 아프고, 가슴이 조여 옴.) ____________

B. "맞아요, 물어봐 줘서 고마워요. 그게 사실 좀 방해가 되어 왔어요. 어떤 조치가 필요한 것 같아요. 신경 써 줘서 고맙습니다." ____________

C. "맞아요. 당신이 그것을 이해하는 데 얼마나 시간이 더 필요한 건지 궁금했어요." 또는 (신경질적으로) "오, 왜 아니겠어요. 왜 내가 매주 나의 잔디에 어질러진 쓰레기를 신경 써야 하는 거죠?" ____________

## 8B: 느낌을 통합하고 놓친 감정을 발견하기

**지시** 감정을 통합하기 위해 종종 균형을 제공하는 다른 감정이 빠져 있는 것은 아닌지를 결정할 필요가 있다. 다음과 같은 환자 각각의 표현에 대해 우선 균형 또는 통합을 이루기 위해서 환자가 경험하고 표현해야 할 필요가 있는 감정이 어떤 것인지에 대해 짐작하라. 그리고 환자로부터 빠져 있는 감정을 촉진시킬 수 있는 치료자 반응을 기록하라(우리는 이어지는 예에서 제안들을 제공한다).

**예** 환 자: 아버지가 돌아가신 후에 너무 슬픈 기분이 듭니다. 아버지가 저에게 너무 심한 행동을 했다는 걸 알았어요. 하지만 제가 얼마나 많이 그를 사랑하고 그를 그리워하는지에 대해서만 생각할 수 있었어요. 이상하지 않나요?

**답1** **슬픔의 균형을 맞추기 위해서는 어떤 감정이 필요한가요?** 분노

**설명** 타인이 환자에게 '심한 행동'을 할 때 분노 감정은 극히 정상적이고 적응적인 반응이다. 이 환자는 그리움과 슬픔을 인정할 수 있다. 하지만 놓친 부분이 있다. 진심에서는 환자가 말한 슬픔이라는 것이 분노의 무의식적인 느낌에 의해 야기된 자기공격을 의미할 수도 있다. 그리고 아버지를 향한 모든 느낌을 통합하는 것은 애도를 해결하는 것을 도울 수 있다.

**답2** **치료자가 감정을 일으키는 데 도울 수 있도록 하는 반응들이 무엇이 있는가?**

(여기 가능한 두 가지 반응이 있다.)

좋아요. 우리는 가까운 사람들에게 항상 복잡한 감정들을 갖고 있습니다. 그 감정들은 ○○씨를 귀찮게 할 수도 있어요. 그에게 화가 난 느낌을 상상할 수 있습니까? 아버지에 대한 분노를 느끼는 것에서 가장 어려운 점이 무엇인가요?

○○씨의 슬픔과 그리움이 함께 혼합된 다른 느낌이 없다는 것은 사실상 거의 이해하기가 어렵습니다. 다른 느낌이 있다면 어떤 것들이 있을까요?

**설명** 첫 번째 반응에서 치료자는 감정에 직접적으로 노출을 한(분노 감정을 상상할 수 있나요?) 후에 불안 조절을 소개한다(가장 어려운 부분은 무엇인가요?). 물론 항상 두 가지 개입이 동시에 진행될 필요는 없으나 차례차례 할 수 있다. 두 번째 반응은 환자가 감정을 인식하는 것을 격려한다.

## 8B.1.

환 자: 회사 상사의 어머니가 병원에 있다는 것을 알았어요. 하지만 그의 어머니 때문에 제 스케줄이 완전히 엉망이 되었다는 것은 너무 싫습니다. 제가 말하려는 점은 그녀는 여전히 저의 상사라는 것이지요. 그녀는 제 스케줄을 모두 엉망으로 만들었고, 게다가 그녀는 별로 아랑곳하지 않는다는 점입니다.

**분노와 균형을 맞추는 데 필요한 감정:** ______________________

**감정을 일으키기 위한 치료자 반응:** ______________________

______________________

## 8B.2.

환 자: 저는 아버지의 죽음으로 안도감을 느꼈어요. 그는 항상 저에게 심하게 대했거

든요. 제가 그에게 가지고 있는 유일한 감정은 격분이에요. [아버지가 그녀를 잘 돌봐 준 것에 대한 슬픔이 있음에도 불구하고, 아버지의 죽음 이후 환자는 여러 달 동안 단지 아버지에 대한 분노만을 표현하였다.]

**분노와 균형을 맞추는 데 필요한 감정:** ______________________________

**감정을 일으키기 위한 치료자 반응:** ______________________________

______________________________________________________________

### 8B.3.

환 자: 그녀와 함께 있는 것은 정말 좋습니다! 저를 너무 잘 이해해서 그녀에게 뭐든 이야기를 할 수 있어요. 그래서 그녀가 부정적인 기분 또는 이성을 잃을 때, 제가 어떻게 그녀에게 화가 날 수 있겠습니까? 저는 그저 참고 있어요.

**분노와 균형을 맞추는 데 필요한 감정:** ______________________________

**감정을 일으키기 위한 치료자 반응:** ______________________________

______________________________________________________________

### 8B.4.

환 자: 남편은 요즈음 제가 모든 면에서 너무 주장을 해서 힘이 든다고 말합니다. 그에게 예전의 제가 그리운 것은 아닌지 물었습니다. 그는 아니라고 했어요. 지금 저의 변화가 큰 도움이 된다는 것을 그는 잘 이해하고 있어요. 심지어 그것이 때로는 그에게 힘든 일일지라도, 그러한 변화가 우리의 관계를 돕고 있는 중이라는 것을 알고 있습니다. 하지만 남편이 농담으로 제가 이제는 그를 부둥켜안고 자려고 하지 않는다고 말할 때 저는 농담이 아닐까 봐 걱정이 됩니다.

**분노와 균형을 맞추는 데 필요한 감정:** ______________________________

**감정을 일으키기 위한 치료자 반응:** ______________________________

______________________________________________________________

## 8C: 환자가 대인관계에서 표현을 할 수 있도록 돕기

**지시** 다음과 같은 예에서 **환자가 가장 많은 도움이 필요로 하는 것은** 감정 표현의 측면이다. 그리고 치료자가 이 개입을 사용하여 하는 반응을 생각해 봐

라. (즉, 우리는 다음의 예에서 두 가지를 제공한다.) 예에서 그리고 6개의 연습 문제 각각에서 **다음 항목들로부터 개입의 하나만을 선택한다**(각각은 단지 한 번씩만 사용된다).

A. 이차적 이득을 확인
B. 분노의 성숙한 표현
C. 칭찬에 대해 수용할 수 있는 능력(자기에 대한 긍정적인 느낌)
D. 정보: 슬픔과 우울 사이의 차이
E. 주장에 대한 갈등(죄책감을 유지하기)
F. 친밀함에 대한 갈등
G. 긍정적 그리고 부정적 느낌의 통합

**예** 치료자: 상사가 "○○ 씨가 발표한 내용이 정말 좋았습니다."라고 말했을 때 어떤 기분이 드셨어요?

환 자: 저는 너무 당황했어요. 그때 저는 모든 사람들 앞에 있었어요. 저는 모두 다 같이 작업을 한 것이라고 말했어요. 그러니까 상사의 말이 완전히 다 맞는 것은 아니지요.

**답** **도움이 필요한 영역**: C. 칭찬에 대해 수용하는 능력(자기에 대한 긍정적인 느낌)

**치료자 반응**(두 가지 반응이 있다.)

상사에게 칭찬을 받는 것이 정말 힘들어 보입니다. 자신에게 좀 더 공정하게 말하는 다른 어떤 것을 상상할 수 있을까요[안내된 환상]?

○○씨가 잘한 것을 상사가 칭찬하는 것을 듣는 것 중에 가장 힘든 부분이 무엇입니까[불안 조절]?

## 8C.1.

환 자: 부인과 한계를 정하는 것에 대해 많이 작업을 해 왔어요. 정말 도움이 되고 있어요. 그녀 또한 도움이 된다고 합니다.

치료자: 그것을 들으니 기쁩니다. ○○ 씨도 알다시피 우리는 ○○ 씨가 느끼는 외로움에

대해 이야기를 해 왔어요. 우리는 아내가 ○○씨를 화나게 하는 부분이 있다는 것을 알았지만 그녀를 멈추게 할 수 없었고, 그때마다 그저 물러나곤 했습니다. 이 부분이 좀 개선되었다고 하니 ○○ 씨가 외로움을 덜 느끼는지 묻고 싶습니다.

환 자: 맞아요, 저는 약간 좋아졌다고 생각해요. 제가 과거에 느꼈던 것만큼 그렇게 화가 나는 것은 아닙니다. 하지만 다른 측면에서 보면, 우리 사이에 많은 변화가 일어나고 있다고 생각하지 않아요.

도움이 필요한 영역: ________________

치료자 반응: ________________

________________

## 8C.2.

환 자: 저에 대한 신뢰에 대해 감사한다고 상사에게 말했습니다. 저의 작업을 높이 평가하는 것에 감사를 표했습니다. 하지만 그가 봉급을 더 인상해 주지 않는다면 다른 새로운 직업을 찾아야 한다고 말했어요.

치료자: 좋은 일이 있기를 바랍니다! 우리는 오랫동안 이것을 작업해 왔습니다. 그리고 이것이 ○○ 씨에게 쉽지 않다는 것을 압니다. 그렇게 이야기를 하고 나서 어떤 기분이 들었나요?

환 자: 그것을 말했다는 것이 기쁩니다. 하지만 이후에 좋지 않은 기분이 들었습니다. 제가 수년 동안 함께 작업을 해 왔던 상사에게 그런 이야기를 한다는 것이 배신 같이 느껴집니다.

도움이 필요한 영역: ________________

치료자 반응: ________________

________________

## 8C.3.

환 자: 상사와 저는 딱 여기까지입니다. 더 이상 할 수 없다는 기분입니다. 그래서 저는 상사에게 "당신의 헛소리 때문에 정말 진저리가 납니다."라고 말했습니다.

도움이 필요한 영역: ________________

치료자 반응: ________________

________________

## 8C.4.

환 자: 지난 회기에 어머니의 죽음에 대해서 이야기를 한 후에 저는 정말 좌절했고, 그로 인해 우울증이 다시 시작될까 봐 두려웠습니다. 저는 울기 시작했습니다. 제가 우울해지는 것과 싸워야 하는지 또는 저를 그냥 내버려 둬야 하는지 알 수 없었습니다.

**도움이 필요한 영역:** ______

**치료자 반응:** ______

______

## 8C.5.

환 자: 맞아요, 또 다른 화나는 일이 있었어요. 하지만 그렇게 화를 내고 있으면서 그 순간 '왜 이러고 있니? 정말 이럴 필요까지는 없잖아……. 하지만 남편을 폭발시키는 것은 약간의 기쁨을 가져다주지 않는가!'라고 저는 생각했어요. 그리고 늘 그렇듯이 그런 일이 있은 후에 남편은 저한테 과도하게 잘해 줘요.

**도움이 필요한 영역:** ______

**치료자 반응:** ______

______

## 8C.6.

환 자: 제가 일에서 심한 스트레스를 받고 있고 여기서 회복하기 위한 시간이 필요하다고 말했지만, 제 아내는 저녁 시간 내내 계속해서 이야기를 했어요. 그래서 저는 마침내 그녀에게 "나는 평화와 고요를 원해! 제발, 조용히 하라고!"라고 제가 원하는 것을 요구했어요. 그렇게 말한 것이 그리 못할 소리도 아니라고 생각해요. 그녀는 저를 위해 정말 멋진 저녁을 준비했는데, 제가 그것을 망쳤다고 생각해요. 결국 그녀는 엄청 화가 났지요.

**도움이 필요한 영역:** ______

**치료자 반응:** ______

______

# 제3부

# 자기와 타인에 대한 재구조화하기

# 3부 소개

### 자기와 타인에 대한 재구조화에 대한 개관

성격을 변화시키는 데 있어서 자기와 타인에 대한 재구조화는 필요하다. 자기와 타인에 대한 재구조화 부분은 9장과 10장 두 장으로 나누어서 논의할 것이다. 9장과 10장에서는 자기에 대한 재구조화와 타인에 대한 재구조화가 어떻게 다른지를 조명할 것이며, 자기에 대한 재구조화와 타인에 대한 재구조화를 하는 데 있어서 각각 어떠한 개입이 필요한지도 명료화할 것이다. 이뿐만 아니라 자기와 타인이라는 주제는 단기역동정신치료(Short-Term Dynamic Psychotherapy: STDP) 측면에서 다루어질 것이다.

### 9장: 자기에 대한 재구조화하기

9장에서는 **자기의 내적 이미지와 자신의 느낌에 대한 수용**에 초점을 두고 있다. 이 장에서는 자기에 대해서 좀 더 정확하고 연민적인 관점을 가지게 하는 방법과 자기 돌봄과 자율성을 촉진하는 방법을 기술한다. 다음과 같은 환자들의 경우, 자기의 재구조화 작업이 필요하다.

환자 1: 저 자신을 돌보는 것은 중요하지 않아요.

환자 2: 저는 뭔가를 요구할 만한 가치 있는 존재가 못 됩니다.

환자 3: 저는 절대로 저 자신이 자랑스럽지 않아요.

환자 4: 저는 많은 시간을 할애하여 다른 사람들이 무엇을 원하는지 알려고 노력했어요. 그러나 정작 제 자신이 무엇을 원하는지는 몰라요.

### 10장: 타인에 대한 재구조화하기

10장에서는 **타인의 내적 이미지와 타인의 느낌에 대한 수용**에 초점을 두고 있다. 이 장에서는 타인에 대한 내적 관점을 어떻게 수정하고, 타인의 느낌에 대해 어떻게 반응할지에 관해서 강조할 것이다. 이러한 작업은 자기와 타인 간의 상호의존성과 건강한 연결성을 촉진할 수 있도록 돕는다. 다음과 같은 환자들의 경우, 타인에 대한 재구조화 작업이 필요하다.

환자 1: 사람들이 저를 돌봐 준다고 말할 때, 저는 단언컨대 그 말을 믿을 수가 없어요.

환자 2: 그 사람이 저를 도와줍니다. 하지만 그럴 때면 저는 너무 죄책감이 느껴지고, 오히려 그에게 저를 귀찮게 하지 말라고 말해요.

환자 3: (치료자에게) 저는 단지 선생님에게 또 다른 임상적 사례에 불과하죠.

환자 4: 저는 어느 누구도 믿지 않아요. 치료 시간을 한 회기 빠졌을 때, 선생님을 다시 믿게 되기까지는 시간이 좀 걸려요.

### 자기가 강해질 때 방어와 감정에 관한 작업을 할 수 있음

방어와 감정에 대한 재구조화는 자기와 타인에 대한 내적 이미지에 지대한 영향을 미친다. 그러나 고기능의 환자들(기능에 대한 전반적 평가[Global Assessment of Functioning: GAF] 점수가 60 이상, 원만한 충동 조절 등)은 자기와 타인에 대한 작업을 많이 필요로 하지 않는다. 치료는 방어와 감정 공포에 대한 신속한 재구조화와 함께 시작될 수 있다.

중도 손상환자(GAF 점수가 51~60)는 자기와 타인 간의 관계에서 어려움을 많이 겪을 수 있다. 이들은 단기 치료 상황에서 자기와 타인에 대한 다양한 수준의 치료를 필요로 한다.

### 자기가 손상을 입었을 때는 우선적으로 자기와 타인에 관한 작업을 해야 함

손상 정도가 심한 환자(GAF 점수가 50 이하)들은 방어와 감정 재구조화를 하기 전에 자기와 타인에 대한 재구조화를 우선적으로 해야 한다. 자기와 타인에 대한 재구조화를 하지 않고 감정 공포에 대한 재구조화를 하는 것은 자기공격을 야기하거나 오히려 감정을 차단하게 할 수 있다.

### 단기 치료에 필요한 조건들

방어와 감정 재구조화를 신속하게 하기 위해서는 자기와 타인에 대한 적응감이 필요하다. 환자에게 자기와 타인에 대한 적응 능력이 부족하면 치료자는 이러한 능력을 구축하도록 도와주어야 한다. 실제 치료 상황에서는 자기와 타인에 대한 이미지에 초점을 맞추는 것과 방어와 감정에 초점을 두는 작업을 번갈아 가면서 한다. 이러한 두 가지 측면의 치료는 환자의 전반적인 기능수준에 따라 달라진다.

### 이 책에서 방어와 감정 재구조화를 자기와 타인에 대한 재구조화보다 앞서 다루는 이유는?

자기와 타인에 대한 재구조화가 치료에서 때때로 우선적으로 다루어짐에도 불구하고, 이 책에서는 2부에서 방어와 감정 재구조화를 다룬 다음에 3부에서 자기와 타인에 대한 재구조화가 다루어졌다. 이유는 다음과 같다.

- 전형적인 단기역동정신치료에서는 방어와 감정을 재구조화하는 데서부터 시작한다.
- 자기에 대한 이미지와 타인에 대한 이미지에 대한 집중적인 작업은 장기간의 치료가 필요할 수 있는 심각한 손상을 입은 환자를 치료하는 형태와 달라야 한다.

### 자기가 손상을 입었을 때는 장기간의 치료를 필요로 함

자기이미지와 타인 간의 관계에서 심각한 손상을 입은 환자를 치료하는 데는 오랜 기간이 소요된다. 치료 기간이 50~100회기 또는 그 이상을 필요로 한다. 그러나 치료자는 환자의 어려움의 정도에 따라서 가능한 치료를 효율적으로 하려는 태도를 가져야 한다.

## 요 약

자기와 타인에 대한 재구조화는 치유와 성격 변화에 있어서 중요한 부분을 차지한다. 1장에서 살펴보았듯이, 이 치료 모델에서는 한 개인의 '최적의 관계성'을 잘 통합된 자율성과 건강한 상호의존성, 표현성, 수용성으로 간주하고 있다. 또한 9장과 10장에서는 자기와 타인 간의 잘 정립된 경계와 타인과의 유연성 있고, 반응적이고, 상호의존적인 관계를 갖는 자기를 제안하고 있다.

긍정적인 자기이미지와 타인과의 적응적인 연결성은 정신건강의 토대가 된다. 치료자는 이러한 정신건강의 토대를 구축하기 위해서 환자의 자기와 타인과 관련된 방어와 감정에 특히 주의를 기울여야 한다.

# 제9장

# 자기에 대한 재구조화: 자기에 대한 연민과 돌봄 구축하기

**목표:** 감정 공포에 대한 탈민감화를 통해 자기감을 재구조화하는 방법에 대해 설명하기 환자가 (1) 자기를 연민적 관점으로 볼 수 있고(강점과 취약성 모두에서), (2) 상호의존성뿐만 아니라 자율성의 욕구에 대해 반응할 수 있고, (3) 자신의 '좋은 부모'가 되어 자신을 돌볼 수 있도록 하는 방법을 보여 주기

**치료자의 자세:** 환자가 자기에 대한 긍정적이고 연민적인 관점을 갖게 하기 위해 돌봄의 치료자-환자 관계 활용하기

**불안 조절:** 자기보호, 자기돌봄, 자기연민과 관련된 죄책감 및 수치심 조절하기

**다루는 주제**

1. 개관: 긍정적 자기감으로 재구조화하기
2. 자신의 고유한 느낌에 대한 수용 능력 구축하기
3. 자기에 대한 관점 변화: 환자로 하여금 타인들은 자신을 어떻게 보는지 마음속으로 그려 보도록 격려하기
4. 잃어버린 목소리를 찾고 힘을 북돋아 주기
5. 자기를 '양육'하는 것에 대해 격려하기
6. 욕구의 외재화를 감소시키기
7. 자기 느낌에 대한 공포가 탈민감화되고 자기가치가 향상될 때까지 개입을 반복하기

**자기에 대한 재구조화가 필요한 경우**

- 환자의 전반적 기능 평가(GAF) 점수가 50 이하인 경우(심각한 징후들, 또는 기능면에서 심각한 손상을 입은 경우)
- 자기돌봄, 자기존중감, 자신감 등과 관련해 문제가 있는 경우
- 충동조절문제(행동화, 분노 폭발, 물질 남용, 섭식장애 등)와 관련된 문제가 있는 경우
- 과도한 자기공격과 부정적 자기감으로 인해 방어 발현 또는 감정 재구조화가 차단된 경우

## 1. 개관: 긍정적 자기감으로 재구조화하기

긍정적 자기이미지는 건강한 정신건강의 토대가 된다. 이 장에서는 긍정적 자기이미지를 구축하고 강화하는 방법을 제시할 것이다.

**긍정적인 자기 느낌에 대한 공포를 탈민감화**

이전 장에서는 특정 감정과 연관된 공포를 어떻게 다루는지를 보여 주었다. 자기 재구조화는 특히 다음 측면과 관련된 감정 공포를 다루는 데 초점을 둔다.

- 긍정적인 자기이미지(자기지각, 자기존중감, 자기감 등)
- 자기연민, 자기 느낌과 욕구(자기돌봄 욕구)에 대한 반응성

즉, 자기에 대한 재구조화는 자기에 대한 긍정적인 느낌에 관한 공포를 탈민감화하는 것을 의미한다. 한 개인이 적응적으로 기능하기 위해서는 자기(self)와 자신의 원함(want)과 욕구(need)에 대해 알고, 돌보는 능력이 필요하다. 이 장에서는 자기에 대한 긍정적인 느낌을 구축하는 데 도움이 되는 특정 방법을 조명한다. 이러한 개입은 환자가 건강한 자율성과 자기감을 발달하는 데 도움을 줄 뿐만 아니라 독립심과 대인관계 연결성 사이에 균형을 잡고 유지하는 데 도움을 줄 것이다.

### 자기욕구에 대한 수용의 결여

자기에 대한 재구조화를 필요로 하는 많은 환자들은 자신의 내적 신호에 대해 자각하지 못하며, 오히려 경시하며, 반응하지 않으며, 자신의 고유한 욕구에 대해 표현하지 않는다. 일반적으로 이러한 환자들은 어릴 때부터 그들 자신의 일부를 부인함으로써 상황에 적응하도록 배워 왔다. 많은 환자들은 자신의 고유한 욕구를 수용하는 것이 아니라 다른 사람들의 욕구에 맞추며 살아간다. 환자들이 자신의 고유한 원함과 욕구에 대해 '수용하는 능력'이 부족한 채로 성인이 된다면, 계속 결핍 상태로 머무를 수 있다.

환자 1: 저는 제 자신에 대해 조금만 열중하면 제가 이기적으로 느껴져요.

환자 2: 저는 제 자신이 어떤 특별한 치료를 받을 만한 존재로 느껴지지 않아요.

### 수용 능력이 결여되어 있다는 것은 장기 치료가 필요하다는 의미임

이전 장에서 언급했듯이, 환자가 자신의 내적 신호에 대해 반응하는 능력은 기본적으로 구축되어야 하는 부분이며, 감정 작업을 하기 위해서는 이러한 내적 신호에 대해 반응하는 능력이 필요하다. 예를 들면, 만약 환자들이 그들 자신의 욕구에 대해 자각하지 못해서 표현할 수 없다면, 치료자들은 환자들을 도울 수가 없다. 즉, 환자가 자신의 내적 신호에 대한 수용 능력이 결여될수록 자기에 대한 재구조화의 필요성은 더 강조되며, 아울러 장기 치료가 이루어져야 할 것이다. 이러한 경우, 치료는 천천히 환자의 내적 갈등을 드러내게 하며, 지지적이고 자아 구축의 방법을 더 강조할 것이다. 이 장에서는 이러한 장기 치료가 필요한 사례를 다루기 위해서는 전통적인 단기역동정신치료(STDP)로부터 어느 정도 벗어날 수 있다는 점도 시사한다.

### 자기 작업의 단계들

환자가 자기존중감이나 자기돌봄의 결여가 분명히 나타난다면 자기에 대한 재구조화가 필요하다. 이러한 경우, 치료자는 다음과 같은 부분을 작업해야 한다.

- 치료자는 환자에게 자신의 욕구를 인정하고 있는지에 관해 직접적으로 질문한다.
- 치료자는 환자가 자기를 돌보지 않고 오히려 자신을 경시하고, 혐오하는지에 관해 확인한다.

- 치료자는 환자가 자기이미지와 자기돌봄과 연관된 감정에 대해 느끼는 공포를 탈민감화시킨다. 이러한 과정은 환자가 (1) 자기 자신을 연민으로 바라다볼 수 있도록(강점과 취약점에서), (2) 자율성과 상호의존성에 대한 자신의 고유한 욕구를 충족시키고, (3) 자신에게 '좋은 부모' 역할을 하도록 행동하는 것을 배우는 데 도움을 준다.

1절에서는 자기이미지와 자기돌봄에 관련된 감정 공포에 대한 탈민감화와 재구조화에 대해서 다룰 것이다. 그다음에는 자기에 대한 재구조화를 하는 데 있어서의 치료자의 자세와 불안 조절에 대해 논의할 것이다. 2절에서는 자기욕구에 대한 수용에 관해 논의하고, 자기 기능의 여러 주요 영역에 대해 개관할 것이다.

## 자기에 대한 갈등 재구조화하기: 자기 느낌에 관해 가지는 감정 공포에 대해 탈민감화하기

### 긍정적인 자기 느낌에 대해 경험되는 감정 공포 유형들

자기 반응성과 연관된 갈등 또는 감정 공포는 아주 일반적이다. 예를 들면, 사람들은 자신에 대해 자랑스럽게 느껴지는 것에 대해 섬뜩해한다.

치료자: ○○씨는 자신의 승진에 대해 자랑스러워해야 합니다. ○○씨는 승진할 만큼 열심히 일하셨어요.

환　자: 자랑스럽게 느껴야 된다고요? 저도 그렇게 느껴야 된다는 것은 알아요. 하지만 승진을 축하하는 것은 자기중심적이라고 느껴져요. 그리고 너무 승진에 대해 과다하게 다루는 것 같고요.

치료자: ○○씨는 전혀 자신을 보듬어 주지 않는군요. 안쓰러워요.

이와 유사하게, 많은 환자들은 자기 자신에 대해 관대하지 않다.

치료자: ○○씨가 컴퓨터 앞에서…… 맨날 일에 매달려서 목과 어깨에 결절이 생긴다면, 마사지 받는 것을 고려해야 하지 않을까요?

환　자: 절대 고려하지 않죠. 마사지 받는 것은 너무 자기중심적인 행동이지요. 저는 그런 것에 대해 죄책감을 느껴요.

치료자: ○○씨는 자신을 너무 방치하는 것 같아요. 슬프네요.

### 자기에 대한 재구조화를 위한 체계적 탈민감화

자기에 대한 긍정적 느낌은 건강한 자율성의 기반을 형성한다. 따라서 환자가 자기 느낌에 대한 갈등을 경험한다면 치료자는 이러한 감정적 공포에 대해 탈민감화시켜야 한다. 자기 느낌에 관련된 감정 공포에 대해 탈민감화하는 기본 원리는 이전에 언급했던 원리와 똑같다. 즉, 자기에 대한 연민적인 느낌에 대한 노출, 반응 중지 그리고 필요하다면 불안 조절도 함께 하며, 이러한 과정을 반복한다.

1장의 3절에서 다루었듯이, 자기 느낌은 한 가지 범주의 감정을 나타내는 것이 아니라, 톰킨스의 자기를 향한 관심/흥분과 신남/즐거움이라는 측면의 혼합과 같다. 임상 실제에서 우리는 이런 측면을 말란의 '갈등삼각형'에서의 적응적인 느낌 극점(F)인 '자기에 대한 긍정적 느낌'으로 범주화한다. 자기에 대한 긍정적 느낌의 예들은 **자존감, 자기관심, 자기존중, 자신감, 자기연민, 자기돌봄**을 포함한다([그림 9-1] 참조). 이러한 긍정적 자기 느낌은 불안 극점(A)인 불안, 죄책감, 수치심, 고통, 경멸/혐오감에 의해 제지되며, 결과적으로 자기공격, 자기경시, 자기증오 같은 방어 극점(D)의 행동을 초래하게 하며, 이런 방어적 행동들은 자기양육과 자기 지지적 행동을 차단하거나 회피하게 한다.

노출과 반응 중지, 불안 조절은 적응적 반응을 회피하는 것을 감소시켜 줄 것이다. 다음의 예를 고려해 보자.

치료자: 잠시 동안 자기비난[방어, D]을 그만두고[반응 방지], ○○씨가 했던 것에 대해 자랑스럽게[적응적인 느낌의 극점, F] 느껴 보면 어떨까요[노출]?

만약 환자가 이러한 작업에 대해 거부한다면, 다음 예를 적용해 보자.

치료자: ○○씨가 자신에 대해서 자랑스럽게 느끼게 된다면 무엇이 가장 고통스러운가요? [불안 조절]

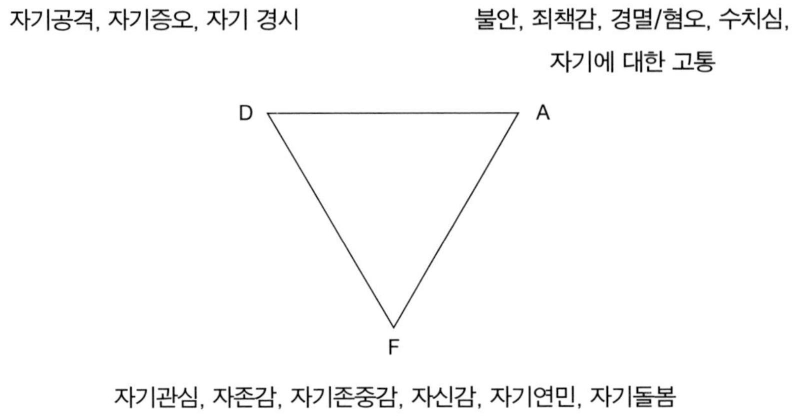


**[그림 9-1] 갈등삼각형에서의 자기 느낌들**

## 치료자의 자세: 격려와 감정 공유

### 돌봄 관계 자체가 개입을 의미함

환자에게 자기이미지에 대한 심각한 손상이 있다면, 치료자와의 관계형성이 환자의 자기수용으로 가는 결정적인 첫 번째 단계가 될 것이다. 그다음에 치료자는 환자에게 돌봄의 모델을 제공하고, 환자의 긍정적 자질을 알아차리고, 환자에게 연민을 보여 주고, 환자의 한계를 이해해야 한다.

### 환자가 느낄 수 있게 하기 위해서는 소크라테스식 질문을 활용함

환자가 자기 기능에 손상을 입었을 때, 치료자의 감정적 반응은 개입의 가장 중요한 부분이 된다. 그러나 치료자가 경험하고 있는 느낌을 처음부터 **직접적으로 표현**하는 것은 좋지 않다. 예를 들면, "저는 ○○씨에 대해 슬픈 감정이 느껴져요."라고 말하는 것은 환자로 하여금 너무 쉽게 방어할 수 있게 하고, 그러한 감정에 대해 무시할 수 있도록 할 수 있기 때문이다. 따라서 이런 반응보다는 "제가 ○○씨에 대해 어떤 느낌을 받았을지……. ○○씨가 마음속으로 그려 본다면 어때요?"와 같이 **환자로 하여금** 치료자의 느낌이 어떠할 것 같은지 소크라테스식 질문으로 이끌어 내는 것이 좋다.

소크라테스식 접근은 초점화와 반복이 필요하며, 시간이 지나면서 환자가 치료자의 느낌, 더 나아가 궁극적으로 의미 있는 타인의 느낌을 반향할 수 있는 능력을 구축하는 데 도움이 된다.

치료자: ○○씨가 말한 내용에 대해 지금 제가 어떻게 느낄까요?

환 자: 모르겠어요.

치료자: 잠시 제가 어떤 느낌을 받았을지 마음속으로 그려 보시겠어요?

환 자: 아, 너무 어려워요.

치료자: 만약에 ○○씨가 저에게 말했던 것을…… 다른 어떤 사람이 ○○씨에게 얘기한다면 ○○씨는 어떤 느낌일까요? [치료자는 환자에게 자신이 무엇을 느꼈는지에 관해 직접적으로 말하지 않는 것이 중요하다. 치료자는 환자의 지각을 이끌어 내도록 노력해야 한다.]

환 자: 추측컨대 아주 슬플 것 같아요. 아마 선생님도 조금 슬프겠죠?

치료자: 네, 저도 슬플 것 같아요. 아마 조금이 아니라 많이 슬플 거예요.

### 치료자는 환자로부터 불러일으켜지는 자신의 느낌을 알아차림

치료자가 환자로부터 오는 어떤 느낌을 자각한다면, 치료자는 이러한 느낌을 인정해야 한다. 즉, 치료자는 자신의 솔직한 느낌을 인정하는 것이 중요하다. 때때로 치료자는 환자로부터 강한 느낌을 경험할 수 있고, 때때로 그렇지 않을 수도 있다. 치료자는 자각되어지는 느낌을 간과해서는 안 된다. 치료자는 치유 작업을 하고 있기 때문에 환자가 그들의 문제를 해결하고, 더 나은 삶을 살 수 있기를 바라는 마음을 가지고 있다. 치료가 잘 되기 위해서는 치료자는 환자로부터 느껴지는 감정을 자각하고 인정하는 것이 필요하다.

치료자: 제가 어떻게 느낄 것 같으세요?

환 자: 추측컨대 선생님은 저를 걱정하고 있고, 제가 잘 되기를 원하세요.

치료자: 네, 바로 그거예요.

### 치료자가 환자의 문제에 대해서 환자보다 더 관심을 가질 때

치료자는 때때로 환자의 문제에 대해서 환자보다 더 관심을 가질 수 있다. 다음의 예를 살펴보자.

치료자: 제가 ○○씨보다 ○○씨에 대해서 좀 더 연민을 느끼고 있다는 것을 아시나요? 이러한 사실이 슬프지 않으세요?

환 자: 저는 잘 모르겠어요[치료자는 때때로 이러한 개입에 대해서 환자로부터의 즉각적인 반응을 받지 못할 것이다. 그러나 이렇게 반복한다면, 환자에게 결국 영향을 미칠 것이다].

환 자: (일주일 후) 제가 갑자기 생각이 났는데요, 선생님이 저보다 더 저를 염려하고 있는 것 같아요. 그것은 옳지 않죠. [이제 환자는 자기연민의 첫발을 내딛는 것이다.]

### 치료자가 느끼는 환자에 대한 반감

치료자는 환자에 대해 화가 나거나 돌보는 것이 꺼려지는 마음을 알아차려야 한다. 치료자가 환자에 대해 화가 나거나 불편한 마음이 생겼다는 것은 환자의 방어 또는 치료자의 방어가 작동하고 있다는 표시일 수 있다. 때때로 환자가 화를 내거나 적대적인 방어를 사용한다면(수동 공격성, 빈정거림, 평가절하 등), 치료자는 환자에게 치료자가 느껴지는 마음을 온화하게 표현하고 전달하는 것이 도움이 된다(CC, pp. 173-175, 319-321 그리고 333-337 참조).

환 자: 선생님이 저에게 화난 것처럼 느껴져요. 화나신 것 같아요.

치료자: 네, 저는 어느 정도 화가 났어요. 저는 ○○씨에게 저와 ○○씨와의 관계에서 무엇이 오고 가는지를 탐색하는 것이 중요하다고 말하고 싶었어요. 제가 저의 화를 ○○씨에게 보여 준 것은 제 개인의 이슈를 반영하기도 하지만, 제가 말하고 싶은 것은 저와 ○○씨 간의 상호작용의 방식에 대해서 얘기하고 싶은 거예요. ○○씨는 어떻게 생각하세요?

## 불안 조절: 적응적인 자기 느낌에 관한 불안 감소시키기

적응적인 자기 느낌에 관한 갈등을 탈민감화하기 위해서는 불안 조절이 필요하다. 환자는 불안이 가라앉을 때까지 치료자, 타인들, 과거 사람의 기억으로부터 경험되는 자기에 대한 긍정적 느낌들에 대해 계속해서 노출하는 것이 필요하다.

치료자 1: ○○씨, 자신에 대해서 좋은 느낌을 가질 때 무엇이 가장 우려되나요?

치료자 2: ○○씨가 자기 자신에 대해서 만족하면 어떤 죄책감이 올라오나요?

치료자 3: ○○씨가 말했듯이, ○○씨를 돌봐 주는 사람은 아무도 없었다고 했어요. 하지만 할아버지는 어땠나요? 할아버지가 ○○씨의 성취에 대해서 정말 자랑스러워하셨다는 것을 인정한다면, 가장 힘든 게 무엇일까요?

우리는 지금 환자가 자기에 대해서 긍정적 느낌을 가지는 데 있어서 생기는 일반적인 불안에 대해 나누고 있다.

### 자기돌봄은 이기심을 느끼게 함

많은 환자들은 자기를 돌보는 것을 타인을 돌보는 것과 반대 개념으로 이해한다. 환자들은 자신감, 자존감, 또는 순수한 자기관심을 이기심 또는 교만으로 여긴다. 따라서 치료자는 환자들에게 적응적인 자기돌봄에 대해서 가르치는 것이 필요하다.

### 제안된 반응들

치료자 1: ○○씨가 자신을 돌보는 것은 다른 사람을 돌보는 것과 반대되는 개념이 아니랍니다. 사람들이 자신의 느낌을 무시하고 다른 사람들을 돌본다면, 적개심이 올라오고, 의무감으로만 하게 되어 쉽게 소진되기 쉬워요. ○○씨가 자신의 욕구를 충족할수록 다른 사람을 진심으로 잘 돌볼 수 있어요. 저의 이런 말이 어떻게 들리세요?

치료자 2: 자존감을 가진다는 것은 다른 사람보다 자신을 우월한 위치에 둔다는 의미가 아니랍니다. 거만하고 남을 모욕 주는 사람은 자신을 포장함으로써 자신의 열등감을 감추려 하는 낮은 자존감을 가진 사람이죠. ○○씨가 아는 사람들 중에 이런 사람이 있나요?

치료자 3: 진짜 자신감 있는 사람은 다른 사람들이 열등감을 느끼지 않도록 행동하는 사람입니다. 이런 진짜 자신감이 있는 사람을 떠올릴 수 있나요?

### 견디기에는 너무 큰 고통(변화를 차단하는 슬픔)

환자들이 자기이미지에 대한 긍정적인 변화를 받아들이기 어려운 이유 중의 하나는 변화가 아주 고통스럽기 때문이다. **긍정적인 느낌에 접촉하는 것은 슬픔을 초래한**

다. 왜냐하면 우선적으로 경이로운 어떤 것을 경험하는 것은 이전에 잃어버렸던 모든 것을 인식하게 하고, 또한 미래에 이런 경이로운 것들을 잃어버릴까 봐 두려워하게 하기 때문이다. 즉, 처음에 즐거움 또는 친밀감을 경험하기 시작하면, 이때까지 이러한 감정 없이 살아온 인생에 대해 극도의 슬픔이 느껴진다. 많은 환자들은 이런 슬픔의 고통을 느끼지 않으려고 즐거움 없이 사랑을 느끼지 않는 패턴을 유지하는 방어를 취한다.

환 자: 이때까지 제 인생에서 저는…… 제가 사랑받을 만한 사람이라고 느껴 보지 못했어요. 제가 자신을 무시한 것이 슬퍼요. 이러한 슬픔과 마주하기가 힘들었어요.

치료자: ○○씨, 사랑하는 사람의 팔에 안겨 울면서 ○○씨의 감정을 깊게 느껴 볼 수 있을까요?

### 환자가 고통을 견딜 수 있도록 조력함

치료자는 환자가 자기에 대한 긍정적인 느낌을 경험하기 시작할 때, 고통을 견디고, 애도할 수 있도록 도와야 한다. 왜냐하면 이런 과정을 통해서 환자는 자기 느낌을 충만하게 경험할 수 있기 때문이다.

### 예 1

환 자: 선생님이 아시다시피, 저는 결혼생활 내내 끔찍했어요. 저는 제 부인이 저에게 위안처가 되길 원했지만 실제로 그렇지 않았죠. 지금은 저를 사랑해 주는 사람과 좋은 관계를 갖고 있어요. 하지만 저는 그녀가 저에게 주는 사랑을 밀어내고 있어요. 저는 숨이 막힐 것 같아요. 그녀가 저에게 사랑 주는 것을 멈추게 해야 할 것 같아요.

치료자: 왜 그녀가 ○○씨에게 사랑을 주는 것을 멈추게 해야 할까요?

환 자: 음, 저는 그녀가 저에게 사랑과 위안을 줄 때마다 울컥해서 눈물이 날 것 같아요.

치료자: 만약 ○○씨가 운다면 어떤 일이 벌어질까요? [불안 조절]

환 자: 당황되겠죠. 즐겨야 되는데, 그럴 수 없게 돼요.

치료자: ○○씨가 아시다시피, ○○씨가 지금 보이는 반응은…… 사람들이 절실히 원하는 것을 받기 시작할 때 나타나는 공통적인 반응이에요. 즉, ○○씨가 평생 동안 해 왔던 자기비난에서 벗어나서 안식처로 왔어요. 이렇게 슬퍼하는 과정이 필

요해요. 만약에 ○○씨가 그녀가 안아 주고 위안을 줄 때, 울기 시작한다면 그녀는 어떻게 느낄까요?

환　자: 생각해 본다면…… 그녀는 아마도 괜찮을 겁니다. 그녀는 저를 이해할 거예요. 그런데 저는 긴장이 되어서 그녀가 저에게 주는 위안을 즐기지 못할 것 같아요. 왜냐하면 저는 제가 울면 바보처럼 보일까 봐 두려워하기 때문이죠. 그리고 이때까지 진짜 제가 누구인지를 상대방에게 보여 주지 않았기 때문에…… 사실 많은 것을 잃어 왔어요.

### 예 2

환　자: 저는 이때까지 수많은 관계를 지속하지 않고 끝내 버렸어요. 왜냐하면 저는 제 편이 아무도 없다고 생각했었어요. 지금은 아주 좋은 관계를 하고 있고, 정말로 관계가 지속되기 원하고, 제가 자꾸 싸움을 걸려고 하는 것을 알게 되었어요.

치료자: 어떻게요?

환　자: 제가 언제 상대방에게 싸움을 거냐면요……. 그 사람이 저를 원하지 않고 떠날까 봐 두려움이 생길 때 상대방에게 싸움을 걸죠.

치료자: 마치 자기충족적 예언처럼요? ○○씨는 그 사람이 ○○씨를 원하지 않는다고 느껴질 때 두려움이 올라오고, 그때 ○○씨가 사랑받지 못하도록 자초해서 행동을 하는군요.

환　자: 네, 정말 그래요. 제가 그렇죠?

치료자: 네, 하지만 ○○씨가 그렇게 행동할 수밖에 없었던 그 마음을 이해해요. 그 사람에게 ○○씨가 정말 가치 있고, 사랑받을 만한 사람으로 여겨지는 장면을 그려 볼 수 있을까요?

환　자: 끔찍해요! 만약 그 사람이 저에게 남아 있다면 견딜 수 없어요.

### 정체감의 상실은 끔찍할 수 있음

환자에게는 옛날 방식을 포기하는 것이 너무 위협적이기 때문에 **환자에게 이전 방식을 포기하기 전에 새로운 적응 체계를 구축하도록 도와야 한다.** 환자의 부적응적인 행동 패턴을 포기시키기 위해서는 환자로 하여금 부적응적인 행동 패턴을 대체할 적응적인 방식을 개발하도록 해야 한다. 특히 환자가 자기이미지를 재구조화하는 데 있어서 새로운 적응 체계를 구축하는 것은 중요하다. 환자가 깨지기 쉬운 자기감을 견뎌 낼 수 있다면, 무의식적인 방어는 드러나고 포기할 수 있다. 치료자는 환자가 강한 자기감을 구축하도록 도와야 한다.

### 새로운 적응 체계를 구축하는 방법들

환자가 부적응적인 방어 대신에 새로운 적응 체계를 구축하는 데 있어서 치료자가 도움을 줄 수 있는 방법은 다음과 같다.

- 새로운 행동을 가르쳐 준다(예, 수동적 행동, 주장 행동, 공격적 행동 사이의 차이를 가르쳐 준다).
- 환자의 변화를 위한 고투에 대해 지지하고 격려해 준다.

  치료자: 아마도 ○○씨가 이때까지 아는 방식인 옛 습관을 포기하는 것은 어려울 거예요. 시간과 노력이 필요할 거예요. 하지만 점차적으로 다른 사람과 경계를 설정하면서도 죄책감이 느껴지지 않게 될 겁니다.
- 환자가 견딜 수 있는 수준에서 단계별로 점차 나아가도록 도와준다.

  치료자: ○○씨, 모든 사람에게 즉시적으로 자기주장을 할 필요는 없어요. ○○씨가 할 수 있는 범위 내에서 차근차근 해 나가세요.
- 환자가 이전과는 다른 방식으로 문제를 대처하는 이상적인 자기를 상상하도록 도와준다.

  치료자: ○○씨가 이런 어려운 상황에서 어떻게 행동하면 좋을지 마음속으로 그려 볼까요? 새로운 자기이미지를 마음속으로 그려 볼까요?
- 환자가 역할 모델로 삼고 있는 사람은 어떤 사람인지 확인한다.

  치료자: 이러한 상황을 잘 다루었던 ○○씨가 존경하는 사람이 있나요?

## 2. 자신의 고유한 느낌에 대한 수용 능력 구축하기

### 내적 신호에 대한 반향

자기에 대한 재구조화를 돕는 기제 중의 하나는 환자의 수용 능력의 향상을 도모하는 것이다. **수용 능력**이란 개인이 자신의 고유의 원함(wants), 욕구(needs), 자기가치(self-value)의 내적 신호를 받아들이고 또는 반향하는 능력을 의미한다. 환자들은 수용 능력을 구축해야 한다. 수용력은 다음과 같은 능력을 포함한다.

- 자신의 고유의 가치를 받아들이고 이해한다.
- 자신의 강점과 한계를 받아들인다.
- 신체적 신호에 대해 자각하고, 반응하고, 자기를 성장시킨다.
- 자신의 고유의 원함과 욕구를 충족시킨다.

### 건강한 자율성은 타인으로부터 받는 돌봄의 토대에서 이루어짐

환자가 자신의 고유한 느낌에 대한 수용 능력이 형성된다면, 자연히 건강한 자율성은 뒤따르게 된다. 자율성은 일반적으로 독립 또는 자유로 정의된다. 자기의 자율성은 자기 자신을 지휘하고, 통제하는 능력이다. 즉, 자기의 자율성은 필요시 자기 자신을 지키는 것이다. 자기의 자율성은 자신의 느낌과 접촉하며, 자신의 기본적 욕구를 충족할 수 있는 능력을 의미한다. 자율성이란 개념은 때로는 타인을 전혀 필요로 하지 않는 것으로 오해되곤 한다. 단기역동정신치료(STDP)에서의 자율성은 건강한 관계연결성의 결과로 간주된다. 자기를 돌볼 수 있는 능력은 타인으로부터의 돌봄을 받음으로써 가능하다. 자기에 대한 관심은 타인으로부터 관심을 받음으로써 가지게 된다. 친밀감, 민감성 그리고 긍정적 느낌을 **보유**하는 것은 타인과의 관계(특히 인생 초기 양육자)에서 기원하며, 그 이후에도 타인으로부터의 돌봄의 경험이 필요하다. 타인으로부터의 돌봄의 경험을 간직하는 것은 자율성 형성에 결정적이다. 왜냐하면 타인으로부터의 돌봄을 받은 경험을 내면화하는 것은 타인으로부터 상처받고, 실망하게 될 때 자기를 지탱하게 하는 충분한 긍정적 느낌을 형성하도록 하기 때문이다. 이와 관련된 예가 다음과 같이 제시되어 있다.

환　자 1: 저는 혼자 있을 때 너무 비참해요. 아무것도 할 수 없어요.

치료자 1: ○○씨, 그럴 때 가족으로부터 받은 사랑을 떠올려 볼 수 있을까요?

환　자 1: 저도 가족이 저를 사랑한다는 것은 알아요. 하지만 저는 그 사실이…… 저를 편안하게 해 주지는 못해요.

치료자 2: ○○씨는 이때까지 살아오면서 자신을 어떻게 지탱해 오셨나요?

환　자 2: 제 친구와 가족이 진심으로 저를 지지해 주는 것을 알기 때문에 그것이 저에게 힘이 되었어요.

1절의 '불안 조절'에서 새로운 적응 체계를 구축하는 데 있어서 고려해야 할 내용을 논의했던 것과 같이, 타인으로부터의 가르침, 안내, 격려를 받는 것은 환자가 자신의 내적 신호(스트레스, 피곤, 욕구, 분노, 허기, 고립감, 삶의 의미 부재)에 대해 주의를 기울이게 한다.

### 수용 능력의 결여는 변화하는 데 방해가 됨

수용 능력의 결여는 하나의 방어적 태도로서 작용하며, 변화하는 데 큰 장애물로 작용한다. 환자가 자신의 느낌에 대해 수용하지도 않고 또 반응하지도 않으면, 과거로부터 기인한 부적응적인 가정들은 새로운 경험에 의해 교정될 수 없다. 그리고 이러한 예전의 자기비난은 지속될 것이며, 예전의 행동 패턴은 미래에도 계속 지속될 것이다. 심지어 환자들은 관심과 사랑을 주는 사람과의 관계에서도 자주 스스로를 무가치하고, 쓸모없는 사람으로 간주하며, 돌봄을 받는 것을 만끽하지 못한다. 이러한 경우, 환자는 성격을 변화하기에 앞서 환자의 **수용 능력을 구축해야 한다**.

### 수용 능력은 자주 간과됨

환자가 변화하기 위해서는 환자의 수용 능력의 중요성이 강조되지만, 실제로 이러한 수용 능력은 일반적으로 치료에서 강조되고 있지 않다.

- 치료자의 개입에 대한 **환자의 반응**보다는 **치료자의 개입**을 더 강조하는 추세였다. 만약 환자가 자신의 느낌에 대해 수용할 수 없다면, 치료자의 공감, 관심, 연민은 평가절하될 것이며, 무시될 것이다.
- 환자의 **느낌에 대한 수용 능력**보다는 **느낌에 대한 표현 능력**(8장에서 논의된)을 더 강조하는 추세였다. 그러나 환자 자신의 느낌에 대한 수용 능력과 표현 능력 모두 똑같이 중요하며, 특히 자신의 느낌과 타인이 느끼는 것을 수용하는 것이 적절한 자기 표현의 필요 조건이다(수용능력에 관한 더 많은 정보는 CC, pp. 293-297, 315-319, 그리고 354 참조).

## 자기 기능 영역

환자의 욕구 수용 능력의 결여는 미묘해서 즉각적으로 분명하게 나타나지 않을 수 있다. 따라서 치료자는 간과할 수 있는 환자의 자기 기능에서의 손상 영역에 주의를 기울일 필요가 있다.

- 생물학적 욕구
- 심리적/정서적 욕구
- 성적 욕구
- 사회적 욕구
- 영적 욕구

이상은 자기 기능의 다섯 가지 영역들이다. 치료자는 환자를 사정하는 데 있어서 이러한 다섯 가지 영역에 대한 질문을 활용할 수 있을 것이다. 그러나 치료자가 이러한 다섯 가지 영역 모두에 대한 질문을 할 필요는 없다.

### 생물학적 욕구

생물학적 신호와 욕구(피로, 허기, 고통, 배출, 신체적 안락감 등)는 치료에서 직접적으로 강조되지는 않지만, 기본적이고 적절하게 반응되어야 할 부분이다. 만약 환자가 만성적인 피로, 과도한 스트레스, 영양 결핍, 또는 다른 기본적 욕구가 충족되지 않았다면, 치료가 잘 이루어질 수 없다. 치료자는 다음과 같은 질문을 할 수 있다.

- "몸이 보내는 신호에 대해서 받아들이고, 반응을 합니까? "
- "배가 고플 때 건강하게 음식물을 섭취하나요? 규칙적으로 자고, 숙면을 취합니까?"
- "제 시간에 규칙적으로 소변과 대변을 봅니까?"
- "잘 먹고, 따뜻하게 입고, 안락감을 주는 것에 대해 가치가 있다고 느끼나요?"
- "기본적 욕구를 건강한 방식으로 충족한다고 느끼나요?"
- "의학적 · 치과적 요구를 잘 관리하고 있습니까?"

**예**

환 자: 저는 과중한 업무 때문에 지쳤어요.

치료자: ○○씨는 쉬어야 한다는 몸의 신호를 무시하고 있나요?

환 자: 저는 제 몸의 신호에 관심을 주지 않아요.

치료자: 기억해 주시면 좋겠어요. ○○씨, 자신의 신체적 욕구에 대해 반응해 주셔야 합니다. ○○씨는 너무 빨리 자신의 한계에 내몰리게 하는 것 같아요.

### 심리적 · 정서적 욕구

자신의 심리적 욕구를 충족시키는 것은 자기에 대한 재구조화, 특히, 자기지각, 자기이미지, 자신의 고유한 느낌을 경험하는 것에 영향을 미친다.

첫째, 환자는 자기 자신 또는 자신의 성취에 대해 수치심이나 죄책감 없이 즐길(건강한 자부심) 수 있는가? 환자는 자기 자신에 대해 가치를 부여하고 수용하는가? 치료자는 다음과 같이 질문할 수 있다.

- “자신의 어떤 부분이 가장 만족스럽나요?”
- “다른 사람과 같이 자신을 가치 있는 사람처럼 느끼나요?”
- “자신의 어떤 부분이 가장 자랑스럽나요?”

둘째, 환자는 다양한 측면에 대해 관심 또는 흥분할 수 있는가? 치료자는 다음과 같이 질문할 수 있다.

- “즐거움을 줄 수 있는 취미나 관심거리가 있습니까?”
- “자신의 일에 대해서 흥미가 있나요?”
- “자신이 세운 목표, 계획, 희망, 꿈에 대해서 관심이 있나요?”

셋째, 환자는 상실을 경험할 때, 슬픔이나 애도 과정을 거치는가? 치료자는 다음과 같이 질문할 수 있다.

- “슬픔을 느낄 때, 자기연민 또는 자기비난을 하나요?”

• "애도 과정을 거칩니까?"

넷째, 환자는 어떤 위험에 처했을 때, 두려움을 느끼거나 파괴적인 방식으로 통제감을 쉽게 상실하는가? 치료자는 다음과 같이 질문할 수 있다.

• "위험한 상황에 처했다는 사실을 인정할 수 있습니까?"
• "위험에 처했을 때, 자기 자신을 보호하거나 위험에서 벗어나게 할 수 있습니까?"

다섯째, 환자가 다른 사람에게 상처를 주었을 때, 자신 전체보다는 자신의 그런 행동에 대해서 수치심을 느끼거나 분노를 느낄 수 있는가? 환자가 자신의 실수에 대해 연민을 느끼거나 타인의 고통에 대해 슬픔을 느낄 수 있는가? 그래서 그러한 행동이 반복되지 않는가? 치료자는 다음과 같이 질문할 수 있다.

• "누군가에게 상처를 주었을 때, 자기 자신에 대해서 격하게 비난하지 않은 채 상대방의 감정에 대해 공감할 수 있나요?"
• "누군가에게 상처를 주었을 때, 진실하게 양심의 가책을 느끼면서 타인에게 보상하려는 바람을 가지고 있습니까?"

마지막으로, 환자는 다른 사람에게 대하는 것처럼 **자기 자신**에 대해서도 자기연민과 온정을 느끼는가? 치료자는 다음과 같이 질문할 수 있다.

• "자기 자신을 돌보고 있나요?"
• "자기 자신을 수용 또는 비난하나요?"

### 성적 욕구

치료에서 성적 주제들은 자주 회피된다. 치료자는 이런 성적 주제에 대해서 질문하는 것에 대해 어려움을 느끼지만, 성적인 주제들은 많은 경우에 중요한 역할을 한다. 치료자는 좀 더 친숙하고, 편안하게 성적인 느낌을 탐색할 필요가 있다. 성적 욕구에 주의를 기울이고 있는가? 성적 욕구들은 건설적인 방식으로 다루어졌는가? 치료자는 다음과 같은 질문을 포함해야 한다.

- "성적 욕구들에 대해 어떻게 반응합니까?"
- "충만하고 즐거운 성적 경험을 하고 있나요?"
- "파트너에게 자신이 좋아하는 성적 행위에 대해 말할 수 있습니까?"
- "파트너에게 만족감을 주는 것에 대해 즐겁습니까?"
- "자위를 할 수 있나요?"
- "오르가즘을 느끼게 하거나 가장 흥분 상태를 가져다주는 성적 판타지는 어떤 것인가요?"(이러한 질문 내용들은 개인의 삶의 가장 깊은 갈등의 신호가 될 수 있으며, 성적 오리엔테이션을 확인하는 데 도움이 된다)

### 사회적 욕구

타인과의 친밀함은 다음의 장에서 자세히 다룰 것이다. 그래서 여기서는 간단하게 다룰 것이다. 사회적 욕구에 주의를 기울이고 있는가? 외로움과 소외감을 견뎌내고 있는가? 활동을 함께하거나 비밀을 공유할 수 있는 친구가 있는가? 이와 관련해서 치료자가 할 질문들이 있다.

- "신뢰할 수 있고 당신을 지지해 줄 수 있는 사람이 있나요?"
- "쉬는 시간에 함께 할 친구가 있나요?"
- "비밀을 털어놓을 수 있는 친구가 있습니까?"

### 영적 욕구

영적 욕구들은 환자의 삶에서 충족되지 않을 가능성이 높으며, 치료에서 주의를 기울이지 못하는 영역이다. 그러나 많은 환자들의 경우, 자애롭고, 삶을 지탱하게 하고, 영감을 주는 세계관은 정서적 안녕을 위해 필수적이다. 치료자는 환자가 삶의 목적이나 삶의 의미를 가지고 있는지에 관해 탐색해야 한다. 치료자는 삶과 죽음에 대한 환자의 신념과 영적 · 종교적 생활에 대해 질문해야 한다. 치료자는 다음과 같은 질문을 할 수 있다.

- "영적 · 종교적 측면을 가지고 있나요? 이러한 영적 · 종교적 측면을 발달시키기를 원하시나요?"
- "일반적으로 삶에 대해 어떻게 느끼나요? 어떤 것이 삶을 가치롭게 만들까요?"

- "죽음에 대해 두려워하고 있습니까?"
- "삶에서 만족감을 느끼나요?"
- "평화로움을 느끼고 있습니까? 위로가 되는 삶을 받아들이고 있습니까? 스스로가 편안함을 느끼나요?"
- "신과 관계를 맺고 있다고 느끼나요? 이러한 경험은 어떤 것들이 있을까요? 자애롭고 삶을 지탱하게 하는 체험이 있나요?"
- "적극적으로 영적 · 종교적 생활을 하고 있습니까? 아직 충족되지 않은 영적 욕구들이 있나요? 종교적 · 영적 공동체의 일원이십니까? 아니면 그러한 공동체에 들어가길 원하나요?"

## 수용 능력을 향상시키기 위한 노출

### 갈등의 탈민감화는 수용 능력을 신장하게 함

수용 능력은 욕구의 외재화, 공허함, 타인의 느낌에 대한 평가절하, 감정의 마비 같은 방어에 의해 차단된다. 치료자는 환자가 방어적인 반응에서 벗어나서 자기에 대한 느낌에 노출하도록 도와야 한다. 환자가 자신의 느낌에 대해서 접촉하는 것은 타인의 느낌에 대한 수용력과 그들 자신의 자기가치감을 향상시킨다.

### 심상 기법의 활용

다른 감정 공포에 대한 탈민감화와 마찬가지로, 환자의 신체 감각을 포함한 내적 경험에 초점을 두도록 하는 것이 중요하다. 일반적으로 안내된 심상 기법은 환자가 자기 자신과 타인의 느낌에 대해 인정하고, 알아차리고, 반응하도록 격려하는 데 사용되고 있다. 환자의 부정적, 긍정적 느낌들뿐만 아니라 지금－여기(here-and-now)에서의 느낌 경험을 기술하기 위해서 치료자와의 관계에 초점을 맞출 수도 있다.

치료자: 우리는 지금 ○○씨가 스스로 자신을 진정시키기가 얼마나 어려운지에 대해 얘기하고 있어요. ○○씨는 자신을 돌봐야 되는데, 이때까지는 자신을 돌보지 않았지요?

환　자: 부끄럽군요. 하지만 저는 언제나 부드럽고 따뜻한 거품 목욕을 하는 것을 상상해요.

치료자: 고단한 하루를 열심히 보낸 자신을 거품 목욕으로 이완시키는 것은 좋은 방법이지요. 자, 욕조에 들어가서 따뜻하고, 부드러운 거품 목욕을 한다고 상상해 보자고요. ○○씨, 몸에서 어떤 게 느껴지나요?

환 자: 편안해요. 긴장이 풀려요. 부담에서 벗어나는 느낌이에요.

환자들은 부정적인 느낌에 직면하는 것도 어렵지만, 자기 자신을 돌보는 것은 더 어려울 수 있다. 치료자는 환자가 반복적으로 안내된 심상 기법을 통해 자기에 대한 긍정적 느낌과 접촉할 수 있도록 도와야 한다.

치료자: ○○씨는 스스로 위로하는 것이 얼마나 어려웠는지에 관해 얘기해 주었어요. 이제 ○○씨가 자신에게 좀 더 관대하고, 위로를 주는 방식으로 자신을 대하는 것이 어떨까 싶어요.

## 3. 자기에 대한 관점 변화: 환자로 하여금 타인들은 자신을 어떻게 보는지 마음속으로 그려 보도록 격려하기

환자에게 기존의 관점과는 다르게 자신을 보게 함으로써 환자의 자기이미지를 강화하고, 심적 탄력성을 향상시킬 수 있다. 환자에게 좀 더 연민적인 관점으로 자신을 바라보게 하거나 타인들이 자신을 좀 더 긍정적으로 바라보는 것을 마음속으로 그려 보게 함으로써 자기이미지의 강화와 심적 탄력성을 강화할 수 있다. 즉, 환자가 자신을 새로운 관점으로 바라볼 수 있도록 개입하는 것이 중요하다. 긍정적 느낌에 초점을 두면서 양심의 가책이나 후회 같은 부정적 느낌을 견디도록 해야 한다.

### 변화된 관점은 자기연민을 구축함

환자의 자기에 대한 관점을 변화시키는 것은 단순하지만 강력한 개입이다. 환자가 기존의 관점과는 다르게 좀 더 온정적으로, 좀 더 허용적인 관점에서 자기 자신을 바라보도록 하기 위해서는 환자가 자신과 떨어져서 **외부적인 지점에 서도록** 하는 것이 중요하다. 즉, '관찰자적인 자아'로서의 자기 자신을 좀 더 연민적인 태도로 바라보는 것이다. 10장의 3절에서, 환자가 타인의 부적응적인 관점을 변화하는 데도 도움을 줄 수 있는 이러한 기법에 대해 다시 다룰 것이다. 여기서는 환자의 자기 느낌을 향상시키는 데 강조점을 둔다.

### 환자가 치료자에게 자신을 어떻게 보는지에 관해 질문하도록 함

치료자의 중요한 치료 기법 중의 하나는 치료자가 환자에게 어떤 느낌을 가지고 있는지 환자가 상상하도록 요청하는 것이다.

치료자: 제가 ○○씨 얘기를 듣고 어떤 느낌일 것 같으세요?

환 자: 추측하건대, 선생님이 저에 대해 염려하고 있는 것 같아요.

때때로 이런 기법은 환자가 자기에 대해 긍정적으로 보기 시작하는 데 도움이 된다. 또 어떤 경우에는 환자가 치료자 및 다른 사람들의 돌봄과 관심을 온전히 느끼는 내적 수용 능력을 발달시키기 전에 우선적으로 환자와 치료자 관계에 대한 집중적인 탐색과 소크라테스식 질문을 반복하는 것이 필요할 수도 있다.

### 환자의 자기수용에 대한 저항

모든 환자들이 치료자의 치료 기법에 대해 빠르게 적응하는 것은 아니다. 저항을 보이는 환자들은 다음과 같이 말한다.

환자 1: 저는 저에 대해 알아요. 저처럼 행동하는 사람은…… 정말 혐오스러워요.

환자 2: 선생님은 저에 대해 역겨워하시죠?

환자가 이렇게 말한다면, 치료자는 환자와 함께 환자의 자기에 대한 거대한 수치심을 감소시키는 작업을 더 해야 한다.

치료자: ○○씨는 자신을 얼마나 가혹하게 보고 있나요? 이러한 가혹한 비난을 받을 만한 사람이 있을까요?

부적응적인 인지를 논박하고 재구조화하는 방법은 치료자의 유머와 끈질긴 인내를 포함하여 수없이 많다. 환자의 부정적 자기이미지를 변화시키기 위해서는 치료자가 환자의 방어에 대해 끈질기게 씨름하는 것이 필요하다. 즉, **환자가 자기연민을 발달시키기 시작할 때까지 치료자의 인내는 유지되어야 한다.** 치료자가 환자의 관점을 변화시키는 데 사용하는 여러 방법들의 예는 다음과 같다.

- 환자는 자기 자신에 대해 새로운 긍정적 관점을 가질 수 있다.

  치료자: 만약 ○○씨가 이러한 관점으로 자신을 본다면, 자신에 대해 좀 더 좋게 느껴질 수 있을까요?

- 환자는 비슷한 상황에서 다른 사람들은 어떻게 반응하는지 마음속으로 그릴 수 있다.

  치료자: 만약 모르는 사람이나 친구가 ○○씨가 저에게 말했던 얘기를 똑같이 말한다면, ○○씨는 이 사람에 대해서 어떻게 느껴질까요?

- 환자는 치료자가 자신을 어떻게 보는지 마음속으로 그릴 수 있다.

  치료자: 제가 ○○씨가 겪었던 고통들에 대해서 어떻게 느낄 것 같으세요?

- 환자는 다른 사람들이 자신에 대해 연민으로 바라보는 것을 마음속으로 그릴 수 있다.

  치료자: 그녀가 ○○씨에 대해 아주 따뜻하게 바라보는 것을 상상할 수 있나요? ○○씨는 자신에 대해 이런 따뜻한 시선으로 바라볼 수 없나요?

- 환자는 과거에 알고 지냈던 사람들이 자신을 얼마나 긍정적으로 바라보았는지 (사랑을 미처 표현하지 못했던 갈등관계도 포함) 마음속으로 그릴 수 있다.

  치료자: 아버지는 속마음을 털어놓지 않는 쌀쌀한 사람이었지만, ○○씨에 대한 애정은 어떠한 것 같아요?

다음 또한 치료자가 환자의 관점을 변화시키는 여러 방법들의 예가 제시되어 있다.

**예**

치료자: 만약 ○○씨의 친구가 죽어 가는 엄마에 대해 있는 힘을 다 바쳐 헌신적으로 간호한다면, ○○씨가 자신에게 하는 것처럼…… 그러면서도 친구가 엄마에 대한 간호가 충분하지 않는다고 스스로를 채찍질한다면, ○○씨는 어떤 마음이 들까요?

환 자: 슬프네요. 마음이 아파요.

치료자: 그 친구에게 어떤 말을 하고 싶으세요?

환 자: "△△야, 넌 최선을 다하고 있어. 너희 엄마는 암이야. 지금 네가 엄마한테 하는 것 이상으로 할 수는 없을 거야."

치료자: ○○씨는 그 친구에 대해 연민을 크게 느끼는 것 같군요.

환 자: 네, 물론이죠. 왜 저는 저에게 이렇게 연민을 못 느낄까요? 모르겠어요, 저는 못 하겠어요.

치료자: ○○씨는 이미 감동적인 얘기를 했어요. ○○씨는 자신에게는 연민이 느껴지지 않는다고 했어요. 만약 제가 ○○씨 입장이라면, ○○씨는 어떻게 느낄까요? 제가 ○○씨에 대해 어떤 느낌이 들지 마음속으로 그려 보세요?

환 자: 모르겠어요.

치료자: ○○씨는 친구에 대해서는 얼마나 빨리 슬픔을 느끼는지……. 그러나 제가 ○○씨에 대해 슬픔을 느끼는 것에 대해 상상하는 것은 어려운가요?

환 자: 네, 맞아요. 다른 사람들에 대해서는 슬픔이 비교적 쉽게 느껴지는데…… 아직 선생님이 저에 대해 마음 아파하는 것에 대해서는 믿기 어려워요.

치료자: 다른 사람들은 ○○씨의 돌봄과 염려를 받아들일 거예요. 그런데 ○○씨는 ○○씨를 위한 다른 사람들의 돌봄과 염려를 믿기 어려우시다는 거지요.

환 자: (좀 쉬다가) 예, 선생님이 저에게 가지는 연민을 느낄 수 없다는 게…… 슬퍼요.

치료자: 이번 주가 ○○씨가 이런 어려움에 대해 생각하기 시작한 주예요. 즉, 제가 ○○씨에 대해 어떻게 느끼는지, 다른 사람들이 ○○씨에게 어떤 느낌을 가지는지에 관해서요. [환자가 새로운 느낌과 새로운 관점에 접할 수 있도록 격려함.]

이러한 변화 과정을 도울 수 있는 기법들은 다양하다.

### 두 의자 기법

게슈탈트 치료의 두 의자 기법은 유용하다. 예는 다음과 같다.

치료자: 의자에 앉아 있는 누군가가 ○○씨가 저에게 말했던 그 얘기를 ○○씨에게 말하는 것을 상상해 보세요. 그 사람에 대해 어떤 느낌이 올라오나요?

환 자: 저는 이렇게 말할 거예요. "네가 슬픔을 느끼는 거는 당연해."

### 역할 연기

역할 연기는 환자의 관점을 변화시키는 데 효과적인 도구다. 치료자는 환자의 역할을 하고, 환자는 친구, 가족 구성원, 동료, 심지어 치료자 역할을 할 수 있다.

환　자: 저는 좀 더 기분이 좋아지려면 체육관에 가야 한다는 것을 알아요. 하지만 저는 시간이 없어요. 운동하는 것이 저에게 중요하지 않아요.

치료자: 역할을 바꾸어 봅시다. ○○씨는 치료자 역할이고요. 저는 똑같은 얘기를 ○○씨에게 할 거예요. ○○씨가 똑같은 반응을 보이는지 볼까요?

환자는 때때로 추가적인 작업이 필요하며, 변화에 대한 저항을 감소시키기 위해서 이러한 작업을 반복해야 한다.

### 환자는 변화에 대한 많은 잠재력을 가지고 있음

여러 가지 치료 기법의 주요한 핵심은 모든 환자들이 일단 변화를 위한 두려움에 대해 훈습을 한다면, 환자 자신의 부적응적인 사고와 감정 패턴을 재구조화하는 데 많은 잠재력을 가진다는 것이다. 다음 부분은 환자가 자신의 욕구들에 대해 주의를 기울이고 돌보도록 함으로써 자율적인 기능을 발달시키는 방법들에 대해 다룰 것이다(CC, pp. 321-323 참조).

## 4. 잃어버린 목소리를 찾고 힘을 북돋아 주기

내면 아이의 목소리는 수년 동안의 비판의 목소리로 인해 그리고 그러한 아이의 목소리를 무시해 왔기 때문에 되살리기가 아주 어렵다. 성인이 되었을 때, 환자는 자신의 원함과 욕구를 표현할 능력을 상실할 뿐만 아니라, 심지어 자신이 무엇을 원하는지에 관해 자각하지 못하게 된다. 이런 경우, 치료자는 환자에게 그들의 '잃어버린 목소리'를 찾는 것을 도와줌으로써 환자의 원함과 욕구를 수용하는 능력을 구축해야 한다.

환자의 원함과 욕구 표현은 이전 장, 특히 8장에서 강조했다. 이러한 기법은 자신의 원함과 욕구를 알아차리지만 표현하는 데 공포심을 느끼는 환자에게 가장 도움이 된다.

환 자: 저도 제 의견을 표현하고 싶은데…… 상사에게 얘기를 하면, 상사가 저를 욕심 많은 사람으로 여길 것 같아요.

### 잃어버린 목소리: 원함과 욕구를 알아차리지 못함

자신의 욕구가 무엇인지 모르는 환자들이 있다. 이들의 경우, 감정 표현에 필수 조건으로 잃어버린 목소리인 '무엇을 원하는지' '무엇을 필요로 하는지'를 찾게 하는 것이 포함된다. 꺼내 놓지 않은 원함과 욕구가 있다면, 이러한 원함과 욕구에 대해 수용하는 능력을 구축하는 것이 중요하다. 환자가 자신의 욕구를 무시하고 있다는 점을 치료 장면에서 쉽게 발견할 수 있다.

치료자: 만약 ○○씨의 상사가 약속한 보너스를 주지 않고, 새로운 컨설턴트를 고용한다면, ○○씨는 상사에게 항의할 건가요?

환 자: 오, 결코…… 저는 결코 할 수 없을 거예요.

치료자: ○○씨의 욕구는 어떻게 되는 건가요? ○○씨는 이러한 부당한 상황에 대해 상사에게 주장도 하지 않고 너무 쉽게 해고를 당하게 내버려 두는 거네요?

### 맹점: 잃어버린 목소리를 찾는 것의 어려움

때로는 표현되지 않은 내면의 목소리가 아주 깊게 묻어져 있어서 환자나 치료자 모두 숨겨진 내면의 목소리를 처음에는 알아차리지 못할 수 있다. 치료자는 환자의 어떤 욕구들은 전적으로 무의식적이라는 것을 기억해야 한다. 잃어버린 목소리를 찾을 수 있는 단서에 대해 주의 깊게 경청하는 것이 중요하다. 2절에서 제시되었던 자기욕구의 명단을 활용하면, 놓치고 있는 욕구들에 대해 사정하는 데 도움이 된다.

환자는 일단 자신의 욕구가 확인되면, 이러한 욕구에 대해 표현할 수 있어야 한다. 잃어버린 목소리를 찾는 것은 방어(침묵과 억제)의 해체로 여겨진다. 환자의 방어는 대인관계적 표현을 방해하고, 환자의 원함과 욕구에 대한 기본적 자각을 차단한다.

환 자: 우리는 산에 가서 캠프를 할 거예요. 이번 여름에도요.

치료자: 음, ○○씨가 해변을 더 좋아한다고 말했는데, 기억 안 나시나요?

환 자: 네, 하지만 제 남편이 해변을 안 좋아해요. 그래서 우리는 해변을 갈 수 없죠.

치료자: ○○씨는 남편에게 해변에 가고 싶다고 얘기한 적이 없나요?

환 자: 얘기한 적이 없어요! 남편에게 그러한 요청을 한다는 것에 대해 한 번도 생각해 본 적이 없어요.

대부분의 환자의 경우에는 자신의 욕구에 대한 수용 능력이 향상되고, 자신의 바람을 자각한 후에 대인관계적 자기주장에 대한 작업이 성공적으로 이루어진다.

## 5. 자기를 '양육'하는 것에 대해 격려하기

### 좋은 자기양육

자기 자신에 대해서 '좋은 부모'가 되는 것은 자기를 치유하고 자율적 기능을 성취하기 위한 하나의 좋은 은유가 된다. 이와 반대되는 예는 외재화, 공허감, 잃어버린 내면의 목소리가 될 것이다. 자기에 대한 재양육은 환자가 **자신의 어린 시절의 조건을 더 이상 허용하지 않음으로써** 가능해진다. 개인은 과거의 무시받았거나 학대당한 조건을 지속할 필요가 없다. 환자는 자기 자신에게 주의를 기울이고, 관심을 가지고, 존중하는 자세로 대하는 법을 배워야 한다.

### 자기양육 구축의 예

치료자 1: ○○씨의 부모님은 ○○씨가 아는 최선의 방법으로 ○○씨를 키웠을 겁니다. 하지만 ○○씨의 충족되지 않은 많은 욕구들이 있다는 것을 우리가 보게 되었죠. 이제는 ○○씨가 이러한 상황을 바꿀 수 있는 유일한 사람입니다. ○○씨의 고통을 계속하는 것은 비극이죠. 이제 자신에게 '좋은 부모'가 되어서 자신을 대하는 방법을 배우셔야 합니다. 즉, 자기 자신을 돌보고, 존중하고, 자신의 욕구에 대해서 주의를 기울이셔야 합니다.

치료자 2: 사람들은 어릴 때 양육받았던 방식대로 성인이 되어서도 자신을 같은 방식으로 대합니다. 왜냐하면 어릴 때 양육 경험이 내면 깊이 배어 있기 때문이죠. 하지만 ○○씨는 어릴 때보다 지금 훨씬 힘이 있어요. ○○씨에게는 많은 기술과 능력이 있어요. 예를 들면, ○○씨 자신의 욕구와 협상하고, 그 욕구를 실현시킬 수 있어요. 그러므로 ○○씨가 이제는 더 이상 학대와 무관심을 참아 낼 필요가 없어요. ○○씨는 예전의 패턴이 유지되지 않도록 할 수 있어요.

치료자 3: ○○씨는 부모님이 ○○씨에게 했던 것처럼 가혹하고, 비평적으로 그리고 무시하는 태도로 자기 자신을 대하고 있어요. 이제는 ○○씨가 다른 방식으로 자신을 대할 때가 왔어요. 과거처럼 가혹하고, 비판적으로 자신을 대한다면…… 변화할 수 없어요. 지금 그리고 앞으로는 자신에게 어떻게 대하면 좋을까요?

### 자기돌봄을 위한 주별 계획

환자가 자기돌봄의 필요성을 깨달았을 때, 치료자는 환자의 자기 지원적 행동을 실천할 수 있게 계획을 수립하도록 도와야 한다. 첫째, 환자가 집중하고 있는 특정 자기돌봄 행동(예, 적당한 시간에 일 마치기, 규칙적으로 식사하기 등)을 확인해야 한다. 각 환자가 선택한 행동들은 온전히 자신에게 이득이 되어야 하며, 다른 추가적인 부담으로 여겨져서는 안 된다. 특정 과제는 환자가 얼마나 자주 어떤 행동은 성취하고, 어떤 행동은 회피하는지를 파악하는 데 도움이 된다. 환자가 더 나은 자기돌봄을 하기 위해서 거쳐야 할 단계들이 있다.

#### 예 1

치료자: ○○씨는 좀 더 나은 기분을 느끼기 위해서는 여유를 가지고 목욕하기, 천천히 식사하기, 실수에 대해 관대하기, 친구에게 전화하기 등이 도움이 된다고 말씀하셨어요. 이번 주에 이러한 시도들이 적절한 목표였나요?

환　자: 저는 이번 주에 두 배로 일했어요.

치료자: 그렇군요. 왜 이러한 시도를 하지 못했고, 이런 시도가 어려웠던 이유가 뭘까요? 만약 ○○씨가 시도를 하지 못했다면, 어떤 것들이 방해가 되었는지 작업할 수 있을 거예요.

#### 예 2

치료자: ○○씨, 하루에 1분씩 자기 자신을 연민적 태도로 바라보기로 했는데…… 어땠어요?

치료자와 환자는 매주 자기를 돌보는 과제에 대해 점검하며, 환자의 자기돌봄에 방해가 되는 것이 무엇인지, 어떻게 하면 자신에 대해 좀 더 돌보게 할지에 대해 작업해야 한다. 환자는 자기돌봄에 방해가 되는 생각과 느낌에 주목해야 한다.

치료자 1: 저는 ○○씨가 자신에 대해 관심과 주의를 기울일 필요가 없다고 느끼는 것 같아요. 어때요?

치료자 2: 저는 ○○씨가 자신에 대해 부정적으로 보는 것이 슬퍼요. 우리는 ○○씨가 왜 이렇게 자신을 부정적으로 보게 되었는지를 살펴봐야 합니다.

환자가 숙제를 해 오지 않았을 때, 숙제를 하지 않은 것에 대한 수치심을 조절하는 것이 필요하다.

치료자 3: 이 점을 기억해 주시면 좋겠어요. ○○씨의 숙제는…… 저를 위해서 하는 것이 아니랍니다. 치료 밖의 상황에서 ○○씨를 위해서 정한 목표랍니다. ○○씨가 목표를 충족하지 못하면 저는 ○○씨가 목표를 수립하기 어려운 이유에 대해 작업할 거예요. 이것은 저를 위해서가 아니라 ○○씨를 위해서랍니다.

## 6. 욕구의 외재화를 감소시키기

### 지나친 의존심 대 자율적인 자기위로 능력

치료자는 환자의 수용 능력을 사정하는 데 있어서 환자가 얼마나 **외재화**를 사용하고 있는지 고려해야 한다. 외재화는 환자가 다른 사람으로부터 직접적으로 받게 되는 타당화나 돌봄을 통한 '좋은 느낌'을 가지는 정도를 의미한다. 즉, 외재화하는 환자 스스로에게 나오는 위로(건강한 자율성)가 아니라 다른 사람으로부터 주어지는 위로와 지원(지나친 부적응적 의존)에 집착하는 것이다.

환 자 1: 제가 그 사람에게 반복해서 물었어요. 그 사람은 제가 좋은 사람이래요. 그 사람이 그렇게 말했어요. 그런데 저는 그 사람이 정말 저를 좋은 사람으로 여기는지 모르겠어요.

환 자 2: 저에게 화가 났나요? 맞나요? 오, 만약 선생님이 화가 났다면 괴롭네요. 화가 안 났다는 것이 맞나요?

타인으로부터의 지지, 타당화, 확인을 받는 것은 삶에서 필요하다. 모든 사람들은 홀로 남겨질 때, 또는 타인이 실망시키거나 낙담시킬 때, 긍정적인 자기이미지를 유지하고, 붙잡아야 한다. 다음은 상반되는 두 가지 진술이다.

환 자 1: 제 남자 친구가 저를 찼을 때 끔찍했어요. 하지만 저는 제 친구들이나 가족의 사랑을 떠올리면서 스스로 위로할 수 있었죠.

환 자 2: 제 남자 친구가 저를 찼을 때 끔찍했어요. 저는 제가 미웠어요. 너무 가치 없게 느껴졌어요. 어느 누구도 저에게 위로가 되지 않았어요.

### 타인의 지지에 집착하는 것은 수용 능력의 결여를 의미함

수용 능력이 결여된 사람들은 내면이 충족되어 있지 않다. 이들은 자기위로 능력이 고갈되어 있다. 환자들이 긍정적 정서 경험에 의지하거나 신뢰하지 못할 때, 환자들은 정서적 지원을 위해 타인의 존재에 집착한다(방어). 즉, 환자는 타인으로부터 주어지는 확인과 지지라는 '외재화'에 매달리게 된다. 왜냐하면, 환자들은 다른 양육적인 사람에 대한 기억을 불러와서 이로 인한 위안을 얻을 수 없기 때문이다.

### 긍정적인 자기 느낌의 저장소 수립

치료자는 환자가 긍정적인 자기 느낌의 경험을 내면화하도록 도와야 한다. 다음의 예는 치료자가 환자의 방어적인 외재화(예, 환자가 치료자에게 자신의 가치감을 올려줄 것을 요청하는 것)를 못하도록(반응 중지) 안내하고, 그다음 환자로 하여금 치료자에 의해 존중받는 경험에 접촉하도록 하는 치료 장면을 보여 주고 있다.

환 자: 저는 선생님이 저를 자랑스럽다고 얘기하는 것을 알아요. 그런데 저는 선생님이 정말 그런지 모르겠어요. 저에게 다시 얘기해 주실래요?

치료자: 제가 ○○씨에게 한 말이 와 닿지 않나 보네요. 제가 ○○씨에게 얘기한 대로 자신에 대해서 자랑스럽게 느끼도록 노력할 수 있나요? 집에 혼자 있을 때, 다른 사람으로부터 긍정적인 말을 듣고 싶을 때, 5분 동안 타인으로부터 받은 자신에 대한 긍정적 감정을 기억하도록 노력할 수 있나요? ○○씨를 돌보는 사람에 대해 생생하게 기억하도록 노력할 수 있나요?

타인으로부터 긍정적 느낌을 경험하는 데 어려움을 겪는 것은 초기 어린 시절에 근원을 두고 있다. 어린 시절에 자신감과 즐거움을 경험하지 못했다면, 성인이 되어서 이런 느낌에 대해 인식하고 반응하는 것이 어려울 수 있다. 그 결과, 어떤 환자들은 치료자로부터의 과도한 외재적 타당화를 요구한다(치료 밖 다른 사람에게도 해당됨). 왜냐하면 이들은 타인으로부터 받은 자기 자신에 대한 긍정적 느낌을 스스로 보유할 수 없기 때문이다. 또 다른 환자들은 타인으로부터 받은 긍정적 느낌에 대해 불편해하고, 심지어 고통스러워한다. 왜냐하면 이러한 환자들은 긍정적 느낌을 거부하거나 평가절하하기 때문이다.

#### 공허감의 느낌에 대해 다룸

긍정적인 자기 느낌을 경험하지 못하는 환자들은 '허기진' '텅빈' 느낌을 가진다. 그들은 무엇을 해도 늘 만족하지 못한다. 그러나 이렇게 허기진 환자들도 돌봄을 줄 수 있는 타인들을 기대한다. 환자들은 타인으로부터 주어지는 인정을 받기를 원한다. 마치 허기진 사람들에게 저녁 식사를 제공하는 것과 같다. 이들에게 먹을 것을 한 숟가락씩 줌으로써 그들은 자신을 수용하는 능력을 발달시킬 수 있다. 공허감을 느끼는 환자들은 타인으로부터의 돌봄받는 느낌을 간직할 수 있는 실제 경험과 격려가 필요하다. 즉, 환자들이 홀로 남겨질 때 이러한 돌봄받는 경험을 기억하고 보유함으로써 점차적으로 수용 능력을 구축하고, 공허감을 극복할 수 있다.

## 7. 자기 느낌에 대한 공포가 탈민감화되고 자기가치가 향상될 때까지 개입을 반복하기

#### 개입 반복하기

환자의 자기이미지가 빠른 시일 동안에 향상되지 않더라도, 치료자는 낙담하지 말고, 계속 개입을 반복해야 한다. 치료자는 환자의 자기감을 향상시키는 데 초점을 계속 두어야 한다. 치료자는 또한 환자의 자기에 대한 관점에서의 작은 변화라도 무심코 넘어가지 말고 주의를 기울여야 한다. 이 장에서 제시하고 있는 예들을 반복해서 적용하면 환자가 새롭고 더 자기확신적인 내적 이미지를 구축하고, 좀 더 탄력성 있고, 자율적인 자기감을 발달시키는 데 도움이 될 것이다.

많은 환자의 경우, 자기이미지를 재구조화하면 타인과의 관계도 향상된다. 그러나 대부분의 경우, 환자의 타인에 대한 왜곡된 관점은 자기이미지를 재구축하는 데 주요한 장애물로 작용한다. 타인에 대한 적응적 관점이 형성되고, 타인에 대한 이미지도 치료될 때, 자기이미지도 치유가 될 것이다. 타인에 대한 이미지의 재구조화 과정은 다음 장에서 강조할 것이다.

### 자기에 대한 재구조화 단계에 대한 요약

자기에 대한 재구조화의 기본적 단계들은 〈표 9-1〉에 제시되어 있다.

**〈표 9-1〉 자기에 대한 재구조화의 단계들**

- 자기 느낌에 대한 공포와 관련된 방어 인식하기
- 자기공격, 자기증오, 욕구의 외재화에 대해 부드럽게 지적하기
- 자기 느낌에 대한 공포와 관련된 방어 포기하기
- 자기공격에 대한 대가, 이득(일차적, 이차적 이득)에 대해 이해하기
- 방어를 대체할 수 있는 새로운 적응 체계를 구축하도록 돕기
- 심상 기법을 사용하여 수용 능력을 향상하기
  - 충족되지 않은 자기욕구 사정하기
  - 긍정적 자기 느낌을 표현하도록 돕기
  - 긍정적 자기 느낌의 신체 신호를 확인하도록 돕기
  - 바람직한 자기보호/자기양육적 행동을 마음속으로 그려 보도록 돕기
  - 타인이 자기를 어떻게 보는지 마음속으로 그려 보도록 돕기
  - 관점 변화하기를 활용하기
  - 수용 능력 격려하기
- 반응 중지하기(D)
  - 방어/회피 지적하기
  - 자기 느낌에 좀 더 머물러 있도록 격려하기
- 불안 조절하기(A)
  - 지지와 위로를 제공함으로써 진정시키기
  - 두려움, 수치심, 공포 탐색하기
- 불안이 감소되는 대로 노출로 되돌아오기
- 필요하다면 반응 중지로 되돌아오기
- 반복적으로 불안 조절로 되돌아오기

## 연습문제

### 9A: 욕구의 외재화 또는 타인에 대한 과도한 의존심 사정하기

**지시** 다음의 환자는 자기 자신에 대한 긍정적 느낌을 유지하기 위해서 타인에게 과도하게 의존하는가? 맞는 답에 ○표 하고, 왜 그런지 이유를 설명하라.

**예** 환 자: 이것을 인정하기 힘들어요. 여자들은 저의 자존감을 유지하는 데 영향을 미쳐요. 제가 이성 관계에 집착하여 그 여자들을 정복하는 데 빠져 있을 때는 공허감이 느껴지지 않아요. 하지만 여자들이 저에게 빠져들면, 저는 지루해지고 다른 여자에게 눈이 가요.

**답** 이 환자는 욕구를 얼마나 외재화하고 있는가?

과도하게 외부에 의존함 (○)　　　과도하게 외부에 의존하지 않음 ( )

이유는? 이 환자는 과도하게 타인에게 의존하고 있다. 왜냐하면 스스로를 좀 더 좋게 느끼기 위해서 타인에게 집착하는 방식으로 관계를 유지함으로써 자신의 욕구를 외재화하고 있기 때문이다.

#### 9A.1.

환 자: 저는 제 일에서 많은 성취를 했어요. 저의 상사는 제가 하는 일을 중요하게 여기죠. 저는 제 상사가 격려하는 말을 해 줄 때가 참 좋아요. 하지만 이런 일보다는 제 인생에서 더 중요한 것들이 있어요.

이 환자는 욕구를 얼마나 외재화하고 있는가?

과도하게 외부에 의존함 ( )　　　과도하게 외부에 의존하지 않음 ( )

이유는? ____________________

#### 9A.2.

환 자: 제가 아버지로서, 남편으로서, 아이들과 아내를 돌볼 때 스스로에게 만족합니다. 사실 저는 아내와 아이들에게 무언가를 해 줄 때 스스로가 괜찮은 사람처럼 느껴져요. 아내가 아이들을 데리고 휴가를 갔을 때, 저는 비참했어요. 공허감이 느껴졌어요. 제 자신을 위해서 무엇을 해야 될지 모르겠더라고요.

이 환자는 욕구를 얼마나 외재화하고 있는가?

과도하게 외부에 의존함 ( )　　　　　　과도하게 외부에 의존하지 않음 ( )

이유는? ______________________________

## 9A.3.

환 자: 저번 시간에 제 진로에 대해서 결정하는 부분에서 좋았어요. 선생님의 관점을 들으니 안심도 되었고요. 그러나 운전해서 집에 오면서…… 불안이 올라오기 시작했어요. 저는 선생님께 전화해서 계속 질문하고 싶었어요.

이 환자는 욕구를 얼마나 외재화하고 있는가?

과도하게 외부에 의존함 ( )　　　　　　과도하게 외부에 의존하지 않음 ( )

이유는? ______________________________

## 9A.4.

환 자: 저는 석사 학위를 받았어요. 석사 학위를 받으면 스스로를 좀 더 좋게 여길 줄 알았어요. 그런데 지금…… 박사 학위가 없으니 여전히 실패자 같은 느낌이 드네요. 하지만 저는 박사 학위를 따고 싶지는 않아요. 제가 그 길에 대해 많이 심사숙고해야 할 것 같아요. '충분히 좋은 것은 없다.' 증후군이죠.

이 환자는 욕구를 얼마나 외재화하고 있는가?

과도하게 외부에 의존함 ( )　　　　　　과도하게 외부에 의존하지 않음 ( )

이유는? ______________________________

## 9A.5.

환 자: 저는 그 사람을 아주 사랑해요. 하지만 우린 서로 잘 맞는 커플은 아니랍니다. 그래서 저는 슬퍼요. 저는 이게 최선이라고 느껴요. 저는 아주 견딜 수 없을 정도로 괴롭지는 않아요.

이 환자는 욕구를 얼마나 외재화하고 있는가?

과도하게 외부에 의존함 ( )　　　　　　과도하게 외부에 의존하지 않음 ( )

이유는? ______________________________

## 9B: 환자의 수용 능력 구축 돕기

**지시** 다음의 진술문들이 환자의 수용 능력을 증진하는 데 도움을 줄 수 있는가? 예, 아니요로 답하라.

**예** 치료자: 저는 ○○씨가 방금 말한 것에 감동 받았어요. (좀 쉬다가) 저는 ○○씨가 저에게 얘기한 후 어떤 느낌인지 궁금합니다.

예( ○ ) 아니요( )

**설명** 치료자는 첫 문장에서 수용 능력에 대한 모델링을 보여 주고 있다. 그리고 두 번째 문장에서 치료자는 환자에게 수용 능력을 구축도록 격려하고 있다.

### 9B.1.

치료자: ○○씨의 어머니는 이러한 상황에서 ○○씨에 대해 어떻게 느낄까요?

예( ) 아니요( )

### 9B.2.

치료자: ○○씨가 세 번째 치료 시간에 빠짐으로써 스스로를 얼마나 경시하고 있는지 아시겠어요?

예( ) 아니요( )

### 9B.3.

치료자: ○○씨가 한 행동에 대해서 자랑스럽게 여기도록 노력하실 수 있을까요?

예( ) 아니요( )

### 9B.4.

치료자: 이 순간에 제가 ○○씨에 대해서 어떻게 느낄 것 같으세요?

예( ) 아니요( )

### 9B.5.

치료자: ○○씨의 할아버지가 ○○씨를 데리고 친구를 만나러 갈 때, 할아버지는 어떤 마음이었을까요?

예(　) 　　　아니요(　)

9B.6.

치료자: ○○씨를 위한 파티가 열린다면 무엇이 가장 힘들까요?

예(　) 　　　아니요(　)

## 9C: 환자가 잃어버린 것들에 대해 애도하도록 돕기

**지시** 다음의 환자의 상황을 읽고, 환자의 애도를 돕는 가장 적절한 치료자의 반응에 체크하라. 한 가지 이상의 답이 있을 수 있다.

**예** 환　자: 선생님이 저에게 제가 가족의 변화를 꾀하기 위하여 열심히 일한다고 하셨잖아요? 저는 선생님의 말이 믿어지지가 않아요. 저는 지금…… 이상한 슬픔이 느껴져요. 저는 선생님이 모든 사람에게 이런 말을 해 주는 것 같아요.

**답** 환자의 애도를 촉진하는 가장 적절한 치료자의 반응은?

_____ A. 저를 믿기 힘든 이유는 무엇일까요?

_____ B. 저는 언제나 사람들을 칭찬하지는 않아요.

__√__ C. ○○씨는 저의 지지적인 말을 듣고, 그토록 듣고 싶었던…… 갈망했던 그 말을 듣고도 한편으로는 고통이 밀려와 그것을 받아들이지 못하고 있군요.

_____ D. 만약 친구가 ○○씨가 방금 말한 대로 얘기한다면, ○○씨는 친구에게 어떤 느낌이 들 것 같아요?

**설명** C 반응은 환자의 내면 깊은 갈망을 강조하고 있다. A 반응은 치료자의 지지적인 말을 수용하지 못하는 부분을 감소시켜 주기 위한 억제를 줄이기 위한 불안 조절이다. B 반응은 치료자의 자기개방이다. D 반응은 관점을 변화시키는 기법이다.

9C.1.

환　자: 처음으로 제가 아내에게 안아 달라고 했어요. 그래서 아내가 저를 안아 주었는데, 저는 편안하지 않았어요. (눈물을 흘리며) 저는 널빤지처럼 뻣뻣했어요. 제 자신에 대해서 실망했어요.

환자의 애도를 촉진하는 가장 적절한 치료자의 반응은?

_____ A. ○○씨 자신에 대해서 너무 가혹하게 여기지 마세요. ○○씨는 이때까지 오랫동안 자신의 눈물을 차단해 왔어요. ○○씨가 울면서 자신의 느낌을 방출하는 것이 처음이어서 힘든 거예요.

_____ B. ○○씨, 이제 엄마가 아내처럼 이런 식으로 반응한다고 상상하고, 어떤 게 느껴질지 마음속으로 그려 보세요.

_____ C. ○○씨, 그 느낌에 머물 수 있는지를 본 후에 아내의 품에 안기어서 이완되는 모습을 상상해 보세요. 어떤 느낌이 올라오는지 볼까요?

_____ D. ○○씨가 필요로 하는 것을 정말 요구할 수 있었네요, 그렇죠?

## 9C.2.

환 자: 선생님보다 저를 잘 이해해 주는 사람이 있다는 것을 상상조차 할 수 없어요. (눈물을 흘리며) 오, 제가 얼마나 누군가로부터 이해받기를 고대했는지 몰라요.

환자의 애도를 촉진하는 가장 적절한 치료자의 반응은?

_____ A. ○○씨는 오랫동안 누군가로부터 이해받기를 간절히 원했군요.

_____ B. ○○씨가 진정 원하는 것을 ○○씨 스스로가 기쁨을 주는 방법을 통해서 얻었군요.

_____ C. 이렇게 ○○씨의 갈망을 이해하는 것이 첫 번째 단계예요.

_____ D. 누군가로부터 이해받는 경험은 또한 타인을 이해할 수 있게 합니다.

## 9C.3.

환 자: 부모님은 너무나 바쁜 교수님이셨지요. 그래서 저에게 신경 쓸 틈이 없었어요. 그래서 저는 많은 시간을 혼자 놀면서 지냈어요.

환자의 애도를 촉진하는 가장 적절한 치료자의 반응은?

_____ A. 아무도 없는 텅 빈 집에 돌아왔을 때를 그려 보고, 어떠한지 얘기를 해 줄 수 있나요?

_____ B. 부모님에게 관심을 받지 못하는 것이 어린아이에게는 너무 가혹하지요.

_____ C. ○○씨가 너무 힘들었을 것 같네요.

_____ D. 혼자라는 느낌이 들었을 거예요.

## 9D: 자기 기능의 영역 강조하기

**지시** 다음 환자의 상황을 읽고, 환자의 자기 기능을 향상할 수 있도록 치료자의 반응을 적어 보자. 생물학적 · 사회적 · 심리적/정서적 · 성적 · 영적 욕구들의 영역을 포함하는 것을 기억하자.

**예** 환 자: 2년 전에 이혼한 이후로, 저는 여러 남자를 가볍게 만났어요. 그 남자들은 친구에 가깝고, 그들과 잠자리를 하고 싶지는 않았어요. 하지만 저는 성적 만족감을 느끼면서 이완하고 싶어요. 때때로 저는 밤늦게 먹을 것을 찾아요. 배가 고프지도 않는데 말이에요. 단순히 저를 위로하기 위해서 생각 없이 먹는 거죠.

**답** **치료자의 반응:** 딜레마에 처해 있군요. ○○씨는 자신과 잘 맞는 파트너와 성적 욕구를 충족시키고 싶은데 그렇지 못하고 있어요. 이러한 부분은 사적이고 복잡한 부분이지만, 얘기하는 것이 중요해요. 자위를 통해서 스스로 성적 만족감을 얻는 행동을 할 수 있나요?

### 9D.1.

환 자: 저는 잠을 거의 못 자요. 집과 직장에서 너무 할 일이 많아요. 그리고 이런 상황이 변화하지 않을 것 같아요.

치료자의 반응: ______________________________

______________________________

### 9D.2.

환 자: 저는 3년 전에 여기에 왔지만, 진실로 친한 사람이 없어요. 저는 직장에서 몇 명의 사람들과 잘 지내요. 그러나 대개 저는 제 자신만 의지해요.

치료자의 반응: ______________________________

______________________________

### 9D.3.

환 자: 오늘이나 내일이나 다 똑같아요. 너무 지루해요.

치료자의 반응: ______________________________

______________________________

**9D.4.**

환 자: 저는 제가 하는 일을 왜 하는지 이유를 모르겠어요. 저는 우울하다고 생각하지는 않았지만, 잃는 것이 많았던 것 같아요. 50세 이후로 저는 삶의 의미가 없어요.

치료자의 반응: ______________________________

______________________________

## 9E: 환자의 '관점을 변화시킴으로써' 자기이미지 구축하기

**지시** 다음 환자의 진술문을 읽고, 치료자로서 '관점 바꾸기'의 기법을 사용하여 어떤 반응을 할지 그려 보자. 환자가 자기에 대해서 좀 더 연민적이고, 수용적인 관점으로 바라보게 하기 위해서다.

**예** 환 자: 저는 바보 같아요! 저를 학대하는 남자에게 빠지다니요? 외로움 때문에 그 사람과 사귀었던 것 같아요. 제 자신이 바보 같아요.

**답** **치료자의 반응:** 만약 ○○씨의 친구가 ○○씨가 저에게 했던 얘기, 즉 정말로 좋은 관계를 갈망했던 그 얘기를 ○○씨에게 한다면, ○○씨는 어떻게 느껴질까요?

**치료자 반응의 근거:** 환자가 자신의 선택에 대해 재진단과 그러한 결정을 한 주요 역동을 살펴봐야 한다. 자기비난은 도움이 되지 않는다. 관점의 변화는 환자의 자기연민을 증가시키는 데 도움이 된다.

**9E.1.**

환 자: 저보다 심각한 문제를 가진 사람들이 많아요. 제가 매주 이렇게 치료 시간을 사용하는 것이 자기탐욕처럼 느껴져요.

치료자의 반응: ______________________________

______________________________

치료자 반응의 근거: ______________________________

______________________________

## 9E.2.

환 자: 할머니가 진짜 제 엄마예요. 엄마는 저를 돌볼 시간이 없었어요. 할머니는 저의 전부예요. 5년 전에 할머니가 돌아가셨어요. 그 이후로 저는 저를 잘 돌볼 수 없어요.

치료자의 반응: ______________________________

______________________________

치료자 반응의 근거: ______________________________

______________________________

## 9E.3.

환 자: 저는 편안함을 느낄 수가 없어요. 저는 사람들과 있을 때도 늘 그 사람들을 위해서 무엇을 해 주어야 하는지를 생각해요. 저는 제가 좋은 사람처럼 느껴지지 않아요.

치료자의 반응: ______________________________

______________________________

치료자 반응의 근거: ______________________________

______________________________

제10장

# 타인에 대한 재구조화: 타인에 대한 적응적인 내적 이미지 구축하기

**목표:** 타인과의 관계에서 느껴지는 적응적 느낌에 대한 감정 공포를 탈민감화하는 방법에 대해 설명하기. 환자가 (1) 타인의 강점과 취약점을 보다 정확하고 연민적인 태도로 지각하고, (2) 자율성과 상호의존성 사이의 적응적인 균형을 유지하면서 타인의 느낌에 대한 수용 능력을 구축하도록 하는 방법을 보여 주기

**치료자의 자세:** 환자가 타인에 대해서 좀 더 정확하고 연민적인 관점을 갖게 하기 위해 돌봄의 치료자-환자 관계 활용하기

**불안 조절:** 타인과의 적절한 경계를 유지하고, 심상 기법을 통해서 타인의 돌봄과 수용을 접촉하면서 친밀한 관계에 대해 느껴지는 불안, 수치심, 고통을 조절하기

**다루는 주제**
1. 개관: 타인과의 관계에서 느껴지는 감정 공포에 대해 재구조화하기
2. 타인의 느낌에 대한 수용 능력을 구축하기
3. 관점 변화하기: 타인을 보다 정확하고 연민 어린 관점으로 바라보기
4. 중독적인 애착에 대해 확인하고 재구조화하기
5. '잃어버린 사랑'을 회복하기: 과거에 나를 돌보아 주었던 사람들
6. 관계에 대한 공포가 탈민감화될 때까지 개입을 반복하기

**타인에 대한 재구조화가 필요한 경우**

- 환자의 전반적 기능 평가(GAF) 점수가 50 이하(심각한 징후들, 또는 기능면에서 심각한 손상)인 경우

- 관계가 심하게 손상(예, 친구가 거의 없거나 아예 없는 경우, 타인 불신, 편집증)된 경우
- 치료 동맹의 형성이 어려운 경우
- 타인에 대한 부적응적 이미지로 인해 방어의 발현 또는 감정 재구조화가 차단되었을 경우

## 1. 개관: 타인과의 관계에서 느껴지는 감정 공포에 대해 재구조화하기

### 관계에 대한 관점 구축

환자의 타인에 대한 내적 이미지를 재구조화함으로써 궁극적으로 도달해야 할 목표는 환자가 관계에서 좀 더 적응적이고 현실적인 관점을 가지도록 하는 것이다. 따라서 치료자는 환자가 이런 목표에 도달하도록 돕기 위해서 환자가 가지는 타인에 대한 관점뿐만 아니라 치료자에 대한 관점도 검토해야 한다.

### 사람삼각형

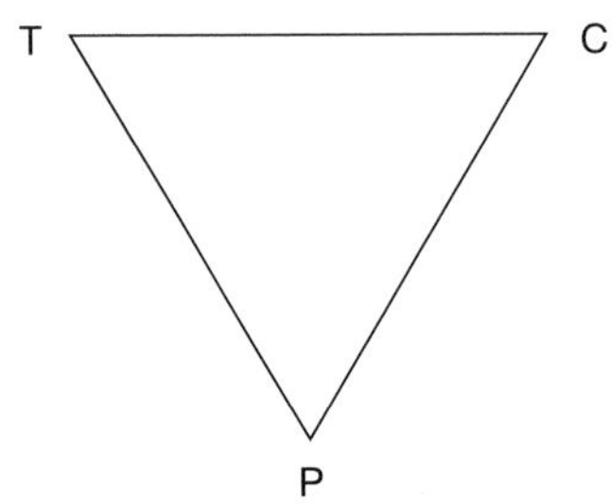


오늘날 모든 사람에게는 친밀감 및 관계연결성과 관련된 문제가 있다. 특히 대다수 환자의 경우, 친밀감과 관계연결성의 갈등이 이들의 핵심적인 주제다. 1장에서 언급했듯이, 단기역동정신치료(STDP) 모델은 타인과 분리된 개별 자기에 기반하는 것이 아니다. 개인은 타인과의 역동적 상호작용 내에서 존재하며, 성장하며, 발달한다. 그리고 개인은 자율성과 동시에 정도 깊은 타인과의 관계연결성을 필요로 한다. 환자가 현재(치료자 극점[T]과 현재 사람 극점[C])와 과거(과거 사람 극점[P])의 타인에 대해서 적응적으로 지각하고, 반응하는 것은 치료적 변화에 있어서 중요한 부분을 차

지한다(2장의 [그림 2-1] 사람삼각형 참조).

1장에서 논의했듯이, 단기역동정신치료(STDP) 모델은 개인이 자율성(자신의 욕구를 충족하고, 내면의 욕구를 표현하고, 한계를 설정하는 것 등)과 타인과의 상호의존성(타인의 느낌과 욕구에 대해 반응, 자신이 원하고 필요로 하는 것을 요청할 수 있는 것)에서 적응적인 균형을 이룰 수 있는 성숙되고 잘 통합된 자기로의 발달을 향해 나아가는 작업이라고 할 수 있다.

### 상호의존성 구축

9장에서는 자기 느낌과 자율성 성립 등 자기의 내적 이미지에 초점을 맞추었다. 이와는 대조적으로 이 장에서는 환자가 타인에 대해 어떤 관점을 가질 것이며, 타인과의 적절한 경계를 유지하면서도, 과거나 현재 관계에서 타인의 느낌에 대해 얼마나 개방적이고 수용적일 수 있는지에 초점을 맞춘다.

따라서 이 장에서의 개입은 환자가 자율성과 자기욕구에 대한 지원을 유지한 채, 건강한 상호의존성과 대인관계적 연결성을 구축하는 데 초점을 둔다. 균형된 상호의존성을 구축한다는 것은 (1) 타인에 대한 정확하면서도 연민적인 지각(예, 타인의 한계뿐만 아니라 강점을 보고 받아들이기), (2) 타인의 느낌에 대해 적응적인 수용(개방 능력이지만 한편으로 필요하다면 경계 설정 능력도 관련됨.)을 포함한다.

만약 환자가 친밀감과 관계연결성이 부재하거나 손상당했다면, 일반적으로 이러한 환자의 초기 삶에서 강력한 관계연결 경험이 없었다는 것을 의미한다. 결과적으로 이러한 환자는 타인에 대한 지지적이고 보호적인 긍정적인 내적 이미지가 결여되어 있다. 환자가 타인에 대한 좀 더 적응적인 내적 이미지와 좀 더 나은 대인관계 연결성을 얻게 하기 위해서는 환자로 하여금 개방성과 수용성을 구축하도록 도와야 한다. 즉, 환자가 관계연결성과 상호의존성을 구축하게 하기 위해서 치료자는 환자가 타인의 긍정적인 자질과 타인이 제공하는 돌봄을 수용하며, 타인(치료자도 포함)에 대한 마음에 안 드는 부분도 이해하도록 도와야 한다. 치료자는 환자가 타인에 대해서 연민감을 느끼고, 건설적으로 반응하도록 조력해야 한다.

### 건강한 상호의존성은 자기의 욕구와 타인의 욕구 간의 균형을 유지하게 함

타인을 수용한다는 것은 타인이 말한 모든 것에 대해 동의한다는 뜻이 아니다. 건강한 상호의존성은 자율성과 관계연결성 사이에 균형을 유지시켜 준다. 균형을 유지한다는 것은 개인이 자신의 내적 신호(긍정적이거나 부정적인 것 모두 포함)를 확인하고, 이를 타인에게 표현할 수 있는 것뿐만 아니라 타인의 신호에 대해 정확하게 알아차리고, 타인의 신호에 반응할 수 있는 능력에 달려 있다. 따라서 이러한 개방성과 수용 능력만이 균형을 유지하기 위한 유일한 능력이라고는 할 수 없다. 다양한 범위의 느낌을 경험할 수 있다는 것은 성숙한 기능을 하기 위한 필수 조건이 된다. **환자는 타인과 어느 정도 경계를 설정하면서 타인에게 요청도 할 수 있어야지 자신을 지킬 수 있다. 타인과 경계를 설정하지도 않고, 요청도 할 수 없다면, 타인에게 개방하는 것이 자칫 타인에게 쉽게 이용당하거나 단순히 타인의 욕구를 들어주는 것이 될 수 있다.**

불행히도 어떤 환자들은 건강한 상호의존성을 궁핍, 취약성, 약점, 미성숙으로 오해한다. 또한 어떤 환자들은 건강한 상호의존성을 다소 적은 수준의 자율성을 필요로 한다고 보기 때문에 관여를 적극적으로 하지 않아도 된다고 오해하는 경우도 있다. 따라서 치료자들은 환자들에게 타인에게 개방하고 친밀해지는 것도 중요하지만, 동시에 필요하다면 타인에게 '아니요'라고 말할 수 있어야 하며, 경계를 설정해야 한다고 가르쳐 주어야 한다. 즉, 치료자는 환자가 자기의 욕구와 타인의 욕구 사이, 그리고 자율성과 관계연결성 사이의 균형을 유지하도록 도와야 한다.

### 관계에서 경험하게 되는 느낌들에 대한 탈민감화

타인에 대한 수용 능력은 감정 공포에 의해 손상될 수 있다. 즉, 타인에 대한 지각과 수용을 하는 데 있어서 지나친 불안, 죄책감, 수치심, 고통이 경험된다면, 이런 감정에 대한 공포로 인해 타인에 대한 수용 능력이 손상될 수 있다. 이렇게 감정 공포가 경험된다면, 관계에서의 적절한 느낌(긍정적 또는 부정적 느낌)에 접촉하거나, 방어적인 반응 중지, 불안 조절 등을 통해서 탈민감화해야 한다.

다음의 예는 환자가 타인과 함께 즐거움이나 공유된 느낌을 나누어도 되는 상황인데, 그러한 느낌을 견디지 못하는 상황에서 치료자가 어떻게 개입하는지를 보여주고 있다.

첫째, 환자가 타인의 긍정적 느낌에 대해 억제하거나 오히려 자기공격적인 감정을 가질 때, 치료자는 환자의 이러한 상태에 초점을 둘 수 있다.

환 자: 저는 사람들이 조이같이 저에게 친절을 베풀면…… 사람들이 저에게…… 속는 것 같아요.

치료자: 그게 바로 ○○씨가 스스로를 상처나게 하는 반응이에요. 조이의 친절을 받아들이지 못하는 것은 어떤 두려움이 있기 때문일 것입니다. 무엇이 두려운가요?

이 부분에서는 불안 조절을 다루고 있는데, 2절에서 타인의 느낌에 대한 수용 능력에 초점을 맞출 것이다.

둘째, 치료자는 환자로 하여금 타인으로부터 받은 부정적 메시지에 대해 생각하고, 나름의 의견을 가지도록 조력할 수 있다.

환 자: 그 사람이 저에게 개선이 필요하다고 말했어요. 그가 저를 위해서 한 말이니…… 옳다고 생각했어요. 그래서 그 말을 듣고 그냥 넘겼어요.

치료자: 음, 만약 ○○씨가 그 사람 입장이라면, 그가 그렇게 말한 다른 이유가 있는지 생각할 수 있을까요?

타인에 대한 수용 능력은 단순히 타인으로부터의 긍정적 메시지를 받아들이는 능력만 포함되는 것이 아니라, 부정적 메시지에 대해 적절하게 대응하는 능력도 포함된다.

셋째, 치료자는 환자가 이전의 깊은 애착관계로 얽혀 있는 파괴적인 관계를 버리고 변화할 수 있도록 도와야 한다. 환자는 부적응적인 관계로부터 정서적 분리를 해야 한다.

치료자: 저는 ○○씨가 부모님께 받지 못한 것들에 대해 애도하게 된다면, ○○씨를 평가절하하는 사람들과 계속 관계를 맺는 패턴으로부터 벗어나는 데 도움이 될 것 같아요.

부적응적 관계로부터 분리하는 것은 4절에서 논의할 것이다.

마지막으로, 치료자는 환자가 관계(치료자와의 관계 포함)에서 좀 더 긍정적인 내적 이미지를 구축할 수 있도록 도와야 한다. 좋은 대상을 내면화하는 능력은 이 과정에서 중요하다.

치료자: 할아버지 옆에 앉았을 때, 어땠나요? ○○씨가 할아버지와 함께 있을 때 좋게

느꼈는데, 할아버지가 어떻게 해서 ○○씨의 기분이 좋아지게 했을까요?

(이러한 종류의 기법들은 5절에서 더 많이 논의된다.)

### 타인에 대한 재구조화와 감정 표현 사이의 관계

감정 표현과 타인에 대한 재구조화 사이의 관계를 이해하는 것은 중요하다. 감정 표현(8장)이라는 것은 **타인에게** 자신이 무엇을 느끼고, 무엇을 원하고, 어떤 욕구가 있는지에 관해 표현하는 것이다. 타인에 대한 재구조화는 **타인에 대해서 정확하게 지각**하고, **타인의 감정에 대해 수용**하는 것을 의미한다.

환자는 타인에 대한 정확한 지각이 없이는 타인에 대한 오해를 정정할 기회를 가질 수 없다. 즉, 타인에 대한 재구조화는 감정 표현을 하기 전에 이루어져야 할 선결 조건이다. 환자가 타인에 대한 부적응적인 지각을 하고 있을 때, 감정 표현을 하기 전에 타인에 대한 재구조화 작업이 먼저 이루어져야 한다는 것이다(2부와 3부의 서론 참조). 환자가 타인에게 자신의 느낌을 표현하기 전에 타인을 신뢰하거나 자신을 보호하기 위해 타인에 대한 명확한 지각이 필요하다. 그러므로 환자는 타인의 긍정적인 자질과 타인으로부터 받은 돌봄 경험을 수용(건강한 상호의존성 구축)할 뿐만 아니라 타인의 좋지 않은 면 또는 정직하지 못한 부분도 수용해야 한다(자율성 유지와 자신의 경계를 유지하기 위함).

### 타인에 대한 수용은 취약성과 변화를 허용함

타인의 느낌을 수용하지 못하는 것은 하나의 방어이며(자기의 욕구에 대한 수용 결핍과도 함께함), 성격 변화를 하는 데 있어서 커다란 장애물이다. 환자가 타인의 느낌을 수용하지 않거나 타인의 느낌에 반응하지 않는다면, 환자는 양육적인 사람이나 양육적인 상황이 주어지더라도 불편함이나 무가치감이 느껴질 것이다. 그래서 대부분의 환자는 타인이 주는 돌봄을 거절한다. 타인으로부터의 돌봄을 거절한다면, 과거 경험으로부터 형성된 가정들은 새로운 경험에 의해 정정될 수 있는 기회를 놓쳐버리는 것이다. 타인으로부터의 고립과 소외감은 지속되며, 예전의 행동 패턴은 미래에도 계속 유지된다. 이러한 경우에는 환자가 성격 변화를 도모하기 전에 우선적으로 환자의 수용 능력을 증진시켜야 한다.

## 치료자의 자세: 신뢰와 친밀감 형성

환자가 평생 친밀하고 신뢰로운 관계를 형성하지 못했다면, 유일한 방법은 환자와 치료자 관계에서 신뢰와 친밀감을 구축함으로써 이러한 능력을 가르치는 것이다. 따라서 치료 관계는 치료의 모든 단계에서 아주 중요하다. 특히 타인에 대한 재구조화를 하는 데 있어서 치료 관계가 더욱 중요하다고 할 수 있다.

### 치료자에 대한 신뢰는 필수적임

만약 환자가 타인에 대해 불신하고 두려워한다면, 치료자와의 동맹 형성도 쉽지 않을 것이다. 치료 작업이 이루어지기 위해서는 환자가 치료자를 신뢰하고 치료자의 돌봄을 받아들이면서 **동시에** 분화되고 자율적인 기능을 할 수 있게 하는 치료자와 환자 사이의 명확한 경계가 이루어져야 한다. 환자와 치료자 간의 관계는 환자가 타인에 대해 가지는 시각을 수정하게 하고, 타인의 느낌에 대해 반응하는 능력을 향상시키는 데 핵심적 역할을 한다.

인간은 태어나면서부터 자신을 전적으로 수용해 주는 사람들과의 관계를 통하여 타인을 신뢰하고, 타인과의 경계를 설정하는 법을 배운다. 따라서 환자와 치료자의 관계는 타인에 대한 내적 이미지를 새롭게 정립하는 중요한 첫 단계가 될 것이다. 치료자는 환자로부터 오는 긍정적이고 부정적인 메시지를 수용해야 한다.

### 전이 대 실제 관계

정신분석이론에서는 환자와 치료자의 관계를 '전이'(예, 환자가 생애 초기 양육자에 대해 가지는 내적 이미지를 탐색 그리고 환자는 치료자에게 이러한 양육자에 대한 내적 이미지를 '전이' 또는 투사함.)에서 다루고 있다. 환자의 전이를 확인하는 것이 중요하지만, 단기역동정신치료 모델에서는 환자가 치료자에게 **전이하는 왜곡**뿐만 아니라 환자와 치료자 사이의 **실제 관계**에도 초점을 두고 있다. 다음의 예를 살펴보자.

환　자: 선생님은 우리 아빠처럼 너무 차갑고 거리감이 느껴져요[치료자에게서 아버지를 향한 느낌을 그대로 경험하는 전이의 예]!

치료자: 아주 불편하게 들리네요. 저의 어떤 부분이 아빠처럼 느끼게 하는지 말해 주시겠어요?

환　자: 선생님은 저에게 언제나 질문을 해요. 선생님은 결코 선생님 자신에 대해서는 얘기는 안했어요.

치료자: 예, 그것은 어느 정도 맞아요[타당화]. 하지만 제가 차갑고 거리감이 느껴지도록 하는 반응 이외에 다른 반응도 했는데요. 그 이유에 대해서도 생각해 보았나요? [처음으로 실제 관계 강조]

(전이 대 실제관계의 구별에 관한 더 많은 논의는 CC, pp. 85-89 참조)

### 치료자의 느낌을 직접 언급하기 전에 치료자가 어떻게 느낄지에 관해 환자가 생각하게 함

치료자는 환자에게 치료자의 느낌을 직접적으로 말하기 전에 환자가 치료자의 느낌이 어떠할 것 같은지 표현하도록 해야 한다. 다음의 예는 치료자의 느낌을 나누는 효과적인 기법이다.

치료자: ○○씨가 나에게 화를 내고 있는데, 제가 어떤 느낌일 것 같으세요?

환　자: 아마도 선생님은 '저 녀석은 골칫거리야!'라고 생각하실 것 같아요.

치료자: ○○씨가 이렇게 느끼도록 제가 뭔가를 했나요?

환　자: 아뇨. 절대로…… 하지만 저는 단지 선생님이 그렇게 느끼실까 봐 걱정이 돼요.

치료자: 제가 '저 녀석은 골칫거리야!'라고 느끼는 것 말고 다른 마음을 가질 거라고는 상상할 수 없을까요?

환　자: 믿기 어렵지만, 아마도 선생님은 저를 이해하실 것 같아요.

치료자: 네, 바로 그거랍니다.

### 타인에 대한 재구조화를 하는 데 있어서 특별하게 초점을 두어야 할 부분

앞의 예는 감정 표현의 경우(환자의 분노 표현에 대해 살펴봄.)의 형식을 띠고 있지만, 환자가 **타인의 느낌**에 대해 어떻게 인지하는지에 초점을 두고 있다. 특히 타인이 어떻게 지각하고, 경험하고, 반응하는지에 관해 재구조화하는 데 초점을 두고 있다. 환자의 초기 지각은 왜곡되어 있고, 부정적이라는 것에 주목하자. 치료자는 환자가 좀 더 적응적이고 현실에 기초한 경험을 할 수 있도록 부드럽게 안내해야 한다.

### 치료자의 느낌을 나누는 데 있어서의 어려움

치료자가 솔직하게 자기개방을 할지 아니면 속에 담아 둘지 딜레마에 처할 수 있다. 대부분의 환자들은 타인의 긍정적 느낌은 거의 받지 못하고, 부정적 느낌에 노출된 적이 많다. 이러한 예전의 패턴 방식은 타인이 어떻게 느끼는지(치료자와의 관계에서부터 시작)에 대해 초점을 두고, 다루지 않고서는 변화하기가 어렵다. 치료자의 느낌을 환자와 함께 나누면서 동시에 전문적인 경계를 유지하는 것은 복잡하면서도 도전적일 수 있지만 치료 과정에서 필수적인 요소다.

### 만족시키기 대 절제하기

오랫동안 논쟁거리로 남아 있는 주제가 있다. 치료자는 환자가 하는 질문에 대답을 하거나, 환자와 비슷한 문제에 대해서 치료자가 자기개방을 하거나, 위안과 지지를 제공해 줌으로써 환자를 **만족**시켜 줄 것인가? 아니면 치료자가 침묵하거나 반응을 **절제**할 것인가? 이러한 질문에 대해 다음의 논의를 통하여 일반적인 지침을 제공한다.

치료자는 환자를 만족시켜 주는 반응과 절제적인 반응 사이에 섬세한 균형을 이루어야 한다. 치료자의 미성숙하고, 과도한 환자 만족시키기는 환자로 하여금 오히려 자기위로 기능과 자율적인 기능을 성장시킬 기회를 차단시킨다. 치료자는 환자를 만족시켜 주는 반응이 공감적으로 보이고 싶거나, 심지어 전지전능하게 보이고 싶은 치료자의 욕구에 기인한 것인지를 고려해 봐야 한다. 반면에 치료자의 과도한 절제 반응도 환자의 친밀감 형성의 기회를 막을 수 있으며, 환자에게 과도한 만족을 주는 반응만큼 바람직하지 않을 수 있다.

### 환자를 만족시키기 위한 지침

치료 기법은 치료자가 환자를 만족시켜 주는 반응과 절제적인 반응 사이에, 그리고 환자의 욕구 및 환자와 치료자 간의 경계 사이에 균형을 잡는 데 필요하다. 어떤 환자들은 스스로 긍정적 느낌을 가질 수 없기 때문에 타인의 칭찬에 과도하게 의지한다(욕구의 외재화, 9장 6절 참조). 또 다른 환자들은 타인의 칭찬을 거부한다. 이 두 유형의 환자의 문제는 모두 수치심 또는 건강한 권리의 결여에 기인한다.

두 유형의 환자들의 경우, 환자 스스로 자신의 느낌에 접근하는 것을 배울 때까지 칭찬을 유보하거나, 환자에게 칭찬을 주고 나서 환자가 사용하고 있는 방어기제를 포기하게 하는 방법이 도움이 될 수 있다. 치료자는 우선적으로 환자의 느낌을 이끌어 낸 다음, 환자가 자신의 느낌에 대해서 알아차릴 수 있도록 도와야 한다.

**예: 만족의 '지연'**

치료자: ○○씨는 저에게 시상식에서 무슨 일이 일어났는지에 관해서 말해 주었어요. 그러나 저는 ○○씨가 상을 받는 것에 대해서 어떻게 느꼈는지에 관해서 궁금해요.

환 자: 오, 저는 모르겠어요. 저는 그게 크게 느껴지지 않아요. 선생님은 무엇을 느꼈나요?

치료자: 그러면 ○○씨는 다른 사람이 이 상을 받았다면 어떻게 느껴져요? [치료자는 환자의 질문에 답하지 않음으로써 즉각적으로 환자를 만족시켜 주는 것을 지연했다. 그 대신에 치료자는 환자에게 질문을 함으로써 치료자가 어떤 느낌일지를 느낄 수 있는 환자의 수용 능력을 이끌어 내도록 시도한다.]

환 자: 오! 저는 그 사람을 보면 행복할 것 같아요. 그리고 그를 자랑스러워할 거예요.

치료자: 다른 사람에 대해 느끼는 것을 자기 자신에게는 오히려 느끼지 못하군요.

환 자: 네, 하지만 저에게는 그러한 느낌이 느껴지지 않아요.

치료자: 그러면 제가 ○○씨가 이 상을 탔을 때 어떻게 느낄지 상상할 수 있을까요?

환 자: 아마도…… 선생님이 저를 그렇게 자랑스럽게 느끼지는 않을 것 같아요.

치료자: 왜 그렇게 생각하죠? ○○씨는 다른 사람이 ○○씨의 입장이라면 자랑스럽게 느낀다고 아주 쉽게 말했어요. 제가 그렇게 느끼지 않을 것 같으세요?

환 자: 음, 아니요. 선생님은…….

치료자: 그러면 제가 어떻게 느낄까요?

환 자: 생각하기 어려워요.

치료자: ○○씨는 지금 피하지 않으려고 노력하고 있어요. 한번 느껴 보세요.

환 자: 저는…… 말하기 어려운데…… 선생님이 저를 조금 자랑스럽게 여기는 것 같아요.

치료자: 겨우 조금이요? [치료자는 이제야 말한다. 왜냐하면 치료자는 사실 환자가 성취한 것에 대해서 아주 자랑스럽게 느낀다. 환자는 이러한 긍정적 느낌을 감소시키고 있다.]

환 자: 음, 제가 말하기는 부끄럽지만 인정할 거예요. 선생님이 저를 아주 자랑스럽게 느낀다고 생각해요.

치료자: 물론이죠! [이 시점에서 치료자는 환자에게 답해 줌으로써 환자의 요청에 '만족시켜 주는' 것이다. 왜냐하면 환자는 처음에는 자기의 내면을 탐색하며, 그다음 점차적으로 치료자의 긍정적 느낌에 대해 수용 능력을 발달해 나갔기 때문이다.] ○○씨가 스스로도 자랑스럽게 느껴지나요?

환 자: 아마도 어느 정도는요. 기분 좋아요.

만약 치료자가 환자의 질문에 대해 "물론이죠. 저는 ○○씨를 자랑스럽게 여겨요." 라고 답함으로써 환자를 미성숙하게 만족시켜 주었다면, 환자는 자신의 내면을 들여다보거나 치료자의 긍정적 느낌을 경험하고 수용하는 기회를 가지지 못했을 것이다.

### 치료자의 개방적 의사소통

임상 실제에서는 많은 환자들이 치료자의 개방적인 의사소통으로 인해 자신의 내면과 깊게 접촉하고는 눈물을 흘리게 된다. 왜냐하면 환자들은 자신의 삶에서 경험해 보지 못한 개방적인 의사소통을 치료자로부터 제공받기 때문이다. 어떤 환자들은 치료자의 이러한 개방적인 의사소통에 대해 평가절하 하기도 한다. 그러나 치료자의 개방적인 의사소통에 대해 환자가 긍정적으로 또는 부정적으로 반응하든지 간에 이러한 환자의 반응은 치료에 도움이 되고 있다는 중요한 정보가 된다. 이와 관련해서서 다음의 예를 보자.

치료자 1: ○○씨는 제가 ○○씨를 칭찬할 때, 눈물을 흘렸어요. 무엇이 ○○씨를 울게 했나요?

환 자 1: 누군가로부터의 칭찬이 지금까지 저의 삶에서 너무 적었구나라고 생각했어요[수용적인 반응].

치료자 2: 제가 ○○씨를 자랑스럽게 여긴다고 했을 때, ○○씨가 눈물을 흘렸어요. 눈물을 흘린 이유가 뭘까요?

환 자 2: 음, 솔직하게 말씀드리자면…… 그냥 제가 선생님을 속인 것 같아서요[비수용적 반응].

치료자 2: 제가 ○○씨에 대해서 느끼는 긍정적 감정을 ○○씨가 몰아내는 것 같아서 슬프네요. 다른 사람들이 ○○씨를 칭찬할 때도 이렇게 하는지 궁금합니다.

환자가 실제 상황에서 치유 경험을 하기 어려울 때는 **심상 기법**을 통해 욕구의 만족을 충족할 수 있다.

환 자 3: 선생님 어깨에 기대어서 울고 싶어요.

치료자 3: ○○씨가 무엇을 원하는지 이해가 갑니다. 우리가 지금 그렇게 작업할 수는 없지만, ○○씨에게 더 도움이 되는 방법이 있어요. 마음속으로 그려 보기를 해 보죠. 제 어깨에 기대어서 울고 있는 장면을 상상할 수 있을까요? (좀 시간이 지난 후) 제가 ○○씨에 대해 어떻게 느낄 것 같으세요?

(만족시키는 시기와 방법에 관한 더 확장된 논의는 CC, pp. 325-330 참조)

## 불안 조절: 친밀감에 대한 두려움 감소시키기

### 애착과 관련된 억제 감정들에 대한 조절

타인에 대한 재구조화를 하는 동안, 불안 조절의 기능은 타인과의 관계와 타인의 느낌을 경험하는 데 있어서 올라오는 억제 감정을 감소시키는 데 있다. 환자는 불안 조절을 통해서 타인의 부정적 느낌뿐만 아니라 타인의 돌봄과 수용까지 담아낼 수 있다. 즉, 환자가 타인의 느낌을 수용하는 데 있어서 느껴지는 불안, 죄책감, 수치심, 고통에 대해 얘기할 수 있어야 한다. 다음의 예는 타인의 느낌을 경험하는 데 있어서 두려움을 가지는 환자와 작업하는 장면이다. 치료자들의 여러 가지 반응을 살펴볼 수 있다.

#### 예

환 자: 저는 그 사람이 저를 돌보고 있다는 게 전혀 믿겨지지가 않아요[타인으로부터의 돌봄에 대한 공포].

**치료자의 반응들**

치료자 1: ○○씨는 그 사람이 ○○씨를 돌보는 것을 상상하는 것조차도 두려워하고 있어요. 무엇이 가장 두려운가요? [불안 조절 그 자체]

치료자 2: 그 사람이 ○○씨를 돌보는 것을 마음속에 그려 보고, 어떤 두려움이 올라오는지 살펴볼 수 있을까요[불안을 이끌어 내고, 불안에 대해 좀 더 깊게 이해하기 위한 노출]?

치료자 3: ○○씨, 그 사람이 주는 돌봄을 느끼지 않으려고 너무 애쓰지 마시고, 그 사람이 ○○씨를 돌보는 것을 느끼도록 해 볼까요[탈민감화를 시작하기 위한 반응 중지와 노출]?

환 자: 그 사람은 화가 많이 나서 제가 그 사람을 실망시켰다고 말했어요[타인의 분노에 대한 공포].

**치료자의 반응들**

치료자 1: 그 사람이 ○○씨에게 실망했다고 말을 했을 때, 어떤 부분이 가장 고통스러웠나요[불안 조절 그 자체]?

치료자 2: ○○씨, 그 사람이 무엇을 느꼈을지 마음속으로 그려 보고, 그 장면에서 어떤 점이 ○○씨를 가장 상처받게 했는지도 그려 볼 수 있을까요[불안을 이끌어 내기 위한 노출]?

치료자 3: ○○씨, 잠시 그 사람의 입장이 되어서 그 사람의 화난 마음을 이해해 보려고 해 볼까요[갈등에 대한 노출과 탈민감화를 시작하기 위한 관점 변화하기]?

환 자: 그녀가 울기 시작했어요. 그래서 저는 거기서 빨리 도망치고 싶었어요! [타인의 슬픔에 대한 공포]

**치료자의 반응들**

치료자 1: 그녀가 울기 시작할 때, ○○씨는 어떤 부분이 가장 힘들었나요[불안 조절]?

치료자 2: 그녀가 울었을 때, 그녀와 함께 거기에 머무르는 장면을 마음속으로 그려 볼 수 있을까요[불안을 이끌어 내기 위한 노출]?

치료자 3: ○○씨가 그 장면에서 올라오는 감정을 느껴 보도록 할까요[탈민감화를 시작하기 위한 노출]?

## 2. 타인의 느낌에 대한 수용 능력을 구축하기

### 타인의 느낌을 받아들이기

타인에 대한 수용 능력은 타인의 긍정적 메시지를 내면화하고 '받아들이는' 능력이며, 부정적 메시지도 처리하고 받아들이는 것을 의미한다. 대인관계적 수용 능력은 다음의 것을 포함한다.

- 타인을 향한 긍정적 느낌과 부정적 느낌을 식별하는 능력
- 타인으로부터 오는 긍정적 느낌을 받아들이고, 영양분으로 받는 능력
- 타인으로부터 오는 부정적 메시지 또는 부정적 행동을 알아차리고, 다루는 능력

환자는 양육적인 인간관계에서 자신을 정서적으로 개방하며, 한편으로는 자신을 보호하고, 타인과의 경계를 설정하고, 자신의 욕구를 주장하면서 타인에 대한 수용 능력을 향상시킬 필요가 있다.

1절에서 언급했듯이, 수용 능력은 과도한 억제에 의해 방해를 받을 수 있다. 수용 능력을 구축한다는 것은 애착 및 대인관계적 연결성과 관련된 적응적인 느낌을 억제 없이 받아들이는 것을 의미한다. 탈민감화의 기본적인 구성 요소—노출, 반응 중지, 불안 조절—는 타인과의 관계에서 느끼는 감정 공포를 감소시키는 데 적용될 수 있다.

환자는 타인의 느낌에 반응하는 데 어려움을 경험한다. 환자가 타인의 느낌에 적절하게 반응하기 위해서는 일련의 여러 가지 관계에 노출시켜야 한다. 즉, 환자는 불안, 수치심 등(감정을 억제시키는 역할을 함.)을 조절하면서 치료자의 느낌, 현재 관계하는 타인의 느낌, 과거 사랑하는 사람에 대한 기억에 노출해야 한다. 이러한 과정은 환자가 타인의 느낌에 대해 느끼는 감정 공포를 체계적으로 탈민감화시키는 데 도움을 준다. 이 장에서 기술된 대부분의 치료 기법은 '감정 노출'의 형태를 띤다.

치료자가 환자의 수용 능력과 관련하여 환자가 느끼는 감정 공포를 탐색할 때, 다음과 같은 질문을 고려해야 한다.

- 환자가 타인의 정서 상태에 대해 반향하는 데 있어서 방해 요인은 무엇인가?
- 특정 감정에 관련된 불안(또는 다른 억제 감정)이 있는가? 즉, 감정 공포가 있는가?
- 환자는 과거 경험으로부터 과일반화를 하고 있는가?

### 타인의 분노에 대한 탈민감화

다음의 예는 환자가 타인의 분노를 견디는 능력을 구축하기 위해 환자와 치료자가 함께 작업하는 장면이다.

환 자: 여자 친구가 제가 한 일에 대해서 반발을 하는 거예요. 전 그때 숨고 싶었어요 [D]. 공포감을 느꼈어요[A-수치심/고통].

치료자: 무엇 때문에 그렇게 공포를 느꼈나요? [타인의 분노가 어떻게 느껴져서 불안을 초래하게 되었는지에 관해 이해를 돕기 위한 시도]

환 자: 그녀는 이때까지 그러지 않았어요. 그녀는 저에게 모욕을 준 적이 없었어요. 그녀는 심지어 목소리도 높인 적이 없어요. 저는 그녀에게 화를 낼 권리가 있다는 것을 알아요. 하지만 저는 그녀의 화난 목소리를 듣고 싶지 않아요.

치료자: 그래서 그 상황에서 도망치고 싶었군요[방어적 행동 명료화하기]?

환 자: 물론이죠. 그 상황이…… 아빠가 저에게 화낸 모습을 기억나게 했어요. [고통스런 느낌의 근원 발견]

치료자: 사람들이 ○○씨에게 화를 낼 때 특히 예민해지는 것은 아버지와의 경험 때문이군요. 그래서 여자 친구가 화를 낸 것보다 더 크게 그 화가 와 닿았을 거예요. [환자가 과일반화하는 것에 대해 해석]

환 자: 아마 그럴 거예요.

치료자: 자, 이제는 ○○씨가 여자 친구가 말한 것에만 주의를 기울인다면 어떻게 반응할 수 있을지 봅시다.

앞의 예는 환자가 여자 친구의 분노에 대해서 경험하는 감정 공포에 노출하는 모습이다. 여기서 치료자는 환자가 어릴 때 경험했던 아버지의 분노와 현재 여자 친구의 분노가 고통의 정도 면에서 같지 않다는 것을 보게 함으로써, 여자 친구의 분노를 알아차리고, 견디도록 도와주고 있다. 환자의 수용 능력은 여자 친구의 분노 느낌에 노출하고, 분노를 조절(고통 감소)함으로써 향상되고 있다.

### 공감은 수용 능력과 표현 능력을 포함

이 장에서는 수용 능력에 초점을 두고 있지만, 공감적 반응을 하기 위한 타인에 대한 재구조화에서는 **표현 능력**이 필수적인 부분이다. 공감은 처음에는 타인의 느낌에 대해 받아들일 수 있어야 하며(수용 능력), 그다음에는 **정서적으로 조율된 방식으로 반응하는** 능력(표현 능력)이 포함된다. 표현 능력은 8장에서 포괄적으로 다루어졌기 때문에 이 장에서는 타인에 대한 재구조화와 관련된 표현 능력에 대해 간단하게 언급하려고 한다.

환자의 공감 능력을 사정하는 데 있어서 환자에게 다음의 두 가지 능력이 있는지를 살펴봐야 한다. 즉, 환자가 1) 타인의 느낌에 대해 반향할 수 있는지, 2) 타인에 대해 방어적이거나, 거부적이거나, 평가절하하지 않고, 정서적으로 연결되어 있으면서 상호 이로운 방식으로 반응할 수 있는지를 살펴봐야 한다. 예를 들면, 어떤 사람이 환자에게 정당한 화를 표현했다면, 환자는 "제가 당신의 입장이라면 저 역시 화가 날 거예요. 진심으로 미안합니다. 그리고 다시는 이런 일이 일어나지 않도록 최선을 다하겠어요."라고 말할 수 있는가? 게다가 중요한 점은 여러 가지 다양한 감정에 따라 수용 능력이 다르다는 점이다. 예를 들면, 어떤 환자들은 분노에 대해서는 공감적으로 반응하지만, 슬픔에 대해서는 공감하지 못할 수 있다. 따라서 치료자는 기본적 정서의 다양한 범위를 알고 환자의 수용 능력을 평가해야 한다.

환자의 공감적 반응에 문제가 확인되면 치료자는 환자의 문제를 확인하고, 탈민감화시켜야 한다.

치료자: 그녀가 ○○씨의 어깨에 기대어서 울도록 내버려 두는 것이 그렇게 힘든 이유는 무엇일까요? [슬픔에 대한 불안조절]

(각 주요 감정 범주에서의 환자의 수용능력에 관해서는 CC, pp. 294-296 참조)

## 3. 관점 변화하기: 타인을 보다 정확하고 연민 어린 관점으로 바라보기

9장의 3절에서 자신에 대해 좀 더 긍정적인 관점으로 바라보기 위해서는 관점 변화의 기법을 사용할 수 있다는 점을 이미 논의하였다. 이 장에서는 타인에 대한 좀 더 적응적인 관점의 구축을 위한 한 가지 방법으로서, 관점 변화에 초점을 둘 것이다. 이와 관련되어 여러 가지 방법들이 있다.

- 치료자는 환자로 하여금 새로운 관점을 이끌어 낼 수 있다.

  치료자: 제가 오늘 아침에 좀 늦게 왔는데요, 저에 대해서 어떤 느낌이 올라오나요?

- 환자들은 타인에 대해 좀 더 다각적인 관점을 가질 수 있다.

  치료자: 우리가 그녀의 입장에서 그녀를 바라본다면, 그녀에 대해서 좀 더 좋게 느낄 수 있을까요?

- 환자들은 타인에 대해서 좀 더 연민 어린 관점으로 바라보는 상상을 할 수 있다.

  치료자: 그가 그렇게 행동한 것은 ○○씨가 생각하는 것과 다른 어떤 이유가 있을 수 있다고 볼 수 있을까요? 그는 ○○씨가 예상한 것보다 더 나쁜 하루를 보냈을 수도 있어요.

- 환자들은 과거에 자신을 사랑했던 사람(망각하고 있던 대상들)을 기억할 수 있다.

  치료자 1: 아마도…… 할머니가 돌아가신 이후로…… 할머니가 ○○씨를 얼마나 사랑했는지 기억하기 어려울 수 있어요. 왜냐하면 할머니를 기억하면 마음이 아프기 때문이죠. 할머니가 ○○씨를 사랑하는 그 마음을 떠올릴 수 있을까요?

  치료자 2: ○○씨를 돌보아 주는 사람은 아무도 없다고 하셨어요. 하지만 ○○씨의 삼촌은 어때요? ○○씨의 삼촌이 ○○씨의 성취에 대해 정말 자랑스러워한다는 사실을 인정하기 어려운 가장 큰 이유는 뭘까요?

- 치료자는 환자의 타인에 대한 관점을 변화시키기 위해 두 의자 기법(9장의 3절 참조)을 사용할 수 있다.

  치료자: 남편이 의자에 앉아서 ○○씨에게 말을 건다고 상상할 수 있을까요?

- 환자들은 과거의 갈등 관계와 표현하지 못했던 사랑에 대한 자신의 평가를 재수정할 수 있다.

  치료자: 어머니가 지금까지 살아 계신다면, 어머니가 ○○씨에 대해서 어떻게 느낄까요?

### 전이 왜곡에서의 관점 변화

환자의 전이 왜곡을 막고(반응 중지), 환자가 치료자의 연민에 대해 마음을 여는 데(타인의 느낌에 대한 노출) 관점 변화하기를 사용하는 예다.

치료자: ○○씨, 갑자기 아주 조용해졌어요[D]. 지금 무슨 일이 일어나고 있나요?

환　자: 저는 단지 제가 선생님께 말한 후에 선생님이 저에 대해 어떻게 생각할지 마음속으로 그리고 있었어요[A-수치심].

치료자: 제가 ○○씨에 대해서 어떻게 생각했을 것 같으세요[관점 변화 격려하기]?

환　자: 선생님은 저를 아주 끔찍한 놈으로 생각할 것 같아요[A-수치심].

치료자: 제가 ○○씨에 대해서 ○○씨가 생각하고 있는 것과 다른 관점으로 본다고는 생각하지 않으세요[반응 중지]? 제가 ○○씨를 안 좋게 보는 것 같으세요[환자에게 왜곡이 있는지 살펴보도록 격려하기]?

환 자: (치료자를 정면으로 보면서) 음, 그렇지 않아요. 선생님이 저를 무시하는 것 같지 않아요.

치료자: ○○씨가 제 얼굴을 마주 볼 때, 제가 ○○씨에 대해서 어떻게 느낄 것 같나요 [타인의 지각에 좀 더 노출]?

환 자: (불안해하며) 모르겠어요.

치료자: 음, 잠시 머물러 봅시다[초점 맞추기]. 잠시 제 얼굴을 보세요. 이 순간 무엇이 느껴지세요?

환 자: 선생님이 저를 걱정하고 있는 것 같아요. 아마도 조금 슬프게…… 선생님이 슬퍼보여요.

치료자: 네, ○○씨는 슬픈 얘기를 나누어 주었어요. 제가 왜 슬퍼 보였나요?

환 자: 선생님의 마음을 이해해요. 슬픈 얘기죠. 만약 누군가가 저에게 이와 똑같은 얘기를 했다면, 저도 선생님처럼 슬픔을 느꼈을 거예요.

이 예에서 환자는 전이 왜곡을 통해서 치료자를 보고 있었다. 그러나 환자는 치료자와의 작업을 통해서 치료자에 대해 좀 더 정확하고 연민 어린 관점으로 치료자를 볼 수 있게 되었고, 자신에 대해서도 좀 더 연민 어린 관점으로 바라볼 수 있게 되었다. 환자가 자신의 느낌에 접촉하기 시작한 후에 치료자는 환자의 지각에 대해서 확인할 수 있다.

### 좀 더 방어적인 환자의 저항

모든 환자가 이상의 기법에 의해 변화하는 것은 아니다.

치료자: ○○씨는 제가 어떤 생각을 하고 있는 것 같으세요?

환 자: 모르겠어요. 저는 선생님이 무슨 생각을 하는지 모르죠.

치료자: 음, 제가 어떤 생각과 느낌을 가지고 있는지 상상해 보자고요[치료적 관계에서 수용 능력을 가지도록 격려하기]?

환 자: (화를 내며) 저를 밀어붙이는군요. 의도가 뭐죠[환자가 친밀감을 공유하는 데 있어서 방어적으로 반응함]?

치료자: 만약에 어떤 사람이 ○○씨에게 방금 ○○씨가 저에게 말했던 얘기를 ○○에게 한다면, 어떤 생각이 들까요[관점 변화하기 도입]?

환 자: 당연히 아주 기분이 더럽겠죠. 저도 그 사람에 대해 아마도 연민을 느낄 것 같아요.

치료자: ○○씨가 다른 사람에게는 쉽게 연민을 느끼면서 제가 ○○씨처럼 느끼는 것을 상상조차 하기 어렵다는 게 놀랍지 않나요? ○○씨는 다른 사람에 대해서는 연민을 느낄 준비가 되어 있으면서 정작 자신이 말한 고통스런 기억들에 대해서는 다른 사람에게 하는 것처럼 똑같이 연민을 느끼는 것을 상상조차 하기 어려워하고 있어요. [환자가 치료자의 연민을 수용하기를 꺼려하는 것에 대한 논박]

환 자: 저 자신에게는 연민이 느껴지지 않아요.

치료자: 바로 이 부분을 살펴보아야 해요. ○○씨 자신을 다른 사람처럼 연민을 받을 만한 존재로 여기지 않는 이 부분을 살펴보아야 해요.

환자의 공포를 탈민감화시키고 스스로에게 연민을 느끼게 하기 위해서는 이러한 개입과 노출을 반복하는 것이 필요하다. (타인의 돌봄을 받는 것을 어려워하는 환자를 돕기 위한 다른 개입은 이 장의 5절 '잃어버린 사랑을 회복하기'에서 다룬다.)

#### 더 심한 저항

저항이 더 심한 경우, 환자는 다음과 같이 말한다.

환 자: 제 입장에서는 그 사람에 대해서 어떤 것도 느낄 수 없어요. 그리고 저는 단지 그들이 바보이고, 무섭다는 생각이 들어요.

치료자: 그래서 다른 사람과 자신에 대해서 연민이 부족한 거군요. 우리는 ○○씨가 인간에 대해서 왜 그렇게 가혹한 관점을 가졌는지 살펴볼 필요가 있어요. 왜냐하면 그러한 관점이 ○○씨의 삶을 너무 힘들게 하기 때문이죠.

환자의 저항이 일어날 때, 환자의 처벌적이고 방어적인 관점의 근원을 탐색하는 것이 필요하다. 이뿐만 아니라 환자의 저항의 정도가 심할수록 자기와 타인에 대한 긍정적 느낌에 대한 감정 공포를 탈민감화시키기 위해서는 자기와 타인에 대한 재구조화 기법을 반복해서 실시해야 한다.

## 4. 중독적인 애착에 대해 확인하고 재구조화하기

### 반복 강박과 중독적 애착

건강하지 못하고, 파괴적이고, 상처를 주는 관계를 반복적으로 선택하는 사람들이 있다. 정신역동적 용어로 **반복 강박**은 증상을 나타내는 용어이지만 병인을 언급하는 용어는 아니다. **중독적 애착**에서의 중독이란 '부정적 결과가 있음에도 불구하고 계속적으로 사용하는 것'을 뜻한다.

학대하거나 무시하는 파트너와 관계를 맺는 이유를 이해하기 위해서는 이러한 사람들과 관계를 맺음으로써 얻게 되는 보상의 본질에 대해 아는 것이 필요하다. 만약 어떤 사람이 너무 외롭고, 지속적으로 관계가 단절되어 있다면, 누군가가 주는 아주 작은 사랑이라도 이들에게는 끝없이 지속되는 고통을 잠시나마 감소시켜 주는 역할을 한다. 즉, 이들은 학대하거나 무시하는 파트너의 아주 작은 관심이라도 보상으로 느낀다.

### 간헐적 강화의 영향력

중독적 애착의 영향력은 간헐적 강화(가장 강력한 강화 형태이며, 변화하기 가장 어려운 강화 형태)에 기인한다. 행동수정 분야에서 배고픈 비둘기는 콩 한 알을 얻기 위해 사납게 그리고 계속적으로 수천 번 부리를 쪼을 것이다. 즉, 거부하거나 학대하는 상대로부터 작은 관심, 사랑, 수용을 받기 위해 모든 것을 거기에 걸고 매달리는 사람들이 있다. 특히 이들에게는 외로움의 고통을 감소시키는 데 있어서 학대하거나 거부하는 타인의 작은 관심이 큰 위로가 된다.

> 환 자: 오, 저는 그녀가 저를 사랑해 주기를 절실히 원하고 있어요. 저는 그녀가 저를 사랑하게 하는 데 모든 것을 바쳤어요. 그녀가 저에게 작은 관심이라도 보내 준다면 저는 일주일을 버틸 수 있어요.

중독적 애착은 조건적 반응으로 간주된다. 아이들은 익숙한 것에 끌린다. 만약에 익숙하지 않은 경험이라면 강화되지 않는다. 이 강렬한 돌봄과 사랑은 처음에는 아주 불안정하고 침해적이다. 그러나 여기에 길들여지다 보면 점점 적응적인 건강한 사람의 돌봄은 오히려 혐오적으로 느끼게 되고, 진실하고 견고한 사람은 지루하고, 바보스럽고, 자신감이 없게 느끼게 된다. 반면에 가해자의 사랑의 강렬함과 치명적인 매력은 아주 매혹적으로 와 닿는다.

환 자 1: 이번에 새롭게 만난 남자는 아주 상냥하고 부드러워요. 정말 점잖게 저를 대해 주죠. 하지만 저는 그 사람만 보면 혐오감이 올라와요. 벌레가 기어다니는 것 같은 느낌이에요.

환 자 2: 누군가가 저를 끈질기게 쫓아다니면, 저는 그 사람에 대한 흥미가 떨어져요. 그런데 누군가가 저를 거부하기 시작하면, 그때부터 저는 관계를 시작해요.

돌봄을 주는 사람을 평가절하한다.

환 자 3: 그녀는 저를 사랑하지 못해 죽을 지경이에요.

이러한 경멸감은 부드러움을 수용하는 것에 대한 고통을 방어할 수 있다. 만약 안정된 돌봄이 '허용된다면' 잃어버렸던 것에 대한 거대한 슬픔이 밀려올 것이다.

환 자 4: 그 사람이 저에게 너무 친근하게 말해서 저는 떠나야 될 것 같아요. 저는 울기 시작했고, 제가 왜 우는지 몰랐고, 우는 이유를 그에게 설명할 수도 없었어요. 그 사람은 이상해요. 저는 더 이상 그와 데이트할 수 없어요.

학대받았던 아이들은 부적응적 관계에서의 '괴롭힘'에 중독(간헐적 강화)되며, 이러한 괴롭힘을 갈망한다. 상처입는 관계에 중독되었다는 것은 현재 사람이 예전의 사람보다 더 좋게, 또는 다르게 반응해 주기를 원하지만, 실상은 과거에 상처입은 것에 대해 애도하지도 않은 채, 과거 사람에 대한 갈망을 계속 유지한다는 의미다. 이와 대조적으로 건강하게 적응된 아이들은 안정된 성인에게 끌리며, 사랑하는 관계와 무조건적인 사랑이 유지된다. 이러한 사람들은 사랑하는 관계가 강화되고, 학대적인 사람에게는 끌리지 않는다.

### 중독적 애착으로부터의 벗어남

중독적 애착으로부터 벗어나기 전에 필요한 세 가지 능력이 구축되어야 한다.

1. **타인으로부터의 돌봄 느낌을 수용하는 능력.** 환자는 치료자가 주는 돌봄의 느낌부터 수용하기 시작하며, 사랑받는 것과 관계연결성과 관련된 불안은 감소되어야 한다.
2. **자신이 가치 있는 존재라는 새로운 자기감의 형성과 타인의 돌봄을 수용할 수 있어야 함.** (자기에 대한 수치심 감소) 자기와 타인에 대한 연민적인 자세를 가지게 되면, 돌봄은 더 보상적으로 경험될 것이다.
3. **오랫동안 잃어버렸던 것에 대한 애도 능력.** 만약 슬픔을 담아낼 수 있다면, 그다음은 부드러움과 함께 오는 눈물이 좀 더 위안으로 경험될 것이다.

### 사랑 대 욕구

환자에게 그들이 중독적 관계를 맺고 있는지 확인하게 하는 방법은 사랑(마음에 소중히 간직하기, 가치 부여하기)과 욕구(타인의 승인에 대한 중독) 사이를 구별하도록 가르치는 것이다. 치료자는 환자가 학대적인 파트너에 대해서 부정적 느낌을 가지도록 하며, 자기에 대해서는 긍정적 느낌을 가질 수 있도록 함으로써 환자의 조건화된 패턴을 수정해야 한다.

치료자 1: 타인이 ○○씨를 학대할 때, 어디에서 화가 납니까?
치료자 2: 타인이 ○○씨를 무시하거나 거칠게 다룰 때, 어디에서 혐오감이 느껴집니까?
치료자 3: ○○씨를 잘 대해 줄 좋은 사람을 발견하는 데 중요한 역할을 하는 건강한 자신감은 어디에서 나옵니까?

### 중독적 애착에서 얻게 되는 이차적 이득

건강한 애착과 관련된 여러 가지의 감정에 대해서 작업하는 것(특히 치료자와의 관계에서)은 자기와 타인에 대한 내적 표상을 재구조화하기 시작하는 데 도움이 되며, 중독적인 애착의 구속에서 벗어나게 할 수 있다. 그러나 상처를 주는 대상과 정서적 분리에 대해 저항하는 환자들은 그러한 관계에서 오는 이차적 이득에 매여 있다고 할 수 있다. 예를 들면, 중독적인 애착관계에서 환자는 어느 정도 나름대로의 '안전성'을 제공받았을 것이고, 환자의 정체감을 이러한 관계에 의해 규정했을 것이다. 일반적으로 이차적 이득은 그것을 대체할 만한 가치로운 무언가가 있을 때 포기되어진다(이차적 이득을 어떻게 다룰지에 대해 복습하기 위해서는 6장 참조).

## 5. '잃어버린 사랑'을 회복하기: 과거에 나를 돌보아 주었던 사람들

### 관계들은 기억에서 어떻게 보유되고 있는가

과거 타인에 대한 고통스런 기억을 재구성하는 것은 자기의 이미지를 재구성하는 데 중요한 부분이다. 자기상은 타인과의 상호작용에 의해 형성되고, 성장하며, 이러한 이미지는 평생 유지된다. 인생 초기 양육자와의 관계는 환자의 자기감을 형성한다. 관계에 관한 기억들은 무의식적으로 환자의 감정과 행동을 안내한다. 그러므로 치료자는 환자의 과거 애착을 탐색하고, 발굴해야 한다. 그래서 환자의 방어와 고통스런 기억 저 아래에 숨겨져 있는 좋은 기억들에 접근해야 한다. 치료자들은 환자가 자신을 사랑해 주었던 사람들을 기억하도록 도와야 한다. 이렇게 함으로써 환자들이 타인으로부터 사랑받았던 기억을 간직하게 할 수 있다.

### 과거 사랑하는 사람을 기억하기 위한 심상 노출법 사용

인생 초기에 사랑하는 사람의 상실은 참을 수 없는 고통이다. 특히 애도할 시간을 가지지 못할 때는 더욱더 그 고통이 크다. 이에 어떤 환자들은 너무 고통스러워서 견딜 수 없는 것들을 기억하는 것부터 시작할 수 있다.

환 자: 할머니가 돌아가시고 나서…… 세상이 너무 차가워서 마음의 문을 닫았어요. 그래서 할머니에 대해 생각조차도 할 수 없었어요.

애도 과정 동안은 좋은 기억과 고통스런 기억이 혼재되어 나타나는 것이 중요하다. 그래야 슬픔은 자연스럽게 흘러가고, 과거는 괴로움 없이 사랑으로 기억될 수 있다.

### 잃어버린 사랑을 이끌어 내기 위한 질문들

어떤 환자들은 치료 동안에 자연스럽게 과거에 사랑했던 사람을 기억해 낼 수 있다. 그러나 많은 환자들은 이러한 기억을 잘하지 못하기 때문에 치료자는 환자가 양육적인 기억들을 찾아낼 수 있도록 질문해야 한다. 다음의 질문들은 망각했던 과거의 사랑하는 사람에 대한 기억을 이끌어 낼 수 있는 질문이다.

"○○씨가 특별하다고 느끼게 해 준 사람은 누구였어요?"

"○○씨의 학창 시절에 우러러보고, 본받고 싶은 사람은 누구였어요?"

"그 사람이 당신에 대해서 어떻게 느꼈나요?"

"○○씨를 보고 웃어 주고, 양팔을 벌려 반겨 줄 사람은 누구예요?"

"아침에 눈을 뜨면 반겨 주는 사람이 누구예요?"

"○○씨 마음에 있는 사람은 누구예요? ○○씨의 진심을 누구에게 전하고 싶으세요?"

### '잃어버린 사랑'이라는 따뜻한 기억에 노출

치료자: 어릴 때 ○○씨에게 누가 가장 특별했나요?

환　자: 아무도 없었던 것 같아요. 기억나는 사람이 없어요.

치료자: 음, 잠시 시간을 두고 기억해 보려고 시도해 볼까요. 가족, 선생님, 이웃……?

환　자: (좀 지난 후) 아마도…… 우리 집 가정부, 미니요. 미니는 진짜 유모는 아니었어요. 하지만 미니는 저에게 정말 잘해 주었어요. 미니는 저에게 노래도 불러 주고, 웃어 주었어요. 오, 제가 미니를 얼마나 좋아했는지!

치료자: 미니도 ○○씨를 좋아한 것 같아요.

환　자: (눈물을 흘리며) 예, 맞아요. 미니는…… 미니는…… 제가 미니 생각을 여러 해 동안 하지 않았군요.

과거 사람으로부터 받은 사랑의 기억에 접근하고 유지하는 것은 자신에 대해서 어떻게 느끼는가에 지대한 영향을 미칠 수 있다. 과거 사람들로부터 받은 긍정적 느낌은 현재 타인이 주는 사랑과 돌봄을 더 잘 수용하게 할 수 있다. 환자가 사랑 느낌에 눈을 뜰 수 있다면, 자기와 타인에 대한 내적 이미지를 깊고 긍정적으로 변화시킬 수 있다. 그다음에 환자들은 고통스런 기억들을 허용할 수 있으며, 담아낼 수 있다.

### 과거 사람들을 현재 어떻게 느끼는가?

강력한 치료 개입 중 하나는 과거에 의미 있었던 타인이 지금은 어떻게 느껴지는지를 마음속으로 그려 보는 것이다. 예를 들면, 부모가 자녀의 성취에 대해 다 알지 못하고 돌아가셨다면, 환자는 부모가 무엇을 느꼈을지 탐색하도록 격려받을 수 있다.

치료자: 부모님이 ○○씨가 학교에서 문제를 해결하고, 성공적인 전문가가 되었다는 것을 아신다면, 부모님은 어떻게 느낄까요?

환 자: (화를 내며) 선생님은 너무 몰라요. 우리 부모님은 돌아가셨다고요!

치료자: 하지만 ○○씨는 여러 해 동안 부모님과 함께 살았고, 같이 경험했어요. 기억을 더듬어 본다면 부모님이 이런 상황에서 어떻게 느낄지 추측할 수 있을 거예요.

환 자: 제가 그렇게 잘하면 부모님은…… (눈물을 흘리며) 부모님은 언제나 저를 자랑스럽게 여겼어요. 아마도…… 부모님은 저를 자랑스럽게 여길 거예요. (잠시 쉬며) 예, 저는 부모님이 저를 자랑스럽게 여길 것이라는 것을 알아요. 하지만 그런 것을 생각해 내는 게 너무 고통스러워요. 부모님은 제가 이렇게 큰 것을 절대 모르잖아요.

심상 기법은 기억되는 사람의 특정 행동에 가능한 한 가까이 가야 한다. 그러나 환자들은 관련된 관계에 대한 직관을 덧붙인다.

치료자: 네, 고통스러우시죠. 하지만 잠시 동안 긍정적 느낌에 머물도록 해 봅시다. 부모님이 ○○씨를 자랑스러워하고, 이러한 모습이 ○○씨는 어떻게 느껴지는지요? [슬픔을 인정하지만, 동시에 긍정적 느낌도 함께 올라옴.]

환 자: 따뜻하고, 부드럽고, 강렬한 뭔가가 올라와요. 울고 싶어요.

치료자: 지금 이러한 따뜻한 기억을 가지고 울 수 있을까요? (좀 지난 후) 부모님이 ○○씨를 자랑스러워한다는 느낌을 유지하고, 간직할 수 있을까요?

부모가 환자를 인정해 주는 기억을 재경험할 수 있다면, 잃어버렸던 것에 대한 애도는 아주 치유적일 수 있다. 물론 과거의 '잃어버린 사랑'을 현재 환자의 삶에서 되살릴 수는 없다는 사실도 인정하고, 애도하면서, 결국 현재 양육적 사람을 내면화함으로써 잃어버린 사랑은 대체될 것이다.

### 긍정적 기억의 부재

어떤 환자들은 과거에 긍정적인 경험이 없기 때문에 긍정적 기억들을 끌어낼 수 없다. 이런 경우, 긍정적인 경험이 없었다는 사실에 직면하는 것이 중요하다.

환 자: 저는 정말 엄마에 대해 기억하려고 해도 엄마의 긍정적인 반응에 대해 떠오르는 것이 없어요. 저는 엄마가 저에게 중요한 뭔가를 하거나 행동한 기억이 없어요. 그래서 저는 엄마가 저에게 어떤 식으로 대했는지 생각이 안 나요. 전 단지 엄마가 저를 돌보지 않았고, 관심을 전혀 주지 않았다는 것은 기억해요. 제가 엄마에게 저의 성취에 대해 말할수록, 엄마는 저에게 더 관심을 주지 않았던 것 같아요.

치료자: ○○씨는 저에게 엄마가 엄마 자신에게만 몰두를 해서 ○○씨에게는 전혀 관심이 없었다는 예들을 많이 얘기했어요. 그래서 만약 이것이 사실이라면 이러한 상황에 직면하고, 이러한 상황에 대해 애도를 해야 합니다. 그리고 인생에서 다른 지지적인 사람을 찾는 게 중요합니다. 우리는 과거의 다른 가족도 살펴보고, 현재 친구들, ○○씨의 중요한 관계들을 살펴봐야 됩니다. ○○씨의 엄마가 ○○씨에게 돌봄을 주지 못했다는 사실에 직면하면서 다른 사람으로부터 받은 돌봄을 자각하고 수용하는 것이 중요해요. [환자가 고통스런 사실에 관해 애도하도록 도와주는 데 있어서 방어를 제거하기 전에 지지체계를 구축하는 것이다.]

### 반대 느낌 간의 통합

환자의 감정 표현에 있어서 의미 있는 타인에 대한 긍정적 느낌과 부정적 느낌의 통합은 중요하다.

치료자: 비록 엄마가 ○○씨를 자주 거칠게 대했지만, 또 한편으로는 ○○씨를 돌보아 준 좋은 예들도 좀 있어요.

환자의 부모에 대한 반대되는 느낌을 통합시킬 때는 주의 깊게 작업해야 한다. 왜냐하면 부모로부터 학대받은 환자들의 고통스러운 경험에 대해서도 확인해야 하기 때문이다. 비록 환자가 학대 부모에 대해 연민적 태도를 발달시킨다고 해도, 부모의 학대 행동이나 상처 주는 행동을 용서하는 것이 아니라 한 인간으로서, 인간이 가진

약점으로서 용서하는 것이 중요하다.

치료자: 어릴 때 학대하고 무시한 아버지에 대한 분노에 접근하는 것이 정말 중요합니다. ○○씨는 방금 과거에 아버지와 지낼 때 행복하고, 따뜻한 순간들이 있었다고 반복해서 넌지시 얘기했어요. 우리는 이렇게 관계의 양면을 살펴보는 것이 중요합니다. 아빠와 함께 있을 때 가장 감동스런 순간은 언제였나요?

### 역사적 정확성 대 역사적 효능성

사례개념화를 할 때(4장의 7절 참조), 과거 기억의 재구성이 역사적으로 정확한지에 관해 확신할 수는 없다. 이러한 기억들의 가치는 환자들이 매일의 삶 속에서 스스로 좀 더 좋게 느끼고, 좋게 기능할 수 있도록 도와줄 수 있는 충분히 현실적이고 믿을 만한 기억인지에 달려 있다.

## 6. 관계에 대한 공포가 탈민감화될 때까지 개입을 반복하기

### 반복적이고 계속적인 개입이 중요함

자기에 대한 재구조화(9장)에서 다루었던 것처럼, 치료자는 환자가 타인에 대한 이미지를 즉각적으로 향상시키지 못한다고 해서 낙담해서는 안 된다. 환자가 계속적으로 저항을 보일 때, 치료자는 환자가 타인에 대해 좀 더 현실적이고, 연민 어린 자세로 다가가기 시작할 때까지 매주 인내하며 치료해야 한다.

치료자는 환자가 타인에 대한 지각 면에서 보이는 미묘한 변화라도 놓치면 안 된다. 왜냐하면 타인에 대한 신뢰와 이해를 구축하는 것은 느리고, 점진적인 과정이기 때문이다. 오직  타인에 대한 신뢰와 이해만 가지고도 환자는 치료가 종결된 후까지 자율성과 건강한 대인관계를 유지할 수 있다. 반복해서 주장하지만, 최적의 관계성은 자율성과 상호의존성 사이, 표현 능력과 수용 능력 사이의 통합된 균형을 이루는 것이다. 치료는 환자가 새롭게 '정서 지능'을 획득하고, 이것을 적응적인 타인과의 상호작용으로 실천할 때 성공적이라고 할 수 있다.

### 타인에 대한 재구조화 단계에 대한 요약

타인에 대한 재구조화를 하는 데 있어서 기본적인 단계들은 〈표 10-1〉에 요약되어 있다.

**〈표 10-1〉 타인에 대한 재구조화의 단계들**

- 방어 인식하기
- 방어, 욕구의 외재화에 대해서 부드럽게 지적하기
- 방어 포기하기
- 대가 지적하기. 환자가 보상(일차적, 이차적 이득)에 대해 이해하도록 돕기
- 방어를 대체할 수 있는 새로운 적응 체계를 구축하도록 돕기
- 타인에 대한 수용 능력을 향상시키기 위한 노출 기법 사용하기
  - 타인의 느낌에 대해 지각하고, 수용하도록 돕기
  - 타인의 느낌에 대한 반응으로서 신체 신호를 확인하도록 돕기
  - 환자가 환상 속에서 원하는 행동을 상상하도록 돕기
  - 느낌을 이끌어 내기 위해서 관점 변화하기 사용하기
  - 수용 능력을 격려하기
- 반응 중지에 참여하기(D)
  - 방어/회피 지적하기
  - 자신의 느낌에 좀 더 머물도록 격려하기
- 불안 조절에 참여하기(A)
  - 지지, 위로를 제공함으로써 평온 유지하기
  - 두려움, 수치심, 고통 탐색하기
- 불안이 감소될 때까지 노출 기법으로 되돌아오기
- 필요하다면 반응 중지로 되돌아오기
- 반복해서 불안 조절로 되돌아오기

# 연습문제

## 10A: 환자의 수용 능력 평가하기

**지시** 다음의 각 진술에서 **환자가 어떻게 타인의 욕구에 대해 반응하고 있는지를 확인하라**. 다음의 목록에서 고르시오.

A. 불충분한 관심/수용
B. 적절한 관심/수용
C. 과도한 관심/수용

욕구가 정서적 욕구인지, 생물학적 욕구인지, 사회적 욕구인지를 확인한다. 그리고 환자가 회피하거나, 결여되어 있거나, 주의를 기울이지 않는 욕구가 무엇인지 제안하라.

**예** 환 자: 어제 제 비서가 내일 병원 정기 검진 예약이 있다고 오전에 근무를 하기 어렵다고 하더라고요. 그래서 저는 정말 비서가 걱정이 되어서…… 어제 점심시간에 일찍 퇴근을 시켰어요. 그녀는 괜찮다고 하지만, 얼굴이 약간 창백하더라고요. 그런데 큰 프로젝트가 예정되어 있어서 비서 대신에 제가 밤을 새서 타이핑을 쳤어요. 그게 제가 오늘 피곤한 이유예요.

**답** **환자 반응의 본질**: C-비서의 생물학적 욕구에 대한 과도한 관심/수용; 자신의 욕구에 대한 무관심

### 10A.1.

환 자: 제 비서가 그저께까지 오늘 아침에 의사와 예약되어 있다고 저에게 얘기하려고 기다렸다고 하네요. 우리는 큰 프로젝트가 예정되어 있어요. 그녀는 너무 경솔해요! 물론 저는 비서에게 병원 예약을 바꾸라고 강력하게 말했어요. 비서가 적절하지 않은 태도를 보여서 저는 그 자리를 박차고 떠나 버렸어요. 요즘 일에

대한 좋은 태도를 가진 사람들을 발견하기 어려워요.

**환자 반응의 본질:**________________________________________

## 10A.2.

환 자: 제 비서가 이틀 전에 의사와의 정기 검진 예약이 있어서 오전에 병원에 가야 한다고 하더라고요. 그런데 우리는 큰 프로젝트를 진행 중이고, 마쳐야 할 일이 너무 많았어요. 그래서 제가 비서에게 혹시 저녁 늦게까지 일할 수 있는지를 물었어요. 비서가 늦게까지 일하는 것에 대해 반감이 없더라고요. 그래서 일을 함께 잘 끝내고, 그녀는 병원 예약도 지킬 수 있었어요.

**환자 반응의 본질:**________________________________________

## 10A.3.

환 자: 제 남편과 함께 쇼핑을 갔어요. 남편이 배가 고파서 짜증을 내더라고요. 그래서 저는 남편에게 음식점에 가서 먹으라고 하고, 저 혼자 판매가 끝날 때까지 쇼핑을 했어요.

**환자 반응의 본질:**________________________________________

## 10A.4.

환 자: 저는 이번 세일을 고대하고 있었어요. 그런데 제 남편이 배고파 해서 남편과 함께 음식점에 갔어요. 그런데 식사를 끝마칠 즈음이 되면 판매가 끝나 버릴 것 같았어요. 그래서 남편에게 혼자 먹고 있으라고 하니, 남편이 꼭 어린 강아지 같은 표정을 짓더라고요. 그래서 저는 남편을 혼자 둘 수가 없었어요.

**환자 반응의 본질:**________________________________________

## 10A.5.

환 자: 애견 숍에서 막 나오려 할 때, 애완 원숭이가 들어왔어요. 우리 애들이 전율을

느끼면서 애견 숍에서 나오지 않으려고 그러는 거예요. 저는 애들에게 가자고 했는데도, 애들은 요지부동이었어요. 저는 한 시간을 기다렸어요. 그래서 우리는 친구를 만나러 가는 기차를 놓쳐 버렸어요.

**환자 반응의 본질:** ______________________________

______________________________

## 10A.6.

환　자: 우리가 애견 숍을 막 떠나려 할 때, 애완 원숭이가 들어오더라고요. 아이들은 정말 그곳에 머물기를 원했지만, 제 친구와 오후 3시에 약속이 있었어요. 그래서 아이들에게 즉시 이곳을 떠나야 한다고 말했어요. 물론 제 친구는 아직 제 집에 안 와 있더라고요. 제 친구는 언제나 지각쟁이예요.

**환자 반응의 본질:** ______________________________

______________________________

## 10A.7.

환　자: 제 부인은 너무 감정적이에요. 제가 선생님께 부인 친구 중에 암에 걸린 친구가 있다고 얘기했었죠? 음, 그 친구가 저번 주에 죽었어요. 그래서 제 부인은 울고 또 울었어요. 저는 이해할 수가 없어요. 이게 그렇게 놀랄 일은 아니잖아요.

**환자 반응의 본질:** ______________________________

______________________________

## 10A.8.

환　자: 제 부인은 힘든 시간을 보내고 있어요. 친구가 암에 걸려서 저번 주에 하늘나라로 갔어요. 그래서 부인이 너무 힘들어해요. 저는 아내를 위해서 더 잘하려고 노력하고, 아이들도 더 돌봐 주고 있어요. 어젯밤에 우리는 함께 영화도 보고, 공원도 갔어요. 부인이 울 때 안아 주었어요.

**환자 반응의 본질:** ______________________________

______________________________

## 10B: 환자의 타인에 대한 내적 이미지를 변화하도록 돕기

**지시** **환자의 타인에 대한 내적 이미지를 변화하도록 도와주는** 개입은 어떤 것인가? 많은 개입들이 다양한 방식으로 도움을 줄 것이다. 그러나 여기서는 타인의 이미지를 재구조화하기 위한 특정 방법에 초점을 맞출 것이다. 맞는 선택지에 체크 표시 하시오.

### 10B.1.

환 자: 저는 선생님께 결코 화를 낼 수 없어요. 선생님은 제가 지금 제일 어려운 시기를 겪고 있다는 것을 알고 계실 거예요. 지난주에 왜 치료 시간을 좀 더 연장해 주지 않으셨어요?

_____ A. ○○씨가 분노를 표현하기보다는 얼마나 참고 있는지 알고 있어요.

_____ B. 때때로 사람들은 강렬한 분노 감정을 느끼지요. 심지어 자신을 돌보아 주는 사람에게도요. 그래서 지금 저에 대해 느끼는 여러 가지 느낌에 대해 탐색해 볼까요?

_____ C. 그 말은 제가 ○○씨에게 지지적이지 않다는 말로 들려요.

_____ D. ○○씨가 저에 대해 실망했군요. 하지만 우리는 여기서는 시간상 경계가 있다는 것을 인정해야 합니다.

### 10B.2.

환 자: 이 남자는 다른 인간들처럼 저를 이용하지 않아요. 어떻게 이게 가능하죠? 물론 그 남자는 착하고, 친절해요. 하지만 그 남자는 아마도 제 뒤에서 저를 비웃을 것 같아요.

_____ A. 그 남자가 ○○씨를 비웃을 거라고 생각하게 만드는 그 사람의 어떤 행동이나 행동 방식이 있었나요?

_____ B. 아마도 ○○씨는 자신의 직감을 천천히 신뢰할 필요가 있어요.

_____ C. ○○씨가 살기 위해서 배웠던 방어적 방식이라고 생각하지 않으세요?

_____ D. 그 남자가 너무 정상적이라는 게 ○○씨를 놀라게 하는군요. 정상적인 남자를 만나는 게 오히려 ○○씨를 당황하게 만드는 이유가 뭘까요?

### 10B.3.

환 자: 아버지는 저에게 잘해 주었어요. 너무 잘해 주었어요. 아버지는 제가 겨우 6세 때 돌아가셨어요. 저는 아버지에게 버림받은 느낌이었어요. 제가 이렇게 느끼는 것은 말도 안 되지만, 저는 언제나 아버지가 떠난 것은 저 때문이라고 느껴져요.

_____ A. ○○씨가 잘못했기 때문에, 아버지가 떠난 것은 절대 아니에요. 아버지는 병이 있었고, 병 때문에 돌아가신 거예요.

_____ B. 아버지가 여기 있다면, 아버지가 ○○씨에게 무슨 말을 할 거 같으세요?

_____ C. 아이들은 자주 부모의 죽음이 자신 때문이라고 느끼죠.

_____ D. 아버지의 죽음을 자신 탓으로 돌리다니, 얼마나 슬프세요.

### 10B.4.

환 자: 제가 꺼낸 얘기에 대해서 어떻게 생각하세요? 선생님은 저를 저질의 인간 쓰레기로 볼 거예요.

_____ A. 아시다시피 우리 모두는 때때로 ○○씨 같은 느낌을 느껴요.

_____ B. 저는 ○○씨가 이렇게 얘기할 정도로 저를 신뢰하고 있는 것 같아서 감동받았어요.

_____ C. 저는 저보다 ○○씨가 자신에 대해 더 부정적으로 느끼고 있다고 생각해요. 무엇을 생각하고 있지요?

_____ D. 제가 ○○씨를 저질의 인간 쓰레기로 보는 것 같다고요? 혹시 ○○씨가 그렇게 느끼게 할 만한 행동을 제가 했나요?

## 10C: 적응적 또는 중독적 애착을 확인하기

**지시** 다음의 연습문제는 **적응적 애착인지 또는 중독적 애착인지**를 생각하고, 각 사례에 대해서 적절한 반응을 하는 것이다. 만약 반응이 '중독적'(방어 또는 상호의존을 의미할 수 있다는 것을 기억하라)이라면, 환자는 무엇을 방어하기 위함인지도 확인하라. 만약 반응이 '적응적'이라면 어떤 감정이 적절하게 사용되고 있는지를 주목하라.

**예1** 환 자: 그는 일주일에 두 번 이상 저를 무시하고 학대해요. 그게 에릭의 방식이에요. 비현실적이지만……. 그런데 그와 함께 있을 때면, 저를 학대하고 무시했던 모든 시간들이 잊혀지고 괜찮아져요.

**답** 중독적 애착이냐? 적응적 애착이냐? 그 이유는? 중독적 애착이다. 환자는 너무도 허용적이고, 수용적이다. 배려 없이 오히려 학대당하는 것에 대한 변명을 하고 있다. 환자는 에릭과 지내는 것에 대한 너무나도 큰 대가를 치르고 있다.

## 10C.1.

환 자: 우리는 3개월 전에 만났는데, 그 이후로 매일 모든 시간을 같이하고 있어요. 그는 제가 다른 친구들을 만나면 엄청 질투를 해요. 특히 대학 때 사귀었던 남자 친구를 만나면 질투가 극에 달하죠. 저는 그와의 관계에서 안전감이 느껴져요.

중독적 애착이냐? 적응적 애착이냐? 그 이유는? ______________________

______________________________________________

## 10C.2.

환 자: 저는 아내를 사랑해요. 그러나 전…… 밖에 더 좋은 사람이 있을 거라고 생각해요. 완벽한 누군가가 있을 것 같아요.

중독적 애착이냐? 적응적 애착이냐? 그 이유는? ______________________

______________________________________________

## 10C.3.

환 자: 제가 간절히 원하는 것은 제 상사가 저에게 잘하고 있다고 단 한 번만이라도 말해 주는 거예요.

중독적 애착이냐? 적응적 애착이냐? 그 이유는? ______________________

______________________________________________

## 10C.4.

환 자: 저는 이 남자와 모험을 하고 있다는 것을 알아요. 남편이 이 사실을 알게 될지도 모른다는 생각에 압도당하기도 해요. 하지만 저는 이런 상황이 너무 흥분돼요.

중독적 애착이냐? 적응적 애착이냐? 그 이유는? ______________________

______________________________________________

## 10C.5.

환　자: 저는 처음에 그녀가 점심 약속을 취소한 것을 용서했어요. 그런데 그녀가 그다음에도 어떤 변명도 없이 두 번 약속을 취소했을 때, 저는 그녀에게 관심도 보이지 않고 전화를 끊었어요.

중독적 애착이냐? 적응적 애착이냐? 그 이유는? ____________________

____________________

## 10C.6.

환　자: 저와 시시덕거리는 귀여운 남자애가 있어요. 그 남자애는 아주 매력적이죠. 저는 그렇다고 제 약혼자를 속이는 것이 아니에요. 저는 단지 환상 속에서 그럴 뿐이에요.

중독적 애착이냐? 적응적 애착이냐? 그 이유는? ____________________

____________________

# 제4부

# 진단적 고려 점과 종결

제11장

# 특정 진단에 대해 다루기: DSM 진단과 감정 공포 사이의 관계

**목표**: 감정 공포와 DSM(Diagnostic and Statistical Manual of Mental Disorder) 진단 사이의 관계를 명료화하기

**치료자의 자세**: 특정 환자에 맞는 유연성 있는 치료하기

**불안 조절**: 환자의 진단에 따라 불안 조절을 다양하게 하기

**다루는 주제**
1. 감정 공포가 환자를 진단하는 데 어떻게 토대가 되며, 감정 공포가 일차적 · 이차적 이득에 의해 어떻게 유지되는지에 관해 살펴보기
2. 본성과 양육을 통합하기: 생물심리사회적 모델
3. 감정 공포 치료를 하는 데 있어서 축 I 진단 체계를 활용하기
4. 감정 공포 치료를 하는 데 있어서 축 II 진단 체계를 활용하기
5. 결론 : 진단에 근간이 되는 감정 공포에 초점 두기

## 1. 감정 공포가 환자를 진단하는 데 어떻게 토대가 되며 감정 공포가 일차적 · 이차적 이득에 의해 어떻게 유지되는지에 관해 살펴보기

### 진단은 방어 극점에 해당됨

진단 과정은 증상군에 따라 장애를 범주화한다. 이와 대조적으로 이 책에서 제시

하는 단기역동정신치료(STDP)에서는 진단적 장애를 주요한 감정 공포와 신경생물학적 취약점을 통합하는 것으로 간주한다(2절 참조). 단기역동정신치료(STDP)의 경우, 개별적 진단을 심리치료의 시작 지점으로 간주하지 않는다(2장의 1절과 3장의 2절에서 논의했듯이, 본질은 감정 공포를 탈민감화시키는 것임). 진단적 증상들은 표면적인 징후 또는 감정 공포에 대한 방어(갈등삼각형의 방어 극점)로 간주될 수 있다. 예를 들면, 회피적 성격장애는 친밀감이라는 감정에 대한 공포로부터 기인될 수 있다. 따라서 단기역동정신치료(STDP)에서는 진단적 증상보다는 감정 공포의 주요한 정신역동적 구성 요소에 초점을 둔다.

#### 일차적 · 이차적 이득으로 진단적 증상은 유지됨

증상들과 진단적 준거는 방어적 행동 또는 억제 감정들로 간주된다. 즉, 방어적 패턴들은 (1) 불안(또는 다른 억제 감정)을 회피하게 하는 즉각적인 **일차적 이득**으로서, (2) 회피를 통해 얻게 되는 미묘한 긍정적인 보상이라는 **이차적 이득**에 의해 강화된다.

치료는 **증상의 근원**—적응적인 감정에 대한 공포, 갈등—에 초점을 둔다. 주요한 감정을 갈등 없이 경험하는 능력은 치료를 통해서 배워야 하는 능력이다. 즉, 환자들은 치료를 통해서 이러한 **결여된 능력**(missing capability)을 회복해야 한다.

환 자: 제 아내는 제가 아버지에 대한 애도를 할 수 있도록 애를 쓰고 있어요. 저는 아버지 부분에 대해서 너무 마음이 아파서…… 폭발해 버렸어요. 그랬더니 이제 아내도 그 이후에는 아버지 주제에 대해서 언급하지 않아요.

#### 증상으로 인한 일차적 · 이차적 이득을 제거함

앞의 예에서는 환자의 방어적인 분노 증상의 일차적 이득은 슬픈 느낌이라는 정서적 고통을 회피할 수 있다는 점이다. 방어적 분노의 이차적 이득은 아내에게 소리를 지르며 폭발함으로써, 아내가 더 이상 자신에게 갈등 정서(슬픔)를 보게끔 직면하게 하는 가능성이 적어진다는 것이다. 치료에서 환자가 배워야 하는 능력은 바로 갈등 정서를 견디는 능력이다. 즉, 이 환자의 경우에는 환자가 아버지에 대해 슬퍼하게 해야 하며, 아내와의 관계에서의 갈등을 감소시켜야 할 것이다.

## 2. 본성과 양육을 통합하기: 생물심리사회적 모델

### 여러 가지 요인들 간의 통합

3장 2절에서 논의되었듯이, 단기역동정신치료(STDP)에서 환자의 문제는 다양한 요인들, 즉 생물학적/신경학적 · 심리적 그리고 대인관계적 또는 환경적 요인들로부터 기인한다고 본다. DSM 장애는 생물학적인 본성뿐만 아니라 평생 동안 조건화되면서 형성된 특징들도 반영한다. 축 I, 축 II 증상들은 생리적으로 기반한 장애로 간주되는 동시에 학습된 방어적인 반응의 패턴으로도 간주된다. 예를 들면, 삶의 경험을 통해 조건화된 학습된 무기력은 우울에 대한 생리적 취약성에 기여하거나, 심지어 직접적으로 우울에 대한 취약성을 초래하기도 한다. 캔들(1998)이 언급했듯이, 학습되거나 또는 조건화된 것들이 후에 생물학적 요인이 될 수 있다는 것이다.

### 본성과 양육의 결합

환자의 문제 원인을 '타고난 본성으로 돌릴 것이냐?' 아니면 '양육적인 문제냐?' 라는 질문이 계속해서 제기되어 왔다. 그러나 환자 문제의 근원은 본성과 양육적인 문제 둘 간의 결합을 의미한다. 따라서 우울 같은 문제의 경우, 수많은 개입—의학적 처치, 기술 훈련, 행동 치료, 정신역동적 탐색—이 모두 유용할 것이다.

### 학습된 행동일지라도 탈학습 상태가 될 수 있음

학습된 행동일지라도 어떤 행동들은 학습되지 않은 탈학습 상태가 될 수 있고, 그 행동을 대체할 수 있는 좀 더 적응적 행동으로 재학습될 수 있다. 단기역동정신치료(STDP)에서는 환자들의 문제를 학습된 요인('양육적')으로 대부분 간주하고 있다. 심지어 환자들이 축 I, 축 II 장애와 관련된 생물학적 기질을 가지더라도 치료에서는 환자가 새로운 능력을 학습하게 하여 유전적인 본성의 증상 발현을 방지하고, 증상을 중재하고 있다.

## 3. 감정 공포 치료를 하는 데 있어서 축 I 진단 체계를 활용하기

이 장에서는 DSM-IV 진단 범주들을 복습하면서 감정 공포 모델의 치료에 대한 함의를 살펴볼 것이다(더 많은 논의는 CC, 11장 참조). 이 절에서는 축 I 장애를 감정 공포에 대한 방어적 행동 패턴으로 간주하여 탐색할 것이고, 치료자에게 치료 초점과 치료 과정을 개념화하는 데 도움을 줄 것이다. 4절에서는 축 II 장애에 대해서도 이상과 같은 내용으로 탐색하여 치료자에게 도움을 줄 것이다.

### 기분장애

#### 주요 우울 장애

어떤 감정 공포라도 우울을 초래할 수 있다. 우울증이 분노, 슬픔, 친밀감, 자기에 대한 긍정적 느낌, 성적 느낌, 흥미, 기쁨 등을 수용하지 못하기 때문에 초래되었는지 고려해 봐야 한다. 많은 단기역동정신치료자는 주요 우울증을 치료하기 위해서는 환자가 갈등을 겪고 있는 감정에 노출해야 한다고 언급한다.

- **일차적 이득**: 갈등을 겪고 있는 느낌(슬픔, 분노, 자기에 대한 긍정적 느낌, 성적 느낌, 흥미, 기쁨 등)으로부터 회피할 수 있다.
- **이차적 이득**: 상황을 정정하거나, 상실을 대체하거나, 자기 자신 또는 대인 간의 갈등 등에 직면하거나 검증해 나가는 책임으로부터 벗어날 수 있다.
- **결여된 능력**: 우울을 대체할 수 있는 활동들(주장하기, 애도하기, 자기돌봄, 열정, 숙달 등)을 하는 데 어려움을 느낀다.

#### 기분 부전 장애

기분 부전증은 주요 우울증보다는 심하지는 않지만 만성적 형태의 우울증으로 많은 임상가들이 다루기 힘든 장애로 간주한다. 그러나 임상적 경험과 초기 연구들에서는 단기역동정신치료(STDP)가 환자의 인생 초기의 무시당함과 상실에 초점을 두고 있으며, 치료 시 '자기의 재양육'과 '타인과의 더 좋은 관계연결성'을 강조함으로써 환자의 향상을 도모한다고 보고하고 있다. 주요 감정 공포는 인생 초기의 양육자와의 관계에서 경험하는 자기에 대한 느낌과 관련이 있다.

- **일차적 이득**: 갈등을 겪고 있는 느낌으로부터 회피할 수 있다. 때때로 가치롭거나 또는 특별하다는 느낌을 가질 수 없다는 고통으로부터 회피하게 한다.
- **이차적 이득**: 거절당하거나 사랑받지 못하는 경험을 회피함으로써 안전감을 가질 수 있다.
- **결여된 능력**: 타인과의 관계에서 경험하는 긍정적인 자기감이 결여되어 있다. 건강한 권리를 행사하고, 자신을 가치롭게 느낄 수 있는 것은 다른 적응적 감정(주장성, 슬픔, 기쁨 등)에 기반이 된다.

### 양극성 I 장애

양극성 I 장애(조증과 우울증 삽화의 발병)는 일반적으로 심리치료보다는 약물치료가 더 효과적일 수 있다. 급성 조증은 전형적으로 단기역동정신치료(STDP)에서는 적절하지 않다. 왜냐하면 갈등적인 감정이 드러날 때, 충동 조절 손상을 다루는 부분에서 어려움이 있기 때문이다. 그러나 양극성 I 장애를 가졌지만 비교적 안정적인 환자들은 단기역동정신치료(STDP)에 적합할 수 있다. 특히 자기와 타인에 대한 재구조화가 필요한 환자의 경우, 단기역동정신치료(STDP)에 적합할 수 있다. 만약 약물치료가 효과적이지 않은 이유가 정신역동적 갈등에 기인한다면, 단기역동정신치료(STDP)가 장애의 치료에 효과적일 수 있다.

- **일차적 이득**: 조증 삽화나 우울증 삽화로 인해 갈등 감정을 회피할 수 있다.
- **이차적 이득**: 조증 삽화가 동반하는 한계 없는 높은 에너지 수준에 의한 기분 전환과 만족감을 느낄 수 있다.
- **결여된 능력**: 조증 또는 우울증을 대체할 수 있는 활동들(주장하기, 애도하기, 자기돌봄, 열정, 숙달 등)을 하는 데 어려움을 느낀다.

### 양극성 II 장애

양극성 II 장애(조증 삽화이기보다는 경조증 상태를 포함하며, 양극성 I 장애보다는 생물학적 소인이 덜함)는 갈등 감정을 탈민감화하는 데 있어서 단기역동정신치료(STDP)가 효과적이다. 임상적 경험으로는 양극성 II 장애 환자들은 대부분 지속적으로 다양한 상실을 경험했으며, 너무 고통스러워서 견디기 힘든 슬픔에 관련된 감정 공포를 가지고 있다.

- **일차적 이득**: 경조증이나 우울증으로 인해 갈등 감정을 회피할 수 있다.
- **이차적 이득**: 경조증에 의한 기분 전환과 만족감을 느낄 수 있다.
- **결여된 능력**: 경조증 또는 우울을 대체할 수 있는 활동들(주장하기, 애도하기, 자기돌봄, 열정, 숙달 등)을 하는 데 어려움을 느낀다.

## 불안장애

### 불안장애들

많은 불안장애(예, 공황장애, 범불안장애, 특정 공포증)의 증상은 방어적 행동 패턴으로 기능하며, 좀 더 적응적인 반응을 하는 것을 방해한다. 불안 증상은 방어가 충분히 효율적으로 작동하지 못할 때 발현된다. 어떤 불안장애(특히, 강박장애)의 경우, 인지행동치료나 약물치료를 고려하는 것이 중요하다. 회피적 성격이 겪는 사회적 공포는 친밀감과 자기에 대한 긍정적 느낌에 관련된 갈등이다.

- **일차적 이득**: 감정에 대한 부분적 회피를 할 수 있다. 갈등을 겪는 감정들이 많기 때문에 다양한 감정을 숨길 수 있다.
- **이차적 이득**: 상황을 정정하거나, 손상을 다른 것으로 대체하거나, 자기 자신에 직면하고 검증해야 하는 책임감으로부터 벗어날 수 있다.
- **결여된 능력**: 우울 같은 느낌을 견뎌 내기가 어렵다.

### 외상후스트레스장애

우리는 외상후스트레스장애(PTSD)를 감정 공포에 의해 야기되었다고 간주하지는 않는다. 외상후스트레스장애는 주요한 느낌(불안, 수치심, 고통)에 대한 갈등에 의해 기인했다기보다는 계속해서 강렬하게 재경험하는 외상 경험에 의해 기인된다. 예를 들면, 자동차 사고로 외상후스트레스장애를 겪는 환자는 경찰차의 사이렌 소리만 들어도 실제로 사고를 경험한 것처럼 사고를 '재경험'하게 된다. 이러한 외상 기억은 정상적 기억과는 다르게 두뇌에 암호화된다. 그래서 시각, 청각, 후각, 기타 다른 감각들이 실제로 사고 경험 때와 같이 그대로 재생된다(피질보다는 시상하부로부터 '기억되는' 본능적 경험을 통하여 이루어짐; Stickgold, 2002 참조).

전형적인 많은 방어들은 외상후스트레스장애의 강렬한 감정을 통제하지 못한다. 많은 환자는 외상 느낌에 매몰되게 된다. 어떤 외상후스트레스장애 환자들은 해리, 감정적 마비, 외상 기억의 회피 같은 원시적 방어에 좀 더 의지하는 경향이 있다.

외상 기억들에 노출하는 것이 어떤 경우에는 효과적일 수도 있지만, 많은 환자들의 경우에는 외상을 재경험하게 함으로써 더 힘들 수도 있다. 외상후스트레스장애에 대한 전도 유망한 치료법으로 안구 운동 탈민감화 재처리(Eye Movement Desensitization and Reprocessing: EMDR; Shapiro, 1995)를 들 수 있다. EMDR은 양쪽의 자극을 번갈아 가며 주면서 암호화된 기억의 신경학적 기초를 재구조화할 수 있다는 가정을 토대로 하고 있다. 현재 EMDR의 효율성을 입증하는 경험적 연구들이 이루어지고 있다(Shapiro, 2001 참조).

마지막으로 **복합성 외상후스트레스장애**(complex PTSD)는 반복적인 외상과 축 II의 성격장애를 동시에 가지는 경우다. 이러한 경우, 감정 공포에 대한 치료(EMDR과 함께 사용)는 특히 자기감과 타인과의 관계를 재구조화하며, 억제된 느낌을 재구조화하는 데 중요한 역할을 할 수 있다.

- **일차적 이득**: 사용되는 방어로는 마비, 해리 증상으로 환자가 경험하는 강렬한 외상적인 불안과 고통을 회피하게 한다.
- **이차적 이득**: 외상 경험은 일반적으로 부정적이고, 부지불식중에 찾아오며, 방어에 의해 차단되지는 못한다. 그러나 이차적 이득이 발생되며, 고통스런 상태나 무기력의 느낌은 어떤 방식으로도 보상이 될 수 있다(예, 타인으로부터 좀 더 돌봄을 받거나 장애 보상금 또는 휴직 등).
- **결여된 능력**: 외상에 대한 잘 적응된 정서가 결여되어 있다. 즉, 해리적 삽화, 마비 등의 방어 없이 외상 사건에 대해 잘 적응된 정서로 회상할 수 있는 능력이 발달되어 있지 못하다. 감정 공포가 외상후스트레스장애의 근본적인 요인은 아니지만, 외상후스트레스장애에서 감정에 대한 두려움은 중요한 부분을 차지하며, 특히 복합성 외상후스트레스장애의 경우에는 더욱더 중요한 부분을 차지한다. 감정 공포가 관련된 경우, EMDR과 단기역동정신치료(STDP)를 결합하는 것이 효과적일 수 있다(McCullough, 2002 참조). 감정 공포 측면에서 외상후스

트레스장애에 대해 접근해 본다면, '피해자'라는 느낌을 대체할 수 있는 주장성을 가르치고, 완숙과 유능감을 제공하는 긍정적인 자기감을 구축하는 것이 도움이 된다.

## 축 I 의 다른 장애들

### 신체형 장애

신체화(신체적 원인 없는 신체 증상들)는 정서적 고통에 대한 방어적인 대체로 여길 수 있다. 강박성 성격장애 환자들은 '머리'(주지화, 감정 차단)로 느낌을 회피하는 경우이고, 신체화 장애 또는 다른 신체형 장애 환자들은 '그들의 신체'(정서적 고통을 신체적 고통으로 대체)로 정서 경험을 회피하는 것이다.

- **일차적 이득**: 감정(분노/주장성, 슬픔, 자기에 대한 긍정적 느낌)의 회피를 할 수 있다.
- **이차적 이득**: 신체적 고통으로 인해 타인으로부터의 돌봄과 위로를 받을 수 있으며, 부가되는 책임으로부터 벗어날 수 있다.
- **결여된 능력**: 무엇을 원하고, 어떤 욕구를 가졌는지에 관해서 표현할 수 있는 능력이 결여되어 있다. 환자들은 자신의 분노가 복통과 두통으로 나타날 수 있음을 인정해야 한다. 슬퍼하는 것에 대한 두려움은 질식과 가슴 통증으로 나타날 수 있으며, 외로움은 피로를 유발할 수 있음을 알아야 한다. 환자들은 자신의 감정을 인정하는 데 특별한 주의를 기울여야 한다.

### 성 장애

DSM-IV에 정의된 성적 장애들은 크게 두 가지 범주로 나눌 수 있다. 성기능 부전증(성반응 주기의 어떤 단계에서 기능을 못함.)과 성 도착증(비정상적인 상황, 활동, 사물에 대한 성행위 또는 성적 판타지)이 있다. 장애가 신체적인 원인으로 나타난 것이 아니라면, 어떤 성적 기능 부전증(성적 욕망 장애, 성적 각성 장애, 오르가즘 장애 등)들은 불안, 죄책감, 수치심, 심리적 고통에서 기인할 수 있으며, 성적 감정을 느끼는 데 있어서 고통을 경험한다고 볼 수 있다. 어떤 성 장애들은 분노에 대한 방어적인 반응(예, 강간 또는 성적 가학증)으로 간주될 수 있지만, 대부분의 성 장애들은 친밀감이나 부드러움을 느끼는 것에 대한 공포와 관련되어 있다. 중증의 성 장애(예, 소아 기호증 또는 관음증)는 슬픔과 **충족되지 못한 사랑에 대한 갈망**(친밀감/온화함/돌봄)에 대한 공포와 더 관련되어 있다. 관계가 혐오감이나 고통으로 가득 차 있을 때, 어떤 사람들은 사랑하는 대상에 대한 대용물로 복장 도착이나 사랑하는 사람의 물건에 집착하는 행동을 보이기도 한다. 또 다른 사람들은 수용, 사랑, 관계 연결성에 대한 강렬한 갈망을 충족시키는 방법으로 타인에게 해(예, 소아 기호증, 가학 피학성욕)를 가하기도 한다. 성이 방어적(심지어 부도덕적이거나 불법적인 성적 행동들)으로 사용되는 것은 인간의 기본적인 원함(want) 및 사랑과 돌봄에 대한 욕구가 비극적으로 차단되었기 때문이다.

- **일차적 이득**: 충족되지 못한 따뜻함, 친밀감, 관계 연결성에 대한 고통을 피할 수 있다.
- **이차적 이득**: 많은 성 도착증 환자의 경우, '사랑하는 대상'의 대체물로 인해 강렬하고 중독적인 쾌락을 경험할 수 있다.
- **결여된 능력**: 건강한 애착관계—친밀감/온화함, 자기와 타인을 위한 돌봄—가 결여되어 있다. (문제가 되는 성적 감정과 성도착증의 치료에 대한 심층적 논의는 CC, pp. 258-267, 406 참조)

### 물질사용장애, 섭식장애, 충동조절장애

물질사용장애, 섭식장애, 충동조절장애는 감정 공포와 연관된 장애이며, 인간의 기본적 감정과 관련된 장애다. 행동화(acting-out)는 감정을 억제함으로써 느끼는 고통 또는 불편함을 회피하도록 돕는 하나의 방어로 간주된다. 어떤 환자들은 생물학적으로 더 충동적인 행동을 하기 쉬운 기질을 타고 났기 때문에 이러한 장애를 겪을 가능성이 더 높다고 할 수 있다. 더구나 환경적인 한계 설정의 결여 또는 과도한 한계 설정은 행동화(acting-out) 가능성을 높여 준다.

- **일차적 이득**: 일반적으로 혐오적인 감정 상태를 회피할 수 있다.
- **이차적 이득**: 행동화 또는 충동 표출은 단기적으로는 편안함을 줄 수 있지만, 장기적으로는 치러야 할 대가가 크다. 물질남용장애의 경우, 물질을 같이 남용하는 사회적 망(network)이 만들어지는 게 하나의 보상이 될 수 있다.
- **결여된 능력**: 다양한 감정을 견디고 통제하는 능력이 부족하다. 이러한 장애의

경우, 행동을 조절할 수 있는 능력을 구축하기 위해 인지행동치료가 적절할 수 있다. 경증 장애의 경우, 단기역동정신치료(STDP)에서는 환자들에게 두 가지를 요구할 수 있다. 첫째, 충동 행동을 하기 전에 자기조절을 하는 방법으로 5분 정도 기다리도록 노력하기, 둘째, 피하려고 하는 그 순간에 어떤 느낌이 경험되는지 관찰하기. 그러나 3장의 4절에서 언급했듯이, 이러한 장애가 심각할 경우, 감정 재구조화는 일반적으로 효과적이지 않다. 자기와 타인에 대한 재구조화와 방어의 재구조화는 이러한 환자들이 그들의 자기파괴성을 이해하고, 그들의 충동을 관리하도록 돕는 자기돌봄 기제를 구축할 수 있도록 도와줄 수 있다. 치료가 잘 진행되어서 충동 조절이 1~3년 동안 잘 유지된다면, 좀 더 적극적인 방어와 감정 재구조화 기법들을 적절하게 활용할 수 있다.

### 조현병

역사적으로, 많은 조현병 환자를 정신역동적 접근으로 치료해 왔지만, 우리는 그러한 사례들이 단기역동정신치료(STDP)를 통해서 성공적으로 치료했는지는 알 수 없다. 조현병은 대부분 생물학적인 원인에 의한 것으로 간주되지만, 연구들에서는 유전적 요인 외에 다른 요인들을 설명하고 있다. 따라서 다양한 심리치료(지지치료, 집단치료, 가족치료 등)는 조현병의 환경적 요인을 다루는 데 유용하다. 조현병의 증상과 행동들은 생물학적 기질이지만, 동시에 환경의 영향과 환자의 방어로서 이해할 수 있다. 조현병의 증상 및 행동과 연관된 감정 공포는 타인에 대한 공포, 자기에 대한 거대한 수치심을 포함한다. 조현병 환자들은 복잡한 사회적 자극을 처리하는 데 어려움을 느끼며, '사람에 대한 알레르기'를 보이는 것처럼 행동한다. 이러한 상황에서 그들은 사회적 자극으로부터 안전한 거리를 유지하기 위해 조현병 증상을 가지고 방어적으로 반응한다고 할 수 있다.

- **일차적 이득**: 관계에서 느끼는 불안, 공포를 회피할 수 있다.
- **이차적 이득**: 조현병이 만들어 내는 고립감, 사회적 거리감이 겉으로는 안전막처럼 느끼게 할 수 있다.
- **결여된 능력**: 대인관계 연결성과 타인과의 관계에서의 인내심을 키워 나가는 데는 단기역동정신치료(STDP)가 도움이 될 수 있다. 단기역동정신치료(STDP)를 할 때, 치료자는 환자가 경험하는 인간관계에 대한 극도의 공포를 이해해야 한

다. 치료자는 지지치료, 불안 조절, 타인과 관계할 때 심각한 수치심이나 공포 없이 친밀감이나 관계를 연결할 수 있도록 아주 섬세하게 치료를 해야 한다. 높은 강도의 감정을 불러일으키는 것은 조현병 환자에게는 높은 수준의 위험으로 경험할 수 있다. 그러나 친밀한 느낌에 대한 체계적 탈민감화는 사회적 상호작용을 좀 더 인내하도록 도움을 줄 수 있다.

## 4. 감정 공포 치료를 하는 데 있어서 축 II 진단 체계를 활용하기

축 II의 성격장애는 환자의 전형적인, 예측가능하고 전반적인 성격특성(만성적, 삶의 반응양식)을 나타내 준다. 단기역동정신치료(STDP)에서는 축 II 진단 준거(증상들)를 방어적 행동으로 간주한다.

### '순수한' 축 II는 아주 드뭄

'순수한' 축 II 장애는 아주 드물다는 것을 기억해야 한다. 축 II 장애의 여러 가지 준거를 충족하는 환자들도 있고, 또한 축 II 장애의 모든 준거를 충족하지 않고 다양한 범주에 걸쳐서 증상들이 혼합되어 나타나는 환자들도 있다. 게다가 축 II 장애에도 축 I 장애가 중복해서 나타나거나 추가해서 나타나기도 한다.

### 축 II 준거는 방어의 정도를 반영함

축 II 준거에 많이 부합할수록 다음과 같은 점을 유념해야 한다.

- 방어의 가능성이 큼.
- 자기와 타인과의 관계에서의 손상이 큼.
- 장기간의 치료 과정을 필요로 함.
- 감정에 대한 재구조화를 하기 전에 자기와 타인에 대한 재구조화, 방어에 대한 재구조화를 위한 치료가 필요함.

환자들은 심리치료 사정 체크리스트(Psychotherapy Assessment Checklist: PAC) 지필 검사를 통하여 축 II 준거에 부합하는지를 알 수 있다. 이로 인해 치료자들은 치료를 시작하기 전에 쉽고 빠르게 환자들의 상태를 알 수 있다(PAC는 웹 사이트에서 할 수 있음: www.affectphobia.org). 하지만 대부분의 환자들 중 약 20% 정도는 이런 진단적 준거에 대해 과장해서 보고하는 경향이 있다(강박장애는 20% 이상). 따라서 임상가들은 환자들이 체크한 준거들이 실제로 그러한지 사정해야 할 것이다. 물론 소수의 환자들은 그들이 사용하는 방어, 치료에 대한 동기, 처한 상황에 따라 그들의 증상에 대해서 과소평가하는 경우도 있다(예, 알코올 또는 약물 남용, 청소년기, 치료 의무를 이행해야 할 경우 등). 치료자가 PAC에서 축 II의 문항들의 총개수를 계산하는 것은 쉽다. 따라서 치료자들은 환자의 손상 정도를 빠르게 '대략'적으로 파악할 수 있다.

- **0~10항목**: 정상 범위(모든 사람들은 이러한 항목 범위에 해당된다.)
- **11~20항목**: 경미한 정도의 방어 사용(이러한 사람들은 단기역동정신치료에 적합하며, 빠르게 감정 재구조화 작업을 할 수 있다.)
- **21~40항목**: 중간 정도의 방어 사용(이러한 사람들은 대부분 단기역동정신치료 대상자에 속한다. 그리고 감정 재구조화를 하기 전에 방어에 대한 재구조화, 자기와 타인에 대한 재구조화 작업이 필요하다.)
- **40항목 이상**: 심각한 정도의 방어를 사용하며, 자기와 타인과의 관계에서 심각한 손상을 입음(이러한 사람들은 방어 또는 감정 재구조화를 하기 전에 초기에 자기와 타인에 대한 재구조화에 초점을 맞추어야 한다. 일반적으로, 축 II 척도에서 40항목 이상이 되면 장기 치료를 필요로 한다).

### 축 II 군집들

DSM-IV의 축 II 진단 체계는 세 집단으로 나눌 수 있다.

- A군: 이상한, 별난, 위축된 행동들
- B군: 행동화 또는 충동 행동들
- C군: 불안 또는 걱정 근심이 많음.

## A군 성격장애: 이상한, 별난, 위축된 행동들

### 편집성, 분열성, 분열형 성격장애들

A군 성격장애(편집성, 분열성, 분열형 성격장애)가 경험하는 주요 감정 공포는 친밀감에 관련된 문제다. 이러한 개인들은 '사람들에 대한 알레르기' 반응을 일으키는 것과 같다. 이들이 사용하는 전형적인 방어로는 투사, 이상화, 평가절하, 자폐적 판타지가 포함된다. 이러한 방어들은 대인관계적 접촉에 대한 불안을 회피하게 도와준다. A군 성격장애의 일차적 이득, 이차적 이득, 결여된 능력은 다음과 같다.

- **일차적 이득**: 너무 두렵거나, 친밀하거나, 자극적인 관계를 피하게 할 수 있다.
- **이차적 이득**: 홀로 된다는 것에 대한 전능적인 안전감을 느끼게 할 수 있다.
- **결여된 능력**: 신뢰할 만하고, 위로해 주고, 편안함을 주는 타인을 발견하는 능력이 결여되어 있다. 치료자와의 관계에서 치료자로부터 위로, 편안함 등을 경험하는 것이 중요하다. 체계적 탈민감화와 함께 치료자와 환자가 안전한 거리에서부터 시작해서 점점 더 친밀해지는 것이 중요하다.

## B군 성격장애: 행동화, 충동 행동들

### 히스테리성, 경계선, 자기애, 반사회성 성격장애들

B군 성격장애(히스테리성, 경계선, 자기애, 반사회성 성격장애들)가 경험하는 주요 감정 공포는 자기에 대한 긍정적 느낌에 관련된 문제다. 자기는 의식적으로 또는 무의식적으로 나쁘게, 부적절하게, 수치스럽게 경험된다. 충동 반응들(모욕에 대한 자기애적 분노, 거절에 대한 경계선적 혐오, 히스테리적인 방어적 감정, 반사회적 욕구에서 초래된 울화)은 충족되지 못한 갈등의 고통으로부터 야기된 방어적인 감정으로 간주된다.

### B군 성격장애는 자기와 타인에 대한 재구조화를 필요로 함

방어를 다루기 전에 자기와 타인과의 관계에 대한 재구조화가 이루어져야 한다. 장애가 심각할수록 단기역동정신치료 접근은 효과적이지 않을 수 있고, 오히려 장기적 정신역동, 인지적, 지지적, 기술 수립 모델이 더 효과적일 수 있다.

### 경계선 성격장애

경계선 성격장애가 겪는 주요 감정 공포는 취약한 자기 구조와 자기에 대한 긍정적 느낌의 결여가 특징이다. 안정된 자기이미지는 지각된 거절, 방임, 유기의 상황에서는 유지될 수 없다. 경계선 성격장애 환자들은 증상과 기능면에서 아주 다양하다. 덜 손상된 환자들은 충동 조절을 잘하는 숙련된 고기능의 개인이지만 어느 정도의 정체감 혼란(긍정적 자기감에 대한 갈등, 타인과의 관계에서의 자기감 상실)을 경험한다. 좀 더 심각한 손상을 입은 환자들은 정체감의 손상 정도가 심하며, 충동 조절의 문제(행동화, 자해 등)를 보인다.

- **일차적 이득**: 버려짐의 고통스런 느낌과 친밀감에 대한 고통스런 갈망을 회피하게 할 수 있다. 방어적 행동들로는 정체감 혼란, 공허감, 분노 폭발, 분열, 자기학대가 포함될 수 있다.
- **이차적 이득**: 부적절한 자기감과 타인을 조정하는 것을 강화할 수 있다. 방어를 통해 많은 것을 얻는 자기애 성격장애와 달리, 행동화와 자기학대를 보이는 경계선 성격장애 환자들은 얻는 것이 많지 않다. 그러나 손상된 충동 조절과 자해 행동은 때때로 자신이 사랑받지 못하고, 무가치하고, 혼자라는 참을 수 없는 감정적 고통으로부터 벗어나게 하는 유일한 방법이 될 수 있다. 더 심각한 경우에는 정서적 고통이 너무 커서 타인으로부터 관심을 얻으려고 하기보다는 극도의 신체적 고통으로써 정서적 고통을 감소시키려고 한다.
- **결여된 능력**: 타인과의 관계에서 강한 자기감이 결여되어 있다. 그리고 심지어 타인이 지지해 주지 않을 때라도 긍정적인 자기상을 지원하고, 유지하는 능력도 부족하다. 이러한 장애는 장기간의 치료가 필요하며, 기술 훈련이 필요할 수 있다(Linehan, 1993에서 재인용). 게다가 단기역동정신치료(STDP)는 특히 자기와 타인에 대한 재구조화 면에서 도움이 될 수 있으며, 치료 기간을 줄여 줄 수도 있다.

### 자기애성 성격장애

자기애성 성격장애가 겪는 주요 감정 공포는 취약한 자기 구조와 자기에 대한 긍정적 느낌의 결여로 인한 강렬한 수치심과 관련된다.

- **일차적 이득**: 타인으로부터 가치로운 사람으로 인정받는 것에 대한 갈망과 관련된 고통을 회피할 수 있다. 자기애성 성격장애 환자들이 주로 사용하는 방어로는 거짓 자기로 표현, 타인의 욕구보다는 자신의 욕구를 우선시하기, 타인으로부터 지나친 숭배를 얻으려 하기 등을 들 수 있다.
- **이차적 이득**: 안전감, 권력, 명성, 통제감을 얻을 수 있다. 타인과 결코 친밀해지려하지 않고, 타인에게 어떠한 영향도 받으려 하지 않기 때문에 타인의 유기나 배신에 대한 고통으로 결코 타격을 받지 않는다. 이러한 방어적 행동들은 점점 강화되어서 힘을 행사하며, 궁극적으로 변화하기가 어렵다.
- **결여된 능력**: 타인과 떨어져 있음으로써 얻게 되는 안전감이 아니라 타인과의 진솔한 관계연결성, 자기에 대한 진솔한 자부심, **상실을 애도**하는 능력이 결여되어 있다.

### 히스테리성 성격장애

히스테리성 성격장애가 겪는 주요한 감정 공포는 자기에 대한 긍정적 느낌의 결여와 타인과의 관계에서 느끼는 불안전감과 관련된다. 이러한 장애의 환자들은 약한 자기감을 강화하는 외적인 방법으로 장난삼아 연애를 하거나 타인으로부터 관심을 끌려고 애를 쓴다. 이러한 작업이 잘 되지 않을 때, 자신이 무가치하다고 느끼는 것의 고통과 슬픔을 차단하기 위해 강렬한 감정적 폭발을 한다. 히스테리성 성격장애 환자들 중에서 전반적 기능 평가(GAF) 점수가 50 이상이면 단기역동정신치료(STDP)가 효과적일 수 있다.

- **일차적 이득**: 방어적인 정서로 인해 고통스럽고 취약한 감정에 대해 회피할 수 있다. 장난삼아 연애를 하거나 타인을 조정함으로써 자기에 관한 느낌 및 타인에 대한 친밀감과 연관된 불안을 회피할 수 있다.
- **이차적 이득**: 방어적인 정서로 인한 위안과 통제감은 잠시나마 가치감을 획득하게 할 수 있다.
- **결여된 능력**: 방어적인 감정에 대한 인지적 조절과 적응적인 감정을 담아내는 능력이 결여되어 있다.

### 반사회성 성격장애

반사회성 성격장애는 친밀감, 돌봄, 연민, 온정, 공감과 관련된 감정에 공포를 느끼는 것이다. 이러한 환자들은 애착관계에서 심각한 결함을 보인다.

- **일차적 이득**: 어떤 형태이든 자신의 취약점을 회피하게 할 수 있다.
- **이차적 이득**: 힘과 통제감을 얻을 수 있다.
- **결여된 능력**: 친밀감, 애착, 온정, 공감 능력이 결여되어 있다. 반사회성 성격장애 환자의 경우, 치료자가 환자에게 '올바른 공감'을 하라는 것이 환자에게 많은 공감을 하라는 의미가 아니다. 이러한 환자들은 치료자를 '속이기 쉬운 사람'처럼 여긴다. 따라서 치료 동맹을 맺기가 불가능할 수 있다. 처음에 치료자가 환자에게 하는 '올바른 공감'은 환자에게 '치료자를 속일 수 없다.'는 것을 보여 주는 것이다. A군 성격장애 환자들에게 적정 수준으로 가까이 하는 것처럼, 반사회성 성격장애 환자를 위한 공감 역시 적정 수준으로 해야 한다.

## C군 장애: 불안, 걱정 근심이 많음

### 회피, 의존 그리고 강박성 성격장애

C군 성격장애(회피, 의존, 강박성 성격장애들)가 경험하는 주요 감정 공포는 자기감에 관련된 갈등, 타인에 대한 친밀감 또는 수용 능력에 관한 갈등을 포함한다. 단기역동정신치료(STDP) 모델이 처음에는 C군 성격장애 환자들에게 실시되었으며, 의미 있는 향상도 보고되었다. C군 성격장애 환자들 중에서 GAF 점수가 50 이상이며, A군 성격장애와 B군 성격장애가 없는 환자들을 대상으로 치료자가 처음에 환자들에게 그들이 사용하고 있는 방어를 지적하고, 가능한 한 빨리 방어를 포기하도록 격려했다.

### 회피성 성격장애

회피성 성격장애 환자들이 사용하는 방어(감수성의 거부, 사회적 상황, 새로운 것들, 밀접한 관여를 피함)는 거부에 대한 두려움, 자기감에 대한 수치심 때문에 친밀감이라는 적응적 감정을 피한다.

- **일차적 이득**: 사회적 상호작용에서 야기될 수 있는 감정들에 대한 공포로부터 회피할 수 있다. 즉, 사회적 상호작용에서 느낄 수 있는 수치심, 무가치감, 반감으로부터 회피하게 한다.
- **이차적 이득**: 자기를 보호할 수 있으며, 타인과 떨어져 있음으로 인해 편안함을 느낄 수 있다.
- **결여된 능력**: 타인과의 애착과 친밀감에 대해 견디는 능력(억제 감정의 적응적인 수준에서)이 결여되어 있다.

### 의존성 성격장애

의존성 성격장애 환자들이 겪는 주요 감정 공포는 분노/주장성과 자신감 또는 자율성과 관련된 것이다. 이러한 장애를 겪는 환자들은 돌봄, 의사결정, 주도성 등의 능력을 스스로 획득하지 못했기 때문에 타인이 이러한 능력을 대신 행사해 주기를 원한다. 의존성 성격장애 환자들은 책임감을 부여받은 채로 홀로 남겨질 때, 이성을 잃고 허둥지둥하게 된다.

- **일차적 이득**: 자율, 독립, 혼자라는 느낌과 관련해서 느껴지는 불안, 죄책감, 수치심, 기타 고통 등(억제 감정)으로부터 회피하게 할 수 있다. 이러한 환자들의 방어적 행동들로는 위로 추구, 우유부단, 무기력, 유치한 행동이 포함된다.
- **이차적 이득**: 타인에게 의존하거나 자신의 삶에서 부여되는 책임을 회피함으로 인해 안전감과 편안함을 느낄 수 있다(CC, pp. 417 참조).
- **결여된 능력**: 자기에 대한 유능감과 숙달감 그리고 혼자 있을 때의 고통보다는 편안함을 느끼는 것, 자율성을 느끼는 것이 결여되어 있다.

### 강박성 성격장애

강박성 성격장애 환자들은 일반적으로 느껴지는 감정에 대해 공포를 경험한다. 즉, 정서가 혼돈으로 느껴지기 때문에 장애 증상들은 이러한 혼돈스러운 감정들을 통제하기 위해 발현된다. A군 성격장애 반응들이 '사람에 대한 알레르기'였다면, 강박성 성격장애는 '느껴지는 것에 대한 알레르기'로 이해할 수 있다.

- **일차적 이득**: 자신 또는 타인과의 관계에서 느끼는 불유쾌한 감정을 회피할 수

있다. 따라서 감정 공포는 주요 정서인 분노, 슬픔, 친밀감, 자기감과 연관된다. 방어적 행동으로는 완고함, 경직, 무미건조함, 문제회피, 소외감, 주지화를 들 수 있다.

- **이차적 이득**: 느끼지 않음으로써 조용하고 평화롭게 살 수 있다. 즉, 모든 것을 통제하고 있다고 여길 수 있다.
- **결여된 능력**: 혼돈이 아닌, 편안하게 느껴 보는 경험이 결여되어 있다. 이러한 환자들은 일반적으로 느끼는 것에 대한 공포가 있기 때문에 불안 조절이 필요하다. 느낌은 언제나 존재한다는 것을 기억해야 한다. 따라서 치료자는 환자에게 아무리 작은 느끼는 경험일지라도 느끼는 것의 유용함을 알려 주고, 느끼도록 격려해야 한다.

### 축 II에서의 C군 성격장애 진단에 잠정적으로 속할 수 있는 장애들

두 가지 마지막 장애는 DSM-IV 또는 DSM-IV-TR에서 공식적인 진단명으로 표명화되지는 않았지만, 부록 B에 포함되어 있다. 그러나 이 두 가지 장애는 임상적 실제에서 나타나고 있으며, 이러한 환자들을 확인하고 치료해야 한다. 이 두 가지 장애는 C군 성격장애 진단명으로 분류되어야 한다.

### 우울성 성격장애

우울성 성격장애는 자기 패배적 성격장애와 유사하며, 축 II 장애 행동 패턴에 속할 수 있다. 그리고 우울성 성격장애는 단기역동정신치료(STDP)에 가장 적합하다. 이 장애가 겪는 주요 감정 공포는 자기에 관한 긍정적 느낌, 특히 자기돌봄에 관련된 문제다. 우울성 성격장애 환자들이 사용하는 방어로는 부적절하게 느끼기, 부정적 예견, 과도한 죄책감 또는 걱정을 들 수 있다.

- **일차적 이득**: 애착을 위협하는 갈등적인 느낌을 회피할 수 있다.
- **이차적 이득**: 대인관계 갈등을 피하거나 수동적, 복종적 행동 때문에 타인으로부터 승인과 돌봄을 받을 수 있다.
- **결여된 능력**: 경계 설정과 요구하기(기본적 욕구의 주장 측면)를 포함한 자기돌봄 능력이 결여되어 있다. 그리고 대인관계에서의 갈등을 견디기 위해서 타인의 긍정적, 부정적 느낌에 대한 더 큰 수용이 필요하다.

### 수동 – 공격성 성격장애

수동–공격성 성격장애 환자들은 일반적으로 무의식적으로 행동하기 때문에 장애를 확인하기가 어렵고, 더구나 자기보고식 검사도구로는 확인하기가 쉽지 않다. 이러한 장애를 확인하는 하나의 지표는 환자가 수많은 타인에 대해서 설명할 수 없거나 또는 이치에 맞지 않는 분노가 올라오는 패턴을 보고할 때다. 이러한 장애가 겪는 주요 감정 공포는 분노와 관련된 문제다.

- **일차적 이득**: 대인관계 갈등 또는 부정적 느낌에 대한 표현을 회피할 수 있다.
- **이차적 이득**: 숨어서 싸우는 쾌락을 느끼고, 강화할 수 있다. 타인을 격분하게 하고, 동시에 부인하면서 도망치는 것은 강렬한 느낌이 될 수 있다. 만약 이러한 패턴을 포기하게 되면, 수동 공격성보다는 다음의 결여된 능력을 개발하는 것이 가치롭다는 것을 알아야 한다.
- **결여된 능력**: 1) 갈등을 다루는 안전한 방법(예, 주장성), 또는 정서적으로 분리하기, 2) 친밀함에 가치를 부여하고 즐기는 능력이 결여되어 있다.

## 5. 결론: 진단에 근간이 되는 감정 공포에 초점 두기

결론적으로 말하자면, 단기역동정신치료(STDP)가 진단적 범주를 치료의 시작점으로 간주하는 것은 아니라는 점이다. 대신에 DSM이 정의하는 장애들은 생물학적 기질과 감정 공포의 정신역동적 구성 요소들 간의 결합으로 기인한다고 볼 수 있다. 개별적인 증상들 또는 DSM 준거들은 적응적인 느낌(F)의 경험을 방해하는 방어(D), 또는 방어가 제대로 작동하지 못할 때 초래되는 불안(A)들을 나타내 준다. 치료의 초점은 환자의 진단적 증상들에 기여하는 특정 감정 공포의 탈민감화에 있다. 즉, 이러한 탈민감화가 성공적일 때 환자의 진단적 증상도 치유될 것이다.

제12장

# 종 결

**목표**: 치료를 언제 종결하고, 어떻게 종결할지에 관해 설명하기

**치료자의 자세**: 환자의 파트너로서 환자와 함께 치료 과정에 대해 검토하고, 환자의 변화를 축하하기

**불안 조절**: 환자의 재발에 대한 두려움을 예측하고 다루기 그리고 환자가 치료를 통해서 얻은 효과를 유지하도록 격려하기

**다루는 주제**
1. 종결에 대한 개관
2. 어떤 변화가 일어났는지에 관해 사정하기
3. 변화를 이끈 요인에 관해 사정하기
4. 환자의 진전에 대해 축하하고, 앞으로 어떤 작업이 더 필요한지 알기
5. 치료자에 대한 다양한 느낌을 탐색하기
6. 치료에 대한 상실감을 새로운 지지 체계로 대체하기
7. 결론과 마치기

**종결을 고려해야 할 경우**

- 주요 문제 영역에서 많은 향상을 보이는 경우
- 주요 감정 공포가 해결되거나 향상이 진행되고 있는 경우
- 환자가 치료 효과를 유지하거나 작업을 해 나가는 데 자신감이 생긴 경우

## 1. 종결에 대한 개관

단기역동정신치료(STDP)의 종결은 다음의 준거가 충족될 때 고려할 수 있다.

- 주요 문제 행동이 의미 있게 변화가 되었을 경우
- 환자가 변화를 유지하고, 확장시킬 수 있다고 느끼는 경우

### 환자의 손에 치유 도구를 건네줌

단기역동정신치료(STDP)의 경우, 환자의 문제가 치료가 종결되기 전에 완전히 해결되어야 하는 것은 아니다. 단기역동정신치료(STDP)는 치료 과정 동안에 활용했던 치유 도구들을 이제는 치료실 밖에서 환자가 스스로 활용할 수 있도록 연결해 주는 시도를 한다. 즉, 환자의 손에 치유의 도구를 건네주고, 환자가 가능한 한 빨리 스스로에게 치유를 할 수 있다고 느끼게 한다는 것이다. 종결 시점에서 환자의 감정 공포(핵심 갈등)가 충분히 해결되지 못했다면, 환자에게 다음의 것들이 필요하다.

- 특정 느낌을 경험하지 못하게 하는 방어에 대해 알아차림.
- 이러한 방어를 좀 더 깊게 다루기 위한 도구
- 치료 과정 동안에 해 왔던 작업들을 스스로 계속할 수 있다는 자신감

환　자: 저는 지금 많이 좋아졌어요. 저는 이제 동료들과 잘 지내기 위해서 어떻게 해야 되는지 알아요. 모든 일이 순조로워요!

치료자: [환자에게 긍정적인 변화가 일어나서 환자가 한 일들에 대해서 축하한 후] ○○씨도 알다시피 처음에 자기 주장면에서 문제가 있어서 치료를 시작했어요. 지금 ○○씨는 아주 좋아졌어요. ○○씨, 치료를 종결하는 것에 대해서 어떻게 느끼나요?

앞의 치료자의 질문에 대해서 다음과 같은 여러 가지 환자의 반응이 나타날 수 있다.

환자 1: 저는 여기서 한 것처럼 밖에서도 잘 대처해 나갈 거예요. 저는 정말로 더 이상 여기에 올 필요가 없는 것 같아요.

환자 2: 저는 선생님 말씀이 맞는 것 같아요. 저는 이제 더 이상 자기주장 때문에 치료를 받을 필요가 없어요. 저는 아직도 통제 부분에서는 문제가 많다고 생각해요. 하지만 웃기죠. 일도 잘하고 있고, 외로움도 많이 느껴서 이제 결혼도 하고 싶어요. 그런데 저는 치료에서 했던 것들이 저의 대인관계에 도움이 될지는…… 아직도 잘 모르겠어요.

환자 3: 저는 아직 치료를 그만둘 준비가 안 되었어요. 저는 물론 많은 변화를 했어요. 하지만 저에게는 예전 방식으로 되돌아가지 않을 정도의 확신은 없어요.

환자가 치료 종결에 대해 편안함을 느껴야 하며, 치료 효과를 유지할 수 있고, 더 이상 예전의 패턴으로 되돌아가지 않을 것이라는 자신감이 있어야 한다. 만약 환자가 종결에 대해서 불안해하거나 꺼려한다면, 이러한 느낌에 대해서 탐색해야 한다. 때때로 이런 상황은 치료가 더 지속되어야 하는 표시일 수 있고, 또 어떤 경우에는 종결에 대한 두려움을 말하는 과정 자체가 환자가 스스로 적절한 종결 시점에 대해 결정하게 하는 결과를 초래할 수 있게 한다.

### 환자의 만족

치료자와 환자가 종결에 대해 동의를 했다면, 이제는 치료 과정 동안에 환자에게 일어난 변화들에 대해 검토하는 과정을 시작할 수 있다. 간단하게 다음과 같은 종결에 대한 검증을 할 수 있다. **환자는 소기의 목표를 달성했는가?** 문제가 해결되었나?

환자가 변화가 일어난 원인에 대해서 이해하는 것이 중요하다. 환자가 자신의 패턴들에 대해서 더 잘 이해할수록 그들의 진전은 앞으로도 계속 지속될 것이며, 이전의 역기능적인 패턴들로의 퇴행을 막을 수 있다.

### 치료는 점진적으로 종결해 나가야 함

종결은 갑작스럽게 하면 안 된다. 치료의 빈도를 2주에 한 번씩 하는 식으로 줄이다가 점진적으로 종결해 나가야 한다. 이러한 점진적인 종결은 환자로 하여금 치료자로부터 받은 도움을 감소해 나가면서 이때까지 치료를 통해 일구어 낸 변화를 공고화하도록 해 준다. 이 기간 동안을 비유하자면, 환자가 치료자로부터 키를 양도받아 스스로 키를 가지고 항해해 나가는 것이다. 정해진 정규 치료 기간이 끝난 다음에도 추수 상담은 환자의 치료 효과를 유지하도록 도움을 줄 수 있다. 행동주의 연구들에서는 이러한 추수 상담의 가치에 대한 많은 증거들을 입증하였다.

### 다음 치료 시간까지의 간격을 점차적으로 늘려 나감

치료를 종결한다는 것은 특히 상실 또는 버려짐에 대한 고통이 있는 환자들에게는 어려운 과업이다. 이러한 사례의 경우, 환자가 스스로 치료 효과를 유지할 수 있을 때까지 치료 기간을 2주일에 한 번, 1달에 한 번, 3달에 한 번 같이 점차적으로 간격을 늘려 나가야 한다. 환자가 도움을 청하러 되돌아오지 않더라도, 환자에게 만약 필요하다면 치료에 언제든지 다시 되돌아올 수 있다는 것을 알려 주어야 한다.

## 치료자의 자세: 환자의 파트너로서 환자와 함께 치료 과정에 대한 검토와 변화에 대해 축하하기

단기역동정신치료(STDP)의 다른 단계와 마찬가지로, 치료의 종결은 환자와 치료자 간의 협력적 과정이어야 한다. 즉, 치료자는 환자가 최대 이익을 얻을 수 있도록 도와주는 지속적인 옹호자인 셈이다. 이 장 후반부에서 치료 과정에 대해 검토하고, 환자의 변화에 대해 축하하는 데 있어서 치료자의 역할에 대해 논의할 것이다. 이러한 논의 부분에서는 종결 과정을 다루는 데 있어서 치료자의 역할을 조명할 것이다.

### 치료의 종결을 제안함

환자가 제시하는 문제가 본질적인 진전이 일어날 때, 치료자는 환자에게 종결을 격려하거나 치료 빈도를 줄여 나갈 것이다. 물론 환자가 더 이상 치료를 필요로 하지 않거나 또는 환자가 종결에 대해 생각할 수 있을 때 치료자는 치료 종결에 대해 좀 더 확신할 수 있다. 환자의 감정 공포가 치료 과정 동안에 잘 치료되었다면, 치료자는 환자가 스스로 해낼 수 있다는 믿음과 확신을 환자에게 보여 주어야 한다.

치료자: 이제 ○○씨는 치료비를 자신의 휴가[오페라 티켓, 스포츠 관람 등]에 쓸 수 있어요. 어떻게 생각하세요?

환 자: 그런 일은 결코 저에게 일어나지 않을 거예요.

치료자: 음, 생각해 보면 어떨까요? ○○씨가 여기에 처음 왔을 때, 그때는…… ○○씨가 너무 낙담되어 있었고, 치료가 필요했어요. 휴가를 즐길 수 없었어요. 하지만 지금은 ○○씨가 삶을 많이 즐기고 있어요. 한 달에 지불하는 치료비를 생각해 보세요. 이 치료비를 가지고 다른 즐길 거리에 투자해 보는 것을 고려해 보세요.

환 자: 그렇게 생각하니 재밌네요. 전 아일랜드에 가고 싶어요. 하지만 제가 여기서 떠날 준비가 되어 있는지 확신이 안 서요. 선생님은 저를 쫓아내려고 하는 건가요?

치료자: 전혀 아니에요. ○○씨가 필요하다면 언제든지 치료를 계속 받을 수 있어요. 하지만 치료의 목표는 더 이상 치료가 필요하지 않게 하는 거지요. 그래서 저는 ○○씨가 치료를 종결해도 되는……, 즉 ○○씨 삶을 즐길 수 있는 능력이 생긴 그 지점을 상기시켜 주는 거예요.

치료 효과를 측정하는 하나의 방법은 환자가 '자신의 삶을 즐길 수 있는 능력이 향상되었느냐'다.

## 불안 조절: 미래에 대해 예상하고 계획 세우기

모든 환자가 다 해당되는 것은 아니지만, 대부분의 환자의 경우에는 종결에 대한 예상은 어느 정도 큰 불안을 불러일으킨다. 종결 과정의 필수적인 부분은 환자로 하여금 미래의 어려움을 예상하게 하고, 이러한 어려움이 발생했을 때 어떻게 대처하면 좋을지에 대해 준비시켜서 결과적으로 환자의 불안을 감소시켜야 한다.

### 치료 효과를 유지하고 장애물을 다루기

변화는 하나의 선형 과정이 아니다. 진전했다가 후퇴했다가 또다시 시작하는 단계들을 거친다. 환자는 삶에는 장애물이 존재하고, 그러한 장애물에 대비해야 한다는 것을 이해해야 한다. 치료자는 환자가 변화를 도모하고, 그 이상의 성장을 초래하게 하기 위해서 환자에게 미래에 대한 예상이라는 성숙한 방어를 사용하여 스트레스가 될 수 있는 미래의 어려움, 관계에 대한 어려움을 살펴보게 함으로써 예방접종을 하게 하는 것이다.

### 미래의 어려움에 관해 대비하기

치료 효과를 유지한다는 것은 환자로 하여금 치료에 계속 머물게 한다는 의미가 아니다. 환자가 자신의 변화가 왜 일어났는지를 이해하고, 재발을 막고, 재발로부터 회복하는 방법을 알아야지 환자가 치료실 밖에서의 변화를 성장시키고, 진전시키는 능력을 가지게 될 것이다. 단기역동정신치료(STDP)에 관한 연구들에서는 치료 종결 몇 년 후까지 환자의 향상이 지속됨을 입증해 주고 있다.

### 가족 체계를 고려하기

미래에 대해 예상하는 과정에서 환자의 변화가 환자 주변 사람들에게 어떤 영향을 미치는지에 관한 사정이 포함되어야 한다. 왜냐하면 환자의 중요한 특성이 변화된 후, 환자의 배우자/파트너, 또는 의미 있는 타인들이 이러한 변화가 그들과의 관계에 미치는 영향에 대해 논의하기 위해 치료 과정에 올 수도 있기 때문이다. 치료 관계에서 작업이 많이 있었더라도 환자의 특성 변화가 발전되고 유지되는 것은 실제 사랑하는 관계에서다.

치료자: 변화라는 것이…… 단지 고르게 그리고 원만하게 일어나는 것은 아니랍니다. ○○씨는 힘든 시기에 부딪히면서 예전의 방어적 패턴이 나타남을 발견했어요.

환 자: 네, 기억나요.

치료자: 자, 그러면 ○○씨의 주요 인간관계를 살펴봅시다. ○○씨가 지금 반응하는 방식과 다른 방식으로 반응했기 때문에 문제가 생겼는데요. 어떤 문제 때문이었는지 떠올려 볼까요?

환 자: 좋은 생각이에요. 예를 들면, 저는 제 남동생을 기쁘게 하기 위해서 가족의 재회를 반대했다는 사실을 몰랐어요.

### 추수 상담

이전에 이미 논의했듯이, 환자의 행동 변화의 유지는 환자가 스스로 변화를 유지할 수 있다고 느끼기까지 4주, 6주, 8주 간격으로 추수 상담을 통해 검토되어야 한다. 치료가 서서히 종결된 후, 필요하다면 처음 1년 내에 지속적으로 점검하는 것이 도움이 된다. 이러한 추수 상담의 시간 계획 설정과 추수 상담이 있다는 것을 아는 것은 환자의 종결에 대한 불안을 감소시켜 준다.

추수 상담은 전형적인 단기역동정신치료(STDP)의 시간과 똑같은 형식을 취한다. 문제 영역이 검토되고, 필요하다면 방어와 감정이 다루어진다. 환자들은 그들의 핵심 갈등에 관해서 이미 많이 다루었기 때문에 방어에 직면하고, 감정에 대해 탐색할 수 있다.

치료자: 좋아요. ○○씨가 예전의 익숙한 패턴에 또 빠졌다는 소리로 들리는군요. 우리는 여기서 많은 진전을 보았어요. 자, 이제 ○○씨의 저 밑에 있는 깊은 느낌을 잘 살펴보자고요. 그래서 어떤 갈등이 여전히 ○○씨를 곤경에 빠뜨리는지 봅시다.

인생 패턴에서 빠르고 극적인 행동 변화를 경험한 환자들은 언제든 추수 상담이 필요하다. 빠른 변화 후에 재발이 나타나는 것은 일반적인 현상이다. 왜냐하면 새로운 습관은 아직 변화를 유지하기에는 충분히 구축되어 있지 않기 때문이다. 따라서 환자가 치료로 되돌아오는 가능성을 배제해서는 안 된다. 그러나 치료자가 환자의 자율성에 관해 격려하고, 치료 목표를 달성하기 위한 추수 상담 시간을 가능한 한 소수 회기로 제한해야 한다.

### 환자가 '환자를 향한 치료자의 마음'을 내면화하도록 돕기

치료 종결 즈음에 가장 중요한 개입 중의 하나는 환자가 '환자를 향한 치료자의 마음을 내면화해서' 가져가도록 돕는 것이다. 예를 들면 다음과 같다.

환　자: 저는 아직 저 혼자 할 수 있을지 모르겠어요.

치료자: ○○씨는 이 주간, 또는 그 이상의 기간 동안에 얼마나 힘들게 보냈는지 그리고 ○○씨는 제가 말한 것을 떠올릴 수 있고, 제가 마치 그곳에 ○○씨와 함께 있는 것처럼 느껴진다고 말했어요?

환　자: 네, 맞아요.

치료자: 우리는 종결 가까이에 있어요. 여기서 ○○씨가 배웠던 것을 작업해 보자고요. 그러고 나서 우리는 몇 주 못 볼 것이고, ○○씨는 혼자 해야 하는 상황이 올 거예요.

좀 더 예를 들어 보면 다음과 같다.

치료자: 치료 종결이 다가오는데 ○○씨가 예상하는 어려움은 뭐예요?

환 자: 예, 저는 제 인생에서 잃었던 것들을 떠올리면 견딜 수가 없어요. 선생님이 저에게 많이 지지가 되었어요. 저는 이러한 것들을 실제로 어떻게 다룰지 모르겠어요.

치료자: ○○씨를 향한 저의 마음을 기억할 수 있을까요? 제 말이 이해가 되시나요?

환 자: 선생님이 치료 초기에 했던 말인 것 같아요. 선생님이 저에게…… 선생님이 일주일 동안 저를 어떻게 생각할 것 같냐고 물어보셨어요

치료자: 네, 맞아요. 바로 그거예요. 우리는 정규적으로 일주일에 한 번밖에 볼 수 없기 때문에 서로에 대한 느낌을 나눌 수가 없어요. 다음 달에 제가 ○○씨에 대해서 어떤 마음을 가지고 있을 것 같으세요?

환 자: 오, 저는 선생님이 제가 잘 되기를 원하는 것을 알아요! (눈물을 흘리며) 선생님은 제가 행복하게 잘 지내기를 원하실 거예요. 저는 그것을 절실히 느껴요!

치료자: 맞아요. 저는 그럴 거예요. 그리고 ○○씨는 저의 이런 마음을 간직해 가서 편안해지는 데 활용할 수 있을까요?

환 자: 네, 좀 할 수 있을 것 같아요. 선생님의 마음을 간직하도록 노력할 거예요.

치료자: 그리고 ○○씨가 여기서 배운 것들을 기억하고, 잘 활용할 수 있을까요?

환 자: 오, 제가 배운 것을 결코 잊지 않을 거예요. 저는 많이 변화했어요. 그리고 문제를 만나더라도, 예전 방식처럼 되돌아가지는 않을 거예요.

치료자: 네, 저는 ○○씨가 우리의 치료를 간직해서 가져가시고, ○○씨와 함께한 저의 마음도 같이 가져가길 바랍니다.

이러한 개입은 이 책 전체에 걸쳐서 반복적으로 시도해 온 요점을 강조한다. 즉, 치료적 변화는 특정 '기법' 또는 '개입'만큼 돌봄, 진솔한 관계에 달려 있다.

## 2. 어떤 변화가 일어났는지에 관해 사정하기

다음의 질문들은 다양한 치료 단계에서 환자가 어떤 치료 효과를 얻었는지 사정하는 데 도움이 될 것이며, 특히 종결을 고려할 때 중요한 사항이다. 그리고 치료자가 고려할 주요 주제들은 '치료의 목표는 달성했는가?' 또는 '환자에게 여전히 강조

되어야 할 영역이 있는가?'다.

- 환자가 치료 시간에 방어적이지 않고 감정을 자유롭게 경험할 수 있는가? 환자가 적절하게 온정적이고, 울고, 화낼 수 있는가?
- 여러 가지 감정이 치료실 밖에서도 적응적으로 표현되고 있는가? 즉, 환자가 적절하게 자기 주장을 하고, 적절하게 자기 표현을 하며, 적응적으로 무언가를 한다는 느낌이 들며, 적절하게 질문하고, 타인과 함께 울고, 온정을 느끼며 친밀감을 느끼는가?
- 어느 정도의 방어가 유지되고 있는가? 방어가 어떻게 변화했는가? 방어가 빈도면에서, 유형면에서, 강도면에서 감소했는가?
- 환자는 만족스러운 주고받는 관계를 할 수 있는가?
- 환자는 생산적이고 만족을 주는 일에 관여하고 있는가?
- 환자가 자신의 주요한 문제들의 기저에 있는 핵심 갈등에 관한 개념화가 (a) 명확하게 되어 있고, (b) 더 이상 자아 동질적이지 않고, (c) 좀 더 적응적인 반응들로 대체하기 시작했는가?
- 환자가 자기와 타인에 대한 지각을 좀 더 적응적으로 하고 있는가?
- 환자가 원하는 것과 자신의 욕구에 대해 표현할 수 있고, 주변 사람들로부터 좋은 것들을 수용할 수 있는가?

### 감정 공포의 해결에 대해 사정

핵심 갈등 또는 감정 공포가 어느 정도 해결되었는지에 관해 사정하기 위해서는 다음과 같은 질문들이 도움이 된다.

#### 분노/자기 주장성

치료자 1: 제가 치료 시간에 늦게 왔을 때, 어땠어요?

치료자 2: 엄마가 ○○씨가 듣기 싫은 얘기들을 계속할 때, 엄마에게 어떤 말을 했어요?

치료자 3: ○○씨가 처음 치료 받으러 왔을 때는 동료에게 도움 구하기를 정말 어려워했는데요. 지금은 어때요?

### 슬픔

치료자 1: 제가 기억하기에는…… ○○씨가 처음 저를 만나러 왔을 때 남동생의 죽음에 대해 슬픔을 느끼는 것을 아주 어려워했어요. 지난 몇 주 동안 ○○씨는 남동생의 죽음에 대해 아주 많이 울었어요. 이러한 경험이 ○○씨에게 어떻게 느껴지는지 궁금해요.

치료자 2: 방금 ○○씨가 눈물을 보인 것 같은데요. 그런데 바로 눈물을 그쳤어요. 무엇을 느꼈고, 무엇 때문에 눈물을 그쳤나요?

치료자 3: ○○씨 남동생이 아버지 기일 때문에 전화했을 때, 어떤 대화를 했나요? 저는 ○○씨가 전에 얘기했던 게 기억나요. ○○씨와 남동생은 아버지에 관해서는 절대로 얘기를 안 한다고요.

### 친밀감

치료자 1: 우리는 이제 치료 종결 시점에 와 있어요. 저는 알고 싶은 게 있어요. ○○씨가 저랑 만난 지도 몇 달 되는데, 저에 대해서 그리고 우리 관계에 대해서 어떻게 느껴지나요?

치료자 2: ○○씨는 자신의 주요 문제로 남자 친구에게 친밀감을 느끼기가 어렵다고 얘기했어요. 지금과 처음에 상담하러 올 때와 비교하면 어때요? 그와 좀 더 친밀하게 접촉할 수 있나요? 그에게 좀 더 편안함이 느껴지나요?

치료자 3: ○○씨는 요즘 친구들에게 일상에 대해서 얘기를 더 많이 하게 되었다고 했어요. 저는 ○○씨가 처음에 여기에 왔을 때 기억이 나네요. 최근에 친구에게 편하게 얘기했던 예를 들어 볼래요?

### 자기에 대한 긍정적 느낌들

치료자 1: ○○씨가 다른 사람들과의 관계에서 일정한 경계를 지을 수 있다는…… 멋진 얘기를 했어요. ○○씨가 처음 여기에 왔을 때 이런 부분을 어려워했거든요. ○○씨가 이렇게 다른 사람들과의 관계에서 일정한 경계를 짓는 것에 대해서 어떻게 느껴지나요? 사람들로부터 존중받는다는 느낌이 드나요? 아니면 강요받는다는 느낌이 드나요?

치료자 2: ○○씨는 예전처럼 그렇게 힘들게 보이지 않아요. 제 말이 맞나요?

### 치료 성과를 사정하는 데 있어서 심리치료 사정 체크리스트(PAC) 활용

최종 평가를 하기 위해서는 심리치료 사정 체크리스트(Psychotherapy Assessment Checklist: PAC/웹 사이트: www.affectphobia.org)를 치료 종결쯤에 다시 사용하여서 변화 정도를 살펴볼 수 있다. 즉, 치료 시작 지점에 실시하고, 실제 종결 몇 회기 전에 심리치료 사정 체크리스트를 다시 사용해서 평가함으로써 치료 효과를 확인하고, 여전히 어려운 영역에 대한 정보도 알아낼 수 있다.

예를 들면, 척도(1~10점, 심각성 척도)상 현재 문제가 이전에는 8점 이상(심각한 수준)이었는데, 현재는 3점 이하(경미한 정도)로 감소되는 것을 보였다면, 변화를 보인 것으로 간주할 수 있다. 환자의 향상을 지속시키게 하는 요인은 무엇인가? 축 I, 축 II 증상들은 여전히 남아 있는가? 만약 증상들이 여전히 남아 있다면, 치료를 시작하고 나서 심각성의 정도가 의미 있게 낮아졌는가? 환자가 치료에 만족하는가? 치료 종결 시점에서 측정한 전반적 기능 평가(Global Assessment of Functioning: GAF) 점수는 환자가 일구어 낸 진전의 지표로 사용될 수 있다.

#### 예: 문제의 변화에 대해 평가하기

치료자: ○○씨가 어떠한 주요 변화를 경험했고, 그러한 변화를 어떻게 일구었는지 봅시다. 세 가지 핵심적인 주제들에 초점을 맞추어 왔어요. 즉, ○○씨가 아버지의 죽음에 대해 애도하지 못하는 부분, 공적으로 말하는 데 있어서의 부끄러움을 느끼는 점, 타인을 믿고 타인에게 자신을 개방하는 데 어려움을 느끼는 점이었어요. 이러한 각 영역에서 ○○씨는 어떻게 했나요?

환 자: 음, 저는 아버지의 죽음에 대해 충분히 슬퍼했어요. 그 결과, 저는 전반적인 상황에 대해 더 좋게 느끼게 되었어요. 저는 처음에 여기에 왔을 때 엄청 고통스러웠어요. 그런데 지금은 많이 편안해요.

치료자: 그럼, 이 문제들에 대해서 지금은 어떻게 평가할 수 있을까요? 1~10점 사이에서 점수를 매긴다면?

환 자: 오, 수치로 하기에는 어렵군요. 하지만 많이 좋아졌어요.

치료자: 네, 수치화하기는 어렵죠. 하지만 잠시 생각한 후에 다시 시도해 보세요. 10점은 '최악'을 의미하고, 1점은 '문제 없음'이며, 5점은 '중간 정도의 어려움'이에요. ○○씨의 문제는 어디에 속하죠?

환 자: 아마도 점수는 아주 낮아요. 저는 더 이상 문제가 되지 않아요. 한 2~3점 정도!

치료자: 좋아요. ○○씨는 처음 여기에 왔을 때는 문제에 9점을 주었어요. 오, 본질적인 변화가 일어났네요. 자, 이제는 특정 변화에 대해 살펴봅시다.

## 3. 변화를 이끈 요인에 관해 사정하기

### 변화에 기여한 요인

치료자는 치료를 종결할 즈음에 환자로 하여금 어떤 변화가 일어났는지를 살펴보게 할 뿐만 아니라 변화가 일어난 요인에 대해서도 살펴보게 해야 한다. 환자는 각각의 행동 변화에 대해서 가능하면 의식하고 있어야 한다. 즉, 이 시점에서 환자는 모호한 기술이 아니라 특정 변화의 예들을 제시할 수 있어야 한다. 치료자는 환자가 무엇이 자신의 변화를 이끌게 했는지에 관해 말하도록 요청할 수 있다. 환자가 자신의 변화를 이끌게 한 요인에 대해서 명료하게 얘기하기까지는 10~15분 이상이 소요될 수도 있다. 변화를 이끈 요인에 관해서는 몇 주 이상 동안에 다루어져야 한다. 환자가 변화를 초래하게 한 요인에 대해 답을 하는 데 오랜 시간이 걸린다면, 때때로 예상했던 것과 다른 답이 나올 수도 있다. 다음은 환자들이 언급하는 다양한 변화 요인이다.

첫째, 변화에 기여하는 요인으로 방어의 재구조화를 들고 있다.

환 자: 뭐라고 꼭 짚어서 말할 수는 없지만…… 선생님이 저에게…… 제가 투사를 어떻게 하는지 지적해 주었어요. 실제로 사람들은 저를 비난하지 않는데…… 사람들이 저를 비난한다고 투사하는 것을 지적해 주셨을 때, 아마도 제가 변화하기 시작했던 것 같아요. 선생님은 제가 어떻게 하는지를 보여 주었고…… 저는 제가 그렇게 하는 게 참 바보처럼 느껴졌어요.

치료자: 네, 저는 ○○씨가 사람들에게 익숙하게 사용했던 반응 방식을 버리도록 도왔네요.

둘째, 변화에 기여하는 요인으로 갈등 감정의 탈민감화를 들 수 있다.

환 자: 네, 도움이 된 것은 다른 사람들과 함께 저의 느낌에 대해서 나누는 것이 훨씬 편해졌어요. 선생님이 제가 좀 더 주장적이게 도와주었어요. 그리고 제가 울도

록 도와주셨고…… 우는 것이 이상하게 느껴지지 않아요. 저는 사람들이 저를 미친 사람으로 생각할까 봐 두려워서 사람들에게 저의 느낌들을 보여 주지 않았어요.

마지막으로, 변화에 기여하는 요인으로 자기와 타인에 대한 재구조화를 들 수 있다.

치료자: ○○씨가 도움을 받은 부분이 있나요?

환　자: 저는 저 자신에 대해 좀 더 자신감이 생겼어요. 저는 선생님께…… 저 스스로를 되게 안 좋게 본다고 말했었어요. 그때 선생님은 저에 대해서 그렇게 생각하지 않는다고 하셨어요. 사실 선생님은 언제나 저의 지지자였어요. 그래서 저는 '제가 생각하는 것만큼 이상하지 않구나.'라고 여기게 되었어요.

치료자: 그게 진실이에요. 여기서 좀 더 편안하게 느낄 수 있는 것을 ○○씨의 다른 관계에서도 좀 더 좋게 느끼도록 도와줄 거예요.

### 변화 요인에 대해서 정확하게 지적하기

변화 요인에 대한 발견은 앞의 예처럼 명확하거나 직접적이지 않을 수 있다. 환자가 변화 과정을 기술하는 것은 아주 어렵고 혼란스러울 수 있다. 다음의 예를 보자.

환　자: 선생님이 알다시피 얘기하기가 어려워요. 제 남자 친구에게 그가 어떤 행동을 하기 때문에 제가 화가 난다고 얘기한 후로 남자 친구가 덜 비판적으로 되었던 게 기억나요. 그리고 제가 시간을 잘못 알아서 다른 환자와 치료하시는 치료실에 들어가 버렸을 때 선생님은 화를 내지 않았어요. 제가 왜 이렇게 변화했는지 모르겠어요……. 그러나 저는 해냈어요.

치료자: 네, ○○씨가 이렇게 변화하는 데 기여한 요인들이 무엇인지에 관해…… 좀 더 명료화할 때까지 시간을 가져 봅시다.

환자가 자신의 변화가 왜 일어났고, 변화에 기여하는 요인이 무엇인지 아는 것이 중요하다. 사람들은 스트레스를 받는 기간에는 이전의 방식으로 되돌아가는 경향이 있다. 환자가 행동 이면에 있는 동기를 이해해야지 예전의 패턴으로 되돌아가는 재발을 방지할 수 있다(변화 사정의 사례 예시는 CC, pp. 368-371 참조).

## 4. 환자의 진전에 대해 축하하고, 앞으로 어떤 작업이 더 필요한지 알기

### 긍정적인 측면에서 치료의 진전에 대해 검토하기

치료가 종결할 즈음에는 환자가 일구어 낸 변화에 대해 측정하고, 검토할 뿐만 아니라 변화에 대한 긍정적인 느낌에 대해서도 초점을 맞추어야 한다. 많은 환자는 자신의 성취에 대한 자부심과 성공에 대한 기쁨에 대해 당황해하기도 한다. 바로 이 단계가 환자로 하여금 긍정적 느낌에 노출시키고, 남아 있는 억제에 대해서 탈민감화할 때다.

치료자: 우리가 함께한 멋진 여정이었어요. ○○씨 자신을 되돌아봤을 때, 자신에게 어떤 느낌이 드나요?

환 자: 좋아요. 뭔가 해낸 것 같아요.

치료자: ○○씨가 성취한 모든 것에 대해 '좋은' 느낌인가요? 아니면 뭔가 강하게 올라오는 느낌을 자제하고 있나요?

환 자: 오, 저는 제가 한 것들…… 그리고 선생님과 함께한 것들에 대해 정말로 자랑스럽게 느껴요. 지금 다 보여 줄 수 없지만요. 선생님은 저에게 긍정적 느낌에 대해서 많이 보여 주셨고, 저는 더 이상 저를 억제하지 않아요. 사실 저는 정말로 제 자신이 자랑스러워요!

치료자: 그럼요. ○○씨는 자랑스러워해야 해요!

치료자는 환자와 함께 그동안 함께 노력한 성과의 열매에 대해 주목하고, 축하해야 한다.

치료의 긍정적 변화를 주목하고 축하하는 것뿐만 아니라 환자가 치료를 통해 얻은 이득과 동시에 실망한 부분에 대해서도 충분히 개방하도록 하는 것이 중요하다. 왜냐하면 이런 과정은 환자의 여러 가지 감정에 대해 어느 정도 개방할 수 있는지에 관한 좋은 지표가 되기 때문이다.

치료자: 우리는 이제 치료 종결 시점에 왔어요. 이제 치료를 통해 얻은 부분과 얻지 못

했던 부분에 대해 검토해 볼까요? 저는 ○○씨가 치료를 통해 도움받았던 부분이 무엇인지도 알고 싶지만, 동시에 ○○씨가 치료에서 얻고 싶었지만 얻지 못했던 부분이 무엇인지도 알고 싶어요.

환 자: 음, 저는 저 자신을 보호하고, 자립할 수 있는 데 많은 도움을 받았어요. 하지만 저의 관계 문제는 완전히 다 해결된 것 같지는 않아요. 저는 여전히 친구나 가족으로부터 거리를 두는 것 같아요[방어 인정]. 저는 더 이상 친구나 가족으로부터 거리를 두고 싶지 않아요[방어를 포기하고 싶은 마음].

치료자: 친구나 가족으로부터 거리를 둔다는 사실을 자각할 수 있다는 말이지요. 그리고 더 이상 사람들로부터 거리를 두고 싶지 않다는 것이지요. ○○씨는 사람들에게 거리를 두고 있는 순간, 뭔가를 할 수 있다고 느끼면서 사람들과 좀 더 친밀감을 구축하기 위해 노력하고 있다는 건가요?

환 자: 예, 저는 이미 어느 정도 변화했어요. 하지만 저는 아직도 언제나 잘할 수 있다는 확신이 부족해요. 저는 여전히 타인들과 있을 때 어색해요.

치료자: 우선 우리가 예전에도 얘기했듯이, ○○씨가 언제나 옳게 행동할 필요는 없어요. ○○씨는 사람들에게 좀 더 자신을 개방하도록 노력할 수 있고, 만약 관계에서 물러나 있다고 자각이 된다면, 그때 ○○씨가 무엇을 어려워하는지에 관해 생각할 수 있고, 그다음에 좀 더 노력하는 거지요. [치료자는 치료 도구를 환자에게 넘겨 준다] 만약 ○○씨가 힘들어진다면, 추수 상담 시간에 언제든지 다시 돌아올 수 있어요.

## 5. 치료자에 대한 다양한 느낌을 탐색하기

### 치료자에 대한 느낌을 표현하기

환자의 진전에 대해 축하하고, 아직 해결되지 않은 부분을 살펴보는 것은 치료에 관련된 부분이고, 또한 중요한 부분은 환자가 치료자로부터 경험하는 여러 가지 느낌에 대해 표현해야 하는 것이다. 즉, 환자가 치료자에 대해 가지는 여러 가지 느낌을 표현하는 것은 치료 관계에 대해 사정할 수 있고, 관계에서 잔존하는 감정 공포를 치유할 수 있는 기회가 될 수 있다. 환자가 치료자로부터 경험하는 느낌들은 관계가 끝나 가는 것에 대한 깊은 슬픔, 이때까지 치료 과정에서 했던 작업에 대한 감사, 관계에서 차마 얻지 못했던 것들에 대한 실망감 등이 포함될 수 있다.

### 치료자에 대한 긍정적 느낌들

환자가 치료자에 대해서 가지는 긍정적 느낌을 표현할 수 있다는 것은 중요하다. 환자가 '따뜻함'에 얼마나 편안해하는지에 관해 사정할 수 있는 한 가지 방법은 종결 시점에서 환자가 치료자에게 얼마나 따뜻함을 보여 주는지를 살펴보는 것이다. 환자의 삶이 향상될수록 이러한 따뜻한 느낌은 치료 과정 동안에도 자연스럽게 드러난다. 그리고 치료 종결 시점에서는 환자의 이러한 다정한 느낌들이 표현된다.

환자와 치료자 사이에 공유한 감정이 치료 과정 동안에 결정적인 구성 요소인 것처럼, 치료자가 환자와 작업하면서 어떤 부분을 영향받았는지에 관한 진심 어린 긍정적 느낌을 환자에게 표현하는 것 또한 종결 과정에서의 결정적인 구성 요소다.

환　자: 선생님은 저에게 많은 도움을 주셨어요. 제 인생은 이제 정말 많이 달라졌어요. 선생님 없이는 이런 변화를 만들어 내지 못했을 거예요! 저는 선생님이 저에게 큰 선물을 주셨다고 느끼고, 선생님께 항상 감사할 거예요.

치료자: 고맙습니다. 저도 ○○씨처럼 느껴요. 치료자의 진정한 영광은 ○○씨와 같은 사람들과 함께 여정을 한다는 것이지요. 그래서 저는 ○○씨에게 감사합니다.

어떤 환자들은 치료자에 대한 긍정적 느낌을 표현하는 것을 어려워한다. 종결이라는 시점은 따뜻함에 관해 의사소통하는 것에 대한 갈등을 탈민감화할 수 있는 기회를 제공한다. 만약 마지막 치료 시간에 환자가 치료자에 대한 이러한 긍정적 느낌을 표현하지 않는다면, 치료자는 환자에게 이러한 긍정적 느낌을 탐색할 수 있도록 격려해야 한다. 때로는 어떤 치료자들은 환자로 하여금 자신에 대한 긍정적 느낌을 탐색하고 표현하게 하는 것을 주저한다. 왜냐하면 치료자가 환자에게 '치료자 자신에 대한 칭찬'을 받아 내려고 애쓰는 느낌이 들기 때문이다. 그러나 환자들은 치료가 성공적이라면, 치료자에 대한 긍정적 느낌을 표현하고 싶은 강렬한 욕구를 가지고 있다.

환　자: [온화한 눈빛으로 창문을 바라보며] 음……. 여기에 따뜻함이 있어요.

치료자: ○○씨가 말하는 것을 들어 보면, 많은 것을 느끼는 것 같아요. ○○씨가 느끼는

것들을 살펴볼까요?

어떤 환자들은 치료자에게 말하고자 하는 것이 많다. 그러나 그들은 말하지 않는다. 환자가 만약 말하고자 하는 것을 치료자에게 말을 못했을 때, 치료자에게 선물을 준다든지, 치료가 끝난 후에 치료자에게 전화를 하는 등의 모습으로 표현한다.

치료자: 치료 종결 시점에서 ○○씨가 저에게서 어떤 것들을 느끼는지 궁금해요.

환　자: 오, 말하고 싶은 게 많아요. 하지만 말하기가 어렵네요.

치료자: 무엇이 ○○씨를 말하기 어렵게 하지요? [치료가 끝나 가지만, 불안 조절은 환자의 차단된 느낌들에 대해 도움을 줄 수 있다.]

환　자: 부끄러워요! 제가 선생님께 느낀 것을 말한다면, 선생님이 어떻게 생각할지 모르겠어요.

치료자: 저는 ○○씨가 부끄러움 때문에 사람들과 거리를 둔다고 말한 게 기억나요. 하지만 이제는 ○○씨가 사람들에게 자기개방을 하는 것을 보아 왔어요. 이러한 주저함을 밀어낸다면 어떨까요?

환　자: 맞아요. 저는 선생님께 말하지 않고, 그냥 가는 것은 원하지 않아요. (눈물을 흘리며) 선생님은 저의 인생을 구했어요. 정말로 사랑합니다.

치료자: 저도 이 말을 들으니 ○○씨와 진심으로 연결된 느낌이 드네요. 정말 감사해요.

### 치료자가 환자에게 '사랑합니다'라고 말한다면?

많은 환자와 치료자는 종결 시점에서 환자가 '선생님, 사랑합니다.'라고 말하면 치료자가 '저도 역시 사랑합니다.'라고 말할 수 있다고 본다. 만약 전문적으로 그리고 명확한 경계를 가진다면, 이러한 말은 아주 치유적일 수 있다(물론 치료자의 느낌에 대한 순수한 표현임). 치료자가 환자에게 사랑한다고 말하는 것에 대한 명확한 규칙은 없다. 치료자들은 어떤 느낌이 적절한지 결정해야 한다. 그러나 나의 한 동료는 치료 종결 후에도 환자와 머물며 몇십 년 동안 환자를 위로해 주었다.

환　자: (작별인사를 하며) 말하기 어렵지만…… 선생님은 저에게 너무나 소중한 존재이고, 치료가 제 인생을 바꾸는 데 도움을 주었어요. 선생님께 '사랑한다.'고 말하고 싶어요.

치료자: 저도 사랑합니다.

### 치료자에 대한 부정적 느낌들

환자가 치료자에게 긍정적 느낌을 표현하는 것뿐만 아니라 부정적 느낌에 대해서도 표현하는 것이 중요하다. 게다가 환자는 치료 종결 시점에서 상실에 대한 느낌을 경험한다. 왜냐하면 많은 치료자들이 이 시점에서 공감적 실패, 치료 시간의 단축 등의 실수를 저지르기 때문이다. 따라서 환자들은 치료자에게 실망감을 느낄 수 있다. 이상적으로는 환자는 치료자에게 이러한 실망감에 대해 표현할 수 있는 충분한 안전감을 느껴야 한다. 즉, 환자는 치료자에게 적응적인 방식으로 화를 내거나, 자기주장을 하거나, 비판의 목소리를 낼 수 있어야 한다.

치료자: 어떠한 관계도 완벽하지는 않아요. 그래서 궁금한 것은…… 제가 ○○씨가 원하는 것을 하지 않은 것이 있는지요? 제가 ○○씨를 낙담시킨 적이 있나요? 제가 어떤 부분을 좀 더 도와줄 수 있을까요?

환 자: 음, 저는 치료를 통해 정말 많은 것을 얻었어요. 하지만 어떤 것들은 저를 힘들게 했어요. 이 부분에 대해서 얘기하고 싶어요. 저는 선생님이 이렇게 물어봐 주셔서 감사해요. 왜냐하면 저는 이때까지 이런 기회가 없었거든요. 저는 선생님이 나타나지 않은 그 치료 회기에 대해 아직 분노가 남아 있어요. 선생님이 사과하고, 저도 이해한다고 했지만요. 저는 그때 선생님을 다르게 봐야겠다고 느꼈어요.

치료자: 이렇게 얘기해 주어서 고마워요. 그때는 말하지 못했던 것을 이제는 말할 수 있다는 게 중요한 것 같아요, 그렇죠?

치료자는 환자의 불평을 듣고, 환자가 지적한 불평에 대해 솔직하게 사과하는 것이 중요하다. 그러나 만약 분노 또는 비판이 폭발적으로 표현된다면, 이것은 방어적 반응일 가능성이 높다. 이러한 방어적 반응들은 탐색되어야 하며, 이러한 반어적 반응들은 아마도 거부나 유기의 느낌을 덮어 버리기 위함일 수 있다.

### 환자는 치료 종결에 대한 상실감에 관해 애도해야 함

단기역동정신치료(STDP)는 환자와 치료자 간의 협력적 속성과 종결을 점진적으로 하기 때문에 환자가 느끼는 종결에 대한 부정적 느낌이 전통적인 치료보다는 강렬하지 않을 수 있다. 그럼에도 불구하고, 치료자와의 밀접하고, 지지적인 관계로부터 분리된다는 것에 대한 슬픔과 상실감은 여전하다. 따라서 다음과 같은 부분을 점검해야 한다.

- 환자가 치료 관계에 관한 상실감에 대해서 얘기할 수 있는가?
- 환자가 그들의 삶을 유지하고, 관리할 수 있다는 느낌이 드는가?
- 환자가 친밀하고 따뜻한 치료적 관계를 대체할 관계가 있는가?
- 환자가 '치료자와 함께한 시간들을' 내면화할 수 있어서 치료 종결이 박탈이 아닌 성장으로 간주할 수 있는가?

## 6. 치료에 대한 상실감을 새로운 지지 체계로 대체하기

### 치료 관계를 새로운 지지적인 관계로 대체하기

종결을 준비하는 데 있어서 환자들은 새로운 지지망을 구축해야 한다. 환자들은 그들의 삶 속에서 관계 이슈들을 계속 훈습해야 한다. 치료자와의 관계에서 느꼈던 따뜻함과 지지적인 기억들을 간직하는 것과 타인들과의 지지적인 관계를 발견하고, 유지하는 능력은 중요하다. 치료자는 환자와 함께 환자가 새로운 지지적인 관계를 구축하도록 돕는 작업을 직접적으로 하는 것이 중요하다. 다음의 예를 살펴보자.

#### 예: 새로운 지지적인 관계 찾기

치료자: ○○씨는 저에게 아주 친밀감을 느낀다고 말했어요. ○○씨의 삶에서 저 이외에 이러한 친밀감을 느낀 사람이 있나요?

환 자: 오, 저는 선생님처럼 가깝게 느낀 사람이 없어요.

치료자: 음, 만약 ○○씨가 저에게만 친밀감을 느끼는 상황을 만든다면, 저는 치료를 할 수 없어요. 다음 단계는 우리의 관계처럼 친밀감을 느끼는 새로운 관계를 찾아야 하는 거예요. 지금 현재 가장 가까운 사람은 누구인가요?

환 자: 아무도 없어요. 아무도 믿을 수가 없어요.

치료자: 우리는 이러한 이슈에 대해서 많이 작업해 왔어요. ○○씨는 사람들에게 자기개

방을 하는 것이 어렵지요. ○○씨가 알다시피 스스로를 고립시키고 있어요.

환 자: 네, 알아요. 그리고 사실은 아무도 없는 것은 아니에요. 선생님이 제가 이웃과 가까이하도록 도와주었어요. 저에게는 좋은 친구가 있어요. 그녀는 저와 다르죠. 그녀는 상냥해요.

치료자: 치료가 끝나는 다음 주까지 이러한 관계를 구축해 나가는 것이 숙제랍니다. 주위를 둘러보시고, 흥미롭고, 따뜻하고, 돌봄받는 느낌을 주는 사람, 또는 ○○씨가 우정을 느낄 만한 사람이 있는지 살펴보세요.

환 자: 네, 할 수 있을 거 같아요.

## 7. 결론과 마치기

1절의 끝부분에서 우리는 환자가 '치료자와 함께한 시간을' 내면화하는 것이 중요하다고 언급했다. 이와 유사한 방식으로, 여러분이 이 책의 치료 내용들을 내면화하기를 희망한다. 여러분은 이 책을 통해서 좀 더 초점화되고, 강력하고, 시간 효율적인 단기역동정신치료(STDP)를 하는 데 도움이 되는 기술들을 학습했을 것이다. 연습문제는 이론을 실제와 연결하는 데 도움이 될 것이다.

여러분이 단기역동정신치료(STDP)에 관해서 좀 더 깊이 있게 배우기를 희망한다. 단기역동정신치료 회원이 되고자 하거나, 관련 정보를 얻고 싶거나, 사례회의에 참석하고자 한다면 **웹 사이트**(www.affectphobia.org)를 활용하기를 바란다. 웹 사이트는 더 많은 정보를 제공하고 관련된 웹 사이트들을 연결해 준다.

마지막으로, 우리는 이 책에서 수년 동안 효과적으로 입증된 개입의 예를 제시했다. 그러나 기법은 가장 강렬한 치료의 아주 일부분일 뿐이다. 치료의 나머지 부분은 마음, 정서적 조율, 임상적 직관력, 설명할 수 없는 마법 같은 치료자와 환자 사이의 관계 연결성이다. 우리는 여러분이 이 책에서 제시하는 구조 틀 안에서 즉흥과 창조라는 부분이 충분히 있다는 것을 발견하길 바란다. 여러분이 하고 있는 치료 실제와 이러한 작업을 통합하는 방법을 찾아서 알려 주기를 바란다. 왜냐하면 좀 더 강력하고, 효율적인 심리치료를 만들어 가는 작업은 계속해서 진화하는 과학이자 예술이며, 우리 모두가 해야 할 과업이기 때문이다.

부록

# 연습문제 해답

## 제1장

### 1A: 활성화 감정 대 억제 감정을 식별하기

**1A.1. 수치심(억제)**

궁정적인 감정의 중단을 일으킨다. 폐쇄하고, 고립시키고, 자신에 대해 나쁘게 느끼게 되는 것으로 이어진다.

**1A.2. 슬픔(활성화)**

울음(몸으로부터 눈물이 흘러나온다.)과 상실에 대한 능동적 처리(긍정적인 다정했던 기억—슬픔도—을 포함)를 촉진한다.

**1A.3. 자부심(활성화)**

더 큰 개방성, 자기확신, 행동할 수 있는 능력을 일으킨다.

**1A.4. 호기심(활성화)**

탐색 활동, 관심과 접근 행동에 대한 동기를 부여한다.

**1A.5. 죄책감(억제)**

문화적 또는 사회적 규제/법/관습을 어기는 어떤 행동을 중단하는 것으로 이어진다.

**1A.6. 자신감(활성화)**

자기 자신의 입장에서 행동하는 것을 촉진한다.

**1A.7. 불안(억제)**

억제, 행동 마비, 의심, 걱정을 야기한다. (하지만 위험을 느끼는 때처럼, 두려움은 또한 행동을 활성화시킬 수 있다.)

**1A.8. 정당한 분개(활성화)**

잘못된 것을 바로잡기 위해 취하는 적당한 행동을 촉진한다. 이것은 성숙한 자기주장(self-assertion)이며, 퇴행적 분노에서 나오는 부적절한 행동과는 다른 것이다.

## 1B: 감정을 식별하기

**1B.1.** 숙제를 잘 끝냈을 때 기뻐함. **자기에 대한 긍정적 감정**(활성화). 이러한 감정들은 자긍심, 자기확신, 자부심을 포함한다.

**1B.2.** 보스니아에 대해 거의 울뻔함. **슬픔**(활성화). 울음을 터뜨리는 것은 일반적으로 슬픔을 나타낸다. 그러나 그것은 때때로 친밀감이나 환희를 나타내기도 한다. 이 주제를 받는다면 우리의 첫 번째 손님은 아마도 슬퍼할 것이다.

**1B.3.** 일을 너무 과하게 하고 있음을 깨닫고 잠을 청하는 것. **자기에 대한 긍정적 감정/자기돌봄**(활성화).

**1B.4.** 누군가에게 차례를 기다리라고 말하는 것. **분노/자기주장**(활성화)

**1B.5.** 기분이 나쁘고, 그를 쳐다볼 수 없었음. **죄책감 또는 수치심**(억제). 비록 '나쁜 것'이 가끔 고통/고뇌를 지칭하지만, 여기서 문맥상으로 볼 때 그 반응이 행동 위반에 대한 죄책감이나 자기이미지에 관계된 수치심이라는 것을 의미한다.

## 1C: 감정 공포를 찾아내기

계속 마음을 개방하라. 이들은 어떤 가능성이 있는 것이다. 다른 생각도 가능한지 살펴보라. 다른 많은 가능성이 있을 것이다.

**1C.1.** 걱정하는 아버지. **억제된 감정**(들): **성욕**(그의 딸을 만져서 야기되는 흥분에 대해 수치심을

느낄 수도 있다.), **친밀함/부드러움**(억제는 성적 느낌에 대한 것이 아닐 수도 있지만 감정이 공적으로 드러나는 것에 대한 불편함과 관계가 있다.)

**1C.2.** 편두통을 가진 선생님. **억제된 감정(들): 분노/자기주장**(자기주장을 나타내는 것을 두려워하는 것일 수 있고, 밖으로 얘기하고 한계를 정하는 능력을 개발하는 것이 필요하다.), **자기에 대한 긍정적 감정**(가끔 분노/자기주장의 결핍 아래에 숨어 있는 것이 자신의 욕구나 필요를 가질 수 있는 자격이 있다거나 가치가 있다고 느끼는 것에 대한 공포다.)

**1C.3.** 자신의 필요를 분명히 말하지 못하는 기혼녀. **억제된 감정(들): 분노/자기주장**(자기 욕망과 필요에 대한 건강한 자기주장에 관한 능력을 개발할 필요가 있다.), **친밀함/부드러움**(그녀가 다른 사람들에게 받아들여지는 데 대한 신뢰가 결핍되어 있을 수 있다.), **자기에 대한 긍정적 감정**(다시 자기주장이나 화의 결핍은 자격이 있거나 가치가 있다고 느끼는 것에 대한 공포 때문일 수 있다.)

**1C.4.** 사기꾼처럼 느끼는 젊은 여성. **억제된 감정(들): 자기에 대한 긍정적 감정**(자신에 대한 감정과 관련된 수치심이 너무 크다고 느껴져서 자신이 칭찬을 받을 만하지 못하다고 느낄 수 있다.), **타인에 대한 신뢰**(다른 사람들이 자신을 공격할까 봐 두려워할 수도 있다.)

**1C.5.** 여자 친구가 없는 젊은 남성. **억제된 감정(들): 슬픔**(헤어지거나 떠나가는 것에 대한 고통을 견딜 수가 없기 때문에 슬퍼할 수 없을 가능성이 있다. 그래서 계속되는 화는 슬픔을 회피하는 한 방법일 수 있다. 화를 내고, 그의 여자 친구를 비난하는 것은 더 고통스러운 감정을 피하는 것을 도와줄 수 있다.), **자기에 대한 긍정적 감정**(자신에 대해 부정적으로 느낀 것 같고—아마도 가치가 없거나 실패와 같은—그리하여 새로운 여자 친구를 찾기 위해 필요한 자긍심과 자기확신을 느낄 수 없다.)

**1C.6.** 정원에 앉아 있는 동안 불안한 여성. **억제된 감정(들): 즐거움과 기쁨**(수년 동안 매우 방어적이었던 사람은 극도로 경계하는 스타일을 늦추기 시작하면서 자주 공황상태에 빠진다. 왜냐하면 상처받기 쉽다고 갑자기 느끼기 때문이다–공격받을 것처럼 또는 나쁜 일이 일어날 것처럼 느낀다. 그러면 편안하게 쉬거나 기쁨을 느끼는 것이 아주 어렵거나 불가능하다.)

**1C.7.** 애들에 대해 공황이 되는 남성. **억제된 감정(들): 자기확신**(그는 좋은 아버지가 되기 위한 능력에 대한 자기확신을 느끼지 못하는 것 같다.), **친밀함/부드러움**(그는 가족생활에 대한 친밀감, 책임감 또는 헌신을 두려워하는 것 같다.), **분노/자기주장**(언제 애를 가지지 않을지와 같은 중요한 문제에 대해 아내와 성공적으로 협상을 할 수 없을까 봐 두려워하는 것 같다.) (만약 그가 그렇다면, 공황발작을 할 가능성이 매우 적어질 것이다.)

다시, 앞에 있는 것과 다른 가능성을 생각할 수 있다. 환자에게 사실이라고 느껴지고, 환자 일생의 역사적인 기록과 일치할 때까지는 아무런 가정도 타당하지 않다는 것을 기억하라.

# 제2장

## 2A: 갈등삼각형에서의 극점을 식별하기

2A.1. 눈맞춤을 피한다(D).

2A.2. 죄책감(A)

2A.3. 지적으로 분석하다(D).

2A.4. 초조한(A)

2A.5. 화가 난(F)

2A.6. 불편한(A)

2A.7. 그리워함(F-문맥에 따라 친밀함 또는 슬픔).

2A.8. 슬픔(F)

## 2B: 사람삼각형에서의 극점을 식별하기

2B.1. 여동생(P-어린 시절의 가족 구성원)

2B.2. 여기서(T-치료나 치료자를 지칭함.)

2B.3. 아버지와 할아버지(P와 P)

2B.4. 상사(C)

2B.5. 어머니(C)

2B.6. 아내(C)

2B.7. 마거릿 숙모(P)

2B.8. 치료자(T)

2B.9. 남동생(P-어린 시절의 가족 구성원)

2B.10. 아들(C)

## 2C : 두 삼각형의 극점을 식별하기: D-A-F-T-C-P

**2C.1.** 치료자: ○○씨는 어머니[P]와 그랬던 것처럼 아내[C]와 가까워질 때마다[F] 거리감을 느끼고[D] 화을 잘 내는[D-방어 느낌] 것처럼 보입니다. 마치 어떤 공포심[A]이 ○○씨를 조용하게[D] 하고, 친밀해지고 사랑하는 것[F]을 회피하게[D] 하는 것 같습니다. 제가 말씀드린 패턴이 맞는 것 같으세요?

**2C.2.** 치료자: 형[P]의 죽음에 대해 슬퍼질[F] 때마다 저[T]와의 이야기 주제를 바꾸는 것[D]을 알게 되었습니다. 이러한 감정은 아마도 견뎌 내기가 너무 고통스러운 것[A] 같고, 슬퍼하는 것[F]보다 우울하고[D] 무기력하게[D] 만드는 것 같습니다. 어떻게 생각하세요?

## 2D : 두 삼각형의 극점을 식별하기: D-A-F-T-C-P

**2D.1.** 환 자: 사실이에요. 제가 한 것에 대해 다른 사람들이 얻는 만큼 다른 사람들은 나한테 주질 않아요. 사장님[C]도 저한테 더 급여를 줄 여유가 없다고 했지만 그분은 엄청나게 큰 새 집을 막 짓기 시작했다는 것을 알아요. 그분[C]한테 화가 나면[F] 상종을 안 하지요[D]. 저의 이력서를 다른 곳에 보낼 수[F-화/주장] 있지만 다른 직장을 알아보는 것[F-화/주장]은 배신자 같이 느껴질 것[A-수치심/죄책감/고통] 같아요. 저는 그냥 그분이 저의 가치를 알아 줘서 급여를 인상해 주길 바랄 뿐이에요[D-합리화, 수동성, 부인].

**2D.2.** 환 자: 남자 친구[C]가 저[C]를 떠나길 원한다고 말했을 때, 저는 너무 우울해지고[A-고통, D-수동성, 무기력감] 상처받았어요[D-자기공격]. 저는 남자 친구를 행복하게 해 주기 위해서 모든 것을 희생해 왔어요[D-피학증, 순교]. 하지만 어쩐 일인지 아직 충분하진 못해요[D-자기공격]. 제 친구들은 저한테 남자 친구가 좋은 사람이 아니니 제가 단념해야[F-주장] 한다고 하지만 저는 그가 너무 좋아요[D-합리화와 과도한 열망, 그러므로 방어적].

**2D.3.** 제 남편[C]의 장례식에서 저는 마치 돌처럼 무표정[D]했었고, 그 이후로 울어[F] 본 적이 없어요. 저희 딸[C]이 조절이 안 될 정도로 우는 것[F]을 보았는데, 그냥 너무 당황스러울[A] 뿐이에요. 견딜 수가 없어요[A-정서적인 고통의 표현]!

## 2E: 무엇이 방어적 감정으로 보이는가?

**2E.1.** **방어적인 부드러움**: 행동 2(과장된 애정), 행동 3(화가 났을 때 배우자를 '스위티'라고 부름.) 그리고 행동 5(달콤한 친절)가 방어적인 친밀감의 형태일 수 있다. 행동 1(다른 것의 존재를 무시하기)과 행동 4(다른 사람에 대한 소극성)는 친밀하게 하는 것(아니면 다른 감정)에 대한 방어일 수 있다.

**2E.2.** **방어적인 분노**: 행동 2(사소한 사건에 대한 폭력적인 반응), 행동 3(손가락질), 행동 5(누군가를 헐뜯기) 그리고 행동 6(역정)은 분노가 방어나 부적응적인 형태로 사용되어지는 방법이다. 방어 1(약점을 잡아서 하는 유머) 그리고 방어 4(터무니없는 말하기)는 분노를 직접적으로 표현하는 것을 피하기 위한 방어적인 방법일 것이다.

**2E.3.** **방어적인 슬픔**: 행동 2(논쟁 중에 울기)와 행동 3(해결되지 않는 병리적인 탄식)은 둘 다 방어적으로 사용되는 슬픔의 예가 될 수 있다. 행동 1(운동 또는 쇼핑에 대한 광적인 탐닉)은 슬픔을 피하기 위한 방어적 방법이 될 수 있다. 행동 4(질투하는 사람이 경쟁에서 졌을 때 행복해하기)는 좀 더 복잡한 그림을 나타낸다. 다른 사람의 고통에서 즐거움을 취하는 것(모든 사람이 때때로 하는 것)은 하나의 방어—정도가 크든지, 작든지 간에 가학증의 한 형태—이며, 슬픔이나 원하는 것을 가지지 못한 고통을 피하는 데 도움을 준다. 가학증이 심한 경우에 매우 깨지기 쉽고, 고통스러운 자기감을 반영할 수도 있다. 가학증은 자신의 긍정적인 감정에 대한 방어다. 그것은 또한 개개인이 욕망하는 것을 얻을 수 있거나 얻을 만하다고 느끼게 도와줌으로써 질투나 부러움을 줄일 수 있는 자기확신에 대한 장애물이 될 수 있다.

**2E.4.** **방어적인 흥분**: 행동 2(불충실한 애인에 대한 광적인 결혼 계획), 행동 3('나는 떨고 있다.'를 강하게 드러냄.) 그리고 행동 4(상실 이후에 광적인 활동)는 방어적인 흥분의 예다. 행동 1(흥미의 부족)은 지루함 또는 우울, 즉 활성화 감정에 대한 방어가 될 수 있다.

**2E.5.** **방어적인 성적 욕구**: 행동 2(논쟁이 있을 것 같은 때 성행위를 시작하기), 행동 3(친밀감이 없는 성행위)은 성욕의 방어적인 사용이 될 수 있다. 행동 1(잠자리에 들기 전에 잦은 논쟁하기), 행동 4(정신적인 친밀감에 대한 과도한 요구) 그리고 행동 5(싫고, 사랑하지 않는 느낌)는 모두 성적인 감정을 피하기 위한 방어적 방법이 될 수 있다.

# 제3장

## 3A: 환자를 GAF 구간에 맞추기

### 3A.1. 우는 딸

**특정 영역 기능:** **심리적:** 61~70. **사회적:** 71~80 이거나 더 높음. **직업적:** 71~80 이거나 더 높음.

**현재 GAF 평점:** 61~70. **지난해 동안 GAF 평점:** 81~90.

**설명:** 어머니가 예상하지 못하게 돌아가셨을 때, 우는 것은 건강하고 정상적이다. 하지 못한 말이 있는 것을 후회하는 것도 슬픔 과정에서 정상적인 범위 안에 있다. 만약 이것이 고통의 확장이라면 '일시적이고 예상할 법한' 어머니의 죽음에 대한 반응으로서 그녀의 점수는 71~80을 받을 것이다. 그러나 그녀는 잠을 못 잔다는 것으로 보아 많은 죄책감을 느끼고, 이것에 대해 많은 생각을 하는 것 같아 보인다. 이것은 61~70 범위의 '가벼운 증상'을 나타낸다. 주어진 환경에서 사교적인 면과 학교에서의 기능은 다른 것과는 달리 좋다.
어머니의 죽음 전에는 그녀는 모든 방면에서 기능이 좋았고, 생활에 전반적으로 만족을 하였다. 적어도 81~90 범위의 낮은 부분에 위치한다. 이 범주에서 높은 점수를 받으려면 광범위한 활동에 연관되어 있고, 사회적으로 영향이 있는지에 대한 더 자세한 정보가 필요할 것이다. 91~100 범주에 있으려면 다른 사람들이 그녀를 찾는 상황이 있어야 할 것이다.

### 3A.2. 자살 생각을 가진 학생

**특정 영역 기능:** **심리적:** 21~30. **사회적:** 51~60. **직업적:** 41~50.

**현재 GAF 평점:** 21~30. **지난해 동안 GAF 평점:** 51~60.

**설명:** 그의 기능은 두 가지 방면(사회적, 직업적/학업)에서 중간 정도로 손상되어 있고, 심각한 심리학적 증상(자살에 대한 계획)이 있다. 그의 사회적 기능에서의 중간 정도의 손상은 그의 반 친구들의 대다수로부터 고립되어 있다고 느끼고 있는 것과 그룹이나 팀 스포츠에 참여하지 못한 것에 기초하고 있다. 그러나 몇 명의 친구들이 분명히 있기 때문에 이것이 심각하게 사회적으로 기능이 손상되어 있다고 평가하지 않게 한다(예를 들면, 친구가 없음. 41~50). 현재 끊임없는 자살에 대한 몰두로 GAF 점수는 21~30이다. 지난해 동안 그의 학교 성과와 기분은 좋았다(71~80 범위). 그러나 그의 사회적 기능과 사회적 그룹을 피하는 것은 중도 어려움(51~60)이라는 것을 항상 나타낸다. 그러므로

작년에 그의 가장 높은 점수는 51~60 이상이 될 수 없었다.

### 3A.3. 불안한 수간호사

**특정 영역 기능: 심리적:** 51~60. **사회적:** 81~90 이거나 낮음. **직업적:** 91~100.

**현재 GAF 평점:** 51~60. **지난해 동안 GAF 평점:** 91~100.

**설명:** 그의 직업적 기능은 우수하다(그는 매우 존경받고, 다른 사람들이 찾는다). 이것은 91~100 범위에 속한다. 그는 갈등이 거의 없고, 동료들과 일을 잘할 수 있기 때문에 사회적 기능 또한 매우 좋다(81~90 범위 또는 더 높음). 그러나 그는 불안 증상과 직업적 공황발작 때문에 51~60 범위에 위치한다. 현재 GAF 점수(51~60)는 세 가지 범주 중에서 가장 낮은 것에 기초한다. 더구나 음주 문제에 대해 고려해야 할 요소들이 있다. 첫 번째 음주 경력은 충동제어에 문제가 있다는 것을 의미하고, 이것은 노출과 동요되는 작업을 하는 단기역동정신치료(STDP)를 수행하는 데 또 다른 염려되는 문제다. 2년 동안 절주를 한 것은 조절을 잘하는 과정에 있는 것을 나타내는 신호다. 그러나 현재 불안과 공황발작은 취약한 시기이고, 단기역동정신치료(STDP)에서 노출을 하기 전에 더 안정된 감정을 가질 필요가 있다는 것을 나타낸다.
반대로 지난 2년 동안 대부분의 모든 분야에서 우수한 기능을 나타내었고, 다른 사람들이 그를 찾았으며 AA의 도움으로 그의 문제를 잘 조정하였다. 그래서 아프기 전에 지난해 GAF 점수는 91~100 범위에 있다.

### 3A.4. 화를 잘 내는 증권 중개인

**특정 영역 기능: 심리적:** 51~60. **사회적:** 51~60. **직업적:** 51~60.

**현재 GAF 평점:** 51~60. **지난해 동안 GAF 평점:** 51~60.

**설명:** 그가 가지고 있는 불면증과 과민함의 수준은 간헐적이고 중간 수준(다시 말하면, 아직 관계를 유지하고 있지만 갈등이 있다)이라서 51~60 범위에 있다. 조금 갈등이 있는 관계는 사회적 기능에서 51~60 범위에 속하게 한다. 직업적 기능은 약간 갈등이 있으나 직업을 유지하고 있기 때문에 같은 범위(51~60)에 있다.
불면증, 과민함, 만성적인 일에서의 문제, 친구를 신뢰하는 능력 부재 등이 오랫동안 계속 되어 왔기 때문에 작년 GAF 점수는 현재 GAF 점수와 같다.

## 3B : 환자를 평가하고 우월한 개입 방식 찾기

### 3B.1. 이혼한 비서

**심리적 기능: 51.** 우울 수준과 자기공격 방어의 심한 정도(예를 들면, 파트너가 충실하지 못한 것은 그녀가 신뢰하고 성공적인 어떤 사람을 가질 자격이 없다는 것을 '증명한다'라고 하는 것)는 '중간' 손상보다는 약간 더 나쁜 상태로 보인다. 그러나 자살에 대한 생각도 없고, 다른 심각한 우울 증상이 없으므로 중간 범위에서 아래 끝 부분으로 그녀를 평가한다.

**사회적 기능: 55.** 비록 부모나 친구로서 그녀의 사회적 기능이 더 높게 평가될 수 있는 측면이 있으나, 사회적 점수는 중간 손상에 위치한다. 왜냐하면 이혼이 파괴적인 관계에서 진행 중이고, 애들에게 가끔 호되게 혼을 내기 때문이다.

**직업적 기능: 85.** 그녀는 두 아이의 싱글맘이면서 2년 과정의 학위를 마치려고 노력 중이고, 좋은 일을 가지고 있으면서 매우 안정된 피고용인이 되는 중이다.

**현재 GAF 평점: 51.**(세 가지 평가 중에 가장 낮은 것)

**지난해 동안 GAF 평점: 58.** 비록 작년에 충실하지 않았던 것이 알려지지 않았지만 그녀의 파트너와 가끔 갈등이 있었는데, 그런 것이 51~60 범위의 높은 수준의 점수를 받게 한다. 관계에 있어서 적당한 갈등은 55(54~56 범위)라면 가끔 있는 갈등은 57~60 사이에 속한다. 잦은 갈등은 51~53 범위에 속한다. 이런 수준 정도의 구체적 평가는 하기 어려우며, 절대적인 정확도를 기대해선 안 된다. 우리는—문제의 심각성에 따라서—평가가 범위의 높음, 중간, 낮음 어디에 속하는지만 추정하려고 노력한다.

**당신은 상대적으로 지지적인(S) 개입 또는 탐색적인(E) 개입 중 뭘 사용하겠습니까? 주의 깊은 두 가지의 조화.** 비록 자기공격의 심각함이 있지만 더 지지적인(S) 개입과 초기에는 자기 재구조화 그리고 타인 재구조화를 사용하는 것이 필요할 것이다.

### 3B.2. 사이가 멀어진 건축가

**심리적 기능: 41.** 이 환자는 부족한 자기돌봄, 감소된 식욕, 기억문제 등에 기초해 보았을 때, 우울이 심각해 보인다.

**사회적 기능: 51.** 그녀는 완전히 가족으로부터 고립되어 있어 보이지만 아주 친한 친구가 있다.

**직업적 기능: 41.** 직업을 유지할 수 없음. 일을 할 수 없는 것은 심각하고 오래 지속된 손상을 반영하는데, 몇 년의 시간에 걸쳐서 나빠진 것 같다.

**현재 GAF 평점: 38. 지난해 동안 GAF 평점: 45.** 현재 그녀는 '몇 가지 분야에서 주요 손상'을 가지고 있다. 그러므로 GAF 척도에 의하면, 그녀의 전체적인 GAF 평가는 세 가지 분야에서 41~51이지만 31~40 범위로 내려간다. 친한 친구가 있기 때문에 높은 30점대의 점수를 받는다. 지난해 동안 그녀는 식욕이 좋아지고, 자기를 더 잘 돌보았기 때문에 그 기간 동안에 GAF 평가가 조금 더 높았다.

**당신은 상대적으로 지지적인(S) 개입 또는 탐색적인(E) 개입 중 뭘 사용하겠습니까? 지지적인(S) 개입.** 이 환자는 더 기능을 잘하기 전까지는 탐색적이거나 드러내는 개입에 노출되어서는 안 된다. 그녀는 지지적이고, 인지 – 행동 접근치료 방법이 제공되어야 한다. 초기에는 매일 제공되는 종일 치료 프로그램이 개인 치료보다 더 유익할 것이다.

### 3B.3 우울한 공학자

**심리적 기능: 55.** 이 환자는 중대한 자기비난, 부족한 에너지, 불쾌감 그리고 무가치감과 실패감을 경험하고 있고, 이것은 그를 중간 증상의 범위에 속하게 한다.

**사회적 기능: 61.** 교수와 동료들이 꽤 좋아하고 일반적으로 그들과 좋은 관계를 가지고 있다. 그러나 행복한 표정을 지어내야 한다는 느낌을 가지고 있기 때문에 현재 이러한 관계로부터 많은 즐거움을 경험하고 있지 않다.

**직업적 기능: 65.** 그는 학교에서 전체적으로 꽤 잘하고 있지만 현재 압박으로 인해 압도당한다고 느끼고 있고, 약간 뒤처지고 있다. 이것이 가벼운 범위에 그를 위치시킨다.

**현재 GAF 평점: 55. 지난해 동안 GAF 평점: 65.** 작년에는 가벼운 어려움만이 관찰되었고, 모든 분야에서 기능이 상당히 좋았으므로 61~70 범위의 중간에 위치한다.

**당신은 상대적으로 지지적인(S) 개입 또는 탐색적인(E) 개입 중 뭘 사용하겠습니까? 조화적인 개입(탐색적인 것보다는 더 지지적인 방향으로).** 마약을 사용하고자 하는 충동에 주의 깊은 관심을 가짐. 이미 약해진 기능을 더 악화시킬 수 있는 고통스러운 감정을 더 들춰내지 않는 것이 중요하다.

# 제4장

## 4A: 사람들은 어떻게 방어하는가

**4A.1.** 분노는 다음으로 방어될 수 있다. 수동적이고, 철회하게 됨(예를 들면, 말하지 않기, 잠을

자러 가기). 자기를 공격하기(예를 들면, 바보같이 느끼기, 가치가 없게 느끼기), 지적으로 분석하기(예를 들면, "난 미치지 않았어. 난 그냥 혼란스러울 뿐이야!")

**4A.2.** 열정은 다음으로 방어될 수 있다. 멋지게 행동하기, 무관심하거나 흥미 없는 행동하기, 열정을 보이는 다른 사람을 창피 주기, 이 상황을 떠나거나 피하기

**4A.3.** 친밀감은 다음으로 방어될 수 있다. 반대로 행동하기(무관심한 또는 친밀감이나 매력이 없는 것처럼 행동하기), 거칠게 또는 화난 행동하기, 다른 일로 바쁜 상태 유지하기, 사교적인 상황을 피하기

**4A.4.** 자기연민은 다음으로 방어될 수 있다. 자신을 초라하게 하기, 다른 사람에게 공적을 주기, 칭찬을 거절하기

## 4B : D-A-F-T-C-P를 인식하기

C F A
**4B.1.** 치료자: 권위자가 ○○씨를 평가하는 상황이 되기만 하면 늘 자기확신이 없고, 불안해

D
하고, 위축되는 것 같습니다. ○○씨도 그렇게 생각하나요?

F D C D D
**4B.2.** 치료자: 친하게 되는 것을 회피하고 ○○씨 아내를 멀리하기 위해서 화를 낸 것을 알고 있나요?

D F
**4B.3.** 치료자: 그래서 ○○씨가 분위기를 즐겁게 하려고 하는 경향은 자신의 슬픈 감정을

A T
나타내는것을 부끄러워하기 때문에 나온 결과로 보입니다. 그리고 그건 저

C or P
한테뿐만 아니라 다른 모든 사람에게도 그런 것 같습니다. 맞는 것 같으세요?

F C or P
**4B.4.** 치료자: ○○씨는 부드러운 감정을 표현하는 대신에 ○○씨 가까이에 있는 사람들에게

D D A
스스로 냉담하고, 거리를 두어서 상처를 받지 않으려고 하는 것 같습니다.

F D F A
4B.5. 치료자: 자신에 대한 자부심을 부정하는 것 같습니다. 왜냐하면 이 감정에 대해 불편하

P C
게 느끼기 때문입니다. 부모님과 아내와의 관계에서 그런 것을 확인했는데

T
여기 저한테도 그런 것 같습니다. 어떻게 생각하세요?

## 4C: 핵심 갈등이나 감정 공포를 개념화하기

### 4C.1. 걱정 많은 룸메이트

**방어 행동:** 강박적 반추, 과도한 걱정, 수면 부족. 다른 방어는 털어놓고 얘기하지 않는 것—수동성. 그러나 만약 그녀가 룸메이트에게 난방을 줄이는 것에 대해 얘기한다면, 그건 단지 불필요한 죄책감만 계속되게 할 것이다. 그녀도 그걸 '미친 짓'이라고 시인한다.

**억제 감정:** 자기만족에 대한 죄책감, 즉 돈을 쓰는 것인가 아니면 더운 아파트를 가지는 것인가?

**적응적 활성화 감정:** 즐거움/기쁨, 또는 아마도 자기돌봄. 이 사람은 즐거울 수 있는 경험을 놓치고 있다. 건강한 자기주장은 가능한 감정이다. 왜냐하면 그 학생은 화가 나 있는 룸메이트에게 말을 할 수가 없기 때문이다. 그러나 핵심 주제는 자기주장의 결핍뿐만이 아니다. 그건 그 상황을 즐길 수 없다는 것이다. 이러한 상황에서 그녀의 죄책감과 자기부정을 유지하기 위해 자기주장(비록 다른 상황에 적응하는 것이지만)은 하나의 방법이 될 수 있다는 것을 기억하는 것이 중요하다.

### 4C.2. 고통받는 처녀

**방어 행동:** 전도유망한 남자 친구의 단점 찾기, 완벽주의, 까다롭게 굴기, 과도한 비판, 또한 젊은 남성에의 흥미 상실과 성적 매력의 상실.

**억제 감정:** 우리는 아직 충분한 정보를 가지고 있지 않다. 억제 감정은 데이트하고 있는 남성에게 투사되어 있는 자신에 대한 수치심이 될 수 있거나 또는 너무 가까워지는 것에 대한 불안이 될 수도 있으나 지금 시점에서 우리는 단지 추측해 볼 뿐이다.

**적응적 활성화 감정:** 친밀감/부드러움, 성욕, 또는 아마도 일반적인 즐거움. 다시 우리는 더 많은 정보가 필요하다.

### 4C.3. 반에서 일등

**방어 행동:** 불안 또는 공황 같은 증상, 회피 행동, 일할 수 없음.

**억제 감정:** 불안(아마도 속이 메스껍게 되는), 쓰는 것에 대한 두려움

**적응적 활성화 감정:** 지금까지의 보고서로부터는 불명확하지만 억제되었다는 느낌은 다음을 포함한다. (1) 학업 성적 요구로 인한 부모에 대한 분노/자기주장, (2) 졸업과 동시에 성인으로서 책임감을 받아들이는 것에 관련된 발달상의 문제(예를 들면, 자기확신 그리고/또는 돌봄 결핍에 대한 슬픔)

### 4C.4. 노발대발하기

**방어 행동:** 거리 두기(말하지 않기), 폭발적이고 방어적인 화(노발대발하기), 가족을 피하기(폭발하지 않기 위해서 사무실에 머무르기).

**억제 감정:** 친밀함 또는 적당하게 자기주장을 하는 것에 대한 불안. 자기감에 대한 죄책감이나 수치심도 있을 수 있는데, 이것은 친밀감이나 자기주장을 받을 자격이 없다고 느끼게 한다. 노발대발하는 것에 대한 두려움과 그렇게 하는 것에 대한 죄책감이 방어를 '행동으로 옮기는 것'과 관련되어 있다. 그것들은 감정을 활성화하는 것에 대한 억제가 아니다.

**적응적 활성화 감정:** 아직 분명하지 않지만 아마도 친밀감이나 분노/자기주장, 또는 자기에 대한 긍정적인 감정의 결핍

### 4C.5. 벽의 꽃

**방어 행동:** 사교적인 고립, 혼자 앉아 있기(벽의 꽃과 같이 행동), 긴장을 풀기 위한 음주

**억제 감정:** 틀린 것을 말하는 것에 대한 불안과 긴장

**적응적 활성화 감정:** 자기수용, 자기주장과 다른 사람들에 대한 친밀감/신뢰 그리고 즐거움

### 4C.6. 오버타임 근로자

**방어 행동:** 수동성(물어보는 것에 대한 어려움, 상사가 알아차리기를 기다림), 과도한 역할하기(잦은 야근하기)

**억제 감정:** 거절에 대한 두려움, 거부당하는 것에 대한 두려움, 아마 자기가치에 대한 수치심

**적응적 활성화 감정:** 자기주장/분노, 자기확신

### 4C.7. 과용하는 사람

**방어 행동:** 행동으로 옮기기(충동구매, 먹기 그리고 음주-충동 제어 결핍), 구체화하기(한계를 정하는 것을 부모에게 의존), 아마도 부모에 대한 방어적인 분노로서 그들의 돈을 사용하는 것으로 행동으로 옮김.

**억제 감정:** 행동을 조절하기 위한 불충분한 억제 감정. 공포, 죄책감 또는 수치심의 어떤 적응 수준이 자기조절을 위해 필요하다. 그러나 불충분함에 대한 과도한 수치심과 관련된 감정이 있어 보이며, 충동 조절 결핍 때문인 것 같다.

**적응적 활성화 감정:** 자신을 향한 긍정적인 감정(자신의 행동에 대한 적응적인 한계를 정하는 것을 통한 자기조절로 이르게 하는 자기돌봄)

### 4C.8. 엄마의 '버팀목'

**방어 행동:** 감정적인 고통에 무감각하기, 자신을 멀리하고 다른 사람을 돌보는 것으로 자신의 이미지를 높이기, 정서를 표현하는 것에 대해 스스로 비판하기, 자신에 대해 좋게 느끼기 위해 엄마의 '버팀목'으로 행동하는 것으로 외적 표현하기, 완화시킬 수 있는 슬픔보다는 방어적으로 눈물을 흘림.

**억제 감정:** 슬픔을 표현하거나 약한 것을 보이는 것에 대한 수치심. 부족한 자기감에 대한 수치심

**적응적 활성화 감정:** 분노, 슬픔 그리고 자기에 대한 긍정적인 감정. 이 경우에는 분노가 피해진 것 같다. 왜냐하면 엄마를 위해서 너무 많은 것을 했기 때문이다. 엄마는 그녀에게 너무도 심하게 의존하였을 것이다. 또한 엄마가 일반적인 규칙으로서 감정을 인정하지 않은 암시가 있기 때문에 환자는 이러한 어떤 감정도 느낄 자격이 없는 것으로 느끼는 것 같다.

# 제5장

## 5A: 방어를 지적하기

### 5A.1. 방어를 지적하는 반응들

자연스러운 성적 느낌에[F] 대한 불안과 수치심[A] 때문에 긴장이 높아지는 것은 아닌가요[불안 조절과 지지적 언급]? [이 사례에서 환자가 보이는 남편과의 친밀하고 돌보는 관계를 고려하면, 친밀감보다는 성적인 느낌에 대한 불편감이 더 커 보인다.]

### 5A.2. 방어를 지적하는 반응들

**가능한 반응 1:** ○○씨가 사람들의 반응에 대해 지나치게 민감한[A-고통] 것은 아닌지, 그리고 자신의 생각을 말하기[F-주장]보다는 너무 빠르게 닫아 버리는 것은 아닌지 궁금합니다. 이 점에 대해 어떻게 생각하나요?

**가능한 반응 2:** 사람들이 ○○씨의 말을 절대로 듣지 않거나 또는 ○○씨를 귀찮아했던 구체적인 상황이 있었나요? 그것이 정말 일어난 일인가요? 또는 일어나지 않았을 때조차 일어날 수도 있다고 미리 예상하고[D-투사] 있는 것인가요? [정상화 그리고 지지적 반응] 어떻게 생각하나요?

### 5A.3. 방어를 지적하는 반응들

**가능한 반응 1:** 이제까지 ○○씨가 겪어 온 모든 일을 극복하는 데 있어 웃으며 참는 것은 많은 장점을 가지고 있었을 것입니다. ○○씨는 그것이 그리 대단한 일이 아니라고[D-부정 또는 최소화] 말하지만, 그것은 참으로 대단합니다. [지지적 반응] 하지만 '모든 것을 웃어 넘기고 참는' 철학[D-과도한 억제] 밑에는 ○○씨가 피하고 있는 강렬한 느낌이[F] 있는 것은 아닌지 궁금합니다.

**가능한 반응 2:** 좋지 않은 일은 누구에게나 일어나게 마련이지요. 하지만 그것이 어떤 것도 느끼지 않아야 한다는 것을 의미할까요? 물론 그것은 달리 할 수 있는 것이 없을 때, 매우 유용한 전략이 될 수 있을 것입니다. 그렇게 하기 위해서는 사실 힘도 필요합니다. [지지적 반응] 하지만 이제 여기 치료에서 ○○씨가 이전에는 해 볼 수 없었던 다른 경험을 해 보았으면 좋겠습니다.

### 5A.4. 방어를 지적하는 반응들

제 말에 항상 고개를 끄덕이며 동의하고 있네요[D-동조]. 하지만 동의할 수 없을 때는[F-주장] 마음속에서 소리 없는 목소리가[D] 있었을 겁니다. 어떻게 생각하나요? (잠시 후에) 치료실에서는 ○○씨의 마음속에 있는 무엇이든지 말할 수 있습니다. [지지적 반응] 뭐든지 드러낼 수 있을 만큼 충분히 안전하다고 느끼나요?

## 5B: 방어, 느낌 그리고 불안을 연결하기

### 5B.1. 거의 말을 하지 않는다

**방어를 지적하는 반응:** ○○씨는 전혀 말을 하지 않고 있네요[D]. 그 침묵이 무슨 역할을 하고 있는지 궁금합니다.

**방어와 느낌을 연결시키는 반응:** 침묵하면서[D] 차단하고 있는 다른 느낌은[F] 없나요?

**불안을 탐색하는 반응:** 여기서[T] 말하는 것이[F] 어렵거나[A] 불편한가요[A]?

### 5B.2. 희망이 없다고 느낀다

**방어를 지적하는 반응:** ○○씨의 무력감이[D] 무엇으로부터 ○○씨를 보호하고 있는 것은 아닌가요?

**방어와 느낌을 연결시키는 반응:** 무력감이[D] 깊게 바라고 갈망하는[F-관심/흥분] 것을 차단하고 있는지 궁금합니다. 또는 원하는 것을 가져도 된다는 것을 느끼지 않으려는 것일 수도 있습니다. 어떤 것이 ○○씨에게 진실로 들리나요? [주의: 무력감은 주장을 피하는 방법이 될 수 있다. 이것 역시 탐색되어야 한다.]

**불안을 탐색하는 반응:** 어떤 것을 얻기 위해 희망을 갖는 것[F]이 두려운가요[A]?

### 5B.3. 분노에 초점을 맞추자 무기력하게 운다

**방어를 지적하는 반응:** 우리가 분노에 대해서 이야기하자 ○○씨는 금방 슬피 울기 시작했습니다[D].

**방어와 느낌을 연결시키는 반응:** 슬피 우는 것이 분노를[F] 차단하는 것은[D] 아닌지 궁금합니다.

**불안을 탐색하는 반응:** ○○씨가 분노를 느끼는 것에 대해 가장 힘든 것은 무엇입니까?

### 5B.4. 치료자와 눈을 마주치는 것을 피한다

**방어를 지적하는 반응:** ○○씨는 말할 때 나를 지나쳐[D] 보는 것을 알았습니다. 그것을 혹시 알고 있었나요?

**방어와 느낌을 연결시키는 반응:** ○○씨는 나와의[T] 친밀한[F] 느낌을 피하기 위해 눈을 마주치지 않으면서 어떤 벽을 쌓고 있는 건가요?

**불안을 탐색하는 반응:** 나를 보면 불안한[A] 것이 있는지 궁금합니다[그리고 치료자가 덧붙일 수 있다]. ○○씨가 여기에서 안전하고 편안함을 느끼는 것이 중요합니다. 자, 나[T]와 함께 편안함을 느끼면서[F] 작업을 할 수 있도록 이 두려움을 탐색할 수 있을까요?

### 5B.5. 자기자존감에 대한 이야기를 하다가 주제를 변경한다

**방어를 지적하는 반응:** 지금 방금 ○○씨가 주제를 변경했다는 것을 알고 있나요[D]? 그렇게 하는 이유가 있을까요?

**방어와 느낌을 연결시키는 반응:** ○○씨는 자신에 대해 어떻게 느끼는지[F] 이야기를 하다가 갑자기 주제를 바꿨습니다. 그때 주제를 변경하는 것이[D] 어떤 관련이 있을까요?

불안을 탐색하는 반응: ○○씨 자신에 대해 좋은 느낌을[F] 갖는 것이 불편한가요[A]?

**5B.6. 슬픔을 피하기 위해 밝게 웃으며 이야기를 한다**

**방어를 지적하는 반응:** ○○씨도 알다시피 우리는 아버지의 죽음에 대해 이야기를 하고 있었습니다. 그런데 ○○씨는 지금 꽤 밝아 보입니다[D]. 혹시 알고 있나요?

**방어와 느낌을 연결시키는 반응** ○○씨는 눈물이 날 것 같으면[F] 이것을 피하려고 애써 밝은 척하는 것 같아요[D]. 이런 식으로 슬픔을[F] 피하는 것을[D] 알고 있나요?

**불안을 탐색하는 반응:** 잠시 동안 슬픈 느낌과[F] 함께 머물러 있으면 무엇이 가장 힘든가요?

## 5C. 방어를 타당화하기

**5C.1. 방어를 타당화하는 반응**

수년 동안 우는 것이 너무 힘든 상황이었다면[A], ○○씨가 울어야 할 때 무덤덤한[D] 것이 너무 이해가 됩니다. [타당화] [치료자는 이때 불안을 탐색할 수 있다.] ○○씨가 울 수 있었던[F] 가장 마지막 순간이 언제였는지 기억할 수 있을까요? 그때 무엇이 가장 힘들고[A], 견디기 힘든[A] 부분이었나요?

**5C.2. 방어를 타당화하는 반응**

말을 하면 더 나빠지는 상황이라고 보았다면, 부인에게 간접적으로[D] 화를 표현하는 것은 어쩌면 너무나도 당연합니다[타당화]. [그리고 이 부분을 더 깊게 탐색하기 위해 나아갈 수 있다.] 그런 상황이 맞나요? 혹시 이전에도 비슷한 적이 있나요? ○○씨가 그녀에게 다가갈 수 있는 다른 방법은 없을까요?

**5C.3. 방어를 타당화하는 반응**

○○씨도 알다시피 처음에는 슬픔에[F] 압도되는[A] 감정을 느낄 수 있습니다. 그러면 사람들은 자신의 속도로 그것을 겪어 나가게 됩니다. 가까운 사람의 죽음 후에 즉각적으로 자신의 느낌을 차단하는[D] 것은 이상할 것이 하나도 없습니다. [타당화-정상화시키기] [불안을 조절하도록 돕기 위해 치료자는 다음과 같이 말할 수 있다.] 우리는 견딜 수 있는 만큼만 이 느낌을 탐색할 것입니다. 그래서 그 슬픔이 ○○씨를 압도하지 않도록 할 것입니다.

**5C.4. 방어를 타당화하는 반응**

생각만 해도 불편한 주제에 대해서 일단 그것을 피하는 것은 너무나도 당연합니다[타당화]. 그렇기 때문에 ○○씨가 이야기하는 것을 왜 피하려고 하는지 이해할 수 있습니다[타당화]. [그리고 더 지속하기 위해 치료자는 불안을 탐색할 수 있다.] 그것에 대해 말하는 것이 어떤 점이 가장 불편한가요?

### 5C.5. 방어를 타당화하는 반응

좋아요, ○○씨가 기뻐하는 것에 대해 불편함을 느끼고 있네요[타당화]. 그것이 ○○씨가 받은 메시지의 전부였습니다. 우선 ○○씨의 엄격한 부모님[P]으로부터 그리고 ○○씨의 매우 무서운 기숙학교 선생님들로부터[P] 즐겁고[F-즐거움] 자발적인 것[F-흥미 또는 흥분]에 대해 처벌이 가해진다면 어떤 아이가 자발성을 죽이는 것을 배우지 않을 수 있겠습니까[타당화]? [치료자는 방어를 재구조화하기 위해 더 나아간다.] ○○씨가 이 점에 대해 변화를 주고 싶은 마음이 있나요?

## 5D. 강점을 지적하기

### 5D.1. 강점을 지적하는 반응

친밀해지는 것이 너무 두려워서[A] 사람을 피하지만[D], ○○씨는 치료에 와서 속마음을 다 털어놓을 수 있을 만큼 용기가 있지 않습니까?

### 5D.2. 강점을 지적하는 반응

○○씨는 참으로 힘겨운 삶을 살아온 것 같습니다. 하지만 ○○씨는 이제까지 그것을 잘 견디어 왔습니다[강점]. 우울한 기분을 느끼지만[D-우울 또는 자기공격], 어쨌든 ○○씨는 일을 하러 매일 직장에 갈 만큼 힘이 있습니다.

### 5D.3. 강점을 지적하는 반응

아픈 이모를 돌본다는 것은 ○○씨의 많은 시간을 할애해야 하는 것이지요[타당화]. 그럼에도 불구하고, ○○씨는 해결해야 하는 많은 것들이 있을 때면 정신없는[D] 생활을 정리해야 한다는 마음을 먹는다는 것이 참으로 대단하다고 생각합니다[강점].

# 제6장

## 6A : 방어의 이득과 대가를 확인하기

다음에 이어지는 방어 행동의 각각에 대한 가능한 이득 또는 손실은 무엇인가?

**6A.1. 방어 행동:** 수동성 그리고 화의 간헐적인 분출

**가능한 이득: 일차적 이득:** 이 환자는 화를 내거나 주장에 대한 갈등을 피하기 위해 수동적인 모습을 보일 수 있다.

**이차적 이득:** 남을 돕고, 관대하다는 자기감. 당황스럽더라도 화의 분출은 환자에게 이차적 이득을 줄 수 있는데, 잠깐이라도 힘 또는 지배에 대한 느낌을 가질 수 있다.

**가능한 대가:** 그는 하지 않아도 되는 많은 일들을 하게 되고, 결국 즐거운 것들을 할 수 있는 기회를 잃게 된다. 이러한 상황은 결국 우울한 기분을 느끼게 한다. 다른 가능한 대가는 사람들이 '오래 문제를 지속해 가지고 있는 사람' 또는 '예상할 수 없게 폭발적인 사람'을 피하려고 하기 때문에 사회적으로 고립될 수 있다.

**6A.2. 방어 행동:** 타인을 돌보는 행동. 문제를 최소화함. 자신을 주장하지 않음.

**가능한 이득: 일차적 이득:** 이 방어는 치료자와의 관계에서 경험하는 분노와 친밀감 같은 불편한 느낌을 피하도록 한다.

**이차적 이득:** 치료자와 긍정적인 관계를 유지하려고 애쓰면서 그녀는 강하고, 필요한 것이 없어 보인다, 또한 쾌활한 사람 같아 보인다.

**가능한 대가:** 자신의 문제를 최소화함으로써 중요한 문제에 대한 치료자의 관심을 스스로 박탈하게 된다. 새롭고 적응적인 관계 기술을 배우는 최선의 방식—치료자와의 관계—을 스스로 놓치게 된다.

**6A.3. 방어 행동:** 생산적으로 일을 하지 못함. 상실에 대한 슬픔을 최대한 부정함.

**가능한 이득: 일차적 이득:** 가족의 죽음을 슬퍼하는 데 따르는 고통을 피할 수 있다.

**이차적 이득:** 슬픔을 피하면서 죽은 가족과 여전히 연결되어 있다는 느낌을 가질 수 있다. 죽은 가족은 일을 할 수 있는 기회를 잃었기 때문에 환자가 일에서 성공하지 못함으로써 '살아남은 자의 죄책감'을 피할 수 있도록 한다.

**가능한 대가:** 직업적으로 '막힌' 기분이 든다. 일에서 기쁨과 만족이 없다. 우울할 수도 있다. 다른 사람들과 친밀감이 부족할 수 있는데, 이것은 치료에서 고려될 필요가 있다.

6A.4. **방어 행동**: 남자 친구에 대해 트집 잡기

**가능한 이득**: 일차적 이득: 치료자는 환자의 관계를 검토하고, 그녀가 그것을 확인하는 것을 도와야 한다. 그녀는 트집을 잡으면서 누군가와 친밀감을 형성하고, 타인과 진심으로 관계하는 것을 피할 수 있다. 한편으로, 그녀는 진실로 남자 친구와 헤어지기를 원할 수 있다. 하지만 그녀의 자기감은 성숙한, 주장적인 방식으로 이별을 고할 만큼 충분히 강하지 않다. 또한 남자 친구가 완벽하지 않다는 부모님의 생각에 맞서서 자신의 의견을 주장할 만큼 충분한 자기확신감이 부족하다. 행동화와 간접적인 행동 방식은 자신을 적절하게 주장하는 문제와 건강한 자기감에 대한 갈등을 피하도록 도왔다.

이차적 이득: 간접적인 방식으로 부모님의 의견에 반대를 할 수 있다. 결과적으로 부모님에게 통제당하지 않을 수 있다.

**가능한 대가**: 행동화는 개방적이고 성숙한 관계에서 진실한 친밀감을 방해할 수 있다. 그것은 빈약한 자기감을 만들어 낸다. 그녀는 스스로를 '마녀'라고 부른다. 그리고 그녀의 행동에 대해 부끄럽게 생각한다.

6A.5. **방어 행동**: 어린 시절 여자 형제들과의 경험에서 생긴 죄책감 때문에 성적인 각성을 억제함.

**가능한 이득**: 일차적 이득: 그는 성적인 느낌, 친밀감 그리고/또는 주장하기에 대한 갈등을 피하고 있을 수 있다.

이차적 이득: 성적인 각성의 부족은 그가 성적으로 착취한다고 생각했던 행동을 피할 수 있도록 한다.

**가능한 대가**: 성적으로 억제를 하는 것은 관계 맺기, 자기확신 그리고 자기존중감에 문제를 야기할 수 있다. 또한 성적인 기쁨을 갖는 것이 어렵다.

## 6B. 방어의 기원과 유지를 확인하기

6B.1. **방어 행동**: 집수리를 하면서 가족을 피함.

**방어의 기원에 대한 치료자 반응**: 어려서 성장하면서 ○○씨는 친밀한 사람들, 가족과 많은 시간을 보내는 것이 안전하지 않다는 메시지를 받았군요.

**방어의 유지에 대한 치료자 반응**: ○○씨는 현재의 가족과 거리를 유지하고 있습니다. 그리고 가족이 그 거리감에 대해 이야기를 하면 할수록 스스로 결점이 많고, 가치가 없다고 느끼고 있습니다. 그러면 예상하겠지만, ○○씨는 가족과 더욱 멀어지는 결과를 낳게 됩니다.

**6B.2.** **방어 행동:** 농담하기. 슬픈 이야기를 할 때 주제를 변경하기

**방어의 기원에 대한 치료자 반응:** 슬픔은 너무 고통스럽습니다. 그것을 혼자 견디는 것은 참으로 어려운 일입니다. 또한 ○○씨의 성장 과정에는 슬픈 느낌을 어떻게 다루어야 하는지에 대한 어떤 모델도 없었습니다. 운다는 것은 '계집애'가 되는 것이라는 강한 메시지를 받았습니다. 함께 울 누군가가 없었습니다. ○○씨가 이 기분을 피하려고 하는 것은 너무나 당연합니다.

**방어의 유지에 대한 치료자 반응:** ○○씨의 힘과 용기는 참으로 대단합니다. ○○씨의 문제는 지나치게 억제된 방식을 지속하려고 한다는 것입니다. 그리고 이러한 부정적인 영향을 그대로 미래에까지 끌고 가려고 하고 있습니다. 이제 치료가 ○○씨를 도울 수 있는 상황에 있습니다. 이제는 심지어, 불필요한 상황에서 이 회피 방식을 그대로 유지하는 것이 부끄러운 일일 수도 있습니다. 어떻게 생각하십니까?

**6B.3** **방어 행동:** 우울한 느낌이 분노를 차단한다

**방어의 기원에 대한 치료자 반응:** 이해가 됩니다. ○○씨는 성장하면서 결코 누구와 싸워서는 안 되고, 사람들에게 화를 내거나, 자신의 어떤 욕구도 주장할 권리가 없었다고 들었습니다.

**방어의 유지에 대한 치료자 반응:** 그래서 화가 나거나 또는 주장하고 싶은 마음이 떠오를 때마다 ○○씨는 그럴 권리가 없다고 스스로를 비난했습니다. 자신의 욕구를 만족시킬 수 없고, 자신의 한계를 정할 수 없을 때 분노는 자기공격의 형태로 ○○씨 자신을 향하게 되었습니다. 그래서 우울한 기분에 빠져들게 됩니다. 이렇게 자기를 공격하는 행동이 우울함을 만들었습니다. ○○씨가 이해한 것과 맞나요?

## 6C. 방어의 대가에 대해 애도하기

**6C.1** **방어 행동:** 슬픔에 무덤덤하기

**심화시키기 위한 치료자 반응:** 이 무덤덤함이 수년 동안 ○○씨의 삶에서 기쁨을 앗아 갔군요.

**격려하기 위한 치료자 반응:** 많은 사람들은 고통이 있을 때 무덤덤하게 됩니다[지지 – 정상화]. ○○씨는 너무 외로웠습니다, 어머니가 돌아가신 후 몇 주 그리고 여러 달 동안에 뭔가를 느끼려고 하면, 슬픔에 압도되는 기분을 느꼈을 것이 분명합니다. 그래서 고통을 무덤덤하게 하는 것이 필요했을 것입니다. [타당화] 그럼에도 불구하고, ○○씨는 해야 하는 일들, 예를 들어 일을 유지하고, 아내와 아이들을 돌보는 일을 지속하여 왔다

는 것은 참으로 대단합니다[강점을 지적하기/방어에 대해 적절한 견해를 제시하기].

6C.2 **방어 행동:** 시선 접촉을 피하고 친밀함을 회피

**심화시키기 위한 치료자 반응:** 시선을 피하는 것이 별것 아닌 일일 수 있습니다. ○○씨는 처음에 인생의 배우자를 찾는 데 어려움에 관한 이야기를 하면서 치료에 왔습니다. 그리고 수년 동안 외롭고 고독하게 보냈습니다. 여기서 나에게 보이는 거리감은 '빙산의 일각'일 수 있습니다. ○○씨는 무심코—그리고 비극적으로—○○씨와 가까워지기를 원하는 사람들과 거리를 유지해 오고 있었을지도 모르겠습니다. 그들에게 관심이 없다는 인상을 줌으로써 이 방식을 유지해 왔을 것입니다. 이러한 설명에 대해 어떻게 생각합니까?

**격려하기 위한 치료자 반응:** 시선 접촉을 피하는 것은 때때로 우리 문화에서 보편적으로 받아들여지는 방식입니다[지지]. 하지만 제가 생각하기에 ○○씨는 안전함을 느끼기 위해 시선 접촉을 피해 왔다고 보입니다. 상처받는 것을 피할 수 없을 때, 스스로를 보호하는 방법이었습니다. [타당화] 하지만 사람들과 거리를 유지하면서도 ○○씨는 직업에서 책임 있는 그리고 능력 있는 사람으로 일을 잘 처리해 왔습니다[강점을 지적하기/방어에 대해 적절한 견해를 제시하기]. 이러한 설명에 대해 어떻게 생각합니까?

6C.3 **방어 행동:** 성적 기쁨을 피하기 위해 과도하게 집 정리를 하거나 분주하게 행동

**심화시키기 위한 치료자 반응:** 이렇게 집 청소를 과도하게 하는 것이 ○○씨의 삶에 기쁨을 빼앗아 갈 뿐만 아니라, △△과의 관계를 위협하고 있습니다. 그리고 이런 모습은 결렬되는 관계에서 주로 나타나는 모습입니다. 이런 식으로 인해 사랑하는 사람과의 관계를 지속할 수 없다는 것이 얼마나 비극적입니까? 이런 면에서 ○○씨의 문제를 볼 때, 어떤 감정을 느낄 수 있습니까?

**격려하기 위한 치료자 반응:** ○○씨가 이 문제와 투쟁을 해 왔을 것을 생각하니 참으로 슬프네요[지지]. ○○씨는 이 문제에 대해서 '이중고'를 겪고 있네요. 동성애자라는 이유로 가족 내에서 수치심을 느낄 뿐만 아니라 동시에 성적인 감정을 느끼는 것에서도 수치심이 있네요. 성에 대한 갈등 없이 이 문제를 극복할 수 있는 사람이 이 세상에는 없다고 생각합니다. [타당화] 그럼에도 불구하고, ○○씨는 매우 가까운 관계를 형성해 왔습니다. ○○씨와 △△씨 사이에는 진정으로 친밀함이 있습니다. ○○씨가 상대방에게 보여 주는 친절함과 따뜻함에 감동을 받았습니다. [강점을 지적하기/방어에 대해 적절한 견해를 제시하기]

## 6D : 방어의 숨겨진 의미를 확인하기

방어적인 사고와 행동 뒤에는 많은 숨겨진 또는 상징적인 의미가 있다. 우리는 몇 가지 숨겨진 의미를 제시할 것이다. 당신은 이외에 다양한 것들을 생각할 수 있다.

**6D.1. 나는 항상 최고로 행동해야 합니다.**

가능한 의미: 1) "사람들은 나를 비웃을 것입니다." 2) "사람들은 나를 좋아하지 않을 것입니다." 3) "나에게는 매력도 없고, 사람들에게 호감을 주지도 못합니다."

**6D.2. 사람들이 나에 대해 이야기를 하고 있습니다.**

가능한 의미: 1) "모든 사람들은 나를 싫어합니다." 2) "아주 극소수의 사람들만이 나에게 관심을 주고 있습니다."

**6D.3. 사람들은 왜 내가 좋은 사람이라는 것을 모르지요?**

가능한 의미: 1) "사람들은 내가 말을 하지 않아도 내가 얼마나 좋은 사람인지를 알아야 합니다." 2) "나는 나 자신에 대해서 끔찍하게 생각합니다. 그래서 사람들이 그렇지 않다고 좋게 말해 주기를 바라고 있습니다." 3) "부모님은 내가 했던 모든 행동을 사랑했습니다. 왜 다른 사람들은 그렇게 하지 않는 걸까요?"

**6D.4. 자기 스스로 일을 시작하지 못함**

가능한 의미: 1) "나는 아마 실패할 것입니다. 실패할 것이 분명한데 뭘 하러 시작을 합니까?" 2) "사람들은 엄마가 했던 방식으로 나에게 똑같이 소리를 지를 것입니다. 그래서 시작조차 하지 않아야 비난을 받지도 않을 것입니다." 3) "나는 성공하는 것이 두렵습니다. 책임감을 감당할 수 없습니다. 계속 지속할 수 없을 것 같습니다."

**6D.5. 어떤 것도 버리지 못하는 행동**

가능한 의미: 1) "나는 내가 태어난 곳에 집착합니다. 그래서 그곳에서 나오고 싶지 않습니다." 2) "나는 나 스스로 안정감을 느끼지 못합니다. 내 주변에 무언가 있어야 안정감을 느낄 수 있습니다." 3) "만약 내가 어떤 것을 바꾼다면, 더 나빠질 것입니다." 4) "만약 물건들을 자꾸 버리면, 결국은 나한테 아무것도 남는 것이 없을 것입니다." [또는 "나는 더 이상 그녀의 사랑을 가질 수 없을 것입니다."] 물건을 모으는 행동은 다양한 방식으로 설명할 수 있다.

**6D.6. 강아지를 발로 차는 행동**

가능한 의미: 1) "적어도 나는 하루 종일 강아지를 차는 것이 아닙니다. 발로 차야만 강

아지에게 밥을 줄 수 있거든요." 2) "나는 너무 고통스러워서 나와 비슷한 방식으로 느끼는 누군가를 원합니다." 3) "나는 나에게 의존해 있는 어떤 것 또는 어떤 사람이 싫어요."

**6D.7. 냉소적이고, 비판적인 모습**

**가능한 의미:** 1) "나는 강인합니다. 누구도 나에게 상처를 줄 수 없어요." 2) "부드러운 느낌을 갖는 것이 싫습니다." 3) "나는 복수를 간접적으로 또는 수동 공격적인 방식으로 할 것입니다."

**6D.8. 인색함**

**가능한 의미:** 1) "나는 결코 이용당하지 않을 것입니다." 2) "누구도 나에게 무엇을 준 바가 없습니다. 그래서 나도 똑같이 그들에게 그렇게 할 것입니다." 3) "당신이 무엇을 주든지 간에, 그것은 당신이 가진 것이 적어지는 것을 뜻한다는 것을 알아야 합니다." 4) "돈은 움켜쥐고 있어야만 합니다. 그렇지 않으면 곧 가난해질 것입니다." [또는 "모든 힘을 잃어버릴 것입니다."]

**6D.9. 기분의 변화가 심함**

**가능한 의미:** 1) "나는 열정적인 사람입니다. 나는 어머니같이 메마르고, 무딘 사람이 아닙니다." 2) "매 순간마다 나는 내가 누구이고, 무엇을 느끼는지를 알 수 없습니다." 3) "나의 기분은 나와 함께 있는 사람에게 달려 있습니다."

## 6.E. 방어의 숨겨진 보상(이차적 이득)

**6E.1.** **방어의 숨겨진 보상:** 친절하지 않은 것에 대해 웃어넘기는 것은 1) 분노에 대해 갈등을 피하는 것이다. 그리고 2) 환자가 다른 사람들과 갈등을 해결할 수 없을 것같이 느낄 때, 느껴지는 울적하고 무기력한 기분을 피할 수 있다. 만약 환자가 갈등이 생기면 바로 관계가 끝나는 것이라고 믿고 있다면, 모든 대가를 치르면서라도 기쁜 감정을 유지하면서 관계를 유지하여[이차적 이득 1] 혼자 남겨진다는 파괴적인 두려움을 느끼지 않아도 되고[이차적 이득 2], 또는 사랑받고 있다는 것이 깨질 것 같은 자기감을 그나마 유지할 수 있다[이차적 이득 3].

**방어의 숨겨진 보상을 지적할 수 있는 치료자 반응:** 만약 ○○씨가 그녀에게 부정적인 느낌을 말하면, 관계를 잃을지도 모른다는 두려움이 있나요[대가]?

**6E.2.** **방어의 숨겨진 보상:** 누군가가 '나에 대한 어떤 것'을 알지 못하도록 하는 것은 연약함을 드러내는 것에 대한 두려움, 거절에 대한 고통, 또는 자율감의 상실에 대한 불안과 같이 대인관계의 친밀함에 대한 불안을 피하는 것[일차적 이득]을 뜻한다. 이차적 이득은 취

약하지 않다는 자기이미지를 지키는 것이다.

**방어의 숨겨진 보상을 지적할 수 있는 치료자 반응:** 그녀가 ○○씨를 비판하고 무시하는 것이 정말 두려울 수 있습니다[일차적 이득]. 그녀가 ○○씨에 관해 '비판할 거리를 찾아냈을 때' 가장 최악은 무엇입니까? [예, 존경의 상실, 보복 등에 대한 두려움을 일으키며, 불안 조절] 그녀의 보복으로부터 ○○씨를 보호하기 위해[이차적 이득 1] 그리고 ○○씨가 항상 통제감을 지키기 위해[이차적 이득 2] 지나치게 밝은 기분에 머무르는 것은 아닌지 모르겠습니다.

**6E.3.** **방어의 숨겨진 보상:** 여자 친구에게 소리를 지르며 겁을 주고, 다시 말해 화를 분출하면서 친밀함을 피하는 것이 안정적인 거리를 제공하고 있다.

**방어의 숨겨진 보상을 지적할 수 있는 치료자 반응:** ○○씨가 그녀에게 진심으로 가깝게 되는 것이 두려운 것은 아닌지 궁금합니다[일차적 이득]. 그리고 그녀에게 소리를 지름으로써 그녀가 가까이 오지 않도록 하면서 안전한 거리를 유지할 수 있습니다. 또한 화를 분출하고 짜증을 내는 것이 ○○씨에게 자율감을 줄 수도 있습니다. 어떻게 생각하시나요?

**6E.4.** **방어의 숨겨진 보상:** 치료에서 말했던 것을 전혀 생각하지 않는 것은 치료를 통해 일어나는 구체적인 느낌을 피하는 것일 수 있다[일차적 이득]. 또한 변화가 두려워 치료가 진행되는 것을 방해하는 것일 수도 있다[이차적 이득].

**방어의 숨겨진 보상을 지적할 수 있는 치료자 반응:** 치료에서 더 깊이 진행하고 싶지 않은 어떤 다른 이유가 있는지 궁금합니다. ○○씨가 피하고 싶은 것에 우리가 가까이 가고 있나요? 지금 아무 말도 떠오르지 않을 수도 있습니다. 하지만 이렇게 피하는 느낌이 무엇인지 알고 있나요?

**6E.5.** **방어의 숨겨진 보상:** 숨겨진 목표에 대해 치료자가 직면하는 것에 화를 내는 것은 수치심을 회피하는 것을 뜻한다[일차적 이득]. 그것은 또한 변화를 위한 동기의 부족을 반영한다[이차적 이득].

**방어의 숨겨진 보상을 지적할 수 있는 치료자 반응:** ○○씨에게 그런 느낌이 들었다면 정말 유감입니다. 분명히 불쾌한 기분일 것입니다. 그렇지만 가장 기분 나쁜 것은 무엇입니까? [또는] 아마도 ○○씨가 말한 것을 제가 이해하는 것에서 뭔가 실수가 있었던 것 같아요. 제가 ○○씨를 더 잘 이해할 수 있도록 나에게 좀 더 설명을 해 주실 수 있나요? [주의: 치료자의 반응에 대해 지나치게 화를 낼 때는 환자가 아직은 자기애적 손상을 견디기 어렵고, 탐색적 작업이 어렵다는 것을 뜻한다. 이러한 경우에 치료자는 진실로 사과함으로써 작업 동맹의 결렬을 회복하고, 상황을 평가하기 위해 불안 조절 또는 지지적인 방식으로 이동하는 것이 더 좋다.]

# 제7장

## 7A : 구체적 감정의 부적응적 그리고 적응적인 형태를 식별하기

### 7A.1. 친밀함/부드러움

| | |
|---|---|
| • 타인에 대한 이상화된, 완벽한 이미지 | 부적응적 |
| • 공감을 차단하는 자기몰두 | 부적응적 |
| • '나-너', 타인을 소중히 여김 | 적응적 |
| • 질투가 심한 | 부적응적 |
| • 사람의 강함, 약함, 과장에 대한 수용 | 적응적 |
| • 편안한, 안아 주는, 버텨 주는 | 적응적 |
| • 감사하는 | 적응적 |
| • 타인에 대한 공감 | 적응적 |
| • 불안 또는 눈맞춤 회피 | 부적응적 |

### 7A.2. 성적 욕망

| | |
|---|---|
| • 만족스러움을 깊게 나눔 | 적응적 |
| • 친밀함을 깊게 느끼지 않음 | 부적응적 |
| • 중독적인 만남 | 부적응적 |
| • 친밀함을 높임 | 적응적 |
| • 상대방을 대상화하는 성욕 | 부적응적 |
| • 사랑과 돌봄이 함께 있는 | 적응적 |

### 7A.3. 고통

| | |
|---|---|
| • 정서적 손상을 알림 | 적응적 |
| • 적응적인 회피를 함 | 적응적 |
| • 우울함/우울증 | 부적응적 |
| • 자기를 향한 만성적인 손상 | 부적응적 |
| • 피할 수 없다는 느낌, 갇힌 느낌 | 부적응적 |

| | |
|---|---|
| • 상실로 인한 슬픔 | 적응적 |

7A.4. 즐거움/기쁨

| | |
|---|---|
| • 타인의 고통을 무시 | 부적응적 |
| • 외부 자극의 상실과 함께 빠르게 사라짐 | 부적응적 |
| • 안정된, 달래는, 조용한 | 적응적 |
| • 과도하게 서두름 | 부적응적 |
| • 기쁨을 지속하는 | 적응적 |
| • 그 안에서 깊게 경험하는 | 적응적 |

7A.5. 수치심/죄책감

| | |
|---|---|
| • 자기비난에 이르는 | 부적응 |
| • 진심으로 후회, 애도에 이르는 | 적응적 |

7A.6. 관심/흥분

| | |
|---|---|
| • 충동적인 끌림 | 부적응적 |
| • 깊게 만족하는, 어떤 주제에 대한 관심 | 적응적 |
| • 강하게 그리고 의욕이 넘치는 관여 | 부적응적 |
| • 이완하는 하지만 깊이 집중하는 | 적응적 |
| • 과도한/지나치게 넘치는 에너지 | 부적응적 |
| • 희망, 낙관주의, 기대하는 | 적응적 |

7A.7. 슬픔/비애

| | |
|---|---|
| • 자기에 대한 연민 | 적응적 |
| • 점점 안 좋은 느낌을 초래하는 눈물 | 부적응적 |
| • 상실의 기억과 함께 눈물, 고통스럽지만 위안이 됨 | 적응적 |
| • 자기비난, 자기공격 | 부적응적 |
| • 분노를 막는 눈물 | 부적응적 |

7A.8. 분노

| | |
|---|---|
| • 느낌의 의식적 안내 | 적응적 |
| • 느낌에 대해 바로 분출 | 부적응적 |

| | |
|---|---|
| • 행동의 최적의 방법을 계획하기 | 적응적 |
| • 행동 전에 심사숙고를 하지 않음 | 부적응적 |
| • 시끄럽게 욕하고, 소리 지르기 | 부적응적 |
| • 바라는 것에 대해 분명히 진술 | 적응적 |
| • 좌절, 희망 없음 | 부적응적 |
| • 팔다리로 에너지가 몰리지만 잘 통제된 | 적응적 |

7A.9. 두려움

| | |
|---|---|
| • 자기를 보호하는 행동 | 적응적 |
| • 공격적, 좌절하는 자기 | 부적응적 |
| • 마비된 행동, 울 수 없음 | 부적응적 |
| • 필요할 때 도망가고, 소리 지르고, 얼어붙을 수 있는 | 적응적 |

## 7B. 방어 아래의 활성화 감정 또는 억제 감정을 찾기

**7B.1. 배 속에 나비가 있는 것 같이 느껴져요.**

**기저하는 감정(들):** 이 행동은 흥분(적응적 활동) 또는 불안(억제적 느낌)이 있음을 짐작할 수 있으며, 더 탐색이 필요하다. 나비들은 어떤 좋은 일이 일어났기 때문일까(흥분의 활동을 암시함), 또는 어떤 두려운 일(내적 고통, 불안 또는 억제)이 일어났기 때문일까?

**7B.2. 다리를 꼬고 팔을 포개고 있다.**

**기저하는 감정(들):** 어떤 맥락에서 보면 이 행동은 위축 또는 벽을 치는 것을 나타낼 수 있다. 수치심 또는 불안과 같은 억제 감정이 있다는 것을 뜻한다. 그러나 환자가 몸이 춥다고 느낄 수도 있다는 것을 기억하라.

**7B.3. 깊게 한숨을 쉰다.**

**기저하는 감정(들):** 한숨은 많은 의미가 있을 수 있다. 한숨은 긴장이 해소된 것을 암시할 수 있다. 그리고 슬픔 또는 분노와 같은 깊은 느낌의 출현을 암시하기도 한다. 불안, 수치심, 또는 일어나는 깊은 느낌에 대한 갈등 때문에 한숨이 일어날 수도 있다. 반면에 만약 환자가 깊게 한숨을 쉬며 눈을 돌린다면, 이것은 치료자를 향한 경멸 또는 역겨움의 느낌을 뜻할 수 있다.

### 7B.4. 주먹을 쥐고 있다.

**기저하는 감정(들)**: 일반적으로 주먹은 분노가 일어나고 있다는 것을 뜻한다. 환자가 스스로에게 화가 났을 때 방어적인 자기공격을 뜻할 수도 있다. 이것은 감정이 담겨진 상상 기법(활성화)을 통해 그것이 다른 사람을 향해 있는지 또는 자기를 향한 것인지(억제)를 확인하기 위해 더 탐색되어야 한다.

### 7B.5. 천천히 반복적으로 손가락으로 머리를 빗질한다.

**기저하는 감정(들)**: 이 반응은 성적인 느낌을 암시한다. 적응적(만약 그것이 노출되고 있는 감정이라면) 또는 부적응적일 수 있다. 환자의 성적인 행동은 치료자와 진정한 친밀함을 피하기 위해 또는 고통스러운 주제를 피하기 위해 사용되기도 한다.

### 7B.6. 어려운 주제를 이야기하는 동안에 갑자기 허리 통증을 호소한다.

**기저하는 감정(들)**: 허리 부상을 배제하고 생각해 본다면, 환자의 허리 근육이 고통스러울 정도로 긴장하고 있다는 것이다. 가능한 질문은 다음과 같다. 억제하고 있는 어떤 감정이 있는가? 허리에 있는 긴장이 분노 또는 역겨움을 잡아 두고 있는가? 다른 가능성은 슬픔 또는 두려움을 피하기 위해 허리의 긴장/고통을 느끼는 것이다. 치료자는 이외에 다른 가능성을 생각할 수 있을 것이다.

### 7B.7. 환자가 눈을 감는다.

**기저하는 감정(들)**: 환자가 울면서 눈이나 얼굴을 가릴 때, 그것은 거의 항상 의식적 또는 무의식적인 수치심으로, 주의해야 하는 신호다.

## 7C : 노출 – 세 가지 수준에 따라 감정을 경험하기

### 7C.1. 이웃에게 감사할 수 없는 환자 [감정 공포: 친밀함/부드러움]

**느낌을 명명하기 위한 반응**: 다른 사람이라면 치킨 스프를 가지고 온 이웃에 대해 어떤 느낌을 느낄까요? [환자: 따뜻함 또는 감사함이겠지요.] [주의: 따뜻함 또는 감사함은 친밀함/부드러움에 속하는 것이다.]

**생리적 신호를 촉진하기 위한 반응**: 만약 감사함을 느끼는 것을 상상한다면, ○○씨의 몸에서 어떻게 경험이 될까요? [환자: 제 가슴에서 부드러움 그리고 따뜻함이 생겨요. 그녀에게 다가가 안아 주고 싶은 에너지가 느껴져요.]

**상상된 행동을 촉진하기 위한 반응**: 만약 ○○씨가 따뜻한 느낌에 감동한다면, 그 느낌에 따라 ○○씨가 어떻게 말하고 행동할까요? [환자: 나는 그녀를 안아 주면서 깊은 감사

를 전할 것입니다.]

7C.2. **행복하지 않은 화가(감정 공포: 흥분)**

**느낌을 명명하기 위한 반응:** ○○씨가 스스로를 차단하기 바로 전에 어떤 기분을 느꼈나요? [환자: 흥분]

**생리적 신호를 촉진하기 위한 반응:** 몸에서 그 흥분을 어떻게 경험하나요? [환자: 좋은 느낌 – 진실로 좋은, 기쁨으로 가득 찬, 더 하기를 원하는 것과 비슷합니다.]

**상상된 행동을 촉진하기 위한 반응:** 예술가로서 그런 흥분을 다시 느낀다면 무슨 일이 일어날까요? ○○씨가 하고 싶은 것은 무엇입니까? [환자: 아, 나는 계속 그림을 그리고 싶어요. 나는 멈추고 싶지 않아요!]

7C.3. **스트레스가 심한 남편(감정 공포: 기쁨 또는 친밀함)**

**느낌을 명명하기 위한 반응:** 기분이 나쁘지 않았다면, 아내가 준비한 욕조 안의 따뜻한 물과 음식에 대해 어떤 느낌을 느낄 수 있을까요? [환자: 큰 기쁨과 아내에 대한 사랑을 느낄 수 있을 것 같습니다.]

**생리적 신호를 촉진하기 위한 반응:** ○○씨의 몸에서 어떤 기분이 경험되나요? [환자: 기쁨으로 몸 전체가 이완된, 편안한 느낌이 있습니다. 사랑하는 마음이 심장을 따뜻하게 만들어요. 이제까지 이런 느낌을 마음껏 누리지 못했어요.]

**상상된 행동을 촉진하기 위한 반응:** 만약 ○○씨가 그러한 느낌을 마음껏 느낄 수 있다면, 그리고 느낌에 따라 마음대로 행동하도록 내버려 둔다면 어떨까요? [환자: 아마도 나는 욕조에 기대고 누울 것입니다. 그리고 그 좋은 느낌에 초점을 맞출 것입니다. 그 기분이 저녁 내내 이어질 것입니다. 한 입 한 입 음식을 음미하며 먹을 것이고, 몸은 저녁 내내 이완되고 편안할 것입니다. 아내에게 진심으로 애정 어린 마음을 드러낼 수 있을 것입니다. 아내가 항상 나에게 원하는 것처럼요.

7C.4. **늦게까지 일하면서 고통스러운 남자(감정 공포: 성적 감정)**

**느낌을 명명하기 위한 반응:** 함께 일하는 사람들 사이에 강한 정서를 느낄 수 있습니다. 하지만 그 느낌이 그것에 따라 행동을 해야만 한다는 뜻은 아닙니다[수치심을 감소하는 정상화]. 그 느낌을 더 잘 이해하도록 하기 위해 함께 살펴보지요. 그 순간에 상사에게 느꼈던 감정이 무엇인지 말해 보세요. [환자: 나는 성적으로 흥분되었어요.]

**생리적 신호를 촉진하기 위한 반응:** ○○씨의 몸에서 그런 성적인 느낌이 어떻게 경험되었나요? [환자: (얼굴이 빨개지며) 사실 제가 그것을 생각하면서 발기가 되기 시작했어요.]

**상상된 행동을 촉진하기 위한 반응:** 어떠한 판단 없이 성적으로 느끼는 것을 허락한다면, ○○씨는 무엇을 말하고 또는 무엇을 할 수 있을까요? [주의: 반복적인 불안 조절은 환자가 갈등이 있는 감정을 경험하고, 온전히 억제적인 느낌을 탈민감화하기 위해 필요하다.] ○○씨의 결혼생활과 비교하면 ○○씨가 갈망하는 것이 무엇인지 이해하는 것이 필요할 것입니다.

## 7D : 감정의 경험을 깊게 하는 방법

### 7D.1. 슬픔. B, C, D 그리고 A

A는 어떤 경우에는 환자가 자신의 느낌을 깊게 느끼도록 도울 수 있다. 하지만 다른 상황에서는 환자가 자기를 의식하게 되어 오히려 더 긴장감을 느낄 수 있다. B, C는 몸에 초점을 주면서 방어 밑으로 들어가는 방식으로 억제를 감소시키는 데 도움을 주는 방법이다. D는 느낌을 깊게 하는 표준적인 방법이다. 구체적이고 상세하게 슬픈 사건에 대해서 말하는 것은 느낌을 깊게 하도록 이끌 수 있다.

### 7D.2. 친밀함에 대한 갈망

A는 접촉에 대한 갈망에 초점을 둔다. 서로 안고 접촉했던 구체적인 기억들을 드러내도록 하면서 기분을 깊게 경험하도록 한다. 비록 남자 친구와 성관계가 즐겁지 않았다고 하더라도, 성관계는 종종 접촉에 대한 갈망을 만족시키는 수단이 될 수 있다. B는 부모의 영향에 대한 지적인 해석이다. 슬픔을 유발할 수는 있지만 기분을 깊어지도록 하는 데 직접적인 방식은 아니다. C는 직접적인 충고다. 동의를 얻어 낼 수는 있을지 모르지만 기분을 깊게 경험하도록 하지는 못한다. D는 교육이다. 그것은 유용할 수 있다. 하지만 감정적인 반응보다 인지적인 반응을 이끌어 낼 수 있다.

### 7D.3. 돌봄/친밀함에 대한 느낌

C는 환자와 접촉하는 데 가장 강력한 자기노출이다. 문제는 친밀함에 대한 환자의 수용인데, 환자는 치료자의 염려를 수용하였다. 치료자는 관심을 반복적으로 드러내면서 개방성에 대한 모델을 보여 준다. 그리고 환자가 했던 말을 타당화하며 그 느낌이 환자에게 어떤 영향을 주었는지 검토하려고 노력한다. [주의: 이것은 치료 회기의 끝 무렵에 이루어졌다. 그래서 느낌을 좀 더 자세히 탐색하기에는 시간이 충분하지 않다는 것이다. 하지만 만약 환자가 짧게라도 치료자의 염려에 대해 감동을 받았다면, 그것은 다른 사람에게도 개방적으로 다가갈 수 있는 위한 하나의 단계가 될 수 있다.] A는 친밀함에 대한 방어를 확인하고, 감정을 향해 나아가는 첫 번째 단계가 될 수 있다. 하지만 그것은 기분을 깊게 하는 방식이 아니다. 또한 환자는 치료자가 염려하는 것을 단지 머리로만 알게 되어서, 결과적으로 느낌을 이해하는 것보다 그녀가 방어적이라는 것을 직면시키는 실수를 범할 수 있다. B는 관심과 염려를 언급하였다. 하지만 그것은 환자의 기분보다는 치료자의 일반

적인 생각에 초점을 두고 있기 때문에 감정을 깊게 경험하도록 하는 데 한계가 있다. D는 필요할 때 전화를 하라는 초대다. 이것은 환자가 따뜻하게 느낄 수 있다. 하지만 그것은 지지적인 수준에서 제공되기 때문에 환자의 방어적 태도에 바로 침투하는 C보다 덜 효과적이다. 또한 다음 문장에서 회기의 갑작스러운 마침은 치료자를 향한 부정적인 기분을 가질 수도 있다.

**7D.4. 슬픔. B 그리고 가능한 C 또는 A**

B는 가장 도움이 되는 반응이다. 구체적인 슬픈 기억에 대해 이야기를 하면서 환자는 기분을 깊게 느낄 수 있을 것이기 때문이다. C는 방해물에 초점을 두기 때문에 느낌을 향한 간접적인 단계다. 이런 반응의 목표는 치료자와 슬픔을 나누지 않으려고 하는 억제하는 마음을 줄이는 것이다. A는 슬픔을 경험하도록 격려하는 것이다. 이것은 때때로 도움이 된다. 하지만 만약 불안이 너무 강력하면, 좌절감 또는 부적절감을 느낄 수 있다. D는 지지적인 개입이다. 그것은 감정적인 경험을 오히려 가볍게 할 수 있다. 또한 그것은 치료자가 환자의 방어와 결탁을 맺을 수 있다.

**7D.5. 분노/주장. B 또는 C**

B는 환자가 그의 신체적 각성에 초점을 맞추는 것이다. 방어적인 좌절을 보이지만(예, 자기를 향한 자기공격 또는 분노, "내가 무엇을 할 수 있을까요?"), 주먹을 쥐는 것을 탐색하는 것은 아버지를 향한 분노의 각성을 뜻한다. C는 공감적 반응으로, 분노를 일으킬 수 있다. A는 아버지와의 갈등에 대한 지지적인 탐색을 하려는 질문이다. 그렇게 하는 것은 최종적으로 느낌을 이끌어 낼 수는 있지만 현재 일어나고 있는 느낌을 탐색하는 직접적인 방식은 아니다. D는 아버지의 동기에 대한 탐색이다. 그것은 더 큰 분노를 가지고 올 수 있다. 하지만 환자의 분노가 접근되기 전에 미숙한 '연민' 또는 '죄책감'이 생겨 오히려 환자의 분노 감정을 억압하도록 할 수 있다.

**7D.6. 성적인 욕망. D, A 또는 C**

D는 환자가 성적으로 흥분되는 순간을 구체적으로 들어가면서 성적으로 각성되는 느낌에 직접적으로 노출하려는 개입이다. A는 고전적인 불안 조절이다. 억제가 경험을 차단하기 전에 성적인 각성을 경험하면서 감정을 깊게 느끼도록 간접적으로 돕는다. C는 건강한 성욕에 대한 강조를 하면서 성적인 감정에 대한 수치심을 조절할 수 있다. 그것은 성적 갈등으로 인해 잃어버린 것에 대한 슬픔을 격려할 수 있다. B는 다른 감정, 분노/주장에 초점을 두는데, 이것은 이 환자에게 문제가 될 수도 있고, 아닐 수도 있다. 또한 치료자가 자신의 불편함 때문에 성적인 주제로부터 벗어나는 반응일 수도 있다.

## 7E: 느낌에 대한 불안을 조절하는 방법

**7E.1.** **치료자 반응:** 어머니에 대해 화가 나면 가장 힘든 부분은 무엇입니까[인지적 기법]? 어머니에게 화를 내는 못된 딸이라고 생각하나요[환자가 자신의 감정에 대해 바른 견해를 갖도록 하는 가벼운 유머: 정상화]?

**7E.2.** **치료자 반응:** 이것이 우리가 탐색해 온 그 느낌이라는 것을 기억하세요. ○○씨는 이제까지 성적인 생각과 느낌에 대해 죄책감을 가져왔어요. 우리는 상상에서 그것들을 탐색할 수 있습니다. 그곳에서는 누구도 ○○씨에게 상처를 주지 않습니다[정보를 제공하면서 확신을 줌]. 그렇다면 가장 당황스러운 부분은 무엇입니까?

**7E.3.** **치료자 반응:** 자신에 대해 한 시간 동안 이야기를 하는 것에서 무엇이 가장 힘든가요?

**7E.4.** **치료자 반응:** 좋아요, 슬픔에 대한 두려움을 살펴보지요. 슬픔이 너무 커서 한 번 울기 시작하면 결코 멈출 수 없을 것이라고 느끼는 것은 너무도 자연스럽습니다. [정상화] 멈출 수 없을 만큼 그렇게 울었던 적이 있나요? 얼마나 오랫동안 눈물이 났나요? [치료자는 충분히 표현할 수 있다면 슬픔은 결코 지속되지 않으며, 종종 커다란 위안을 준다는 내용의 정보와 확신을 제공하면서 치료 방향을 유지할 수 있다.]

**7E.5.** **치료자 반응:** ○○씨가 스스로 자랑스럽게 여기는 것을 하늘이 금지하고 있는 것 같군요! [가벼운 유머] ○○씨가 칭찬을 수용하는 것을 힘들어 하는 것을 보니 진심으로 슬프네요. [공감적 반응-자기 노출] 그것에 대해 가장 불편한 것은 무엇인가요? [인지적 기법]

## 연습문제 7F: 체계적 탈민감화 – 반응 중지 그리고 노출

**7F.1.** **감정 공포: 친밀함**

**치료자 반응:** 어디론가 숨지 않는 ○○씨를 상상한다면[반응 중지] 그리고 그녀에 대해 가지고 있는 따뜻한 느낌을 느끼도록 허락한다면[노출] 어떨까요?

**7F.2.** **감정 공포: 슬픔**

**치료자 반응:** 만약 스스로 자신이 강한 사람이 아니라고 생각한다면[반응 중지]—누구를 돌볼 필요가 없는 여기에서[반응 중지]—○○씨는 무엇을 느낄 수 있을까요? [노출]

**7F.3.** **감정 공포: 자기에 대한 자부심**

**치료자 반응:** 만약 ○○씨가 다른 생각으로 옮겨 가지 않았다면[반응 중지], 자신의 승진에 대해 어떻게 느낄 수 있을까요[노출]?

### 7F.4. 감정 공포: 분노/주장

**주의:** 그녀는 직업을 적극 원하기 때문에 관심과 흥미가 있는 경우다. 이것은 문제가 되지 않는다. 즉, 환자는 자신의 관심을 인정하지만 그녀의 소망을 주장하는 것에 대해 어려움을 가지고 있다.

**치료자 반응:** 만약 누군가에게 요청하는 것을 피하지 않는다면[반응 중지] 그리고 변화를 위해 원하는 것을 요청할 수 있다면[노출], 뭐라고 말하고 또는 무엇을 요청하겠습니까? [이 상상은 주장을 하는 데 느껴지는 불안이 있을 수 있다.]

### 7F.5. 감정 공포: 관심/흥분

이런 행동은 자신을 지키는 즉각적인 감정일 것이다. 하지만 아버지를 향한 분노가 또 다른 초점이 될 수 있다.

**치료자 반응:** 흥미를 느끼고 있었던 구체적인 순간으로 되돌아가 봅시다. 만약 아버지의 음성이 글쓰기에 대한 ○○씨의 열정을 꺾지 않았다면[반응 중지], 글쓰기에 대해 어떤 기분을 느꼈을까요[노출]?

# 제8장

## 8A : 억제적 · 적응적 그리고 비억제적 반응을 식별하기

### 8A.1. 흥분: 억제적 · 적응적 또는 비억제적?

A. 억제적. 친구들이 자신의 성공 때문에 상처를 받을 수도 있다고 걱정한다.

B. 비억제적. 친구들로부터 축하를 받고 싶어 친구들을 통제하고, 조종하려고 한다.

C. 적응적. 좋은 소식을 친구들과 나눈다.

### 8A.2. 분노/주장: 억제적 · 적응적 또는 비억제적?

A. 적응적. 주장적: 스스로를 믿고, 그것에 대해 이야기를 하기 위해 요청한다.

B. 비억제적. 공격적: 욕을 하거나 협박을 하는 것은 미숙하고, 부적절하다.

C. 억제적. 수동적: 찬사로 마음을 가리고, 분노를 삼킨다.

### 8A.3. 기쁨: 억제적 · 적응적 또는 비억제적?

A. 적응적. 개방적으로 감동적인 경험을 나눈다.

B. 억제적. 자신의 경험을 공유하지 않고, 불쾌할 수 있는 다른 사람들에게 투사한다.

C. 비억제적. 경험을 타당화하기 위해 다른 사람들이 참여할 필요가 있다고 한다. 강압적으로 말하면서 수치심을 자극한다.

**8A.4. 성적인 흥분: 억제적 · 적응적 또는 비억제적?**

A. 비억제적. 상대방과 연결되지 않은 채 행동한다. 상대방의 의지에 어긋나는 방식으로 시작할 수 있다.

B. 억제적. 수동적으로 상대방이 시작해 주기를 바란다.

C. 적응적. 서로 기꺼이 시작하고, 좀 더 가까워지기 위해 상대방으로부터 신호를 기다린다.

**8A.5. 슬픔: 억제적 · 적응적 또는 비억제적?**

A. 억제적. 슬픔에 무덤덤하고 상실을 인정하지 않는다.

B. 적응적. 상황에 적절한 방식으로 기분을 느낀다.

C. 비억제적. 그 상황에 너무 강한 감정적 반응, 감정 조절에서 어려움, 이것은 집에서는 적절할 수 있지만 레스토랑에서는 적절하지 않다.

**8A.6. 분노/주장: 억제적 · 적응적 또는 비억제적?**

A. 억제적. 수동적: 짜증 그리고 긴장과 불편함을 내부에 간직하고 있다.

B. 적응적. 주장적: 진실을 말한다. 하지만 긍정적인 설명으로 시작하여 마무리를 한다. 8A의 연습문제 설명에서 강조하였듯이, '긍정적인 샌드위치'로 정직한, 하지만 연민어린 피드백을 제공하는 좋은 방식이다.

C. 비억제적 · 주장적: '화'를 드러내면서 냉소적으로 말한다.

## 8B : 느낌을 통합하고 놓친 감정을 발견하기

**8B.1. 분노와 균형을 맞추는 데 필요한 감정:** 상사에 대한 연민/부드러움

**감정을 일으키기 위한 치료자 반응:** 상사의 어머니가 아픈 이후에 ○○씨가 많은 일을 해야 하는 것에 대한 화를 이해할 수 있어요. 하지만 분노 이외에도 그녀에게 가질 수 있는 다른 느낌은 없는지 궁금합니다.

**8B.2. 분노와 균형을 맞추는 데 필요한 감정:** 슬픔 그리고/또는 부드러움

**감정을 일으키기 위한 치료자 반응:** 아버지가 ○○씨에게 심하게 행동했다는 것에 대해

많이 이야기했습니다. ○○씨의 입장이라면 누구라도 아버지의 죽음 이후에 안도감을 느낄 수 있다고 생각합니다. 그리고 또한 격분도 있을 수 있고요. 하지만 아버지가 ○○씨를 보호했고, 그의 행동에 대해 사과를 했다는 점을 종종 이야기를 했습니다. ○○씨가 피하고 있는 더 부드러운 감정 또는 슬픈 기분은 없는지 궁금합니다. 이 기분을 이야기를 하는 것이 중요하다고 생각합니다. [주의: 심지어 부모가 항상 학대를 했다고 해도 환자가 결코 받아 본 적이 없는 것에 대한 바람 또는 놓친 것들에 대해 슬픔을 경험하는 것은 도움이 된다.]

8B.3. **친밀함과 균형을 맞추는 데 필요한 감정:** 분노

**감정을 일으키기 위한 치료자 반응:** 좋아요. 긍정적인 감정 이외에 다른 느낌이 없다는 것이 좀 이상한 느낌이 듭니다. 그녀의 고약한 성질을 생각하면 진실로 ○○씨가 가지고 있는 다른 기분은 없나요?

8B.4. **자기주장과 균형을 맞추는 데 필요한 감정:** 친밀함/부드러움

**감정을 일으키기 위한 치료자 반응:** 좋아요. 나는 그것이 농담이 아닐 수도 있다는 것을 알아요. ○○씨는 이제까지 스스로를 믿고 지지하는 것을 배우는 데 매우 중요한 작업을 해 왔습니다. 아마도 지금은 나에게 말했던 그에 대한 부드러운 감정을 통합하는 것을 연습할 때인 것 같습니다. 최근에 부드러운 감정을 표현하는 것이 어려웠던 때가 있었습니까?

## 8C. 환자가 대인관계에서 표현을 할 수 있도록 돕기

8C.1. **도움이 필요한 영역:** F. 친밀함에 대한 갈등

친밀함을 막는 장애물은 해결이 되었다. 하지만 친밀함은 여전히 빠져 있다. 그리고 치료자는 환자의 몫으로 인한 갈등이 어느 정도인지를 평가해야만 한다.

**치료자 반응:** ○○씨가 스스로를 주장하고 보호할 수 있다는 것으로 들려요. 하지만 가까워지는 것은 여전히 어려운 것 같아요. 최근에 특별한 목적이 있어서가 아니라 친밀함을 위해 서로에게 다가갔던 때가 있었나요? 또는 다가가기를 원했던 때가 있었나요?

8C.2. **도움이 필요한 영역:** E. 주장에 대한 갈등(죄책감을 유지하기)

**치료자 반응:** 좋아요, 이것은 ○○씨에게 너무 새로워서 그것에 대한 죄책감을 여전히 가지는 것이 당연합니다[타당화와 지지]. 그것에 대해서 가장 안 좋게 느꼈던 것은 무엇인지 말해 보세요[불안 조절].

8C.3. **도움이 필요한 영역:** B. 분노의 성숙한 표현(가능한 연민과 통합하기)

경우에 따라 욕을 하는 것이 적절할 수 있다. 치료자가 이 부분에 대해 전문적인 판단이 필요하다.

**치료자 반응:** 상사와 어떤 한계를 정할 수 있는 것은 중요합니다. 그리고 나는 ○○씨가 그것을 했다는 것에 박수를 보냅니다. [지지] 하지만 그것을 한 방식이 ○○씨에게 더 문제가 된 것은 아닌가 싶습니다. 어떤 다른 방식에 대해 생각할 수 있을까요? 그리고 그것의 장단점을 살펴볼까요?

8C.4. **도움이 필요한 영역:** D. 정보: 애도와 우울 사이의 차이

**치료자 반응:** 좋아요. 우리는 어머니의 죽음에 대해 이야기를 해 오고 있습니다. ○○씨는 그것에 대해 슬픈 느낌을 가지고 있었습니다. 그 회기 후에 눈물을 흘렸다는 것은 당연합니다. [타당화] 하지만 우울과 애도를 구별하는 것은 쉽지 않아 보입니다. ○○씨가 울 때, 그녀에 대한 어떤 슬픔이 느껴지나요? [환자: 나는 우리가 함께해 왔던 것을 기억하고 있어요.] 그것은 애도에 더 가까워요. 중요한 점은 애도 후에는 어떤 안도감이 느껴져야 한다는 점입니다. 사람들은 우울할 때 더 무기력하거나 울더라도 스스로에 대해 더 나쁘게 생각하는 경향이 있어요. 그러한 경우에 눈물은 안도감을 제공하지 않아요. 대신 모든 것이 나쁘게 흘러가는 것으로 느껴지지요. [치료자는 정보와 교육을 제공한다.]

8C.5. **도움이 필요한 영역:** A. 이차적 이득을 확인

**치료자 반응:** 좋아요. 나는 ○○씨가 화가 나는 상황에서 스스로 관찰할 수 있다는 것이 대단하다고 느껴집니다. 그것은 정말로 중요한 첫 번째 단계입니다. 하지만 또한 그를 폭발시키는 것이 기쁘다고 말했어요. 그리고 그런 일이 있고 나서 바로 남편이 ○○씨에게 굉장히 잘해 줬다고 말했습니다. 자주 일어나는 것은 아니겠지만, 그가 달콤한 것과 ○○씨가 화를 내는 것 사이에 어떤 연관이 있나요?

8C.6. **도움이 필요한 영역:** G. 긍정적 그리고 부정적 느낌의 혼합

**치료자 반응:** ○○씨가 조용한 시간에 대한 요구를 할 수 있다는 것은 좋습니다. 누군가에게 기분이 나쁠 수도 있는 것을 말할 때 '긍정적인 샌드위치(긍정적인 메시지를 부정적인 메시지 전후로 배열하는 것)'로 말하는 것이 도움이 됩니다. [치료자는 정보와 교육을 제공한다.] ○○씨는 아내가 멋진 저녁을 준비하려고 노력했던 것을 칭찬해 줄 수 있습니다. 그리고 그것이 얼마나 좋았는지에 대해서도요. 그녀에게 조금 말을 줄여 달라고 요청하는 ○○씨의 요구를 함께 전달할 수 있을까요?

# 제9장

## 9A: 욕구의 외재화 또는 타인에 대한 과도한 의존심 사정하기

### 9A.1. 일보다는 인생에서 더 중요한 것들이 있다고 여기는 환자

이 환자는 욕구를 얼마나 외재화하고 있는가? 과도하게 외부에 의존하지 않음.

이유는? 이 환자는 자기감을 타당화하기 위해 필사적으로 일에 매달리고 있지 않기 때문이다.

### 9A.2. 가족이 휴가를 가 버려서 비참함과 공허감을 느끼는 환자

이 환자는 욕구를 얼마나 외재화하고 있는가? 과도하게 외부에 의존함.

이유는? 이 환자는 아버지의 역할과 남편의 역할에 과도하게 매달린다. 이 환자는 아내와 아이들이 함께 있어야만 안녕감을 느낀다. 가족이 휴가로 자신의 곁을 떠나 버릴 때, 그는 편안함과 자기가치감을 느낄 수 없다(즉, 가족과 함께한 느낌과 기억을 내면화하지 못해서 혼자 있을 때 편안함과 자기가치감을 얻을 수 없음).

### 9A.3. 치료자의 위로를 계속 얻으려고 하는 환자

이 환자는 욕구를 얼마나 외재화하고 있는가? 과도하게 외부에 의존함.

이유는? 이 환자는 자신이 내린 결정에 대해서 안심을 하지 못하고, 외부로부터 확신을 얻으려고 하고 있다. 이 환자는 자신이 내린 결정이 옳다고 치료자가 타당화해 주는 말을 계속해 주기를 원한다. 이 환자는 자신이 내린 판단에 대해 안심(예, 자신감, 숙달감)을 할 수가 없다. 이것은 이 환자가 치료실을 떠나 운전하고 있을 때, 환자에게 불러일으켜지는 불안을 의미한다.

### 9A.4. 충분히 좋다라는 느낌을 경험하지 못하는 환자

이 환자는 욕구를 얼마나 외재화하고 있는가? 과도하게 외부에 의존함.

이유는? 이 환자는 학위를 취득함으로써 자기존중감을 느끼는 욕구의 외재화를 하고 있다. 그녀는 성취를 했을 때, 그러한 성취가 충분하지 않다고 인식한다. 그녀는 높은 성취를 달성하지 않고서는 자신에 대한 긍정적 느낌을 만들어 내거나 유지할 수 없다.

### 9A.5. 남자 친구와의 결별에 대해 과도하게 고통스러워하지는 않는 환자

이 환자는 욕구를 얼마나 외재화하고 있는가? 과도하게 외부에 의존하지 않음.

이유는? 이 환자는 남자 친구와의 결별에 대해 자신의 결정이 옳다고 여기며, 스스로 위로할 수 있다. 그리고 그녀는 자신에 대해서 좋게 느낀다. 그녀는 욕구를 외재화하지 않는다(예, 자기가치감을 타당화하기 위한 관계를 요구하지 않음).

## 9B : 환자의 수용 능력 구축 돕기

9B.1. 예. 치료자의 이러한 반응은 환자가 다른 사람으로부터 받는 연민을 인정하게 함으로써 자기에 대한 연민을 느끼도록 격려한다(어머니가 환자의 삶에서 자애로운 사람으로 가정할 경우).

9B.2. 아니오. 치료자의 이러한 반응은 환자의 자기공격 또는 자기경시적인 방어 행동에 관한 직면이다. 물론 이러한 반응이 환자의 자기연민을 이끌어 낼 수 있지만, 환자의 수용 능력을 구축하도록 도와주는 적극적인 치료 기법은 아니다.

9B.3. 예. 치료자의 이러한 반응은 환자가 자기에 대해 자부심을 느끼고, 수용하도록 격려한다.

9B.4. 예. 치료자의 이러한 반응은 환자로 하여금 치료자가 그(그녀)에 대해 어떻게 느끼는지에 대해 '읽고' '수용'하도록 격려하는 적극적인 치료 기법에 해당된다.

9B.5. 예. 치료자의 이러한 반응은 환자의 할아버지가 환자 자신을 자랑스럽게 여기는 명백한 증거를 인정하고 수용하게 함으로써 자부심과 자기가치감을 느끼도록 격려한다.

9B.6. 아니오. 치료자의 이러한 반응은 불안 조절에 해당된다. 치료자의 이러한 반응은 주로 환자가 타인으로부터 받는 돌봄을 거절하지 않도록 도와주는 기능을 한다. 물론 타인으로부터 받는 돌봄에 대해 불안이나 수치심을 감소시키는 것은 환자의 수용 능력을 구축하는 데 있어서 필요한 하나의 단계가 될 수 있다. 그러나 여기서는 수용 능력 구축을 돕는 개입에 관한 문제다.

## 연습문제 9C : 환자가 잃어버린 것들에 대해 애도하도록 돕기

9C.1. C. C 반응은 환자가 고대했던 타인으로부터의 돌봄에 노출하도록 격려한다. A 반응은 환자의 좌절을 이완시키는 지지적인 개입이지만 환자가 좀 더 깊게 느끼도록 격려하지는 않는다. B 반응은 환자가 엄마로부터 결코 받을 수 없었던 돌봄에 대해 상상하도록 격려한다. 그러나 이러한 것은 앞으로의 '숙제'이기 때문에 환자는 이러한 작업을 통해 즉각적 감정이 일어나기는 쉽지 않다. D 반응은 적어도 부인에게는 안아 달라고 요청한 환자의 성장을 인정하는 반응이지만, 환자가 깊은 느낌을 경험하도록 격려하지는 않

는다.

9C.2. **A.** A 반응은 환자가 이해받는 경험을 전혀 하지 못했던 부분에 대해 이미 슬퍼하고 있다는 것을 반영하고 있다. 즉, 환자의 슬픔을 간단하게 반영해 줌으로써 환자가 더 깊게 느끼도록 촉진한다. B, C, D 반응은 좀 더 인지적이거나 정보 제공의 개입이다.

9C.3. **A, B, C 그리고 D.** A 반응은 환자가 더 깊게 느끼도록 심상 기법을 사용하고 있다. 치료자는 환자로 하여금 과거의 기억 속으로 들어가서 천천히 그리고 세밀하게 경험하도록 도와줄 수 있다. 이러한 기법은 환자가 자신의 느낌과 접촉하도록 하는 좋은 방법이다. B와 C 반응은 공감반응으로 환자가 잃어버렸던 것들에 대해 애도를 깊게 하도록 이끈다. D 반응은 환자가 기술한 내용 중에 내포하고 있던 외로움에 초점을 맞추면서 환자가 슬픔을 더 깊게 느끼게 할 수 있다.

## 9D: 자기 기능의 영역 강조하기

### 9D.1. 과도하게 일을 하면서 잠을 자지 못하는 환자

**치료자의 반응:** 스트레스가 무척 심하시군요. 하루에 몇 시간 주무시는지 그리고 규칙적으로 식사는 하고 계시는지 궁금합니다. [생물학적 욕구들]

### 9D.2. 과도하게 자신만 의지하는 환자

**치료자의 반응:** 자신을 신뢰하는 것은 정말 큰 강점입니다. 하지만 어느 정도는 타인과 멀리 떨어져 있다는 의미로 들리네요. 한가한 시간에 함께 보낼 사람이 있나요? 가깝다고 느껴본 사람이 있나요? [사회적 욕구들]

### 9D.3. 삶이 지루하다고 느끼는 환자

**치료자의 반응:** 지금 많이 고통스러운 것 같아요. 이때까지 살아오면서 열정을 느껴 본 적이 있나요? 생활에서 가장 재미있는 것이 뭐예요? 가장 즐거움을 주는 것이 뭘까요? [정서적 욕구들-관심/흥분/즐거움]

### 9D.4. 50세가 되자 삶의 의미에 회의를 느끼는 환자

**치료자의 반응:** 음, 때때로 우울감이 올라올 수 있어요. 하지만 ○○씨가 지금 고민하고 있는 부분은 실존적인 주제, 영적인 주제와 더 연관이 된 것 같습니다. 제가 ○○씨가 삶에서 의미 있는 것들을 찾거나 또는 ○○씨가 삶의 목적을 찾을 수 있도록 도울 거예요. ○○씨, 50세가 되고 나서 최근 ○○씨에게 의미 있게 다가오는 것들이 무엇인가요? [영적 욕구들]

## 9E: 환자의 '관점을 변화시킴으로써' 자기이미지 구축하기

### 9E.1. 자신은 치료를 받을 만큼 가치로운 존재가 아니라고 지각하는 환자

**치료자의 반응:** ○○씨는 자신이 여기 와서 도움을 받을 만한 사람이 아니라고 느끼는 것 같아요. 만약에 ○○씨의 친한 친구가 지난 2주 동안에 ○○씨가 저에게 얘기했던 내용을 ○○씨에게 그대로 말했다면, 2주에 한 시간씩 그 친구와 함께 고민을 상담한 것에 대해서 ○○씨는 어떻게 느낄까요?

**치료자 반응의 근거:** 친한 친구에 대한 연민적 반응을 마음속에 그려 보게 함으로써 환자는 자신에 대해서도 연민을 느끼도록 접근할 수 있다.

### 9E.2. 할머니의 죽음 이후로 자기를 돌보지 않는 환자

**치료자 반응:** 만약에 할머니가 지금 살아 계셔서 ○○씨가 말한 것을 들으셨다면, 할머니는 ○○씨에게 어떤 말씀을 하셨을까요?

**치료자 반응의 근거:** 이러한 개입은 환자가 할머니로부터의 사랑받는 기억에 노출하는 것이다. 환자가 의미 있는 타인의 사랑(심지어 기억일지라도)에 대해 적극적으로 수용하고, '받아들이게' 함으로써 환자의 자기연민을 향상시킬 수 있다.

### 9E.3. 타인과 함께 있을 때 편안함을 느낄 수 없는 환자

**치료자 반응:** 그러면 저와 여기에 함께 있을 때, 어떤 느낌이 드는지 살펴볼 수 있을까요? 만약에 ○○씨가 제 의자에 앉아 있다면, ○○씨 자신에 대해서 좀 다르게 볼 수 있을까요?

**치료자 반응의 근거:** 환자로 하여금 치료자의 의자에서 자신을 바라보는 장면을 상상하게 하는 것은 자신에 대해 돌봄과 관심을 가지게 하기 위함이다. 환자로 하여금 느낌에 주목하고, 바라보게 하는 것은 치료자가 환자에게 자신의 관점을 단순히 말하는 것보다 더 효과적인 개입이다. 이러한 개입은 환자의 자기비판적인 판단을 확인하게 한다. 즉, 환자의 자기비판적인 경향은 치료자에게 투사된다(예, "저는 선생님께 단지 한 명의 임상사례에 불과해요. 아무것도 아니죠.").

# 제10장

## 10A: 환자의 수용 능력 평가하기

**10A.1. 환자 반응의 본질:** A – 비서의 생물학적 욕구에 대한 불충분한 관심/수용; 타인에 대한 공감 능력이 결여되어 있고, 타인의 욕구에 대해서는 무시하면서 자기욕구에 대해서는 과도하게 관심을 가지고 있다.

**10A.2. 환자 반응의 본질:** B – 비서의 생물학적 욕구에 대한 적절한 관심/수용; 자신의 고유한 욕구에 대해서도 적절한 관심/수용을 하고 있다.

**10A.3. 환자 반응의 본질:** B – 남편의 허기에 대한 적절한 관심/수용; 자기와 타인의 욕구에 관해서 회피하고 있지 않다.

**10A.4. 환자 반응의 본질:** C – 남편의 허기에 대한 과도한 관심/수용; 자신의 원함과 욕구에 관해서는 무관심하고 있다.

**10A.5. 환자 반응의 본질:** C – 아이들의 흥분에 대한 과도한 관심/수용; 자기욕구와 자기돌봄에 무관심하고 있다.

**10A.6. 환자 반응의 본질:** A – 아이들의 흥분에 대한 불충한 관심/수용; 아이들의 흥분에 대해서 공감하지 못했고(그곳에서 몇 분도 머물러 주지 못했음), 과도하게 자신의 욕구(친구와의 약속 시간에 집착하며, 친구를 기쁘게 해야 한다는 욕구)에 관심을 가지고 있다.

**10A.7. 환자 반응의 본질:** A – 부인이 애도해야 하는 정서적 욕구에 대한 불충한 관심/수용; 이런 방식은 오히려 자신이 슬픔이라는 감정을 느끼는 것을 회피하게 한다.

**10A.8. 환자 반응의 본질:** B – 부인의 애도에 대한 적절한 관심/수용; 부인과의 관계에 대해서도 적절하게 관심을 가지고 있다.

## 10B: 환자의 타인에 대한 내적 이미지를 변화하도록 돕기

**10B.1. B.** B 반응은 환자가 치료자를 향한 분노를 느끼도록 허용하는 것이다. 또한 이러한 B 반응은 환자가 타인에 대한 긍정적, 부정적 느낌을 통합하도록 도와주는 역할을 한다. 이런 종류의 노출을 반복하다 보면 환자는 관계를 유지하기 위해서 상대에 대한 분노를 억압할 필요가 없다는 것을 경험하게 된다. A 반응은 환자의 방어(분노를 참는 것)

를 지적하고 있다. C 반응은 환자의 말에 명료화 또는 반영적 진술이다. D 반응은 환자의 좌절감에 대해 타당화하고 있지만 또한 시간 경계 설정을 하고 있다. 이렇게 치료자가 반응하면 환자는 지지를 받는다고 느끼기보다는 다소 수치심을 느낄 수도 있다. 이런 반응은 환자의 느낌을 탐색하기보다는 경계 설정에 더 관심을 기울이는 것 같다. 물론 자주 경계를 허무는 환자일 경우, 이러한 경계 설정의 반응은 필요하다.

**10B.2.** **A.** A 반응은 환자가 가진 타인 왜곡이 현재 관계에서 정당화할 수 있는지에 관해 평가하도록 도와준다. B 반응은 환자가 자기를 보호하는 것은 필요하지만, 환자의 이때까지의 삶이 어떠했느냐에 따라서 환자의 이러한 자기보호책이 적절할 수도 있고, 적절하지 않을 수도 있다는 의미다. C 반응은 환자의 조심스러움에 대해 타당화해 주고 있다. 즉, 이 경우에는 환자가 과도하게 방어를 하고 있지만, 이러한 방어는 환자가 어릴 때 살아남기 위해 필요했다는 것이다. D 반응은 불안의 탐색이다. 이러한 반응은 환자의 불안의 실재, 즉 타인과의 친밀함에 대해 두려워하는 이유를 발견하는 데 도움이 된다.

**10B.3.** **B.** B 반응은 환자가 아버지가 되어서 아버지의 느낌을 상상해 보도록 격려한다. 그렇게함으로써 환자는 아버지의 사랑을 느끼면서 자신이 못된 사람이 아니라는 것을 체험하게 된다. A 반응은 B 반응과 내용은 유사하지만, A 반응은 치료자가 아버지가 어떻게 느꼈을 것이고, 환자 탓이 아님을 환자에게 직접 말하는 것이고, B 반응은 환자가 아버지의 사랑을 마음속으로 발견하도록 격려하는 것이다. 따라서 A 반응은 환자가 독립적으로 작업하는 것보다 치료자의 설명식으로 행해지기 때문에 감정 변화가 덜 일어날 수 있다. C 반응은 정보를 제공하여 환자가 자신에 대해 느꼈던 부정적 감정이 정상적이라는 것을 보여 주고 있다. 이런 반응은 환자가 지적으로 알 수 있는 데는 도움이 되지만, 감정 변화를 불러일으키기에는 적절하지 않을 수 있다. D 반응은 환자가 보이는 자기공격적 방어와 그로 인한 대가에 대해서 지적하고 있다.

**10B.4.** **D.** D 반응은 환자가 자신의 반응을 탐색하도록 격려하며, 자신을 혐오적으로 보는 것은 치료자가 아니라, 자기 자신일 수 있다는 것을 살펴보게 한다. 그러나 또 한 가지 탐색도 허용되어야 한다. 즉, 치료자의 행동이 비판적이거나 역전이적 반응이었는지도 탐색되어야 한다(치료자의 이슈가 환자에게 투사된 경우). 이렇게 환자의 반응에 치료자가 어느 정도 기여했고, 치료자가 실수를 했다면 치료자는 솔직하게 환자에게 사과를 해야 하며, 이러한 경험은 환자에게는 치유 경험이 될 수 있다. A 반응은 환자의 반응이 누구나 경험하는 것이라는 정상화를 보여 주고 있지만 그러한 경험에 대한 탐색은 이루어지지 않고 있다. B 반응은 환자의 자기개방에 대해서 지지하고 있고, 탐색을 시작하고 있다. C 반응은 환자의 자기공격이라는 방어에 대해서 직면하고 있지만 관련된 느낌에 대해서는 탐색하고 있지 않다.

## 10C: 적응적 또는 중독적 애착을 확인하기

10C.1. **중독적 애착**. 학대적인 관계 패턴이다. 이 환자는 자기의 욕구에 대해서 주장하거나, 무언가를 요구할 정도로 자신이 가치 있다고 느끼지 않는다(자기돌봄 결여).

10C.2. **중독적 애착**. 자존감 결여를 해결할 방법으로 이상화된 타인을 갈구하고 있다(예, "모든 것을 완벽하게 하는 누군가가 있을 거야."). 환자는 부인과 더 깊은 친밀감을 느끼는 것을 두려워한다.

10C.3. **중독적 애착**. 가까이에서 얻을 수 있는 칭찬에 대해서는 과소평가 하고, 이용할 수 없고, 얻기 어려운 것(예, 상사로부터의 칭찬)을 갈망하고 계속 집착한다. 이것은 타인으로부터의 긍정적 느낌과 자기에 대해 좋게 느끼는 것을 받아들이는 것을 회피하는 방식이 될 수 있다.

10C.4. **중독적 애착**. 이 환자의 행동은 1) 남편과의 친밀감에 대한 방어적 회피, 2) 내적 고통으로 인해 남편을 해치고 싶은 방어적, 가학증적 행동, 3) 자신을 해치는 것으로부터 보호하기 위한 방어적 행동화, 4) 긍정적인 자기감을 훼손시키는 방식으로의 행동화와 낮은 자존감으로 설명할 수 있다.

10C.5. **적응적 애착**. 예측할 수 없는 파트너와의 관계에서 자신을 보호하기 위해서 자기주장적 행동을 하고 있다.

10C.6. **적응적 애착**. 현재 관계를 위협하지도 않으면서, 그렇다고 실제로 행동화하지도 않으면서 성적 판타지를 즐기고 있다. 치료자는 환자와 함께 성적 판타지가 어떤 것인지, 현재 약혼자와의 관계에서 부족한 것이 무엇인지, 무엇을 갈망하는지를 탐색할 수 있다. 이런 과정은 환자가 요구하기 꺼려하는 성적 바람이나 관계의 다른 측면을 드러나게 해준다.

# 참고문헌

Alexander, F., & French, T. (1946). *Psychoanalytic therapy: Principles and application*. New York: Ronald Press.

Alpert, M. (1996). Videotaping psychotherapy. *Journal of Psychotherapy Practice and Research, 5*(2), 93-105.

American Psychiatric Association. (2000). *Diagnostic and statistical manual of mental disorders* (4th ed., text rev.). Washington, DC: Author.

Balint, M. (1968). *The basic fault: Therapeutic aspects of regression*. London: Tavistock.

Basch, M. F. (1976). The concept of affect: A reexamination. *Journal of the American Psychoanalytic Association, 24*, 759-777.

Baxter, L. R. (1995). Neuroimaging studies of human anxiety disorders: Cutting paths of knowledge through the field of neurotic phenomena. In F. E. Bloom & D. J. Kupfer (Eds.), *Psychopharmacology: The fourth generation of progress* (pp. 1287-1299). New York: Raven Press.

Bramson, R. M. (1981). *Coping with difficult people*. New York: Anchor Press/Doubleday.

Cautela, J. R. (1966). Treatment of compulsive behavior by covert sensitization. *Psychological Record, 16*, 33-41.

Cautela, J. R. (1973). Covert processes and behavior modification. *Journal of Nervous and Mental Disease, 1*, 157.

Cautela, J. R., & McCullough, L. (1978). Covert conditioning: A learning theory perspective on imagery. In J. L. Singer & K. S. Pope (Eds.), *The power of the human imagination* (pp. 227-254). New York: Plenum Press.

Damasio, A. (1994). *Descartes error*. New York: Harcourt Brace.

Damasio, A. (1999). *The feeling of what happens: Body and emotion in the making of consciousness*. New York: Harcourt Brace.

Davanloo, H. (1980). *Short-term dynamic psychotherapy*. New York: Jason Aronson.

Della Selva, P. C. (1996). *Intensive short-term dynamic psychotherapy: Theory and technique*. New York: Wiley.

Egner, T. (1955). *Folk og rovere i Kardemomme By*. Oslo, Norway: J. W. Cappelens.

Ekman, P. (1984). Expression and the nature of emotion. In K. Scherer & P. Ekman (Eds.), *Approaches to emotion* (pp. 319-340). Hillsdale, NJ: Erlbaum.

Ekman, P. (1992). Facial expressions of emotion: New findings, new questions. *Psychological Science, 3,* 34-38.

Ekman, P., & Davidson, R. J. (Eds.). (1994). *The nature of emotion: Fundamental questions*. New York: Oxford University Press.

Endicott, J., Spitzer, R. L., Fleiss, J. L., & Cohen, J. (1976). The Global Assessment Scale: A procedure for measuring overall severity of psychiatric disturbance. *Archives of General Psychiatry, 33*, 766-771.

Fensterheim, H., & Baer, J. (1975). *Don't say yes when you want to say no*. New York: McKay.

Forward, S., with Buck, C. (1989). *Toxic parents: Overcoming their hurtful legacy and reclaiming your life*. New York: Bantam.

Fosha, D. (2000). *The transforming power of affect: A model for accelerated change*. New York: Basic Behavioral Science.

Frijda, N. H. (2001). *The emotions*. Cambridge, England: Cambridge University Press.

Gustafson, J. P. (1986). *The complex secret of brief psychotherapy*. New York: Norton.

Hendrix, H. (1988). *Getting the love you want: A guide for singles*. New York: Holt.

Hendrix, H. (1992). *Keeping the love you find: A guide for couples*. New York: Pocket Books.

Izard, C. (1990). Facial expressions and the regulation of emotion. *Journal of*

*Personality and Social Psychology, 58*(3), 487-498.

Kandel, E. R. (1998). A new intellectual framework for psychiatry. *American Journal of Psychiatry, 155*(4), 457-469.

Lazarus, R. S. (1991). *Emotion and adaptation*. New York: Oxford University Press.

LeDoux, J. (1996). *The emotional brain: The mysterious underpinnings of emotional life*. New York: Simon & Schuster.

Lemgruber, V. (2000). *O futuro da integracao: Desenvolvimentos em psicoterapia breve*. Porto Alegre: Artrned Editora.

Lerner, H. G. (1985). *The dance of anger: A woman's guide to changing the patterns of intimate relationships*. New York: Harper & Row.

Linehan, M. M. (1993). *Cognitive-behavioral treatment of borderline personality disorder*. New York: Guilford Press.

Luborsky, L. (1984). *Principles of psychoanalytic psychotherapy: A manual for supportive-expressive treatment*. New York: Basic Books.

Malan, D. H. (1976). *The frontier of brief psychotherapy*. New York: Plenum Press.

Malan, D. H. (1979). *Individual psychotherapy and the science of psychodynamics*. London: Butterworth.

Malan, D. H., & Osimo, F. (1992). *Psychodynamics, training, and outcome in brief psychotherapy*. London: Butterworth-Heinemann.

Mann, J. (1973). *Time-limited psychotherapy*. Cambridge, MA: Harvard University Press.

McCann, E. (1985). *The two-step: The dance toward intimacy*. New York: Grove Press.

McCullough, L. (1991). Davanloo's short-term dynamic psychotherapy: A cross-theoretical analysis of change mechanisms. In: R. Curtis & G. Stricker (Eds.), *How people change: Inside and outside of therapy* (pp. 59-79). New York: Plenum Press.

McCullough, L. (1993). An anxiety reduction modification of short-term dynamic psychotherapy (STDP): A theoretical "melting pot" of treatment techniques. In G. Stricker & J. Gold (Eds.), *Handbook of integrative psychotherapies* (pp. 139-150). New York: Plenum Press.

McCullough, L. (1998). Short-term psychodynamic therapy as a form of desensitization: Treating Affect Phobias. *In Session: Psychotherapy in Practice, 4*(4), 35-53.

McCullough, L. (2000). Short term therapy for character change. In J. Carlson & L. Sperry (Eds.), *Brief therapy strategies with individuals and couples* (pp. 127-160). New York: Zieg/Tucker.

McCullough, L. (2002). Exploring change mechanisms in EMDR applied to "small t Trauma" in short term dynamic psychotherapy: Research questions and speculations. *Journal of Clinical Psychology, 58*(12), 1531-1544.

McCullough, L., & Andrews, S. (2001). Assimilative integration: Short-term dynamic psychotherapy for treating affect phobias. *Clinical Psychology: Research and Practice, 8*(1), 82-91.

McCullough, L., & Winston, A. (1991). The Beth Israel Psychotherapy Research Program. In L. Beutler & M. Crago (Eds.), *Psychotherapy research; An international review of programmatic studies* (pp. 15-23). Washington, DC: American Psychological Association Press.

McCullough, L., Winston, A., Farber, B., Porter, F., Pollack, J., Laikin, M., Vingiano, W., & Trujillo, M. (1991). *The relationship of patient-therapist interaction to outcome in brief psychotherapy. Psychotherapy, 28*(4), 525-533.

McCullough Vaillant, L. (1994). The next step in short-term dynamic psychotherapy: A clarification of objectives and techniques in an anxiety-regulating model. *Psychotherapy, 4*, 35-53.

McCullough Vaillant, L. (1997). *Changing character: Short-term anxiety-regulating psychotherapy for restructuring defenses*. New York: Basic Books.

Miller, A. (1990). *The drama of the gifted child and the search for the true self*. New York: Basic Books.

Miller, W. R., & Rollnick, S. (1991). *Motivational interviewing: Preparing people to change addictive behavior*. New York: Guilford Press.

Nathanson, D. L. (1992). *Shame and pride: Affect, sex, and the birth of the self*. New York: Norton.

Oatley, K., & Jenkins, J. M. (1996). *Understanding emotions*. Cambridge, MA: Blackwell.

Shapiro, F. (2001). *Eye movement desensitization and reprocessing* (EMDR): Basic principles, protocols, and procedures (2nd ed.). New York: Guilford Press.

Sifneos, P. E. (1972). *Short-term psychotherapy and emotional crisis*. Cambridge, MA:

Harvard University Press.

Sifneos, P. E. (1973). The prevalence of "alexithymic" characteristics in psychosomatic patients. *Psychotherapy and Psychosomatics, 22*, 257-262.

Sifneos, P. E. (1979). *Short-term dynamic psychotherapy: Evaluation and technique*. New York: Plenum Press.

Solomon, M., Neborsky, R. J., McCullough, L., Alpert, M., Shapiro, & Malan, D. (2001). *Short-term therapy for long-term change*. New York: Norton.

Stern, D. (1985). *The interpersonal world of the infant*. New York: Basic Books.

Stickgold, L. (2002). EMDR: A putative neurobiological mechanism of action. *Journal of Clinical Psychology, 58,* 61-75.

Svartberg, M., Stiles, T., & Seltzer, M. H. (in press). The effectiveness of short-term dynamic psychotherapy and cognitive therapy for Cluster C personality disorders. *American Journal of Psychiatry*.

Tomkins, S. S. (1962). *Affect, imagery, consciousness: Vol. I. Positive affects*. New York: Springer.

Tomkins, S. S. (1963). *Affect, imagery, consciousness: Vol. II. Negative affects*. New York: Springer.

Tomkins, S. S. (1981). The quest for primary motives: The biography and autobiography of an idea. *Journal of Personality and Social Psychology, 41*, 306-329.

Tomkins, S. S. (1991). *Affect, imagery, consciousness: Vol. III. Negative affects anger and fear.* New York: Springer.

Tomkins, S. S. (1992). *Affect, imagery, consciousness: Vol. IV. Cognition*. New York: Springer.

Viorst, J. (1986). *Necessary losses: The loves, illusions, dependencies, and impossible expectations that all of us have to give up in order to grow*. New York: Simon & Schuster.

Wachtel, P. L. (1977). *Psychoanalysis and behavior therapy: Toward an integration*. New York: Basic Books.

Winston, A., Laikin, M., Pollack, J., Samstag, L., McCullough, L., & Muran, C. (1994). Short-term psychotherapy of personality disorders. *American Journal of*

*Psychiatry, 151*(2), 190-194.

Winston, A., McCullough, L., Trujillo, M., Pollack, J., Laikin, M., Flegenheimer, W., & Kestenbaum, R. (1991). Brief psychotherapy of personality disorders. *Journal of Nervous and Mental Disease, 179*(4), 188-193.

Winston, A., & Winston, B. (2002). *Handbook of integrated short-term psychotherapy*. New York: Jason Aronson.

Wolpe, J. (1958). *Psychotherapy by reciprocal inhibition*. Stanford, CA: Stanford University Press.

# 찾아보기

## [인명]

[내용]

# 저자 소개

**Leigh McCullough**

리 맥컬로우는 하버드 대학교 의과대학(보스턴, 매사추세츠) 심리치료 연구 프로그램의 책임자이자 임상 부교수이며, 노르웨이 과학기술 대학교의 객원교수다.

**Nat (Nathaniel S.) Kuhn**

나트 (네타니엘, S.) 쿤은 정신의학 임상 교수이며, 하버드 대학교 의과대학의 심리치료 연구 프로그램의 부책임자다. 그녀는 단기역동정신치료(STDP)를 교육하고, 케이브리지 병원과 다른 곳에서 학생들을 지도 감독하고 있다.

**Stuart Andrews**

스튜어트 앤드루는 매사추세츠 브루클린에서 개인 클리닉을 운영하고 있으며, 하버드 대학교 의과대학의 심리치료 연구 프로그램의 부책임자다.

**Amelia Kaplan**

아멜리아 카플란은 미국 역사와 문학으로 하버드 대학교에서 학사를 졸업하였다. 최근 러트거스 대학교 응용 및 전문 심리 대학원에서 임상심리학으로 박사 과정을 밟고 있다.

**Jonathan Wolf**

조나단 울프는 3년 동안 심리치료 연구 프로그램의 연구원이었으며, 최근에는 보스턴 대학교 의과대학에서 의학박사 과정을 밟고 있다.

**Cara Lanza Hurley**

카라 란자 헐리는 1996년에 보스턴 대학교에서 심리학으로 학사 학위를 받았다. 그녀는 현재 시카고의 로욜라 대학교에서 임상심리학 박사 과정 4년차다.

## 역자 소개

**유성경**(Yoo Sungkyung)
미국 미네소타 대학교 박사(교육 및 상담심리 전공)
전 한국청소년상담원 교수
현 이화여자대학교 심리학과 교수

**하 정**(Ha Jung)
이화여자대학교 심리학 박사(상담심리 전공)
전 이화여자대학교 학생상담센터 연구원
현 전주대학교 상담심리학과 교수

**이문희**(Lee Munhee)
이화여자대학교 심리학 박사(상담심리 전공)
전 경기대학교 학생생활상담소 연구원
현 용문상담심리대학원대학교 교수

**이은진**(Lee Eunjin)
이화여자대학교 심리학 박사(상담심리 전공)
전 국민대학교 교육대학원 초빙교수
현 이화여자대학교 학생상담센터 연구원

# 감정 공포 치료

-단기역동정신치료(STDP) 실습 매뉴얼-

**Treating Affect Phobia:**

A Manual for Short-Term Dynamic Psychotherapy

2015년 2월 25일 1판 1쇄 발행
2025년 3월 25일 1판 6쇄 발행

지은이 • Leigh McCullough · Nat Kuhn · Stuart Andrews
Amelia Kaplan · Jonathan Wolf · Cara Lanza Hurley
옮긴이 • 유성경 · 하 정 · 이문희 · 이은진
펴낸이 • 김 진 환
펴낸곳 • (주) 학지사
04031 서울특별시 마포구 양화로 15길 20 마인드월드빌딩 5층
대표전화 • 02) 330-5114 팩스 • 02) 324-2345
등록번호 • 제313-2006-000265호

홈페이지 • http://www.hakjisa.co.kr
인스타그램 • https://www.instagram.com/hakjisabook

ISBN 978-89-997-0621-9 93180

**정가 20,000원**

역자와의 협약으로 인지는 생략합니다.
파본은 구입처에서 교환하여 드립니다.